아동 · 청소년 위기 상담

트라우마 체계 치료

2011년 서울대학교 교육종합연구원의 연구소 지원금에 의한 저작물임

아동·청소년 위기상담

트라우마 체계 치료

Glenn N. Saxe · B. Heidi Ellis · Julie B. Kaplow 공저
김동일 역

Collaborative Treatment of Traumatized Children and Teens

학지사

Collaborative Treatment of Traumatized Children and Teens:
The Trauma Systems Therapy Approach
by Glenn N. Saxe, B. Heidi Ellis, and Julie B. Kaplow

역자 서문

상담은 내담자의 바람직한 변화를 지향하는 가장 전문적인 휴먼 서비스다. 또한 모든 상담은 위기 상담의 속성을 지니고 있다. 위기 상담은 트라우마를 통하여 우리 자신을 이해하고 돌아보고 통찰하며 성장할 수 있는 또 다른 기회다. 특히 이 책은 과거의 충격적 사건으로부터의 트라우마를 넘어서 '지금-여기'에서 맞닥뜨리는 위기와 기회를 적응적으로 맞이하고 다루기 위하여 상담자가 아동 및 청소년 내담자와 그들의 환경을 지원하는 통합적인 접근에 익숙해야 한다는 것을 강조하고 있다.

아동과 청소년을 만나는 상담자는 발달적 · 충격적 사건으로 인한 트라우마가 내담자에게 어떤 영향을 주는지 예민하게 살피고, 지역사회의 자원을 활용하여 내담자의 자기조절 역량을 높이며, 내담자를 둘러싼 환경을 긍정적이고 촉진적인 체계로 탈바꿈하도록 계획하여야 할 것이다. 이 책을 읽고 옮기면서 상담자나 내담자에게 역경 혹은 성장이 될 수 있는 트라우마에 대하여 다시 한 번 생각해 보는 기회를 가질 수 있었다. 이 책을 읽는 모든 독자가 이러한 경험을 나눌 수 있기를 기대한다.

이 책을 내놓기까지 매우 많은 분의 도움이 있었다. 한국상담학회 산하 한국아동청소년상담학회 워크숍과 집단 프로그램을 운영해 준 서울대학교 WITH Lab. 상담 연구원들, 그리고 정성 어린 손길로 책을 만들어 준 학지사 임직원 여러분께 진심으로 고마운 마음을 전한다. 특히 워크숍에 참여하여 우리에게 귀한 배움의 기회를 제공해 준 교사와 상담사들을 기억하고자 한다. 마지막으로 지속적으로 지지해 주고 귀한 의견을 나누어 준 독자 여러분께 깊은 감사를 드린다.

2011년 관악산 연구실에서
오름 김동일

powered by WITH Lab. (Widen InTellectual Horizon):
Education and Counseling for Children–Adolescents with Diverse Needs

저자 서문

트라우마 체계 치료(trauma systems therapy: TST)에 입문한 것을 환영한다. TST는 과거뿐만 아니라 매일의 삶 속에서 현재진행형으로 진행되고 있는 트라우마를 가진 아동과 가족을 위해 제안된 것이다. TST는 가난, 가정 · 사회 폭력, 부모의 정신질환, 약물남용과 같은 스트레스를 항상 접하고 있는 아동과 가족을 위해 설계되었다. 이러한 아동들은 낙후되고 분절된 복지 시스템 안에서 지내는 경우가 많다.

여러분은 곧 제럴드, 드니즈 그리고 로버트와 같은 아이들을 소개받을 것이고 그들의 치료에 대한 접근법을 배우게 될 것이다. 책을 읽어 나갈수록 이 치료법은 항상 다음 두 가지 사실을 다루고 있다는 것을 알게 될 것이다.

① 자신의 정서와 행동을 조절할 수 없을 만큼 심각한 정신적 트라우마를 겪고 있는 아동과 청소년(내적 체계 붕괴)
② 정서와 행동을 조절할 수 있도록 도와줄 만큼 충분하지 못한 사회환경과 돌봄 체계

이 두 가지 특성을 '트라우마 체계' 라고 정의하고, 이에 따라 우리는 이 치료법을 '트라우마 체계 치료(TST)' 라고 부르게 되었다. 제럴드, 드니즈 그리고 로

버트가 지원을 받을 수 있는 트라우마 체계를 다루는 것은 많은 사람(부모님, 보호자, 친척, 친구, 선생님, 사회복지사, 심리치료사, 신경정신과 의사, 변호사, 가정 · 지역사회 상담자)의 관여를 필요로 한다. TST는 이러한 트라우마 체계 당사자 및 지원 인력에게 매우 집중적이고 통합적인 접근법을 제공하고 있다.

다음과 같은 사람이라면 이 책과 TST에 관심을 가질 것이다.

- 트라우마 스트레스 치료의 기본 원리와 그들이 일하고 있는 기관에서 통합된 치료 집근법을 세우는 방법에 대해 배우기를 원하는 상담자
- 정신적 트라우마를 경험한 아동이 받게 되는 치료방법과 약물치료가 어떻게 협력적으로 어울려 작용하는지, 그리고 서비스 시스템의 다른 요소들과 그들의 치료 영역을 연결하는 체계를 원하는 약물치료자
- 교실에서 나타나는 정신적 트라우마 스트레스의 발현에 대해, 그리고 학생들이 받게 되는 정신건강 중재법과 교육 프로그램을 통합시키는 방법에 대해 배우기를 원하는 선생님
- 안전성 평가에 있어 더욱 숙련되기를 원하고, 어떻게 아동보호 업무가 정신적 트라우마 스트레스 치료에서 중요한 부분이 되는지 알고 싶어 하는 사회복지사
- 가정을 기반으로 하는 치료방법을 개선하고, 이러한 치료방법을 정신적 트라우마를 가진 아동과 가족이 받고 있는 다른 서비스와 연결하기를 바라는 가정 · 지역사회 상담자
- 아동과 가족에게 자격이 있는 서비스를 위한 집중 정책이 어떻게 트라우마 스트레스 치료의 중요한 부분이 되며, 이러한 치료와 정책을 어떻게 통합할 수 있는지를 알고 싶은 법률가나 다른 전문적인 권리지원자
- 어떻게 정신건강 단체 안에서 정신적 트라우마를 경험한 아동을 위한 서비스를 더 집중적이고 통합적이며 효과적으로 만들 수 있는지를 배우고 싶은 정신건강기관의 관리자

- 어떻게 아동복지 프로그램과 효과적인 정신건강 서비스를 더 잘 통합시킬 수 있는지를 배우기 원하는 아동복지 서비스 프로그램의 관리자
- 정신적 트라우마를 가진 아동을 위한 사회복지제도에 대해 의견을 얻기를 바라는 공공정책 제안자
- 정신적 트라우마 스트레스와 그 치료에 대한 기본 원리를 이해하기 원하는 사회복지학, 심리학, 정신의학, 소아과, 법학과 학생 또는 실습생
- 자녀가 극복하고자 하는 문제를 이해하고, 그들의 삶을 변화시킬 수 있는 해결방법을 구하는 부모나 보호자
- 정신적 트라우마를 경험해 왔고 자신이 겪고 있는 문제를 이해하길 원하며 도움을 받을 수 있는 방법을 구하고 있는 청소년

TST는 정서조절 기술의 확립, 가정 · 사회 기반의 치료, 권리지원(옹호), 약물치료와 같은 중재법과 연관이 될 수 있다. 이렇게 다양한 치료 접근법과 함께 트라우마 체계를 다룰 때에 치료는 매우 집중적으로 이루어지고, 상승작용을 나타내며, 가장 중요하게는 효과를 나타낼 수 있을 것이다. 여러분 또한 이 책을 읽어감에 따라 깨닫게 되겠지만, 앞에서 언급한 사람들이 트라우마 체계를 함께 고쳐 나가도록 만드는 것이 공동 작업의 중대한 과정이다. 보통 상담자들은 서로 다른 단체에서 일하므로 함께 이야기를 나눌 기회가 거의 없다. 또 아동과 가족에게 가장 중요한 것이 무엇인지 이해하기 위해 서로 마주 앉아 이야기해 본 적도 거의 없다. 그렇지만 공동 작업은 매우 중요한 일이면서 동시에 실현 가능한 일이다.

TST는 8년 동안 꾸준히 발전해 왔다. 이러한 성장은 치료의 투입을 평가하고, 이 평가를 기반으로 TST를 개선하면서 새로운 것들을 시도하는 오랜 과정을 수반해 왔다. 비록 여러분의 손에 들려 있는 이 책이 TST 치료 모델에 관해 출판된 첫 번째 책이지만, 상담자들은 거의 10년 동안 이 책의 다른 버전들을 치료 안내서로 사용해 왔다.

우리는 TST가 매우 다양한 상황 속에서 큰 어려움 없이 적용될 수 있도록 발전시켜 왔다. TST는 정신건강클리닉, 학교, 아동복지기관, 주택 프로그램 그리고 소아과 중환자실에서 사용되고 있다. 학대, 가족 · 사회 폭력을 겪어 온 아동을 위한 원래의 목적뿐만 아니라 약물남용 문제를 가진 청소년, 난민, 부상과 질병을 가진 아동을 위해서 조금씩 수정되어 온 TST는 이제 세계 여러 나라에 걸쳐 많은 기관에서 성공적으로 사용되고 있다.

TST는 '적응하는 것' 으로 볼 수 있다. 우리는 실제로 치료법을 적용할 때에는 어떤 기관이라도 수많은 변수가 존재하며 이러한 변수가 새로운 치료법이 그 기관 내에서 제대로 작용할 수 있는지를 결정한다는 것을 알고 있다. 이러한 변수는 어느 나라, 어느 주 안에서든 비용, 서비스 접근성, 행정적 지원, 정치적 문제 그리고 환급 모델들을 포함한다. 모든 기관은 서로 다르며, 이러한 변수들의 독특한 배열 상태에서 서로 겨루고 있다. 그러므로 이러한 독특한 유기적 변수들이 치료법을 적용하는 데 있어 극복할 수 없는 방해물이 되지 않도록 새로운 치료법들은 충분히 융통성이 있어야 한다. 이 책을 읽어 나가면서 깨닫겠지만, TST에는 많은 체계와 주안점이 있다. 그러나 이런 체계와 주안점은 매우 다양한 기관 내에서 제대로 작동할 수 있도록 하는 융통성을 포함하는 것이다. 예를 들어, 대부분의 주에서는 TST에 포함된 서비스들이 제3자 상환을 통해 지급될 수 있다. 도전은 치료가 잘 이뤄질 수 있도록 제대로 된 협력 작업을 하는 것이다.

TST는 공공 자산으로서, 많은 사용자에 의해 활용되고 소유될 수 있도록 고안된 것이다. 만약 여러분이 TST를 이용한다면 우리는 여러분을 우리의 혁신 커뮤니티의 구성원으로 생각할 것이다. 그리고 여러분의 필요에 가장 적절하도록, 더 나아가 여러분이 치료하는 아동과 가족의 필요에 맞도록 TST를 적용하는 데 있어 여러분의 능력과 창조성이 잘 발휘될 수 있기를 바란다. 만약 여러분의 기관 안에서 제대로 작용할 수 있도록 TST를 유용하게 수정한다면 그러한 노력은 매우 훌륭한 것이고, 우리는 그 혁신 기법을 공유하기를 희망한다. 이러한 끝임없는 혁신을 통해 TST가 계속 개선될 수 있기를 진심으로 바란다.

트라우마 스트레스를 가진 아동을 치료하는 과정은 어떤 의미에서 보면 치료 모델을 개발하는 과정처럼 끝이 없는 과정이다. 그렇다면 무엇이 정말 궁극적인 모습일까? 우리는 그 답을 이 책의 마지막 장에서 인용하려고 한다.

> 우리는 종결이 있다고 믿지 않는다. 트라우마를 가진 아동을 돕는 일은 모든 이가 참여하여 점진적으로 나아지게 하려는 지속적인 노력을 필요로 한다. 이 책은 효과가 있는 치료 접근을 개발하고자 했던 지난 8년간의 노력의 결과다. 그러나 우리는 이 책이 개인의 경험에 근거하여 지속적으로 개선되는 과정의 첫걸음이길 바란다. 이와 마찬가지로, 우리는 치료 종결 즈음에 아동과 작별할 때 그들이 '나아졌다든가 치유되었다' 며 우리의 기분을 좋게 해 주는 어떤 전문 용어를 사용하더라도 그들이 완전히 치료되었다고는 생각하지 않는다. 우리가 기대하는 최선의 성과는 앞으로 아동과 가족들에게 그들의 삶 속에서 지속적으로 위기에 대처할 수 있는 도구를 제공하는 것이다.

그러므로 TST의 세계에 온 것을 환영한다. 여러분도 이제 개척자 모임의 한 일원이다. 사용하라, 바꿔 보라, 좀 더 좋게 만들어 보라. 그리고 여러분의 실습과 삶 속에서 만나게 될 또 다른 제럴드와 드니즈 그리고 로버트에게 최선을 다하라.

차례

Part 1 근거

02 생존 회로
– 그 순간의 생존에 대한 트라우마 스트레스의 영향 · 49

03 정서 상태 조절
– 트라우마 스트레스로 인한 정서조절장애 · 79

Part 3 TST 실시

10 시작하기 – 어떻게 가족이 TST에 참여하도록 할 것인가 · 223

11 현장에서 안정화시키기 – 아동이 가정과 학교에 머물 수 있도록 돕는 지역사회 기반의 돌봄 · 247

12 체계에서의 권리지원/옹호 – 임상치료에 권리지원/옹호 통합하기 · 271

13 약물치료 – TST에서 약물치료의 통합 · 299

14 정서조절 기술
– 아동의 정서 조절 돕기 · 319

15 인지처리 기술
– 아동이 자신의 트라우마 경험에 대해 생각하고 말하도록 돕는 방법 · 367

16 의미구성 기술
– 아동이 자신의 트라우마 경험으로부터 의미를 재구성하고 그들의 삶을 지속하도록 돕는 방법 · 395

17 결론
– 더 좋은 체계를 만들어 남겨 두기(종결하기) · 427

01

트라우마 스트레스를 경험한 아동을 위한 트라우마 체계 치료

학 습 목 표

- 트라우마 스트레스를 경험한 아동을 위한 트라우마 체계 치료 소개하기
- 트라우마 체계 치료의 네 가지 목표 파악하기
- 이 책의 전반적인 개요 파악하기

제럴드는 어머니와 16세 형이 있는 13세 소년이다. 아버지는 제럴드의 어머니 살인미수로 감옥에서 형을 살고 있다. 2년 전 제럴드는 아버지가 어머니를 찌르는 장면을 목격했다. 그때까지 제럴드와 형은 많은 가정폭력 상황을 목격해 왔다. 제럴드의 어머니는 오랫동안 우울증을 앓아 왔고, 최근에는 그 증상이 심해져서 침대에서 대부분의 시간을 보내고 있다. 그의 형은 폭행과 차량절도로 수차례 체포되었다. 또한 두 차례에 걸쳐 어머니를 심각하게 폭행했다. 어머니는 폭행당할까 두려워 형의 행동을 막지 못했다. 제럴드와 그의 형은 잘 지내지 못했다. 자주 다투었고 그 다툼은 주먹질로 이어졌다. 제럴드는 형에게 맞아서 의식을 잃은 경험 후로 형이 다시 '자제력을 잃게 될까 봐' 매우 두려워하고 있다. 제럴드는 가정폭력을 목격한 침입적 기억으로 고생하고 있고, 신체적 폭력에 대해 경계하며, 놀람 반응이 매우 심각하다. 그는 자주 악몽을 꾸고 산만하다. 학업에 집중하기 어려워하여 6학년을 유급하였다. 그는 올해 다시

6학년 유급의 위기에 처해 있으며, 유급당할 경우 자살할 것이라고 그의 상담자에게 말했다.

어떻게 하겠는가? 어떤 말을 하겠는가? 어떻게 시작할까? 당신이 일반 상담자라면 상담센터나 정신건강클리닉에 재직하고 있을 것이다. 제럴드의 사례는 당신에게 매우 익숙할 것이다. 아마도 당신은 제럴드와 비슷한 사례를 적어도 다섯 가지는 가지고 있을 것이다. 당신은 초기면접에서 그를 본다. 아마도 두 번째 회기에서 다시 볼 것이다. 제럴드를 상담하고 나면, 당신은 그가 제대로 오지 않을 것이라는 것을 쉽게 눈치채게 될 것이다. 그는 몇 회기에는 나타나고, 일주일 혹은 한 달에 한 번씩은 오지 않는다. 그가 일정하게 상담에 온다면, 당신은 진짜 문제에 직면할 것이다. 제럴드를 도울 수 있을까? 제럴드가 인지적 왜곡을 가지고 있으니 그것을 수정해야 하나? 편도체*를 억제시켜야 하나? 갈등을 해석해 주어야 하나? 회피를 다루어 주어야 하나? 안구운동을 통해 둔감화 작업을 해야 하나? 그러나 아마도 당신이 하는 어떤 것, 당신이 도전하는 어떠한 왜곡, 당신이 하는 어떠한 해석, 당신이 주는 어떠한 약물, 그리고 당신이 가르친 어떠한 학습도 제럴드가 상담센터를 나서자마자 효과가 사라진다. 당신은 무엇을 하는가?

제럴드는 여러 기관을 전전한다. 그는 응급실, 기숙 프로그램, 폐쇄병동, 외래센터에서도 보인다. 또 정신건강, 교육, 사회복지, 아마도 곧 청소년 범죄 프로그램에서도 관리를 받게 된다. 당신이 제럴드를 담당하게 되었다면 이러한 각 체계의 통합이 많이 요구되는 예민한 치료가 필요함을 알게 된다. 그러나 누가 그럴 시간을 낼 수 있는가?

그가 입원하게 되고, 당신은 그를 다시 보게 된다. 그의 약물치료는 바뀌었지

* 역자 주– 편도체(amygdala)는 감정을 담당하는 변연계에 속해 있으며, 외부 정보에 민감하게 반응하고 그 반응을 뇌 전체에 전달해 상황에 맞게 행동하도록 유도하는 역할을 맡고 있다.

만 그가 입원한 동안 어떤 치료를 받았는지 알 수 없다. 그는 학교에서 낙제한다. 당신은 학교 모임에 몇 번 참석하여 제럴드가 가진 스트레스와 혼돈스러운 환경에 대해 설명한다. 선생님은 이미 지쳤고 다른 학생들도 생각해야 한다. 그들은 어떻게 해야 할지 모른다. 제럴드가 결석하기 시작한다. 상담시간에도 오지 않는다. 당신은 종결을 고려하지만, 차마 그렇게 할 수는 없다. 사회복지기관에 몇 가지 보고서를 올리지만 중간에 누락된다. 당신은 어떻게 할 것인가?

쉬운 해법은 없다

우리는 쉬운 해법을 바란다. 또한 확실한 처방약이 있기를 바란다. 우리는 제럴드의 악몽을 없앨 수 있는 확실한 12단계 프로그램, 8회기 치료법이 있기를 소망한다. 우리는 당신도 소망하리라는 것을 안다. 그러나 안타깝게도 제럴드의 악몽의 근원은 오래된 트라우마, 학대, 방치이며 이것들은 아직도 진행 중이다. 진정한 개입은 당신이 소매를 걷어붙이고 제럴드의 현실을 다루도록 돕는 것을 필요로 한다. 그러나 어떻게 해야 할까?

이 책은 제럴드의 욕구와 그와 같은 처지에 있는 아동의 비극적인 욕구를 알리고자 하는 개입 모델에 관한 것이다. 따라서 복합적이고 초점화되어 있으며 집중적인 개입을 요구한다. 개입은 가정, 학교, 지역사회 환경에서 필요하다. 문제의 핵심을 파악하고, 개가 먹이를 문 것처럼 끈질기게 집중하며, 끝까지 해 보아야 한다. 개입은 가족들이 서비스를 받는 데 있어 수많은 장애를 넘어야 한다.

이 작업은 쉽지 않다. 이 작업은 정신건강기관과 서비스 체계에 있는 상담자의 지원과 열정을 필요로 한다. 분명하게 이런 종류의 작업은 완벽하지 않은 체계 안에 존재한다. 어떻게 서비스 체계를 조직하고, 어떻게 트라우마를 가진 아동에게 서비스를 제공하는지에 관한 수많은 공공정책이 있다. 그럼에도 효과적인 치료를 극대화할 수 있는 서비스가 분명 존재한다. 이 책은 치료 효과의 극대화에 초점을 맞춘 일관된 치료 모델 안에서 현재 사용되는 서비스들에 관한 것이다.

또한 이 책은 임상 작업의 현실성을 알리고자 한다. 그 현실은 무엇인가?

- 보통의 상담자는 바쁘고, 과중한 업무에 시달리고 있으며, 치료 자원이나 여유시간이 거의 없다.
- 보통의 정신건강기관은 재정적으로 여유가 없고, 직원 훈련, 슈퍼비전, 성과 측정, 재택 치료와 같은 추가 서비스에 들어갈 재정적 지원이 없다.
- 보통의 주 서비스 체계 역시 여유가 없고, 트라우마 스트레스를 경험한 아동에게 제대로 실행되지 않는 서비스 교환계획과 부서 간의 불충분한 의사소통으로 인해 분열되어 있다.

우리는 현재 미국의 임상 작업 현실 안에서 최대한 효과적으로 트라우마 스트레스를 가진 아동의 욕구를 알리는 개입 모델을 고안했다. 따라서 우리는 대부분의 주에서 활용할 수 있는 서비스를 사용하면서 이 개입을 고안했다.

우리가 제안하는 답은 쉽지 않다. 어떻게 쉬울 수 있겠는가? 우리는 완벽하지 않는 해결책들을 제안한다. 서비스는 여러 측면에서 문제가 있고 지원이 약한 서비스 체계 안에서 실행된다. 그럼에도 우리가 제럴드와 같은 아동을 위해 무엇을 할 것인지 알아내려고 노력한 만큼, 우리가 제안한 해결책은 상담자, 기관, 서비스 체계에 도움이 될 것이라고 믿는다.

아이콘의 사용

이 책에서 우리는 개입 요소를 설명해 줄 아이콘을 사용한다. 이 아이콘은 앞으로 설명할 내용을 '한눈에' 알아차릴 수 있는 상징으로 활용된다. 다음 표는 이 책에서 사용되는 여섯 가지 아이콘을 설명한 것이다.

아이콘 키		
	핵심 포인트	핵심 포인트는 트라우마 체계 치료 접근법을 숙달하기 위해 반드시 이해해야 할 정보를 말한다.
	학술 포인트	학술 포인트는 학술적으로 중요하거나 흥미로운 정보를 담았으나, 트라우마 체계 치료를 숙달하기 위해 필수적으로 익힐 필요는 없는 부분을 말한다.
	인용	인용은 트라우마 체계 치료를 설명하는 데 중요한 다른 사람의 글을 따온 부분이다.
	사례 토론	사례 토론은 우리의 치료법을 설명하기 위해 이 책 전반에 많이 사용되었다. 사례 토론은 이 책에 설명된 개념을 이해하는 데 매우 중요하다.
	유용한 기술	유용한 기술 아이콘은 매우 유용한 개입법을 강조하는 치료 구성 부분에서 활용되었다.
	위험	위험 아이콘은 임상 작업에서의 잠재적 함정을 말한다. 이 아이콘은 좀 더 주의해야 하는 것 혹은 위험을 건너뛰는 것에 대한 경고로 활용된다.

우리는 누구인가

우리는 보스턴 시에 있는 보스턴 대학교 의학센터의 상담자와 연구자, 교육자들이다. 우리가 만나고 있는 아동과 가족은 저소득, 사회폭력, 부모의 정신병, 약물남용, 노숙, 인종차별 등의 심각한 사회문제를 겪고 있다. 병원에는 전 세계로부터 미국으로 이민 온 사람들이 모여든다. 결과적으로 우리는 전쟁, 정치적 폭력을 경험한 아동과 가족들도 만나게 된다. 우리는 1단계 트라우마 치료센터로서 폭행 등으로 상처받은 보스턴의 아동을 보고 있다. 우리가 만나는 많은 가족은 심각한 트라우마를 가지고 있다. 우리 초진 클리닉(primary care clinic)의 아이들 중 10%는 6세가 되기 전에 총 쏘는 것이나 칼로 찌르는 것을 보았다고 보고하였다(Taylor, Zuckerman, Harik, & Groves, 1994). 우리 응급실을 찾는 청소년의 62%는 심한 신체적 또는 성적 폭행을 경험하거나 목격한 경험이 있다고 보고하였다(Kassner & Karasch, 1999). 우리는 이러한 아동과 가족을 도우려고 수년간 노력해 왔다. 우리 아동정신과 클리닉은 1960년 이래로 운영되고 있다. 우리는 이러한 가족들에게 '경험적으로 타당한' 치료법과 최고 수준의 약물치료를 포함한 외래치료를 최선으로 제공하려고 노력해 왔다. 6~7년 전에 제럴드(그리고 그와 같은 다른 많은 아동)를 담당한 상담자의 절망을 맞닥뜨리면서 우리는 스스로에게 질문을 하기 시작했다. '우리는 과연 제대로 돕고 있는가?' 우리는 이 질문에 분명한 답을 할 수 없었다. 나아가 우리는 지쳐 있었다. 우리 직원들의 이직률은 높았다. 내담자들은 매우 절망적이었다. 솔직히 말해, 우리는 벽에 머리를 찧고 있는 느낌이었다. 우리는 어떻게 하면 더 잘할 수 있을지 살펴보기 시작했다. 이 책은 그 탐구과정의 결과다. 그 와중에 우리는 많은 다양한 아동 치료법과 서비스를 조사했다. 우리는 타인에게 우리의 작업이 도움이 되기를 바랐기 때문에 우리의 생각을 활용 가능한 형태로 만들기 위해 많은 사람과 함께 작업했다.

우리 노력의 중요한 촉매제는 2001년 말에 국립 아동 트라우마 스트레스 네트워크(National Child Traumatic Stress Network: NCTSN)에서 받은 기금이었다. 이 장 끝에서 NCTSN에 관해 자세히 설명하겠으나 여기서 간단히 살펴보자면, 이 네트워크는 트라우마 스트레스를 입은 아동을 치료하는 데 발생하는 문제점에 대한 국가적 기본 대응체계다. 이것은 새로운 치료를 개발하기 위한 제반 구조와 기금을 제공한다. 이 기금을 받은 후, 제럴드와 같은 아동의 임상적 현실성에 접근하는 치료 모델을 개발하고자 하는 우리의 노력은 NCTSN 센터의 한 부분인 위기 청소년 센터(Center for Children At Risk)로 실행되었다. 우리는 이 치료 모델을 트라우마 체계 치료(trauma systems therapy: TST)라고 부른다.

트라우마 체계 치료란

트라우마 스트레스는 아동이 자신의 정서 상태를 조절하기 어려울 때 발생한다. 이러한 무능력은 뇌에서 감정을 처리하는 방법이 혼란스러울 경우 발생한다. 우리는 2장, 3장에서 이에 대해 더 자세히 다룰 것이다. 스스로 정서 조절이 되지 않는 상태는 사회환경에서의 지속적인 스트레스와 위협을 강하게 받는 것이 핵심임을 아는 것이 매우 중요하다. 치료센터나 상담소 기반의 치료는 사회환경으로부터 벗어나 있기 때문에 아동의 트라우마 스트레스 증상들을 일으키는 주요 요인을 영향에 미치지 못하는 경우가 종종 있다.

우리의 치료는 트라우마 체계 치료(trauma systems therapy: TST)라고 명명한다. 이 트라우마 체계라는 용어는 성장 · 발달 중인 아동과 그의 사회환경 사이에서 체계적 균형을 자연스럽게 유지하지 못하는 것을 말한다. 아동발달에 관한 문헌에서 오랫동안 설명되어 왔듯이, 아동의 건강한 발달에는 아동을 돕도록 적절하게 준비된 사회환경과 아동 사이의 조절 균형성 또는 '적합성(goodness of fit)' 이 필요하다.

트라우마 체계는 ① 정서 상태를 조절하는 데 어려움을 겪는 트라우마를 가진 아동과 청소년 내담자, ② 내담자의 정서조절장애를 도울 수 없는 사회환경과 돌봄 체계를 의미한다.

TST는 아동을 돕는 사회환경/돌봄 체계의 적절성과 아동의 정서조절 능력 사이의 '적합성' 을 측정하는 접근법이며, 이러한 측정의 결과에 기반을 둔 다양한 치료 구성 요소를 제공한다. 우리는 아동의 환경에 심각한 문제가 있음을 알리고, 아동발달의 원칙과 돌봄 체계와 일관성 있는 작업을 할 수 있도록 우리의 개입 접근을 고안하였다. 우리는 제럴드와 같은 아동을 염두에 두고 이 개입법을 고안하였다. TST는 나이에 상관없이 정서 상태를 조절하는 데 어려움을 겪고 있는 트라우마를 가진 아동을 위해 활용되도록 고안되었다.

기존의 중재나 개입 접근은 사회환경과 그 안에서 발달하고 있는 아동이 교류하는 방식에 대한 접근법을 제공하지 못한다. 우리가 다음에 설명하듯이(그리고 이 책 전반을 통해 반복 설명하듯이), 우리의 치료는 정서적 자기조절 실패를 경험하는 아동과 그런 아동을 도울 수 없는 사회환경/돌봄 체계라는 두 가지 핵심 문제를 다룬다. 우리의 개입은 트라우마 체계를 집중적인 목표로 삼는다. 이것이 우리가 우리의 개입을 트라우마 체계 치료라고 부르는 이유다.

TST 개발의 네 가지 목표

우리는 개입방법을 고안함에 있어서 다음과 같은 네 가지 목표를 설정했다.

① 치료는 발달적 정보가 필요하다.
② 치료는 사회생태학 접근을 직접적으로 포함해야 한다.
③ 치료는 돌봄 체계와 연계되어야 한다.
④ 치료는 널리 전파될 수 있어야 한다.

목표에 대한 설명

치료는 발달적 정보가 필요하다

제럴드를 치료하기 위해 당신은 아동발달의 기본적인 원칙에 대해 알아야 한다. 당신은 6세 아동에게 효과적인 개입법이 16세에게는 다를 수 있으며, 발달지체를 가진 아동의 치료법은 정상발달 아동의 치료법과 다를 수 있다는 것을 알아야 한다.

이러한 생각은 제럴드와 같은 아동에게 매우 중요하다. 어떤 애착관계가 우울한 어머니와 매우 폭력적인 아버지와 형을 가진 아동에게 생성되었을까? 수감 중인 아버지와 아버지가 어머니와 형을 때리는 것을 목격했다는 것은 13세 소년의 정체감을 형성하는 데 어떤 역할을 할까? 아버지에게 맞으면서 성장하는 것은 정체감, 자존감, 통제감을 갖는 것과 어떤 연관이 있을까? 이러한 애착과 정체감 형성에 대한 경험과 영향력은 제럴드가 정서를 조절하는 능력에 어떻게 영향을 미칠까? 제럴드는 어떤 종류의 또래 집단에 합류하고 싶어 할까? 두려움 속에서 성장하는 것은 인지발달과 학업 수행에 어떤 영향을 미칠까? 제럴드의 치료에는 이런 종류의 질문과 답변이 필요하다. 2장, 3장, 4장에서는 개입의 기본이 되는 발달상의 원칙을 설명할 것이다.

우리의 개입법을 안내하는 발달상의 원칙은 국립약물연구기관(National Research Council/Institute of Medicine)의 2000년 보고서인 「뉴런에서 지역사회로: 유아발달의 과학적 접근(From Neurons to Neighborhoods: The Science of Early Child Development)」에 구체적으로 요약되어 있다. 이 보고서는 유아기부터의 아동발달의 과학을 설명한다. 또한 애착, 감정적 · 인지적 발달과 정체감에 대한 사실들을 아동 개입법과 통합하였다. 특히 이 보고서는 부정적 환경이 발달 영역에 미치는 영향력을 설명하였다. 또한 발달 중인 뇌와 환경 사이의 시기적으로 중요한 교류관계도 설명하였다.

치료는 사회생태학 접근을 직접적으로 포함해야 한다

제럴드의 치료에서는 사회생태학을 반드시 직접적으로 설명해야 한다. 당신의 치료가 오직 치료실에서만 행해졌다면, 당신은 오랫동안 쳇바퀴를 돌았던 셈이다. 당신이 제럴드 가족의 문제에 접근하기 위해 주기적으로 가족 모임을 했더라도 아마 그리 큰 도움은 못 되었을 것이다. 제럴드의 문제는 문제에 실질적 영향력을 행사하는 사회환경적 요소를 직접적으로 알 수 있는 현장치료가 필요하다. 트라우마 스트레스를 입은 아동의 가족들은 적절한 서비스를 받는 데 상당한 장애를 자주 경험한다. 그러므로 개입법은 이러한 장애를 극복하기에 충분히 유연해야 한다.

사회생태학을 직접적으로 내세운 대부분의 성공적인 개입 모델은 아마도 행동장애(conduct disorder: CD)를 다루는 다체계적 치료(multisystemic therapy: MST)다(Henggeler, Schoenwald, Borduin, Rowland, & Cunningham, 1998). MST는 행동 문제의 발달과 유지에 이론적으로 관련 있는 아동의 환경에 구체적인 목표를 둔 사회 기반의 개입을 사용한다. MST는 아동이 교류하는 많은 영역의 개입을 성공적으로 초점화함으로써 공격적인 아동에 대한 개입의 효과성을 증명해 왔다. '아동, 가족, 학교, 직장, 또래, 지역사회, 문화 시설은 가족구성원의 행동에 역동적이고 상호적인 영향력을 미치는 상호 연관된 체계들로 여겨져 왔으며,' 따라서 그것들은 치료과정에 포함되어야 한다(Henggeler, Schoenwald, & Pickrel, 1995, p. 710). MST는 가족이 포함되고, 가장 큰 영향력을 줄 수 있는 영역에 치료법을 시행하는 다체계 안에서 아동과 가족의 문제를 목표로 하고 있다. 서비스는 다양한 영역(가정, 학교, 지역사회)에서 시행된다.

어떻게 떨어져 있는 치료실이나 상담실에서 제럴드의 정신건강 문제에 접근할 수 있을까? 그의 심각한 트라우마 스트레스 증상은 형과의 갈등과 위협에 매우 반응적이다. 그의 어머니는 너무 우울해서 개입하거나 치료실 혹은 상담실 기반의 치료에 참여할 수도 없다. 이러한 트라우마 스트레스 증상의 결과는 제럴드의 학업 수행에 심각한 영향을 미친다. 지역사회 기반 개입은 제럴드와 같은 아동에게 필수적이다.

- 상담자는 경찰, 사회복지기관, 친척 등과 함께 제럴드 어머니가 제럴드를 보호하는 것을 돕도록 가정 방문을 해야 한다.
- 상담자는 제럴드 어머니가 우울증 치료를 받아서 아들을 더 잘 보호할 수 있도록 제럴드와 어머니에 대해 작업해야 한다.

• 상담자는 교사와 학교 직원들이 제럴드에게 최상의 교육을 할 수 있는 방법을 그들과 함께 의논하고 개별화된 교육계획을 수립하는 것을 돕기 위해 학교에 반드시 가야 한다.

정상 지능을 가졌음에도 제럴드처럼 2년 동안 유급한다는 것은 비극이다. 4장, 10장, 11장, 12장에서는 트라우마 스트레스 관리를 제공할 때 어떤 사회환경을 포함시켜야 하는지에 관해 자세히 다룰 것이다.

치료는 돌봄 체계와 연계해야 한다

제럴드를 치료하기 위해 당신은 치료를 보다 확장된 돌봄 체계(system of care)와 분명하게 연결시킬 수 있어야 한다. 이는 현재 체계가 매우 분열되어 있다는 점을 고려하면 쉽지 않은 일이다. 그럼에도 11장과 12장에서 우리는 도움이 되는 많은 기술을 설명할 것이다. 트라우마 스트레스를 가진 많은 아동처럼, 제럴드는 다양한 서비스 체계를 많이 접한다. 정신건강 체계에서 제럴드와 같은 아동은 폐쇄, 외래, 기숙형, 응급 정신과 체계들을 표류한다. 제럴드는 현재 외래에서 치료받고 있다. 만약 자살 충동이 증가하면 응급이나 폐쇄정신과 체계(impatient psychiatry systems)로 가게 될 것이다. 만약 어머니가 너무 무능력해서 아동을 보호할 수 없다면 사회기관이나 기숙 체계가 필요할 수도 있다. 그의 정서적 증상과 학교 수행은 분명 상호적인 관계가 있다. 그의 트라우마 스트레스 관련 불안감과 낮은 집중력은 학업 수행을 방해한다. 이런 낮은 학업 수행이 이번에는 낮은 자존감과 자살 충동을 일으킨다. 교육체계를 충분히 통합하지 않은 치료계획이 사리에 잘 맞으리라고 상상하는 것은 어려운 일이다.

분명하게, 트라우마를 가진 아동을 위한 서비스의 통합은 절대적으로 필요하다. 취약한, 특히 트라우마를 가진 아동을 위한 통합적 돌봄 체계를 만들고자 하는 필요성은 널리 인정받고 있다. 보건국장의 정신건강 보고서는 서비스 통합에 대한 필요성을 구체적으로 명시하고 있다.

효과적인 치료에서 가장 중요한 것은 서비스의 조직화로서, 단지 단독 서비스만이 아니라 전체로서의 수행체계가 치료 성과를 결정짓는다. 효과적인 서비스 수행의 근본적인 요소는 지역사회 기반 서비스, 제공자와 치료의 지속성, 문화적으로 민감하고 양질의 개선된 서비스를 통합하는 것이다 (Report of the Surgeon of General, 1999).

전반적으로 우리의 접근법은 국가적인 아동 및 청소년 서비스체계 프로그램(Child and Adolescent Service System Program: CASSP)에 큰 영향을 받았다(Pumariega & Winters, 2003; Stroul & Friedman, 1994). 이 프로그램은 주와 지역사회가 취약한 아동을 대상으로 한 지역사회 기반 관리 프로그램을 개발하는 것을 돕고자 고안되었다. 그리고 효과적인 지역사회 기반의 개입을 위한 많은 중요 '지침' 을 제시하고 있다. 이 지침은 아동의 신체적 · 감정적 · 사회적 · 교육적 욕구를 설명하고, 개별화된 가족 중심의 서비스를 만들어 내야 하는 필요성을 말하고 있다. 이러한 서비스는 "서비스의 계획 · 개발 · 조정을 위해 아동관리 기관들과 절차 및 프로그램들을 연동하고 통합한다." 또한 이러한 서비스에는 아동이 받을 수 있는 서비스를 광범위하게 배치하고 조율하는 사례관리가 포함된다. CASSP의 시작과 돌봄 체계는 4장에서 자세하게 설명될 것이다.

트라우마를 가진 아동을 위한 지역사회 기반 서비스의 통합적이며 제대로 조율된 배치는 어떤 모습일까? 트라우마 관련 정신병리학의 구체성은 이러한 서비스의 배치를 개발하는 데 어떤 도움을 줄 수 있을까? 어떤 종류의 문제가 이러한 서비스의 결과로 바뀌기 쉬울까? 우리의 개입 모델은 아동의 트라우마 스트레스의 본질을 구체적으로 이해함으로써 트라우마를 가진 아동 한 명을 위해 이렇게 통합되고 수준 높게 조율된 서비스 체계를 제공하고자 고안되었다.

이 모델은 아동의 트라우마 스트레스 문제가 다음의 두 가지 요인에서 기인했다고 본다.

① 트라우마를 가진 아동은 스트레스 요소와 맞닥뜨렸을 때 정서 상태를 조절하는 것이 불가능하다.
② 현재 아동의 사회환경 및 돌봄 체계는 아동이 이러한 정서 상태를 조절하는 것을 적절하게 돕지 못한다.

우리의 치료법은 이와 같은 두 가지 중요한 문제점을 명백하게 다룬다. 즉, 아동의 부적절한 정서조절 체계와 아동이 자신의 감정을 조절하도록 도울 수 없는 사회환경 및 돌봄 체계다. 사회환경(예: 가족, 학교, 또래 집단, 이웃)은 아동이 자신의 감정 및 행동을 조절하는 것을 돕는 데 중요한 역할을 한다. 따라서 아동의 무능력은 아동을 돕는 하나의 혹은 여러 사회환경 문제를 의미한다. 동일하게, 정서 상태 조절의 무능력은 아동이 감정 및 행동을 자제하는 것을 돕는 돌봄 체계의 부적절성을 암시한다고 볼 수 있다. 이러한 부적절성은 다음과 같은 세 가지 잠재적 원인을 가지고 있다. ① 아동이 아직 돌봄 체계에 접근하지 못했다. ② 아동이 서비스 체계 혜택의 범주에서 벗어나 있다. ③ 아동이 받는 서비스가 감정 및 행동을 자제하는 것을 돕는 방법으로 불충분하다.

우리의 개입은 현재 아동의 정서조절 능력과 아동의 정서 조절을 돕는 사회환경 및 돌봄 체계의 능력 안에서 어떻게 다양한 서비스와 개입이 함께 연계되어야 하는지에 대한 안내라고 볼 수 있다.

치료는 널리 전파될 수 있어야 한다

제럴드를 치료하기 위해서는 치료를 지지하고 비용을 지불하는 단체 혹은 서비스 조직과 작업할 수 있어야 한다. 새로운 개입은 그것을 적용할 상담자, 단체, 서비스 조직의 재정과 인력 현실을 고려하는 것이 중요하다.

사용하기에 굉장히 비싼 '그림의 떡' 같은 개입 모델을 고안하는 것은 상대적으로 쉽다. 새로운 개입은 널리 전파될 수 있어야 한다. 즉, 명확한 방식으로 기술되어야 하고, 최신의 임상적 현실을 다루어야 하며, 이 어려운 작업에서 상담자들을 지지하기 위한 전략들을 포함해야 한다. 9장에서는 상담자들을 돕기 위한 전략들을 검토할 것이다.

우리는 대부분의 주에서 활용 가능한 서비스를 활용하여 개입방법을 만들었다. 여러 분야에 걸친 임상의 팀이 의뢰된 아동을 평가하고 치료한다. 이 팀은 정신과 의사, 심리학자, 사회복지사의 종합 팀의 전형으로, 다음 세 가지 예외적인 특징을 갖는다.

① 임상 기반의 치료에 가정과 지역사회에 기반한 치료를 제공할 능력이 있다.
② 서비스를 지지하는 데 중요한 자문 역할을 제공하는 아동 권리지원 전문가가 있다.
③ 매우 구체적이고 조작할 수 있는 평가와 치료 모델을 수행한다.

'예외' 라고 언급된 치료법의 향상은 제한된 추가 자원을 실행할 수 있는 방식으로 선택되었다.

① **가정, 지역사회에 기반한 개입:** 대부분의 주는 단기간의 가정 기반 개입에 기금을 댄다. 우리는 매사추세츠 저소득층 의료보조제도의 지원을 받은 가정 기반 팀과 종래의 종합적 상담 팀을 통합시켰다. 이러한 증진은 추가 비용이 들지 않았다.
② **아동 권리지원 전문가:** 많은 동반자 관계는 정신건강과 법적 자문 상담자, 로스쿨, 무료 법률회사 사이에서 구축될 수 있다. 예를 들면, 일반 상담기관에서 한 명의 법률가가 한 주에 두 시간씩 TST 팀에서 자원 봉사한다.
③ **평가와 치료 모델:** 이 책의 대부분은 우리 모델의 평가와 치료를 설명하는

데 사용되었다. 이 모델은 서비스와 개입이 합쳐지는 방법을 보여 주는 지도다. 이 점에 있어서 우리의 주된 목표는 임상적 유용성이다.

TST의 새로운 점

아동의 트라우마 스트레스를 위한 좋은 치료법이 이미 많이 소개되어 있다. 우리의 중요한 혁신 요인은 상담자가 그들의 사무실에서만 할 수 있는 방법을 뛰어넘어 다른 가능한 개입을 창조하는 것이다. 개입이 직접적으로 사회환경과 돌봄 체계를 강조하고, 특별히 정서 상태를 조절하는 데 있어 아동의 핵심 문제에 초점이 맞추어질 때 효율성은 높아진다. 트라우마 스트레스에 대한 기존의 개입 접근은 사회환경과 돌봄 체계를 치료 영역으로 충분히 끌어들이지 못하였다. 우리는 우리의 주된 혁신 중 하나가 다양한 의견과 접근을 트라우마 스트레스를 가진 아동들을 치료하는 데 검증할 수 있는 체계로 통합시킨 것이라고 믿는다. 다음과 같은 다양한 이론적 접근이 우리의 치료 방향에 영향을 끼쳤다.

아동발달

앞서 언급했던 대로, 우리는 특별히 사회환경과 아동의 신경계가 어떻게 상호작용하는지에 대한 생각에 영향을 받았다. 국립약물연구기관의 「뉴런에서 지역사회로(From Neurons to Neighborhoods)」 보고서(2000)에는 이 주제에 대한 주목할 만한 아이디어가 들어 있다. 애착과 자기조절에 관한 생각들 또한 우리의 접근법 발달에 중요한 영향을 미쳤다. 정신적 트라우마를 가진 아동의 별개의 정서 상태에 대한 Frank Putnam(1997)의 개념은 Peter Wolff(1984)의 유아발달적 과업에 근거한 것으로 3장에서 검토할 것이다. 애착, 자기조절, 뇌에 관한 Allan Schore(1994)의 작업은 트라우마 스트레스에 대한 Robert Pynoos의 발달적 정신병리학 모델(1993; Pynoos, Steinberg, & Wraith, 1995), 트라우마와 자기관리에 대한 Bessel van der Kolk의 생각(1994; van der Kolk & Fisler, 1994; van der Kolk et al., 1996), 트라우마와 뇌의 발달에 대한 Bruce Perry(Perry & Pollard, 1998; Perry, Pollard, Blakley, Baker, & Vigilante, 1995)와 Michael DeBellis(DeBellis, Baum, & Birmaher, 1999; DeBellis, Keshavan, et al., 1999)의 생각과 함께 우리의 의견에 강력한 영향을 주었다. 발달 개념을 공공정책 언어로 옮긴 Barry Zuckerman(Fitzgerald, Lester, & Zuckerman, 1995)의 작업 역시 매우 중요한 영향을 주었다.

정서의 뇌 처리과정

Joseph LeDoux의 책인 『느끼는 뇌(*The Emotional Brain*)』(1998)와 『시냅스와 자아(*The Synaptic Self*)』(2002)는 트라우마가 정서적 처리과정에 어떻게 영향을 주는지에 대한 우리의 생각에 영향을 주었다(2장에서 재검토). Antonio Damasio(1999), Stephen Porges(1995), Jaak Panksepp(1998), Allan Schore(1994, 2003), Bruce McEwen(1994)도 영향을 주었다.

사회생태학 접근

정신건강에 대한 Urie Bronfenbrenner(1979)의 사회생태학 모델은 2장과 4장에서 자세히 살펴보겠지만, 뇌와 사회생태학의 접점이 되는 이 모델(Bronfenbrenner & Ceci, 1994)은 더욱 확장되어 나가면서 우리 치료 접근법의 근본이 되었다. 이러한 생각은 Cicchetti와 Lynch(1993), Mary Harvey(Harvey, Milner, & Roberts, 1995), Anne Kazak(1996)에 의한 트라우마 스트레스로 확장되었다.

사회생태학 모델의 치료 적용

언급한 대로, Scott Henggeler와 동료들(1995, 1998)은 이 모델을 다체계적 치료법과 함께 아동 서비스에 가장 성공적으로 적용시켜 왔다. 이 선구적인 모델은 우리가 치료를 조작하는 방법에 강력한 영향을 주었다.

아동 서비스 체계

CASSP(Child and Adolescent Service System Program) 발의(Pumariega & Winters, 2003; Stroul & Freedman, 1994)는 앞서 언급한 대로 돌봄 체계가 어떻게 평가되고 결합되어야 하는지뿐 아니라 우리의 개입과 아동 서비스 체계 사이의 접점에 대한 우리의 생각에 큰 영향을 주었다.

트라우마 스트레스 치료

트라우마 스트레스에 대하여 경험적으로 검증된 개입법을 발달시키려는 생각은 우리의 치료 접근법을 구성하는 데 기초가 되었다. 특히 이런 노력은 Terence Keane(Keane, Fairbank, Caddell, & Zimering, 1989), Edna Foa(Foa, Rothbaum, Riggs, & Murdock, 1991), Patricia Resick와 Monica Schnicke(1992)의 업적을 포함한다. 아동에 대한 적용은 William Salztman과 Christopher Layne(Saltzman, Steinberg, Layne, Aisenberg, & Pynoos, 2001), Esther Deblinger(Deblinger, McLeer, & Henry, 1990), Judith Cohen과 Anthony Mannarino(Cohen & Mannarino, 1996; Cohen, Mannarino, Berliner, & Deblinger, 2000), John March와 Lisa Amaya-Jackson(March, Amaya-Jackson, Murray, & Schulte, 1998), Beverly James(1989)의 노력을 포함한다. 우리는 특별히 정서 조절을 향상시키는 데 목표를 둔 개입법에 큰 영향을 받았는데, Marsha Linehan(1993)과 Marylene Cloitre(Cloitre, Koenen, Cohen, & Han, 2002)

에 의해 발달된 개입법이 그 예라고 할 수 있다.

우리는 또한 Viktor Frankl(1962)에 의해 처음 제안된 치료법에 관한 생각들을 포함한다. Frankl의 책, 특히 『죽음의 수용소에서(*Man's Search for Meaning*)』는 수용소에서 생존한 자신의 경험에 근거한 것으로 트라우마에 대한 심리치료 접근을 설명했다. 이러한 생각들은 대중문화에 광범위한 영향을 미쳐 왔지만 학문 영역에서는 거의 논의되지 않았다. 16장(의미구성 기술)은 이러한 생각을 조직화하고 우리 치료법에 그것을 포함하는 것에 대한 것이다.

뇌 개입의 영향

뇌는 가소성이 있다. 부정적인 사건이 뇌에 피해를 입히는 것처럼 긍정적인 사건은 뇌를 도울 수 있다. 우리는 심리사회적 개입으로서 뇌 기능을 촉진하기 위한 정신생물학 치료법을 논하는 정신건강 학계의 최근 운동에 강한 영향을 받았다. 이 운동은 Eric Kandel(1998)의 중대한 논문 「정신의학을 위한 새로운 지적 체계(A New Intellectual Iramework for Psychiatry)」에서 소개되었다.

> 우리의 말이 환자들의 마음에 변화를 만들어 내는 한, 이런 심리치료 개입법이 환자의 뇌에 변화를 일으킬 가능성은 크다. 이런 관점에서 생물학적이고 사회심리학적인 접근은 결합된다(p. 466).

TST의 실행

트라우마 체계 치료(TST) 접근은 보스턴과 뉴욕 주에서 성공적으로 시행되고 있다. 우리의 초기 연구는 개방적인 치료를 시도하여 6개월에 걸쳐 보스턴과 뉴욕의 110개 가정으로부터 유의미한 효과를 선보였다. 연구 결과, 트라우마 스트레스 증상, 정서 및 행동 조절의 어려움에 유의미한 효과가 있었고 아동의 사회 환경의 안정성이 증가되었다. 중요한 점은, 이 가정들의 60%는 가정, 지역사회 기반의 강력한 치료법을 가지고 시작했고, 40%는 사무실, 임상 기반의 덜 강력한 TST로 시작하였다. 6개월 후에 이 비율은 40%만이 가정, 지역사회에 기반한 강력한 돌봄이 필요하고 60%는 사무실, 임상에 기반한 덜 강력한 돌봄이 필요한 것으로 완전히 뒤바뀌었다(Saxe, Ellis, et al., 2005).

이 책을 쓸 때 TST를 실행하기 위해 훈련받고 있는 미국의 8개 추가적인 기관이 있었다. 특정한 단체가 TST를 실행하는 방법에 있어 대단히 유연하다는 것을 주목하는 것은 중요하다. 단체들은 TST라는 '우산' 아래에서 적합한 서비스의 유형을 자유롭게 사용할 수 있고 적합한 서비스 환경을 만들기 위해 조직 사이의 협력관계를 맺는 데 다양성을 발휘할 수 있다.

우리는 이 다양한 유형과 협력적 창의성이 매우 중요하다고 믿는다. TST는 8년이 넘게 반복되는 과정으로 발달되어 왔다. 개념들은 임상적 유용성에 근거해 시도되었고 유지되거나 폐기되었다. 다양한 단체가 TST를 활용하고 그들의 필요에 따라 조정하기를 바란다. 우리는 TST가 유용한 도구라는 것을 알고 있으며, 그 유용성이 시간을 두고 점차 다양한 활용을 통하여 더욱 높아질 것을 믿는다. TST가 최종 결론이 아니라는 것은 말할 필요도 없다. 이 길에 함께한 당신을 환영한다.

TST 지침서 개요

이 책은 트라우마 스트레스를 경험하는 아동과 함께 TST 개입법을 활용하기 위한 지침서로 활용되어야 한다. 이 책은 다음과 같은 세 부분으로 구성된다.

① 근거(foundations)

② 적용(getting started)

③ 트라우마 체계 치료(TST) 실시

첫 번째 파트(2~5장)에서는 TST를 실시하는 데 필요한 이론적 배경을 언급한다. 두 번째 파트(6~9장)에서는 평가, 치료계획의 실제적 요소와 TST를 시작할 때 필요한 팀워크에 대해 설명한다. 세 번째 파트(10~16장)에서는 개입의 실제적인 접근을 제공하는 다양한 치료 모듈을 제시한다.

part 1. 근거

- 2장: 생존 회로

  발달하는 신경계와 트라우마 스트레스 문제를 만드는 사회환경의 상호작용을 설명한다.

- 3장: 정서 상태 조절

  스트레스 요인에 직면하였을 때 트라우마 스트레스 문제가 정서 상태를 조절하는 데 어떻게 무력해지는지 설명한다.

- 4장: 사회환경과 돌봄 체계

  가족, 학교, 또래 집단, 이웃과 문화를 포함한 사회환경의 다양한 상호작용 단계를 설명한다. 우리는 사회환경의 이러한 영역이 아동의 자기조절 능력을 어떻게 촉진시키거나 감소시키는지와 서비스 조직이 이러한 능력을 촉진시키기 위해 어떻게 해야 하는지 설명한다.

- 5장: 돌봄의 신호

  트라우마 스트레스 치료를 위한 치료관계의 중요한 역할을 점검한다. 우리는 치료적 동맹과 치료를 안내하기 위해 치료관계에서 얻은 정보를 활용하는 방법의 중요성을 강조한다.

part 2. 적용

- 6장: 열 가지 치료 원리

  TST를 진행하기 위한 열 가지 원리를 소개한다. 이 원리들은 〈표 1-1〉에 제시된 바와 같다.

표 1-1 열 가지 치료 원리

1. 무너진 체계를 조정하고 복원하기
2. 먼저 안전을 확보하기
3. 사실에 근거하여 명확하고 초점화된 계획을 만들기
4. '준비' 되지 않았을 때 '시작' 하지 않기
5. 최소한의 자원으로 작업하기
6. 책임, 특히 당신 자신의 책임을 주장하기
7. 현실에 맞추기
8. 당신 자신과 팀을 돌보기
9. 강점으로 시작하기
10. 더 좋은 체계를 만들어 남겨 두기

- 7장: 평가

  아동의 자기조절 능력과 사회환경/돌봄 체계 사이의 접점을 평가하기 위한 명백한 접근법을 제시한다. 이 평가 접근법은 치료계획을 수립하도록 돕는다.

- 8장: 치료계획

  평가에 대한 우리의 접근법에 근거하여 치료법을 구성하는 방법을 설명한다. 요약하면, 이것은 각 단계가 아동의 조절 능력과 사회환경 안정성의 다양한 단계에 상응한다는 점에서 상태에 맞게 맞춰진 치료법이다.

- 9장: 치료 팀

  다양한 분야에 걸친 팀워크, 지지적인 팀 분위기를 형성하기 위한 전략, 치료에 대한 신뢰를 유지하는 팀과 치료자의 헌신과 열정의 중요성에 대해 설명한다.

part 3. TST 실시

- 10~16장: 치료 모듈

지침서의 나머지 장들은 아동이 보이는 자기조절의 평가 수준과 아동의 사회환경에 포함된 안정성에 따라 다양한 종류의 개입을 제공하기 위해 실천해 볼 수 있는 지침들을 제시한다. 8장은 각각의 모듈이 특정한 평가 유형에 따라 어떻게 선택되었는지 안내한다.

- 10장: 시작하기

치료에 가족을 참여시키는 것의 잠재된 어려움을 논의한다. 치료에 가족을 성공적으로 참여시키기 위해 세 가지 중요한 영역을 알아본다. 치료 동맹 형성, 교육과 정보 제공, 실제적 문제 조사가 포함된다.

- 11장: 현장에서 안정화시키기

지역사회 기반 치료 모델이 트라우마의 징후를 보이는 아동을 치료하기 위한 다른 서비스 양식과 어떻게 결합되는지 설명한다. 우리는 상담자에게 집이나 지역사회에서 치료를 제공하고 다른 치료자들과 협력하도록 돕는 구체적인 기술을 제공한다. 이 치료 모듈은 아동의 사회환경에서 트라우마적 도화선을 감소시키는 데 중점을 둔다. 이 접근의 목표와 주된 치료 영역은 정서 조절, 환경 안정화다.

- 12장: 체계에서의 법적 권리 옹호

트라우마를 가진 아동의 사회환경의 불안정성을 변호하기 위해 전통적인 치료법과 함께 법적 권리지원을 활용하는 치료 접근법을 설명한다. 우리는 법적 권리지원이 상담자로 하여금 어떻게 사무실 안에서의 치료와 정신약리학을 넘어 가족의 변화를 돕고 회복을 방해하는 환경적 스트레스 요인을 극복하도록 할지 설명할 것이다. 우리는 또한 성공적인 심리적 · 법적 공동 작업을 위한 지침과 그러한 공동 작업이 트라우마 치료와 정신건강 관리에 갖는 함의에 대한 논의점을 제공할 것이다.

- 13장: 약물치료

약물치료는 TST의 통합적 부분이다. 이 장은 정신에 작용하는 약물이 트라우마를 가진 아동의 치료에 어떻게 적합하게 활용될 수 있는지와 아동의 정서 조절을 증진시키기 위한 전반적인 치료계획에서 약물의 역할을 설명할 것이다. 우리는 약물치료와 TST 모델의 심리치료의 관계에 초점을 맞추고 치료의 다양한 국면에서 약물치료의 다양한 역할을 설명할 것이다. 우리는 또한 치료 팀의 정신질환 자문위원 역할을 설명하고 정신과 의사와 팀의 그 외 사람들의 중요한 의사소통을 촉진하기 위한 실제적인 사항을 제공한다.

- 14장: 정서조절 기술

이 장의 주된 목적은 가족과 아동이 아동의 자기조절 기술을 향상시키도록 돕는 구체적인 전략과 활동을 상담자에게 가르치는 것이다. 특히 전략들은 아동과 가족이 ① 트라우마적 도화선, ② 아동의 정서 상태가 변하고 있다는 내외적 신호, ③ 아동이 자신의 정서를 조절할 수 있도록 돕는 개입법을 확인하도록 돕는다.

- 15장: 인지처리 기술

트라우마를 가진 아동이 트라우마를 상기시키는 자극에 대한 부적응적인 반응을 줄이고 궁극적으로는 트라우마 경험으로부터 의미를 구성하도록 돕는 구체적인 활동을 활용하는 방법을 상담자에게 가르친다. 우리는 상담자가 아동으로 하여금 ① 인지적 대응 기술을 포함하도록 정서 조절의 범주를 확장하고, ② 트라우마 사건을 둘러싼 생각에 대한 내성을 기르며, ③ 트라우마에 대한 생각과 관련된 정서의 강도를 감소시키도록 돕는 방법을 설명할 것이다.

- 16장: 의미구성 기술

내담자가 그들의 트라우마 경험으로부터 의미를 구성하도록 돕는 전략과 의견을 제공한다. 우리는 상담자가 ① 아동이 트라우마 경험에 대한 새로운 사고를 형성하도록 돕고, ② 아동이 그 경험으로부터 배운 중요한 교훈을 인지하고 설명하도록 도우며, ③ 아동이 자신을 재발견하고 미래를 위한 계획을 세우도록 돕고, ④ 아동이 트라우마로부터 배운 중요한 교훈을 희망에 대한 개인적 표현으로 전환하는 방법을 발견하도록 도울 수 있는 방법을 설명할 것이다.

• 17장: 결론

이 책은 트라우마를 경험한 아동을 돌보기 위한 효율적이고 통합적인 체계를 형성하는 데 관련된 공공정책과 관리조직에 TST가 공헌할 수 있는 역할들을 조명하면서 결론을 맺는다.

국립 아동 트라우마 스트레스 네트워크

우리는 트라우마 체계 치료의 발전을 후원한 물질남용과 정신건강 서비스 기관(Subatance Abuse and Mental Health Service Administration: SAMHSA)과 우리의 생각이 발전될 수 있는 환경을 제공한 국립 아동 트라우마 스트레스 네트워크(National Child Traumatic Stress Network: NCTSN, www.nctsnet.org)에 감사를 표한다. NCTSN은 아동의 트라우마 스트레스에 대한 국가적인 공공 건강관리를 역설하기 위해 2001년 10월에 SAMHSA의 자금 지원을 받았다. NCTSN은 다음과 같은 세 부분으로 구성되어 있다. ① 아동의 트라우마 스트레스 센터, ② 아동과 청소년의 다양한 트라우마 사건 유형을 위한 치료와 서비스 접근법을 확인하고 조력하고 향상시키며 발달시키는 역할을 하는 15개의 '개입 발달과 평가 센터', ③ 지역사회 장면에서 효율적인 치료와 서비스를 실시하고 평가하는 38개의 지역사회 치료와 서비스 센터가 그것이다.

NCTSN은 아동의 트라우마 스트레스 관리에 대한 최선의 실천을 발전시키고 실행하기 위하여 관리의 기준을 증진시키기 위한 잘 조정된 프로그램 네트워크로서 고안되었다. NCTSN 센터는 위험에 처한 아동을 위한 센터로, 보스턴 대학교 의학센터의 아동 정신의학부에 기초하고 있으며 개입 발달과 평가 센터들 가운데 하나다. TST를 발달시키기 위한 우리의 노력은 우리 센터의 주된 활동 가운데 하나다.

NCTSN의 사명은 "돌봄의 기준을 끌어올리고 트라우마를 가진 아동과 그 가족, 미국 도처의 지역사회에게 서비스에 대한 접근을 향상시키는 것이다." 우리는 이 사명에 대한 우리의 노력이 진실하다는 것을 당신이 알기 바라고 이 지침서가 당신의 영역에서 모든 아동을 돕는 데 활용되기를 바란다.

Part 1
근거

02

생존 회로
– 그 순간의 생존에 대한 트라우마 스트레스의 영향

학 습 목 표

- 생존을 위해 발달된 뇌 구조의 트라우마 스트레스 반응 이해하기
- 그 순간의 생존과 관련된 트라우마 스트레스 이해하기
- 트라우마 스트레스 반응과 관련된 신경계 발달 변인 확인하기
- 사회환경과 뇌 발달 간의 결정적 관계 살펴보기

트라우마 스트레스는 바로 그 순간의 생존(survival-in-the-moment)에 대한 반응이다. 몸과 뇌의 체계에 의해 조절되는 생존 반응을 가리켜 우리는 생존 회로(survival circuits)라고 한다. 생존 회로는 트라우마 사건을 처리하는 방법 및 이후 삶에서 그 경험들이 미칠 영향력에 관여한다. 여기서 우리는 트라우마 스트레스를 다루기 위해 이 생존 회로가 무엇인지, 그리고 그 의미가 무엇인지에 대하여 검토하면서 트라우마 체계 치료(TST)의 근거를 살펴보겠다. 우선 잠시 생존이란 무엇인지 생각해 보자. 어떤 논의든지 생존에 관해서는 19세기 영국의 위대한 연구자 Charles Darwin(1809~1882)의 업적으로 시작하게 될 것이다. 우리 대부분이 알고 있듯이, Darwin은 인류의 자연 발생적인 기원을 설명하기 위해서 진화론을 주장하였다. 그는 갈라파고스 섬의 동물 관찰을 통해 생존에 가장 잘 준비된 동물이 그들의 생존율을 높인 특성을 새끼에게 전파할 만큼 오래 살 가능성이 크다고 주장하였다. 생존을 향상시키는 특성들은

유지되고, 생존을 향상시키지 못하는 특성들은 사라진다. Darwin은 나중에 이를 적응과정이라고 하였다. 기존의 유기체에서 새로운 특성들이 갑자기 발달하기도 하는데, 이는 돌연변이(chance mutation)라 한다. 이 새로운 특성을 가진 이들은 번식하기에 유리하며, 그 종의 생명 활동에 이 특성이 통합된다. 수백만 년 동안, 종족들은 이 과정을 통해 살아남기 위한 많은 이점을 창출해 왔다.

Darwin의 진화론을 다룬 『종의 기원(*The Origin of Species*)』(1859)은 거의 150년 전에 출판되었지만, 최근 10년간 출판된 유전학, 분자생물학 그리고 발달신경과학 분야를 예상하고 신기원으로서의 역할을 한다. 생존 욕구는 우리의 생명 활동을 조각해 왔다. 이 조각은 수백만 년 동안 이뤄져 오고 있고, 우리의 유전자, 세포, 뇌 그리고 몸에서 생존을 향해 강력한 기제 역할을 하고 있다. 생존은 트라우마 스트레스의 중심에 있다. 트라우마 스트레스는 우리가 위험에 처해 있다고 느끼는 순간에 일어나며, 생존 회로는 그에 반응한다.

생존 회로

우리 인간은 진화 단계에서 최상층에 있다. 어떻게 우리가 그 위에 있는 것인가? 수백 년간 개선된 우리의 생물학적 조건은 우리에게 환경을 정복할 수 있는 놀라운 체계를 제공하였다. 우리의 생물학적 조건은 예술, 과학, 수학, 과학 그리고 문화 부문에서의 위대한 업적들을 창조할 수 있는 가능성을 제공하였다. 주변 환경을 조절하고 다양한 분야에서의 엄청난 진보를 이루기 위해서는 고차원의 신경생물 체계가 진화하여 적절하게 작동해야만 했다. 우리 생명 활동의 주요 부분이 이와 같이 강력하고 유연한 적응 능력을 가능하게 하였는데 그것이 바로 뇌, 특히 '대뇌 피질(cerebral cortex)' 이라 불리는 곳에 위치한 상위 뇌체계다.

기본 정서, 생리작용, 생존을 위한 행동 등을 조절하는 하위 단계 체계의 뇌는 하등동물의 뇌에서 발견된다. 또한 인간의 뇌 깊숙한 곳에서도 강력하게 남아 있다. 이와 같이 하위 신경생물학 체계가 우리의 생존을 유지하는 데 지대한 역할을 하기에 뇌의 상위 단계 체계가 위대한 업적들을 산출할 수 있는 것이다. 그러나 가장 진화된 뇌의 상위 단계 체계가 주변의 생존 위협을 감지하게 되면 위대한 작업들을 할 수 없게 된다. 그렇게 되면 수백 년간의 진화와 적응에도 불구하고 모든 신경생물학 체계는 오직 한 가지 목표만을 위해서 작동한다. 즉, '그 순간의 생존' 을 위해서다. 이미 언급하였듯이, 생존 회로는 그 순간의 생존을 위해서 반응한다. 삶에서 위험이 실제로 존재하지 않을 때, 트라우마 스트레스 문제를 일으키는 것은 바로 생존 회로다.

일단 이 강력하고 오래된 체계가 일어나면, 뇌와 몸은 생존을 위협하는 사건으로부터 살아남기 위한 단계에 접어든다. 이때 트라우마 스트레스를 가진 사람의 문제는 대부분의 경우 현재 직접적인 위협이 없다는 것이다. 개인의 뇌와 몸은 현재에 일어나는 과거의 위협에 반응한다. 트라우마 스트레스와 관련된 거의 대부분의 문제는 이들 강력한 생존 회로와 연관된다. 그러므로 트라우마를 가진 아동이 좀 더 적절하게 반응하도록 돕기 위해서는 겉보기에는 위험하지 않은 '자극' 이 어떻게 극단적인 생존 반응을 만들어 내는지 이해하는 것이 매우 중요하다.

미국을 포함한 거의 대부분의 국가에서 사용되며 이번에 새로이 개정되어 출판될, 모든 정신장애를 다룬 가이드북 『정신장애의 진단 및 통계 편람 제5판(*Diagnostic and Statistical Manual of Mental Disorders: DSM-V*)』에서는 트라우마 스트레스에 대한 정의에 이 생존 회로의 중요성을 포함시킬 것이다. 공포, 불안, 외상후 스트레스 장애(PTSD)를 포함하는 장애를 가진 집단을 위해 제안된 새 명칭은 스트레스 유발 및 공포 순환 장애(stress-induced and fear circuitry disorders)다(First, 2005). 이 장애는 이 장에서 제시된 생존 회로에 대한 설명을 통해 이해할 수 있을 것이다.

그 순간의 생존

앞으로 언급하겠지만, TST에서는 트라우마를 가진 아동의 삶에서 특정한 순간에 대한 이해를 매우 강조할 것이다. 핵심은 바로 이 순간이 생존 회로가 맞물리는 순간이라는 것이다. 아동이 생존 회로를 느끼고 행동을 하는 이 순간이 바로 그들 자신이나 주변 사람들에게 매우 문제가 되며 정신건강 개입이 필요한 때다. 만약 아동의 삶에서 이 순간이 감쪽같이 사라질 수 있다면 정신건강 개입은 필요하지 않을 것이다. 이미 언급했듯이, 트라우마 스트레스는 그 순간의 생존에 대한 것이다. TST에서는 아동의 생존 반응을 아동이 더 잘 성장할 수 있는 반응으로 대체하고자 한다.

생존 회로는 뇌가 생존을 위협하는 자극을 처리하고, 이 인식을 생존 유지 반응으로 전환하는 도구다. 트라우마 스트레스를 받는 경우 이와 같은 처리과정에서 근본적인 문제가 발생하여 상당히 부적응적으로 반응하게 된다. 이를 좀 더 온전히 이해하기 위해서는 잠재적으로 생존을 위협하는 자극과 잠재적으로 생존을 보호하는 반응이 뇌와 몸에서 어떻게 진행되는지 알아야 한다. 지금부터 우리는 트라우마 스트레스에 시달리는 한 아동의 사례를 보면서 이 근본 과정을 논의해 보도록 하겠다. 바로 그 순간에 드니즈에게 무슨 일이 일어나는지 생각해 보라.

드니즈는 엄마의 남자친구에게 성폭행을 당한 경험이 있는 16세의 소녀다. 친구들과 쇼핑몰에서 놀고 있을 때, 그녀는 한 사람을 보고 겁을 먹었다. 나중에 그녀는 그 남자가 엄마의 남자친구를 떠올리게 했다고 이야기했다. 드니즈는 극도의 불안을 느꼈고 성폭행의 기억이 물밀듯이 밀려왔다. 그녀는 자신이 어떻게, 어디로 걸어갔는지조차 기억하지 못했다. 나중에 그녀의 친구들은 그녀가 아무 반응도 하지 않고 화장실 한 칸 안에서 웅크리고 있는 것을 발견하였다.

드니즈는 그녀를 성폭행한 사람을 떠올리게 하는 어떤 사람을 만날 때까지는 평소에 생활을 잘해 왔던 사례다. 그녀가 그 사람을 보았을 때, 그녀의 뇌는 '그 순간의 생존' 상태로 빠르게 변화했다. 이 순간이 바로 TST를 통해 이해되고 다루어져야 하는 때다.

드니즈는 대체로 잘 지내 왔다. 대체로 그녀 뇌의 상위 단계 체계인 전두엽은 역할을 잘 수행해 왔다. 어느 땐가 드니즈는 친구들과 즐거운 시간을 갖기 위해 쇼핑몰에 갔다. 그녀는 행복했고, 친구들과 잘 어울렸으며, 매우 차분한 상태였다. 그러나 그녀는 바로 그 남자를 보았을 때 극도로 두려워하면서 해리 상태에 이르렀다. 극도의 공포와 해리의 상황은 전적으로 생존을 위한 것이다. 트라우마를 가진 아동은 스스로 생각하고 진정하고 달랠 수 있는 능력 없이 자극(트라우마를 떠올리게 하는 것)에서 반응(극단적인 정서 상태)으로 간다. 이 반응은 즉각적이고 극단적이며 의식적 조절이 불가능할 수 있다. 개입의 핵심은 아동이 트라우마를 떠올리게 하는 것에 직면했을 때 스스로 진정할 수 있도록 돕는 것이다. 그리하여 그들은 그 순간에 생존하기 위한 극단적 상태에 이르지 않을 수 있다. 드니즈는 즉각적으로 자극에 의해 이러한 극단적 상태에 이르렀다. 만약 그녀가 반응하기 전에 생각할 수 있도록 도와주는 개입이 있었다면, 그녀는 스스로를 진정시키고 달랠 수 있게 되어 그러한 극단적 반응이 일어나지 않았을 것이다.

개입의 주요 목표 중 하나는 자극에 의해 바로 극단적 반응에 이르는 것을 막는 것이다. 트라우마를 가진 아동의 결정적인 문제는 그들이 트라우마를 떠올리게 하는 것들로 뒤덮인 환경 안에서 살고 있다는 것이다. 예를 들어, 지속되고 있는 가정폭력, 공동체 폭력, 부모의 약물남용, 정신병리 등의 스트레스는 트라우마를 입은 아동에게 종종 일상생활의 일부가 된다. 이럴 때 어떻게 아동이 위협에 대한 반응으로 일어나는 감정과 행동을 조절하면서 위협이 가득한 세상을 헤쳐 나가겠는가? 모든 아동은 반드시 그 사회환경으로부터 오는 신호들을 인식하고 조절하여 적절하게 반응하여야만 한다. 그러나 어떠한 큰 소리도 분노로 듣거나 반 친구의 장난스러운 밀침도 공격으로 느끼는 트라우마 스트레스를 가진 아동이 어떻게 이러한 것을 배워 나갈 수 있겠는가? 지속적으로 가정 내 또는 공동체의 폭력에 노출되거나, 부모의 정신병 또는 약물남용을 견디고 있거나, 노숙자가 될 위기에 당면한 아동은 이러한 과업을 배우는 것이 얼마나 더 힘이 들 것인가? 이와 같은 질문들이 이 개입 모델에서 다루고자 하는 것이다.

드니즈가 그 당시 극단적인 정서적 · 행동적 변화로 반응하지 않고 엄마의 남사친구를 연상하게 하는 사람의 특성에 대해 생각할 수 있었다면, 그녀는 그 남자가 엄마의 남자친구가 아니라는 것을 이해하고 좀 더 적응적인 반응을 했을 수도 있었을 것이다. 만약 드니즈가 이와 같이 생각하는 능력을 개발한다면 좋은 일들이 매우 많이 일어날 수 있을 것이다. 이와 같이 생각하는 능력은 앞서 언급했던 뇌의 상위 단계 체계를 사용하는 것이 필요하다. 다시 이야기하자면, 이 상위 단계 체계는 바로 그 순간의 생존을 위한 상황에서는 하위 단계 체계에 의해 약화된다. 어떻게 뇌의 상위 단계 체계가 위협적인 상황에서 여전히 기능할 수 있을까? TST는 트라우마를 가진 아동의 뇌가 이를 수행할 수 있도록 고안되었다.

TST는 트라우마를 가진 아동들이 종종 트라우마를 떠올리게 만드는 것(자극)들로 가득한 환경에서 살고 있고, 그들이 정서적으로나 행동적으로 반응하는 능력이 제한적이라는 것을 이해하는 데서 시작한다. [그림 2-1]에서 제시하듯이, 그들은 자극에 의해 극단적이고 즉각적인 반응으로 간다(그 순간의 생존을 위한 상태). 이때 [그림 2-2]와 같이 사회환경적 개입과 자기조절적 개입의 두 가지 개입이 도입될 수 있다. 사회환경적 개입은 트라우마를 일으킬 수 있는 사회환경 요소(자극)를 찾고 그것을 약화시키려는 것이다. 자기조절적 개입은 아동이 자극에 대해 즉각적으로 반응하는 능력을 조절할 수 있도록 심리치료적, 약물치료적 방법을 사용하는 것이다. [그림 2-3]에서 볼 수 있듯이, 자극이 줄어들면 아동은 반응을 조절할 수 있는 능력이 증가한다. 그래서 대안적 반응을 발달시

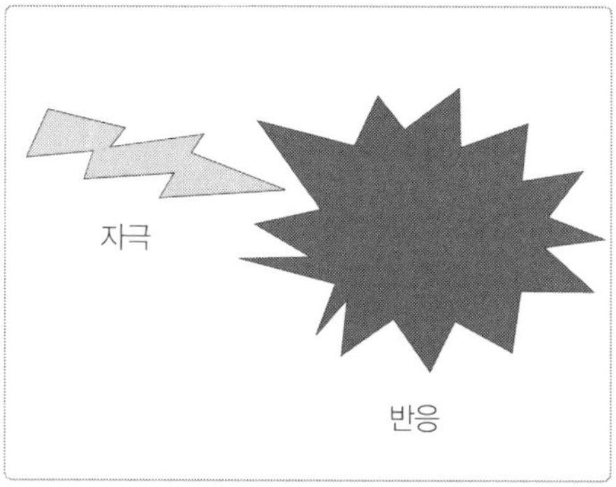

[그림 2-1] 아동의 트라우마 스트레스에 대한 즉각적이고 극심한 반응

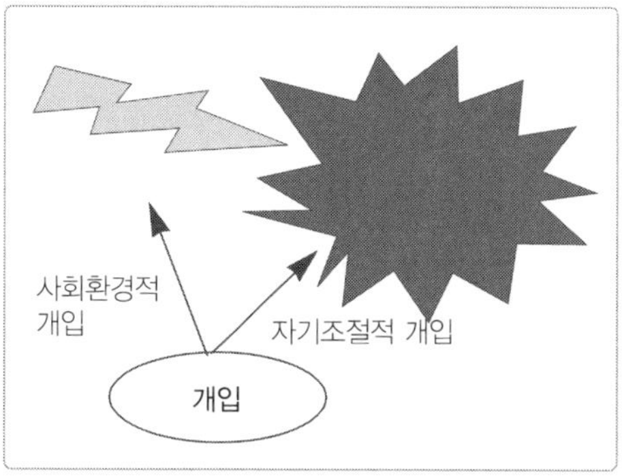

[그림 2-2] 트라우마 스트레스 반응에 대한 두 가지 개입방법

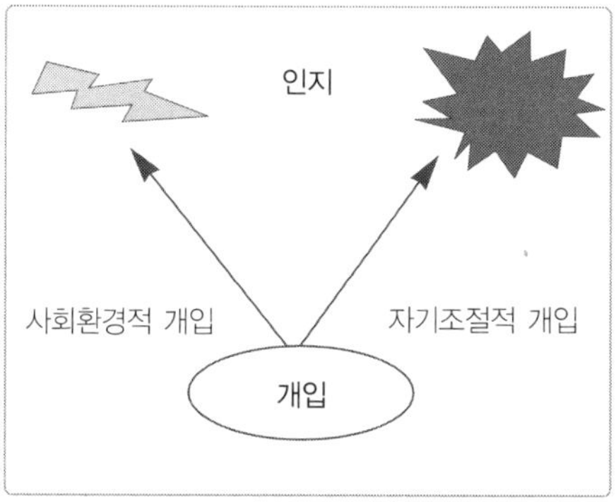

[그림 2-3] 트라우마 반응을 조절하는 인지의 쐐기

킬 가능성이 생긴다. 그림에서 알 수 있듯이, 우리는 이 개입을 가리켜 인지의 '쐐기(wedge)' 라고 한다.

동물원에서의 그 순간

이 개입이 어떻게 작동하는지 좀 더 잘 이해하기 위해서 당신 기억 속의 스트레스를 주는 자극과 반응 간의 어떤 순간을 한번 둘러볼 수 있다.

당신이 다음과 같은 상황에 있다고 한번 상상해 보라.

> 당신은 생각에 잠겨서 길을 걷고 있다. 햇살이 화창한 괜찮은 날이다. 당신은 차분한 상태다. 갑자기 빛으로부터 어떤 물체가 당신 쪽으로 향하는 것을 알게 된다. 당신은 얼어붙어서 그 자리에 멈춰 선다. 당신의 심장은 쿵쾅거리기 시작한다. 땀이 난다……. 당신을 향해 다가오는 물체가 사자임을 확인한다……. 그리고 그 사자가 우리 안에 있음을 확인한다……. 당신은 동물원에 있다. 당신은 동물원에서 가던 길을 마저 가고, 유쾌한 하루를 다시 보낸다.

이 시나리오에 묘사된 순간은 아마도 채 2분이 걸리지 않을 것이다. 이 시간 동안에 당신의 뇌에서는 여러 가지 활동이 일어나는데, 이는 생존에서 정서 신경체계와 이 체계의 통합적 역할을 보여 준다. 이는 트라우마 스트레스의 본질에 대해서 이해하고자 할 때 매우 중요하다. 이것은 ([그림 2-4]와 다음 논의에 제시되어 있듯이) 뉴욕 대학의 신경과학자인 Joseph LeDoux의 연구에 의해서 제시된 순간이다. 그는 뇌에서 일어나는 정서과정, 특히 공포와 관련된 가정에 대해 선구적인 역할을 하고 있다. 그가 쓴 『느끼는 뇌(*The Emotional Brain*)』(1998), 『시냅스와 자아(*Synaptic Self*)』(2002)는 뇌가 자극을 처리하는 과정과 그 순간에 생존하는 것에 대해 이해하는 데 도움이 된다. 또한 정서, 기억 그리고 의식이 어떻게 들어맞는지에 대해 논의할 때 Antonio Damasio의 『의식의 감정(*The Feeling of What Happens*)』(1999)을 언급할 것이다. 이와 같은 방대한 연구들에 대해 이 짧은 장에서 모두 공정하게 언급하기는 쉽지 않다. 그래서 논의의 일부는 과도하게 단순해질 것이다. 그중 트라우마 스트레스의 본질과 그에 따른 개입에 대한 이해를 돕는 뇌의 정서과정 요소들을 살펴보자.

LeDoux에 따르면, 뇌에는 두 가지 정서과정 체계가 있다. 두 체계는 긴밀하게 작동하며, 우리는 이 별개의 체계가 존재하는지 거의 알 수 없다. 이들 체계는 우리가 생존하는 데 매우 중요하며, 이는 앞서 언급한 뇌의 상위 단계 체계와 하위 단계 체계와 거의 일치한다. LeDoux는 이 두 체계를 정서과정의 '낮은 부하(low load)' 와 '높은 부하(high load)' 로 부른다. 그리고 우리는 이들 체계를 함께 가리켜서 생존 회로라고 한다.

[그림 2-4]는 정서과정의 이 두 길을 제시한다. 이 그림에서 볼 수 있듯이, 동물원의 사자라는 자극은 감각시상(sensory thalamus)을 통해 두 가지 다른 길로 전달된다. '낮은 부하' 통로는 편도체라는 곳으로 바로 가서 우리 몸이 긴급 상황에 대비하도록 한다. 이 통로는 감각 정보가 매우 빠르게 전달되어 유기체가 위험에 관한 기본 정보를 갖도록 한다. 이 통로는 부지불식간에 일어나고 앞뒤 맥락 정보를 갖고 있지 않다. 이는 빠른 대신 구체적이지 않아서 당신이 먹히기 전에 바로 반응할 수 있게 한다! 다른 통로(높은 부하)는 피질 부분(감각 피질, 전

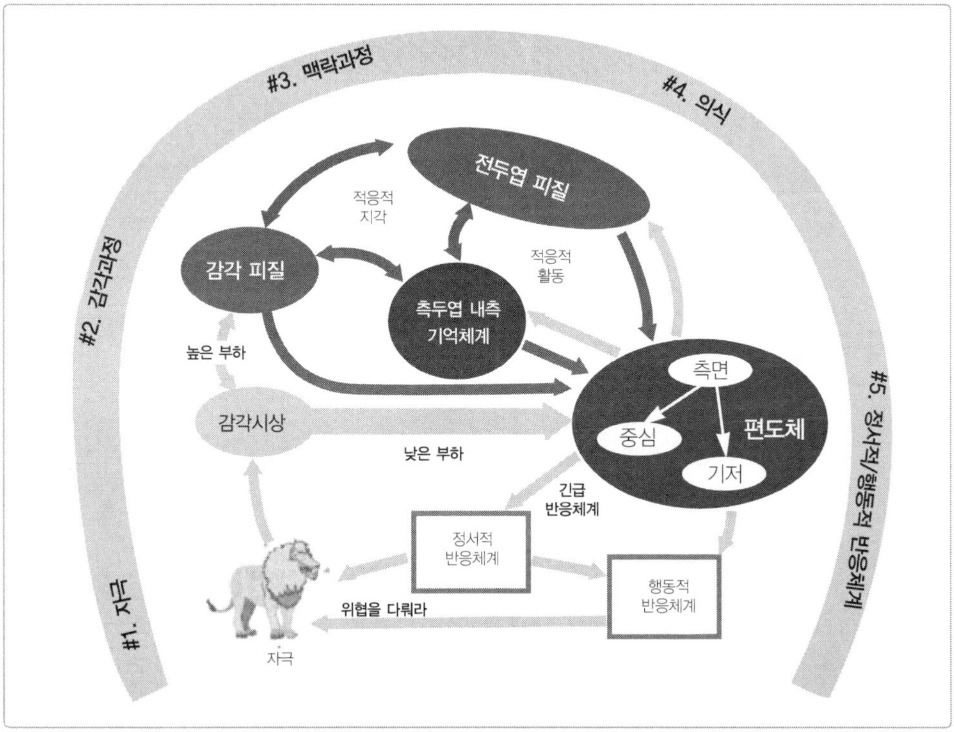

[그림 2-4] **생존 회로**
흐린 화살표는 위험 신호의 전달, 짙은 화살표는 위험 또는 안전 신호의 전달

두엽 피질 그리고 측두엽 내측 기억체계)으로 위험 신호를 보내고, 위협 정도를 평가하며, 자극이 위험인지 안전인지에 관해서 편도체에 신호를 보낸다. 이 과정은 그 순간에 가장 적절한 반응을 결정하는 데 중요한 역할을 한다.

감각 피질, 측두엽 내측 기억체계 그리고 전두엽 피질에 의해서 공유된 정보과정은 자극을 정확하게 인식하고 이를 통해 적절한 반응을 하고 있는지 결정하는 데 매우 중요하다. [그림 2-4]에서 흐린 화살표들은 위험을 알리는 신호의 전달을 보여 준다. 짙은 화살표는 위험 또는 안전의 신호의 전달을 보여 준다. 높은 부하 뇌체계(감각 피질, 전두엽 피질 그리고 측두엽 내측 기억체계)에서 편도체로 향하는 안전 정보는 편도체의 반응을 줄이고 정서를 통제한다. 이 높은 부하 체계로부터 위험 정보가 오면 낮은 부하, 바로 그 순간의 반응이 지속된다. 예를 들어, 당신이 마주한 사자가 정말로 우리에서 뛰쳐나온 경우라면 이와 같은 정보가 전달될 것이다. 편도체 또한 바로 높은 부하 체계로 돌아갈 수 있다. 위로 향한 흐린 화살표와 같이, 이 통로는 트라우마 기억의 본질을 이해하는 데 매우 중요하다. 트라우마 스트레스에서 이 개념과 회상 자극이 관련 있음을 알 수 있다.

자극, 감각, 맥락, 의식 그리고 반응

동물원 사자의 자극과 당신이 정서적/행동적 반응을 할 때 당신의 뇌를 살펴보면 LeDoux의 정서과정의 높은 부하, 낮은 부하를 통해 확인한 뇌과정의 다섯 가지 요소를 확인할 수 있다. 이 다섯 가지 요소를 함께 생각해 보면 트라우마 스트레스를 가진 사람의 경험, 증상 그리고 기능의 많은 부분을 이해할 수 있다. 이들 다섯 가지 요소가 반드시 개별적으로 작동하는 것은 아니고, 자극이 들어올 때 어떤 때는 병행할 수도 있다는 것을 잊지 말라.

1. 자극

외부 세상에 대한 사람들의 반응은 그들이 이 자극들을 어떻게 느끼는지에 달려 있다. 대부분의 자극은 삶이나 일신에 위협으로 나타나지 않는다. 그러나 어떤 자극은 위협으로 느껴진다. 이를 구분하는 방법은 생존과 적절한 반응을 하는 데 매우 중요하다. 동물원에서 당신은 자극과 마주쳤다. 당신은 결국 어떻게 안전하다고 결정했는가? 사자가 당신에게 다가올 때 당신을 공격하지 않을 것이라는 것을 확신하기까지 얼마나 오래 생각했는가? 쇼핑몰에 있던 드니즈의 경우는 어떠한가? 그녀는 자신을 향해 걸어오는 한 남자를 어떻게 삶의 위협으로 인식했는가? 그 판단은 반응에 어떻게 영향을 미쳤는가? 다음에 추가 설명을 하겠지만, 이런 판단의 대부분은 부지불식간에 이루어진다. 그래서 그 순간에는 생존을 위한 반응을 포함한 그 정보가 완벽히 인식되지는 못한다. 이와 같은 반응들이 의식의 바깥에서 이루어진다는 것은 매우 다행이다. 의식과정은 시간이 걸린다. 그래서 사자가 당신에게 걸어오는 것이 위협인지 아닌지 생각하는 사이에, 당신은 아마 잡아먹힐 것이다(예를 들어, 사자가 우리에서 탈출했을 경우).

2. 감각과정

우리가 느끼는 모든 자극은 감각시상이라 불리는 곳을 통해 들어온다. 자극은 감각시상의 다섯 가지 감각을 통해 받아들여진다. 당신과 드니즈가 앞서 경험한 자극은 시각적 자극이다. 동물원의 사자나 쇼핑몰의 남자에 대한 시각적 자극은 감각시상을 작동시켜서 두 가지 가능한 방향으로 향한다. 하나는 상위 단계 과정의 감각 피질로 자극의 의식적인 인식을 포함한다. LeDoux는 이 방향을 '높은 부하' 라 불렀다. 다른 방향은 편도체의 측면 세포핵으로 바로 향한다('낮은 부하'). 편도체에 대해서는 바로 뒤의 정서적/행동적 반응체계에 대해서 논의할 때 좀 더 다룰 것이다. 기억해야 할 것은 이 낮은 부하는 매우 빠르고 부지불식간에 일어난다는 것이다. 낮은 부하 과정은 매우 빠르게 위협과 관련된 정보를 편도체로 전달하는 것이다. 그러면 이 편도체는 비상조치를 하기 시작한다. 이런 정보는 맥락적 정보를 포함하고 있지 않다. 위협이 발생하면 빠르게 작동하기 위해서 구체적 정보를 희생시키고, 생존할 수 있는 기회를 최대화하는 반응을 하게 하는 것이다. 높은 부하—감각 피질, 측두엽 내측 기억체계(특히 '해마[hippocampus]' 라 불리는 구조) 그리고 전두엽 피질을 포함한다—는 자극이 주어졌을 때 상황에 대한 구체적인 정보를 얻어서 가장 적절한 반응을 가능하게 한다. 이 체계는 함께 작동하여 개인이 위협적인 자극을 어떻게 처리해야 할지 알게 한다. 그러기 위해서는 감각 피질이 이와 비슷한 자극 경험을 가지고 있는 장기기억과 맞물려야 한다. 측두엽 내측 기억체계는 자극을 적절한 시간과 장소에 제시하여야 한다. 그리고 전두엽 피질은 생각하고 있는 행동이 일어날 수 있도록 이 정보를 개인의 직접적인 인식(작동기억)에 전달해야 한다. 낮은 부하의 편도체 체계는 완벽하지 않은 정보를 빠르게 전달한다. 그리고 이와 같이 완벽하지 않은 방법으로 기억을 저장한다. 아마도 이로 인해서 사람들이 트라우마 사건을 떠올리면 플래시백을 경험하는 것으로 보인다. 본질적으로 플래시백은 정서가 포함된 기억의 조각 또는 번득임을 말한다. 이와 같은 기억 저장소는 무의식적이고, '암묵적 정서 기억체계(implicit emotional memory system)' 라고 불린다. 이와 같은 기억체계는 생존 위협 자극의 기억을 갖고 있기 때문에 매우 중요하다. 즉, 그와 같은 자극이 다시 닥쳐 오면 생존을 향한 반응이 매우 빠르게 일어날 수 있다. 그러나 이 저장소는 매우 불완전해서 어떤 때는 위협 자극을 잘못 인식하기도 한다. 이것이 드니즈가 쇼핑몰에서 한 남자를 봤을 때 그 순간의 반응을 즉각적으로 보인 이유다.

3. 맥락과정

앞서 언급했듯이, 낮은 부하 편도체 체계는 맥락이 없이 작동한다. 그것은 오직 생존에만 관심이 있다. 측두엽 내측 기억체계, 특히 해마는 맥락 정보를 제공한다. 이 체계는 자극의 적절한 시간과 장소를 명확하게 이해하도록 돕는 대뇌 피질의 장기기억체계를 통해, 감각 피질 그리고 다른 상위 단계 대뇌 피질과 함께 작동하여 정확하고 맥락이 포함된 정보를 제공한다.

주어진 자극을 적절한 시간과 장소에 배치하여 명확하게 이해하는 능력은 매우 중요하다. 사자 자극이 생존을 위협하는 것이 아니라는 것을 어떻게 알게 되었는가? 당신은 사자를 동물원에 위치시키고 이를 장기기억 속에 있는 동물원에서의 경험과 연결할 수 있다. 동물원의 사자에게 공격당한 기억이 없고 동물원에서 즐거운 시간을 보냈으며 동물원의 사자가 안전하다는 것을 알고 있는 당신은 동물원에서 안전하다고 느끼고 유쾌한 하루를 계속 즐길 수 있을 것이다. 사실 당신의 처음 반응(심장이 두근거리고, 땀이 나며, 발이 움직여지지 않는 것 등)은 낮은 부하 편도체 체계에 의해 영향받은 것이다. 그러나 이 반응은 매우 빠르고 부지불식간에 끝이 나서 그것이 일어났는지 거의 의식할 수 없다. 무엇이 이 즉각적인 낮은 부하 반응을 멈추게 했는가? 그의 측두엽 내측 기억체계는 당신이 포함되어 있는 맥락을 정확하게 인식할 수 있도록 정보를 제공하여 안전하다는 것을 알린다. 이 정보에는 당신이 이전에 동물원을 많이 다녀왔다는 것, 사자에게 한 번도 공격을 당한 적이 없다는 것, 사자에게 공격을 당한 사람을 본 적이 없다는 것, 동물원의 사자는 대체로 우리를 벗어나지 않는다는 것 등을 포함한다. 이 정보에 이르면 당신 몸의 긴급한 반응들은 줄어들고, 차분해져서 긴장한 다음 순간만을 느끼게 된다. [그림 2-4]에서 볼 수 있듯이, 짙은 화살표(안전 정보를 전달할 때)는 측두엽 내측 기억체계에서 편도체로 조절하는 반응을 보인다.

4. 의식

의식한다는 것은 인식하고 있음을 의미한다. 그 순간에 자극, 반응, 그리고 몸의 정서 상태를 인식한다는 것이다. 이는 자극을 인식하고, 그에 반응하며,

몸의 상태를 느끼는 주체(당신)가 있다는 것을 인식하는 것이다. Antonio Damasio가 말했듯이, 의식한다는 것은 그 순간의 자기와 대상(자극)을 연결하는 것이다. 그러므로 의식은 기본적인 정체성, 또는 당신이 누구인지에 대한 생각, 느낌과 매우 관련이 깊다. 앞서 언급했듯이, 자극과정과 반응이 일어나는 것은 거의 대부분 인식되지 않으면서 이루어진다. Antonio Damasio에 의하면, 의식은 이 과정이 우리의 인식에 닿을 때 또는 우리가 '빛을 쐬러 갈 때'를 말한다. [그림 2-4]에서 알 수 있듯이, 의식은 전두엽 피질에 강한 영향을 받는다. 이는 그 순간에 정보들을 계속 의식할 수 있는 작동기억이라 불리는 부분과 관련이 있다.

의식은 트라우마 스트레스에서 매우 중요하다. 동물원을 거닐 때, 당신은 처음에 생각 속에 빠져 있었고 동물원에 있다는 것을 잠시 의식하지 않았다. 물론 어느 순간에 당신의 관심을 그 생각들로부터 당신이 하고 있는 것(동물원을 걷는 것)으로 쉽사리 돌릴 수 있었을 것이다. 그런데 만약 그럴 필요가 없다면 동물원에 대해서 완전히 의식하지 않을 수 있다는 것은 좋은 일이다. 우리는 포함된 배경에 대해서 항상 의식하지 않을 수 있어서 다른 일들에 관심을 전환시킬 수 있고, 뇌의 상위 단계 체계가 대단한 업적들을 해 낼 수 있는 것이다. (어쩌면 당신은 동물원을 거닐면서 심포니를 작곡할 수도 있고, 과학 문제를 풀 수도 있으며, 여러 사람 간의 갈등을 풀려고 할 수도 있을 것이다.) 의식적 생각은 실험적 행동이다. 우리가 반응하기 전에 조심스럽게 그 반응에 대해서 생각해 볼 수 있게 한다. 이것이 바로 [그림 2-3]에 제시한 인지의 쐐기다. 인식은 우리가 참여하기 원하는 어떤 것으로 관심을 돌릴 수 있는 능력을 포함한다. 그런데 위험에 처했다는 것을 의미하는 자극을 인식하면 다른 것을 하기가 정말 어려워진다. 이것은 당신이나 드니즈에게 어떻게 영향을 미쳤는가?

당신은 동물원을 거니는 동안 생각 속에 잠겼다. 어느 순간 동물원이라는 공간에 당신이 있었기 때문에 당신에게 다가오는 사자의 형태가 당신의 인식에 침입했다. 이를 의식하기 전에 당신의 '낮은 부하' 체계는 빠르게 작동한다. 당신의 '낮은 부하' 체계가 작동한 바로 다음 순간, 당신의 '높은 부하' 체계는 당신이 사자를 느끼고, 동물원에서 이전에 사자를 보았던 기억과 비교를 하고, 당신의 현재 배경(동물원)을 정확하게 떠올리고, 이와 같은 정보들을 의식하도록 한다. '높은 부하' 체계 각각—감각 피질(정확한 인식), 측두엽 내측 기억체계(맥락), 전두엽 피질(의식)—은 편도체에 안전하다는 신호([그림 2-4]의 짙은 화살표를 보라)를 보내어 당신이 다시 그 하루를 즐길 수 있도록 한다. 드니즈가 한 번 자극을 받았을 때, 슬프게도 그녀는 쇼핑몰에서의 즐거운 시간으로 주의를 돌리는 것이 거의 불가능했다. 엄마의 남자친구를 떠올리게 한 그 남자라는 자극은 위험을 알렸다. 그녀의 '낮은 부하' 편도체 체계는 빠르고 극단적인 반응을 해 버렸다. 그녀의 '높은 부하' 체계는 그 남자가 엄마의 남자친구가 아니고 그녀가 좀 더 안전한 공간인 쇼핑몰에 있다는 것을 말해 줄 만큼 그 자극을 정확하게 인식할 수 없었다. 즉, 그녀의 의식에 나타난 것은 과거의 폭행당했던 경험뿐이었다. 의식은 시간, 장소 그리고 사람에 대한 지향성을 띤다. 그 순간, 그녀는 그때가 언제인지, 거기가 어디인지, 자신이 누구인지 혼란에 빠졌던 것이다. 그녀는 작은 소녀였고, 그녀의 침실에 있었고, 폭행당하고 있었다.

LeDoux(2002)는 당신이 동물원에 갔을 때 어떻게 평화롭고 차분할 수 있었는지, 드니즈가 쇼핑몰에 갔을 때 어떻게 그렇게 겁먹었는지 또 다른 방법으로 설명하고 있다. 즉, 편도체에 의해서 '정서가 의식을 마비시킨다.' (p. 226)는 것이다.

편도체에 의해 정서가 의식을 마비시킨다(LeDoux, 2002, p. 226).

다시 말해, 스트레스를 주는 자극이 제시되면 정서 신경체계가 매우 압도되어 높은 부하 과정(즉, [좀 더] 느리고, 차분하고, 연결되고, 문맥이 있고, [좀 더] 의식적인)보다는 낮은 부하 편도체 과정(즉, 빠르고, 파편화되고, 문맥 없이, 흥분된)을 통해 개인의 의식에 들어온 것들이 영향을 받는다. 드니즈가 쇼핑몰에서 한 남자를 봤을 때 편도체는 적대적인 대체로 옮겨 갔다. 당신이 사자를 봤을 때 상위 단계 체계는 그에 맞섰다(사자가 아닌 편도체).

5. 정서적/행동적 반응체계

낮은 부하 통로를 통하는 편도체는 몸이 생존하고 반응할 수 있도록 빠르고 강력하게 영향을 미친다. 즉, 이는 몸의 정서적/행동적 반응체계와 연관된다. 이 체계는 위험이 닥쳤을 때 매우 빠르게 반응할 수 있도록 몸을 움직이므로 생존을 위해 매우 중요하다. 너무 빨라서 사람들은 그 반응을 인식하거나 의식하지 못한다. [그림 2-4]에서 보이는 것처럼, 편도체의 측면 세포들은 감각시상(낮은 부하)과 감각 피질, 측두엽 내측 기억체계와 전두엽 피질(높은 부하)로부터 얻은 정보들을 통합한다. 그다음 그것은 강력하고 진화적으로 주도된 신체 반응을 안내하기 위하여 이 정보를 이용한다.

편도체의 측면 세포로부터 나온 길들은 '반응할' 신체체계를 다스리기 위해 중심 세포로 이어진다. 이것은 시상하부-뇌하수체-부신(HPA) 축을 경유하는 호르몬 체계를 포함하는데, 코르티솔 호르몬(부신 피질에서 생기는 스테로이드 호르몬의 일종)을 이용함으로써 에너지 비축량을 방출한다. 심장을 활성화시키고 위협에 집중하는 뇌교(중뇌[中腦]와 연수[延髓] 사이의 중추신경 조직) 양쪽에 있는 작은 세포/노르에피네프린(부신수질[副腎髓質] 호르몬) 체계, 유수의 미주신경으로부터 사회적 관여나 고정, 또는 무수초의 미주신경으로부터 동결을 증가시키는 다수의 미주세포 체계가 관련된다(Porges, 1995).

이러한 체계는 또한 편도체와 우선순위의 피질 체계에 피드백하고, 결과적으로 우리 신체가 느끼는 상태에 대한 인식이 이루어진다. 정서는 신체의 상태에 대한 느낌을 인식하는 것이다(Damasio, 1999). 자기자각의 과정은 극히 조절적이다. 그것은 사람들이 정서를 효과적인 행동에 대한 신호로 사용하게 하고 다음 장에서 상세히 설명될 정서 조절의 중요한 과정으로 강조한다. 우리는 14장에서 설명하듯이 이 분야에 대한 기술을 쌓기 위해서 각자의 정서 상태 인식에 대한 이해를 사용한다.

편도체의 중심 세포에 영향을 받는 정서적 반응체계는 편도체의 기저 세포에 의해 영향을 받는 동기적/행동적/보상 체계와 강한 관련성을 갖는다. 그러면 기저 세포는 위협적인 자극을 다루기 위해서 행동 반응(싸우기, 뛰기, 소리 지르기 등)을 이끌기 시작한다. 이 경로는 '측좌핵(nucleus accumbens)' 이라고 불리는 구조에서 시작하고 신체적 신경과 근육이 위협을 다룰 수 있도록 지시한다. 편도체 중심 세포의 정서적 반응체계가 또한 이 동기적/행동적/보상 체계에 연결되어 있다는 점도 중요하다. 후자의 경로는 측좌핵 안에서 도파민을 방출하게 하는데, 이것은 신호에서 기저 편도체까지 반응을 용이하게 한다. 이 연관의 중요한 실제적 결과는 생존 관련 정서가 명확하게 생존 관련 행동을 야기한다는 것이다. 정신적 트라우마 스트레스를 가진 아이의 경우, 생존 관련 행동은 폭력, 자해나 자살이 될 수 있다. 이런 행동은 대개 공황, 극심한 분노, 분열, 우울과 같은 극단적인 정서 상태를 따른다. 7장에서 상세하게 설명하고 있는 것처럼, 우리의 평가 접근은 이러한 기본적 신경생물학적 과정을 조작할 수 있게 한다.

드니즈의 경우는 어떠한가? 이미 언급했듯이, 드니즈는 그녀가 정확하게 자극을 판단하고 소핑몰에서의 상황을 순간으로 가져갈 수 있도록 도와줄 높은 부하 체계를 가지고 있지 않다. 따라서 그녀의 반응은 감각시상에서 나와 편도체의 측면 세포까지 이어지는 매우 빠른 길에 의하여 전체적으로 영향을 받았다. 동기적/행동적/보상 체계는 이 정서 상태에서 화장실까지 뛰어가서 꼼짝 못하고 있도록 만들었다. 앞서 설명했듯이, 드니즈의 경우 이 정서 상태는 그 순간에서의 생존을 대표한다.

순간의 행진: 과거, 현재, 미래의 정신적 트라우마 스트레스

우리는 정신적 트라우마 스트레스 반응이 순간에서의 생존을 통하여 어떻게 이해될 수 있는지에 대한 논의와 함께 이 장을 시작했다. 쇼핑몰에서 드니즈의 반응과 동물원에서 당신의 반응에 대한 상세한 내용은 우리가 이러한 순간에 대한 신경생물학을 '생존 회로' 라고 일컫는 것을 통하여 설명할 수 있도록 한다. 정신적 트라우마에 대한 생각을 하는 방법은 실제로 사람들이 진화의 매우 긴 과정을 통하여 통합하는 방법의 꼭대기에서 이루어진다. 이것은 또한 인간의 감정, 의식, 기억과 자아인식에 대한 흥미롭고 중요한 생각을 하게 하는데, 이는 치료에 중요한 영향을 미친다. '모든 것은 순간이다!'

앞서 설명했듯이, 의식은 모든 주어진 순간에서 의식적으로 단지 조그만 기억의 조각을 가지고 있는 능력(작동기억을 통하여)도 포함한다. 인간의 의식은 '단지' 현재에 대한 구성체다. 인간 의식, 즉 인간 경험의 구조물은 순간순간이다. 기억은 뇌에서 이러한 현재, 의식적 순간에 대한 비축물이기 때문에 우리가 필요할 때 그것들에 접근할 수 있다.

막 지나간 순간에 무슨 일이 벌어졌나? 함께 결합된 이러한 순간들이 기억과 정체성이 지속된 상태로 시간을 여행하는 독립체들로서 우리 자신을 구성한다는 것을 어떻게 아는가? 이러한 중요한 것들을 아는 우리의 능력은 적절한 맥락적 정보와 정서적 경험의 관계적 연관성을 가지고 놓여 있는 순간들에 대한 과정이 필요하다. 다시 말해서, 명확하고 일관성 있는 자아인식의 발달은 기억 속에 낮은 부하 체계보다 높은 부하 체계가 이 순간들을 놓는 것을 필요로 한다. 설명했듯이 편도체부터 상위 단계 체계까지의 길이 매우 활성화되었다면, 그 후 놓인 기억은 조각 나고 방향 감각을 상실하며 문맥에서 분리되어 고찰된다. 개인은 스스로에 대한 의식을 순간의 배열을 통하여 구성한다. 이것은 '자서전적 기억(autobiographical memory)' 이라 불리는 것이다. 주어진 시간에 의식적으로 기억에 접근하는 능력은 대부분 그 기억이 명확하고 순차적이며 맥락과 관련된 방법으로 놓여 있다면 용이하다. 그 순간의 개인의 정서 상태는 이 접근을 용이하게 한다. 예를 들어, 한 사람이 화가 난 상태라면 침착함과 관련된 기억보다는 분노와 관련된 기억이 더 접근하기 쉽다. 사람이 생존 순간의 단계에 있다면 침착한 순간에 대한 기억에 접근하기가 매우 어려울 것이다. 심리치료의 중요한 기능 중 하나는 개인이 순간에 이러한 기억에 접근할 수 있도록 돕는 것이다.

[그림 2-5]에서와 같은 일련의 상자 줄을 생각해 보라. 각각의 상자는 분리된 시간을 의미한다. 시간에서 각 순간은 명암의 정도로 표시되는 감정 상태로 특징지어진다. 많은 사람은 이 그림에서와 같은 순간과 감정 상태를 가진다. 순간은 비교적 안정적이고 차분한 감정 상태를 구성한다([그림 2-5]에서 현재 순간의 양쪽 편에 있는 약간 더 밝은 상자들에서 볼 수 있다.).

이 사람은 때때로 현재의 순간 동안 약간 더 어두운 명암으로의 변화에 의하여 표시되는 극단적이지 않은 또 다른 감정 상태(말하자면 슬픔)를 가진다. 그것이 상위 단계 체계를 통하여 놓여 있을 때에는 문제나 이런 감정 상태와 관련 있는 병적 측면이 없다. 슬픔의 현재 순간은 상대적인 차분함과 순차적, 맥락적 과

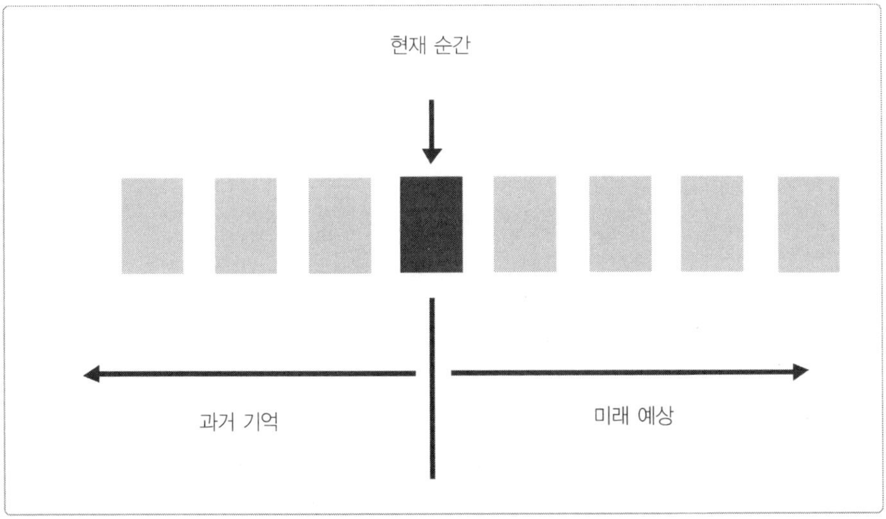

[그림 2-5] **일반적인 정서의 순간과 감정 상태**

정을 겪게 된다.

그 순간에서의 감정 상태들 사이의 일관성 있는 등급까지 과거 기억은 상대적 연속성을 가지며 놓여 있고 시간이 흐르면서 상대적으로 차분한 자기자각의 상태와 결합된다. 사실 삶의 순간들이 전체적으로 이렇게 차분하고 맥락적이며 순차적인 방법으로 배열되어 있는 사람인 경우, 그들의 자아에 대한 경험은 [그림 2-6]과 더 비슷하다. 의식이 순간순간에 작용할지라도 뇌가 순간들을 조합하는 방법을 가지고 있기 때문에 자기경험은 지속적이다.

순간들을 조합하는 기본적인 신경학적 능력은 오랜 시간에 걸쳐 자신에 대한 일관적 감각을 형성하는 우리의 능력에 중요하다. 이러한 능력은 뇌가 영화의 한 장면 한 장면의 이미지를 취하여 하나의 완벽하고 일관적인 이야기를 구성하는 방법과 다르지 않다. Damasio가 말했듯이, 의식은 '뇌 안의 영화' 다.

> 의식의 신경생물학은 두 가지 문제에 직면한다. 뇌 안의 영화가 어떻게 만들어지는지의 문제와 뇌가 어떻게 그 영화에 주인과 관찰자가 있다는 의식을 생성하는지의 문제다(1999, p. 11).

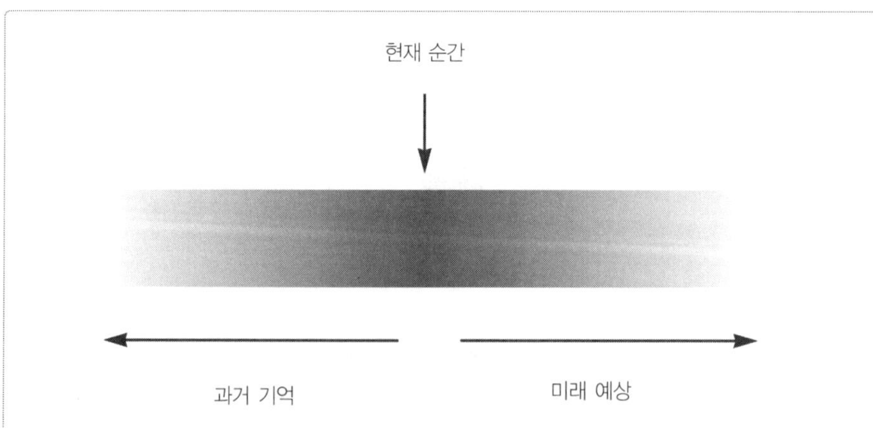

[그림 2-6] **일반적인 정서에서 자아에 대한 지속적인 경험**

생존이 위협받는 순간은 [그림 2-7]로 나타낼 수 있다. 여기서 어두운 상자는 그 순간의 생존 상태를 의미하고 또 다른 상자들은 상대적 평온함을 의미한다. 쇼핑몰에서 드니즈의 순간과 같은 경험은 심하게 분열되고 흐트러진 방식으로 경험될 수 있다. 그 후 그 경험은 기억 속에서 몇몇 맥락적 신호가 미래 상황을 떠올리게 하는데, 그것은 순간의 생존 상태와 더 유사하다. 이것은 드니즈가 엄마의 남자친구를 연상시키는 남자에 대한 자극을 경험할 때마다 생존 관련 정서 상태를 가진 이유다. 이는 또한 [그림 2-6]에서 설명하였듯이 드니즈가 순간들을 조합하는 데 어려움을 가진 이유다. 드니즈의 내적 세계는 실제로 [그림 2-8]과 더 유사하다. 그녀의 경험은 그 순간의 생존에 대한 일화들로 인해 엉망

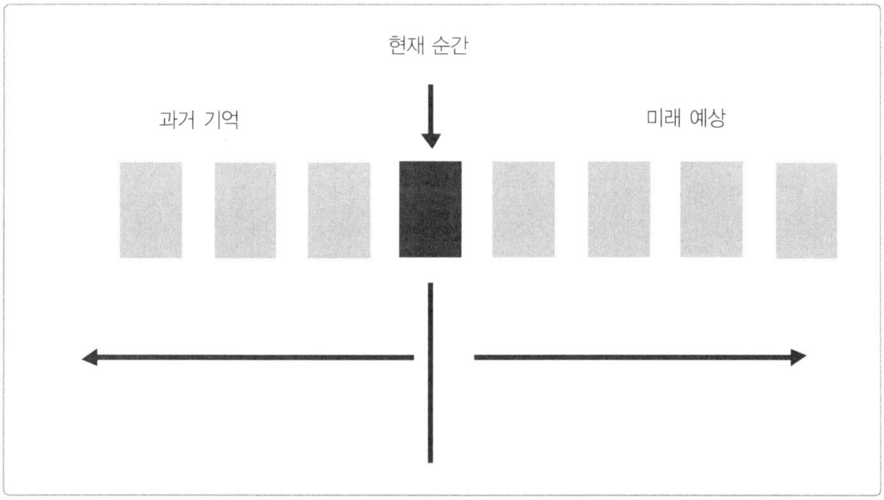

[그림 2-7] **트라우마 경험이 있는 사람의 순간의 생존 상태**

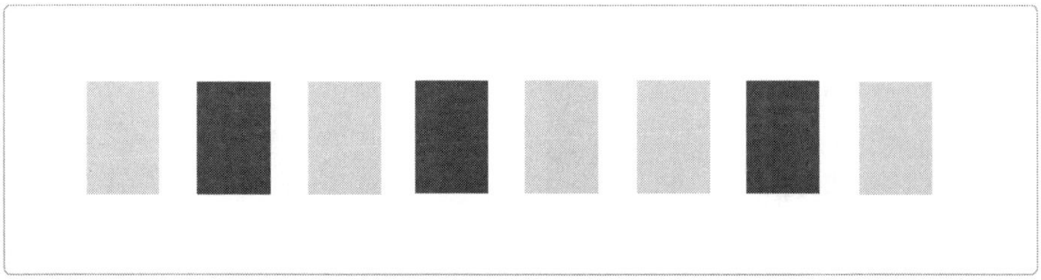

[그림 2-8] **트라우마 경험이 있는 사람의 자아에 대한 경험**

진창이 되었다.

앞서 설명하였듯이, 그 순간의 생존 상태에서 드니즈와 같은 사람은 시간, 장소와 사람에 대한 인식 기능을 잃을 수 있다. 이러한 순간에 드니즈는 통제할 수 없는 작은 소녀처럼 느끼고 당장이라도 강간당할 것처럼 느낀다. 이것은 그녀가 다른 순간들 속에서 어떻게 느끼는지와 아주 다르다. 즉, 고요하고 행복하고 그녀의 삶을 통제할 수 있는 성숙한 소녀처럼 말이다. 어떤 면에서 드니즈의 정서적 인생은 [그림 2-9]와 더 흡사하다.

드니즈는 비슷한 삶을 살고 있다. 그녀의 자아인식이 정서 상태들끼리 바꿀 수 없기 때문에 그녀는 매우 분열적인 자아인식을 가지고 성장하였다. 그러한 종류의 문제는 분열장애나 다른 인격장애와 같은 특정 정신병리적 상황에서 발생한다. 그러한 문제—개인의 자아인식이 분열되어 있는 것—는 '급성 스트레스 장애' '복합 외상후 스트레스 장애' '발달적 외상장애'가 될 수 있다. 자아인식이 불안정할 때 안정적 관계를 형성하는 데 있어서 명백히 필연적인 어려움이 생긴다면 트라우마를 가진 아동은 종종 심각하게 불안정한 관계를 맺는 경향을 보이고 자란다.

정서 조절을 다룬 3장은 트라우마를 가진 아동의 정신의학적 진단 결과를 포함하며 이 과정에 대한 몇 가지 세부 사항을 기술한다. 상호관계를 다룬 5장은

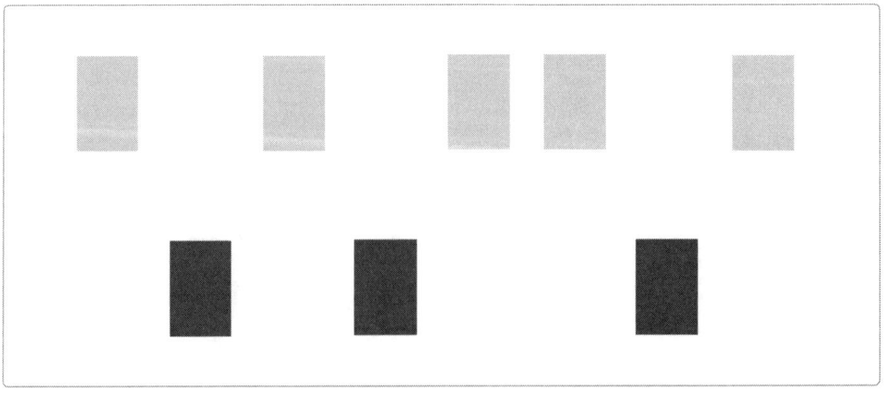

[그림 2-9] **트라우마 경험이 있는 사람의 정서적 생활**

이 불안정한 정서의 경향과 자아인식이 어떻게 관계에서의 어려움으로 이어지는지 자세히 설명한다. 앞으로 설명하겠지만, 트라우마 스트레스를 가진 아동을 위한 회복에 대한 유일한 희망은 안정적인 관계를 발달시켜 나가는 것이다. 그러므로 그 순간의 이러한 생존 양식이 치료에서 다루어지는 것은 굉장히 중요하다.

미래로의 진행

정신적 트라우마 스트레스의 가장 충격적인 영향 중 하나는 아동이 미래에 대하여 생각하는 능력에 대한 영향이다. 만약 의식이 현재에 대한 것이고 기억이 과거에 대한 것이라면, 계획과 예상은 미래에 대한 것이다. 그것들은 미래의 상황에 대한 위험과 보상을 예상하기 위하여, 그리고 개인의 필요가 미래에 충족될 수 있도록 계획하기 위하여 현재 의식과 장기기억 저장의 사용을 포함한다.

미래를 보는 능력은 인간 뇌의 가장 강력한 기능 중 하나다. 기본적인 단계에서 이 능력은 생존과 관련된 위험, 매일 부딪히는 환경적 변수들의 변화를 고려하여 생존을 최대화한다. 예를 들어, 동물원에서 당신은 금속 철장이 당신과 사자 사이를 가로막고 있기 때문에 당신에게 다가오는 사자가 생존에 위험을 줄 것 같지 않다고 무의식적으로 추측한다. 이러한 추측은 또한 미래로 확장될 수 있다. 당신은 (무의식적으로) 당신이 동물원에 있는 시간 동안 안전할 것이라는 추측을 한다. 이러한 추측은 동물원에서 당신의 침착한 안전 감각을 보호하는 것을 도와주면서도 불완전한 정보를 만들어 내기도 한다. 예를 들어, 당신은 사자 우리가 잠겨 있는지 그렇지 않은지에 대한 아무런 정보가 없다. 그러나 당신은 그것이 잠겨 있다는 것을 확신한다. 위험에 대해 연속적으로 추측할 수 있는 우리의 능력은 우리 세계를 생산적으로 항해할 수 있는 능력의 기본이 된다. 위험에 대한 이러한 추측은 항상 불완전한 정보를 포함한다(예를 들어, 사자 우리가 실제로 잠겼는지 여부를 무시함). 우리는 이것을 잘 다루어야 한다. 그렇지 않다면 우리는 생존과 관련된 근심거리에 의하여 완전히 제한된 삶을 살아갈 것이다. 미래의 특정 사건의 보상 가능성을 추측하는 능력은 행복과 즐거움의 인식을 위하여 중요하다.

이러한 추측을 하게 되는 뇌의 부분은 '두정엽 피질(parietal cortex)' 이라고 불리는 자리에 위치하고 있다. 두정엽 피질(정확하게 말하자면, 후방 두정 피질)은 미래 사건과 관세되는 위험과 보상의 가능성에 대한 추측을 한다. 우리는 이를 효과적으로 실행할 필요가 있다. 미래의 '높은 위험' 에 대한 추측은 이 사건을 피하기 위하여 동기적/행동적/보상 회로에 영향을 끼친다. '낮은 위험' 에 대한 추측은 그 사건과 관계된 충분한 보상 가능성이 있다면 그 사건을 다루기 위하여 동기적/행동적/보상 회로에 영향을 끼친다. 후방 두정 피질은 위험 대 보상의 가능성을 고려한다. 이러한 추측의 결과는 감정과 행동에 강력하게 영향을 끼친다. 신경과학자는 뇌가 행동을 동기화하는 방법을 이해하는 하나의 방법으로 추측의 종류를 이해하는 데 많은 흥미를 가져 왔다. 이 신경과학의 한 분야는 '신경경제학' 이라 불려 왔다(Glimcher, 2003).

정신적 트라우마를 가진 아동의 경우는 이러한 추측이 매우 중요하다. 사건에 대한 위험 가능성을 과대평가하는 것은 사람, 장소, 정신적 트라우마를 가진 어린 시절을 회상하게 하는 물건들에 대한 회피라는 심각한 문제를 야기한다. 따라서 정신적 트라우마를 가진 아동은 몹시 제한적인 삶을 살 것이다. 또한 이들이 위협 요소에 대한 위험을 과소평가하고 자신을 매우 위험한 상황에 처하도록 하는 것도 임상적으로 중요하다. 아동이 대인관계에 관련된 경고 신호에 반응할 수 없어 결국 정신적 트라우마를 반복하는 개인과 관계를 형성할 때 이러한 일들이 발생할 수 있다. 게다가 정신적 트라우마를 가진 아동은 미래 사건에 내재된 보상 가능성을 추측하는 데 어려움이 있다. 그들은 관계나 활동 속에서 경험하는 즐거움을 과소평가한다. 두정엽이 미래 사건의 위험과 보상에 대한 가능성을 추측하는 것은 미래를 상상하는 개인 능력의 일부분이다. 정신적 트라우마 스트레스의 비극적 문제 중 하나는 미래를 보는 능력의 부족 또는 Lenore Terr(1990)가 언급한 '축소된 미래'에 대한 감각이다. 정신적 트라우마를 가진 아동이 현재 그들의 인생을 위해 싸우고 있다면, 그리고 미래 사건에 대하여 보상이나 즐거움의 가능성을 보는 데 어려움이 있다면 그들의 미래를 보지 못할 것이다.

뇌의 그림

많은 생존 회로가 얼마나 밀접하게 함께 작동하는지 알아보기 위하여 그것들이 뇌 안에서 얼마가 가깝게 존재하는지 알아보는 것은 중요하다. 이는 온라인 학술지 CNSforum.com에서 가져온 [그림 2-10]에서 알 수 있는데, 정신적 트라우마와 관련이 있다고 알려진 뇌 영역을 보여 준다.

이 그림에서 볼 수 있듯이, 낮은 부하 편도체는 측두엽 내측 기억체계의 중요한 부분인 높은 부하 해마의 바로 옆에 위치한다. 이 두 장소는 낮은 부하와 높은 부하로 가는 감각 정보를 각각 통과시키는 감각시상에 가깝게 있다. 정서적/행동적 반응체계는 또한 자동적으로 밀접하게 관련된다. 해마는 투쟁 또는 도피 상황에서 필요한 스트레스 호르몬을 통제하는 HPA축의 선두다. 유사하게, 뇌교의 접합 부분 양쪽에 존재하는 정반이 노르에피네프린 체계의 반응을 이끌어 내는데, 그것은 위협적인 자극에 대한 고조된 관심을 야기하고 위협에 대한 신체 반응을 돕기 위해 심장 박동수를 증가시킨다. 앞서 설명하였듯이, 전두엽 피질은 인식 속에서 정보를 가지는 데 중요하다.

비록 이 장에서 정신적 트라우마에 대한 정신생물학의 전반적인 연구 검토를 제공하는 것이 의도한 바는 아니지만, 이러한 많은 체계가 영향을 받고 있고 정신적 트라우마에 의하여 심지어 손상된다는 것을 아는 것은 중

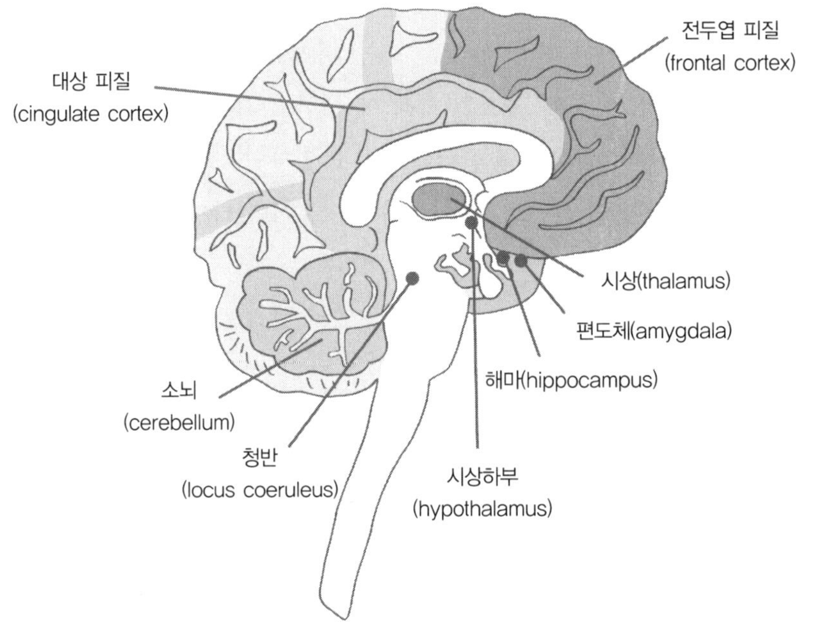

[그림 2-10] **트라우마 스트레스와 관련이 있다고 알려진 뇌 영역**

요하다. 많은 기능적 뇌영상 연구는 편도체가 정신적 트라우마에 대한 기억을 하는 동안 활성화된다는 것을 보고해 왔다(예: Rauch et al., 1996, 2000; Shin et al., 2004). 다른 연구들은 정신적 트라우마 스트레스로 인해 뇌 안의 해마 크기가 더 작아지고 해마의 기능이 제거된다고 보고해 왔다(예: Bremner et al., 1995, 1997; Stein, Kovevola, Hanna, Torchia, & McClarty, 1997). 비록 이러한 발견이 아동들에게 똑같이 나타나지는 못하지만, Carrion과 동료들(2001), DeBellis와 동료들(1999)은 대뇌 피질의 작은 부피에 대하여 전반적으로 보고했다. 외상후 스트레스 장애(예: Kosten et al., 1987; Southwick et al., 1993)에 관련된 HPA축(예: Yehuda et al., 1990, 1993)과 뇌교의 접합 부분 양쪽에 존재하는 청반/노르에피네프린 체계의 기능장애에 대한 문헌도 상당히 많이 있다. 이 장에서 설명했듯이, 좀 더 최근의 연구는 높은 부하와 낮은 부하 사이의 관계에 주목해 왔다. Shin과 동료들(2004)은 정신적 트라우마 스트레스가 없는 정신적 트라우마를 가진 사람과 비교했을 때, 정신적 트라우마를 초래하는 사건을 기억하는 동안 정신적 트라우마 스트레스를 가진 사람의 경우 전두엽 피질이 덜 활발하다는 것을 발견했다. 전두엽 피질 부분의 더 낮은 활동성은 편도체의 더 높은 활동성과 관련이 있다. 중요하게, 전두엽의 낮은 활동성은 또한 정신적 트라우마 스트레스 증상의 정도와도 관계가 있다. 즉, 이 중요한 기능적 MRI 연구는 정신적 트라우마 스트레스를 가진 사람들의 경우 높은 부하가 낮은 부하를 통제하는 데 어려움을 가진다는 사실을 보고했다.

생존을 넘어서

TST는 아동의 발달 중인 신경체계와 사회환경이 상호작용하는 방법을 이해하는 것에 관한 것이다. 이것은 트라우마 체계에 대한 설명에 반영되어 있다. 1장에서 우리는 트라우마 체계에 대해 다음과 같이 정의해 왔다.

① 정서 상태를 조절하기 어려운 정신적 트라우마를 가진 아동
② 정서조절장애를 충분하게 도와줄 수 없는 사회환경이나 돌봄 체계

정신적 트라우마 스트레스의 사회생태학(Bronfenbrenner, 1979) 설명에 따르면, 아동의 발달 중인 뇌는 사회환경의 영향력하에 놓여 있다. 생존 회로에 의하여 설명되는 뇌는 트라우마 체계의 중요한 요소다. 생존 회로와 관련하여 이 장에서 가장 중요한 논의 결과는 이러한 회로들이 사회환경 자극과 얼마나 밀접하게 연결되어 있느냐 하는 점이다. 트라우마 체계의 몇몇 상세 내용은 다음 장에서 덧붙여 설명할 것이다. 3장은 정서 조절이라고 불리는 중요한 발달구조가 정신적 트라우마를 가진 아동에게 어떻게 작용하는지 자세히 설명하고 있다.

뒤에서 언급하겠지만, 정서 조절에 대한 생각은 대개 이 장에서 설명한 생존 회로와 관계가 있다. 4장은 아동발달에 있어서 사회환경과 돌봄 체계의 중요성을 자세히 설명하고, 이러한 체계가 정신적 트라우마를 가진 아동에게 어떻게 잘못 작용할 수 있는지 정확하게 설명한다. 5장은 정신적 트라우마를 가진 아동의 건강한 발달을 돕거나 방해하는 것으로 대인관계의 중요성에 대해 자세히 언급한다. 이러한 대인관계는 트라우마 체계의 가장자리에 있고 강하게 정서 조절과 사회환경/돌봄 체계 사이의 관계를 중재한다고 여겨진다.

어렸을 때 형성된 내인관계의 질은 스트레스에 직면했을 때 아동이 정서를 다소간 조절할 수 있도록 하기 위해 뇌의 생존 회로를 만든다. 애착이론에서 설명했던 이러한 '작동 모델' 은 미래 관계에서 정서 조절을 돕거나 방해한다. 우리는 강한 애착관계를 '보호 신호(signals of care)' 라고 명명하는데, 그 이유는 아동이 위험 신호에 맞닥뜨렸을 때 그것들이 생존 순간에 대응하기 위하여 정확하게 작동하기 때문이다. 뒤에서 언급하겠지만, 만일 아동이 충분한 보호 신호가 포함되어 있는 사회환경과 보호체계 안에서 살고 있다면, 그 신호는 생존 반응의 위험을 최소화하기 위해 천천히 나타날 것이다. TST는 정신적 트라우마를 가진 아동들의 삶 속에서 이러한 보호 신호를 형성하는 것에 매우 집중한다.

우리는 생존 회로가 올바른 종류의 경험을 통하여 바뀔 수 있다는 몇몇 증거를 언급하며 이 장을 마무리하고자 한다. Peter Kirsch와 동료들(2005)은 국립정신건강협회(National Institute of Mental Health)에서 최근에 낮은 부하 체계를 이끄는 편도체가 '옥시토신(oxytocin)' 이라는 화학물질에 의하여 조절될 수 있다는 사실을 보고했다. 옥시토신은 많은 이유로 인간의 삶에 중요하다. 그것은 여성들의 진통과 출산에 강하게 영향을 미친다. 또한 모유 수유를 가능하게 할 뿐만 아니라, 동물과 인간 연구를 통해서 유대관계와 건강한 애착관계에 있어서도 중요하다고 알려져 있다. 옥시토신은 자연적으로 발달 초기 단계부터 사회적 유대가 형성되는 동안 방출되며, 사회적 애착에 대한 중요한 중재자 중 하나다. 안정적인 사회접촉 동안에 방출되는 옥시토신은 평온감을 일으킨다. [그림 2-11]은 Kirsch와 동료들의 실험 결과를 보여 준다.

이 실험에서 사람들은 무서운 얼굴과 무서운 장면을 보았다. 위약 상태에서 위쪽의 두 개 사진에서 바닥 가까이에 있는 밝은 반점들로 나타난 가장 활성화된 뇌 영역은 뇌의 양측에 있는 편도체다. 그들에게 약간의 옥시토신이 투여되고 똑같은 무서운 사진들을 보여 주었을 때, 편도체는 더 이상 활성화되지 않았다.

이 실험의 시사점은 놀란 사람들에게 옥시토신을 투여하는 것이 가능한 치료적 가치를 뛰어넘는다는 것이다. 우리 모두는 안정적이고 배려적인 관계의 상황에서 자연 발생적으로 옥시토신을 방출하게 된다. 이 화학물질의 방출은 우리가 그러한 관계에서 고요한 만족감을 느낄 수 있도록 유도한다. 만약 생존 회로의 선두가 낮은 부하 편도체이고 편도체가 옥시토신에 의해 통제된다면, 강하고 안정적이며 배려적인 관계는 편도체, 결국 생존 회로를 통제하는 데 도움이 될 것이다.

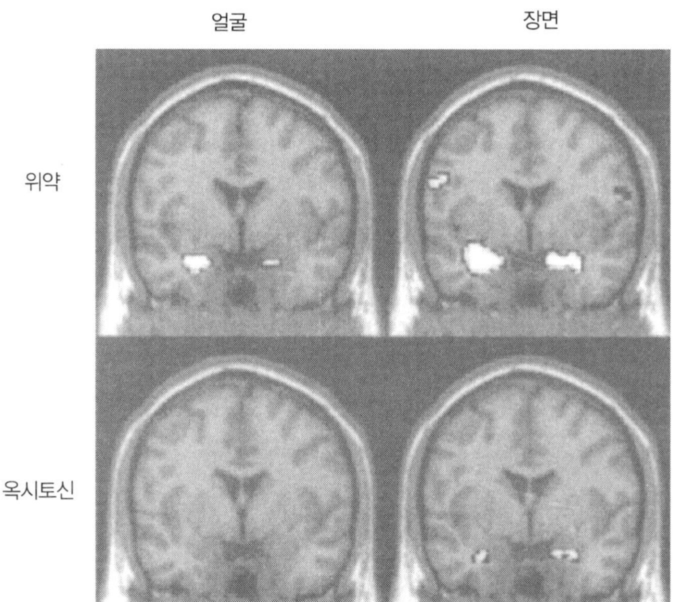

[그림 2-11] **무서운 얼굴과 장면에 대한 편도체의 반응을 감소시키는 옥시토신**

트라우마의 긍정적인 점은 나쁜 사건이 뇌를 부정적으로 바꾸고 좋은 사건이 뇌를 이롭게 바꾼다는 것이다. 우리는 뇌와 그것을 가진 아동이 가치 있는 미래를 향해 나아갈 수 있는 경험을 갖도록 TST를 고안했다.

03

정서 상태 조절

– 트라우마 스트레스로 인한 정서조절장애

학 습 목 표

- 트라우마를 가진 아동이 어떻게 극단적 정서 상태에 빠지게 되는지 이해하기
- 아동의 정서 상태에 따라 개입 접근이 어떻게 달라질 수 있는지 이해하기
- 트라우마를 가진 아동의 정서 상태를 측정하는 원리 배우기

정서 상태의 조절장애는 아동의 트라우마 스트레스의 특성으로 정의된다. 정서 상태란 무엇인가? 정서 상태는 어떻게 정의될 수 있나? 정서 상태는 어떻게 측정될 수 있나? 우리는 2장에서 정서 상태의 중요성과 정서 상태가 생존 회로와 어떻게 관계되는지 소개했다. 우리는 트라우마를 가진 아동이 스트레스 요인에 노출되었을 때 어떻게 자극에 즉각적이고 극단적으로 반응하는지 논의했다. 특히 트라우마를 가진 아동이 트라우마 기억에 의해 자극될 때 편도체가 어떻게 '정서로 인한 의식의 마비'를 이끌어 내는지에 대해 논의하였다(LeDoux, 1998, p. 226). 이 장에서 우리는 이러한 극단적이고 즉각적인 정서 반응을 더 자세하게 설명하고 그것을 어떻게 측정하는지 제시할 것이다. 7장에서는 정서 상태 측정을 어떻게 트라우마를 가진 아동의 전반적 평가에 반영시킬지에 대해 논의할 것이다. 그리고 14장에서는 이러한 정서 상태에 있는 아동을 어떻게 도울 것인지에 대해 논의할 것이다.

정서 상태의 조절 문제는 아동이 트라우마 스트레스를 일으키는 것에 대한 우리의 공식 중 반을 차지한다고 언급한 바 있다. 그래서 정서 상태를 명확하게 이해하는 것이 중요하다. 하지만 안타깝게도 정서 상태라는 용어의 의미를 정확하게 이해하는 것은 쉽지 않다. 그러나 사례를 통해서는 거의 명확하게 이해할 수 있다.

로버트의 사례를 살펴보자.

> 로버트는 계부에게 심각한 신체적 학대를 받은 적이 있는 10세 소년이다. 그는 오랫동안 극단적이고 충동적인 공격 행동의 문제를 가지고 있다. 쉬는 시간에 다른 아동이 로버트에 대한 나쁜 소문을 말했다. 로버트는 생각도 하지 않고 그 아이에게 돌진하였으며, 학교 관리인이 와서 그를 떼어놓을 때까지 주먹으로 그 아이의 얼굴을 때렸다.

로버트와 드니즈(2장에 나온)는 이전 트라우마 사건이 떠오를 때 극단적인 정서 상태에 빠졌다. 2장에서 설명한 것처럼, 두 아동의 반응은 모두 그 순간의 생존 상태로 경험되고 위협에 직면할 때 방어 행동을 하는 신경생물학적 체계로 이해될 수 있다. 드니즈가 욕실 바닥에서 넘어졌을 때 그녀의 내부에서 무슨 일이 일어날지에 대해 생각해 보자. 로버트가 운동장에서 그 소년에게 돌진했을 때 로버트의 내부에서 무슨 일이 일어날지에 대해 생각해 보자. 두 아동이 그렇게 극단적인 행동을 하기 직전에 대해 생각해 보자. 그들이 트라우마 사건에 대해 회상한 후에 일어난 변화에 대해 생각해 보자. 변화가 일어난 것이 무엇인지 감지해 낼 수 있는 능력이 있다면 당신은 정서 상태가 무엇인지에 대해 알고 있는 것이다. 이 장의 나머지 부분에서는 이러한 변화에 대해 설명한다.

정서 상태란 무엇인가

신시내티 아동병원 의학센터의 Frank Putman은 트라우마를 가진 아동의 독립된 정서 상태의 중요성에 대해 최초로 설명하였다. Putman(1997)은 정서 상태의 하나로 해리(dissociation)를 들었으나, 그의 생각은 트라우마 스트레스를 지닌 아동과 상충되는 다른 임상 문제에도 함께 적용된다. '독립된 정서 상태(discrete emotional states)'란 개인이 스트레스 요인에 노출되었을 때 나타나는 극적으로 변화하는 사고, 감정 그리고 행동의 독특한 패턴을 의미한다. Lichtenberg, Lachman과 Fosshage(1992)는 정서 상태에 대해 다음과 같이 정의하였다.

> ……동기적 변인들의 상대적이면서 안정적으로 반복되는 패턴들의 집합이며, 행동, 인지, 정서, 그리고 이와 관련된 것들의 독특한 형태에 의해 특징지어지는 자기 경험의 패턴들(p. 157).

행동, 사고 그리고 감정이 상대적으로 안정적이고 자기에 대한 개별적 감각과 관련이 깊으며 다른 사람과 관계 맺는 방식과도 관련이 깊다는 것을 이해하는 것은 중요하다. 트라우마 스트레스 조건에서 이 패턴은 너무 분리되어 있어서 나중에 차분해질 때는 자신이 그러한 변화된 정서 상태에 있을 때 무슨 말이나 행동을 했는지 기억하지 못한다. 심지어 자기 자신에 대한 인식조차 다른 정서 상태에 있을 때는 다르다.

아동 트라우마 스트레스의 정신병리(psychopathology)는 정상 아동발달로부터 의미 있게 이탈되어 있다. 정서 상태의 조절은 유아와 아동이 획득해야만 하는 주요 과업이다. 보스턴 아동병원의 Peter Wolff(1987)는 모든 유아의 정서 상태 조절에 대한 연구에 근거하여 중요한 이론을 정립하였다. Wolff에 따르면, 유아는 호흡 속도, 운동 상태, 활동 수준, 음성, 얼굴 표현 같은 변인들에 의해 정의되는 독특하고 구별되며 일정하게 변화하는 정서 상태를 선천적으로 가지고 태어난다. 그는 기본 정서 상태가 이러한 변인들의 독특한 유기적 결합으로 정의될 수 있다고 말하였다. 유아는 이러한 정서 상태를 통해 규칙적으로 변화하는데, 그것은 정서와 의식의 기본적인 구성 요소들이다. 상태들의 변화는 규칙적이고 예측 가능하며 유아의 외적 혹은 내적 환경에 있는 자극에 대한 반응이다. 유아가 성장할수록 상태는 더 정교해지고 복잡해지며 사고와의 관련성이 높아진다. 새로운 상태는 성장하는 아동의 환경적 요구가 증가함에 따라 발달한다. Putnam(1997)은 다음과 같이 말했다.

> 이미 존재하는 상태의 진화와 정교화가 진행되는 동시에 새롭게 독특한 상태가 창조되는데, 이는 성장하는 아동의 행동 목록을 점차적으로 복잡하게 만드는 데 공헌한다. 이미 존재하는 상태들 간에 새롭게 연결이 나타나는 것과 새로운 상태와 이미 존재하는 상태가 관련된 행동 고리에 연합되는 것은 아동의 전반적인 행동을 풍부하게 해 주고 유연하게 만들어 준다(p. 160).

유아의 주요 과업은 정서 상태들 간의 변화에 대한 통제력을 획득하여 다른 상황에서도 원하는 상태가 더 오랫동안 유지되게 하는 것이다. 그리고 부모의 역할은 유아가 덜 원하는 상태에서 더 원하는 상태로 전환할 수 있도록 돕는 것이다. 유아가 운다는 의미는 그가 스트레스를 받는 상태에 있음을 의미한다. 부모는 울음소리를 듣고 아이의 관심을 딴 데로 돌리게 하거나 다독거리며 아이가 평화로운 상태가 되도록 이끌어 준다. 부모가 수백 혹은 수천 번 이렇게 할 때 유아는 스스로를 다독이고 평화롭게 되는 방법을 배운다. Putnam이나 Wolff의 용어에 의하면, 이는 부모가 아동의 불편한 정서 상태(명확한 행동과 생리적 신호를 동반하는)에서 평온한 상태로 변화시킬 수 있음을 의미한다. 이러한 전환을 배우는 것은 아동이 정서와 행동을 관리하는 것을 배우는 주요한 방법들 중

하나다. 가족 트라우마, 학대 그리고 유기의 상황에서는 진정하고 달래는 것에 있어서 아동이 의존하는 부모가 오히려 불편한 감정을 야기하거나 이를 무시한다. 이러한 패턴은 정서 상태 조절을 평생 어렵게 만든다.

앞 장에서 설명한 것처럼, 유아의 다른 주요 과업(한 상태에서 획득한 정보를 다른 상태로 전환하는 것을 배우는 것)에 영향을 주면서 주의의 초점, 주변 환경에 대한 적응, 정서 그리고 행동은 모두 함께 변화한다. 아동은 이를 매우 어려워한다. 맥락과 정서 상태에 따라 지식을 전환하거나 일반화하는 능력은 자아인식을 발달시킴에 있어 중요하다. Putnam(1997)은 다음과 같이 설명하였다.

> 정상적인 사람들에게 기분 상태는 상대적으로 덜하기는 하지만 여전히 개인이 자기 자신을 인식하고 표현하는 방법에 두드러지게 영향을 준다. 특정 상태에 의존적인 자아인식은 상태와 맥락에 따른 자아인식의 연속성을 유지하는 것과 충분히 통합된다(p. 164).

우리는 이후에 자아인식에 대해 더 얘기할 것이다. 지금은 자아인식이 시간이 지날수록 발달하고 트라우마에 의해 손상되는 가장 중요한 것들 중 하나임을 아는 것이 중요하다. 다음으로는 트라우마를 가진 아동에게서 일어나는 정서 상태의 변화과정에 대해 살펴볼 것이다.

3A와 4R(혹은 시간이 지남에 따라 정서 상태 요소가 어떻게 변화하는가)

정서 상태는 트라우마 체계 치료(TST)에서 평가와 개입을 위해 매우 중요하다. 정서 상태가 트라우마 스트레스의 한 부분이 될 때, 우리는 이를 '그 순간의 생존' 상태라고 부른다. 이 개념을 명확하고 상대적으로 측정하기 쉽게 만들기 위해 우리는 최대한 이를 조작적으로 정의하려고 시도했다. 이 장의 나머지에서는 정서 상태를 이해함에 있어 임상적으로 유용한 접근에 대해 설명한다. 정서 상태는 스트레스 요인에 반응하는 경험의 독특한 패턴이다. 이러한 독특한 패턴의 요소로는 무엇이 있을까? 우리는 정서 상태의 요소들을 3A라고 부른다.

- Awareness(자각 혹은 의식[consciousness])
- Affect(감정 혹은 정서[emotion])
- Action(활동 혹은 행동[behavior])

정서 상태가 변화할 때는 무슨 일이 일어나는가? 우리는 이러한 변화를 정서 상태의 국면이라고 부른다. 네 개의 국면인 4R이 존재한다.

- Regulating(조절하기)
- Reviving(활성화하기)
- Reexperiencing(재경험하기)
- Reconstituting(재구성하기)

이제 한 단계(혹은 단어)씩 살펴보자.
3A와 4R은 무엇이고, 이것들에 대해 아는 것은 왜 중요한가?

정서 상태 요소

2장에서 설명한 것처럼, 트라우마 스트레스가 있는 아동은 트라우마 기억이나 스트레스 요인에 맞닥뜨릴 때 자극에 대해 즉각적이고 극단적인 반응을 보인다. 트라우마를 가진 아동에게서 나타나는 극단적이고 즉각적인 반응은 독립된 정서 상태로 경험의 수많은 영역에서 극적인 변화를 포함한다. 독립된 정서 상태는 일반적인 정서보다 더 심하다. 즉, 독립된 정서 상태는 아동이 스트레스를 받은 후에 '함께' 변화하는 감정, 사고, 행동의 복잡한 패턴을 포함한다. 드니즈와 로버트가 그들의 과거 트라우마가 떠오르기 직전과 직후의 순간에 있다고 생각해 보라. 우리가 3A라고 부르는 경험의 세 가지 영역에 관심을 기울이라. 당신이 3A에 관심을 기울이는 동안 우리가 2장에서 그 순간의 생존에 대해 설명했던 것에 대해 생각하라. 3A의 각각에서 극단적인 변화를 결정하는 것은 바로 이러한 생존 관련 정서다.

3A가 개인의 생존에 얼마나 중요한지 인식하는 것 또한 중요하다. 자각, 감정, 행동은 위협에 직면했을 때 우리가 살아남을 수 있도록 진화되었고 뇌의 생존 회로에 의해 매개된다(2장에서 설명함). 따라서 사건 혹은 개인의 생존(트라우마)을 위협하는 사건들이 이러한 세 가지 요소의 변화를 야기하는 것은 합당하다.

자각(혹은 의식)

트라우마를 가진 아동이 트라우마를 회상하기 직전과 직후의 순간에는 무슨 일이 일어나고 있는지에 대한 아동의 자각에 커다란 변화가 일어난다. 트라우마를 가진 아동은 스트레스 요인을 경험하기 전에 외부 세계와 관련 과업들을 즉각적으로 자각하고 그에 연루된다. 자극된 이후에 트라우마를 가진 아동은 보통 생존에 중요한 환경의 매우 특정한 특징을 인식한다. 아동은 또한 예전의 트라우마 기억이 의식을 지배하기 시작할 때 외부 환경보다는 자신의 내부 상태에 초점을 둔다. 다시 말해서, 주의의 초점에 극적인 변화가 일어난다.

자각 혹은 의식(consciousness)은 또한 자아인식(인식하고 의식하는 주체)에 대한 감각을 반영한다. Antonio Damasio(1999)는 자신의 책 『의식의 감정: 의식에서의 신체와 정서(*The Feeling of What Happens: Body and Emotion in the Making of Consciousness*)』에서 의식을 '대상과 자기를 함께 묶는 통합된 마음 패턴' (p. 11)

으로 정의하였다. Damasio에 따르면, 의식은 인간이 주어진 자극(혹은 대상)에 가장 적응적으로 반응하도록 결정하기 위해 자신의 내적 상태와 환경을 인식하도록 하는 중요한 발달적 진보다.

> 가장 단순하고 가장 기본적인 수준에서 의식은 우리가 생존을 유지하려 하는 저항할 수 없는 충동을 인식하고 자기에 대한 관심을 발전시키도록 한다. 가장 복잡하고 정교한 수준에서 의식은 우리가 다른 사람들에 대한 관심을 발전시키고 인생의 기술을 향상시키도록 돕는다(Damasio, 1999, p. 5).

다음은 측정해야만 하는 자각(혹은 의식)의 세 가지 주요 요소다.

- 주의: 아동이 스트레스를 받은 후에 자신의 주변에서 무슨 일이 일어나고 있는지에 대한 아동의 자각을 변화시키는 '주의' 초점에서의 아동 변화
- 적응: 아동이 스트레스 요인을 경험한 이후에 장소와 시간에 대한 아동의 경험이 어떻게 변화하는가
- 자아인식: 아동이 스트레스 요인을 경험한 이후에 자신이 누구인지에 대한 아동의 경험이 어떻게 변화하는가

감정(혹은 정서)

아동의 정서는 스트레스 요인을 경험한 이후에 극적으로 변화된다. 감정 혹은 정서는 두 가지 주요한 생물학적 기능을 가지고 있다. 하나는 자극에 대한 특정한 반응(투쟁-도피-얼어붙음 등)을 만들어 내는 것이고, 다른 하나는 그 자극에 반응할 준비를 할 수 있게 개인의 내적 상태를 조절하는 것을 돕는 것이다. 정서는 고도로 적응하도록 진화한다. 그러나 불행히도 이러한 정서는 트라우마 스트레스 조건에서는 고도로 부적응적이 될 수 있다. 정서 상태를 재경험할 때 아

동은 분노, 공포, 불쾌감, 죄책감 혹은 수치심의 강한 감정을 가질 수 있다. 이러한 감정은 심오하고 혼란스럽다. 로버트는 급우를 때렸을 때 극도의 분노 상태에 들어갔다. 드니즈는 엄마 남자친구를 기억나게 하는 남자를 쇼핑몰에서 봤을 때 극도의 불안 상태에 들어갔다. 이러한 감정 혹은 정서는 그들이 트라우마의 맥락에서 생존을 촉진하였기 때문에 경험된다. 문제는 아동이 맥락이 변화되었음을 볼 수 없다는 데에 있다.

활동(혹은 행동)

아동의 행동은 스트레스 요인을 인식한 이후에 극적으로 변화한다. 때때로 이러한 극적인 변화는 강력하고 고통스러운 감정을 사라지게 하려는 노력에 의해 발생한다. 도망가기, 자기단절, 자살, 공격, 약물남용, 식욕 이상, 방화, 충동적인 성 행위 같은 행동은 트라우마 후 정서를 관리하는 행동 수단이 될 수 있다. 예를 들어, 로버트는 공격 행동을 통해 격렬한 정서를 누그러뜨렸다. 다시 말해, 자각 그리고 감정의 경우처럼 행동은 생존을 촉진하도록 발달되어 왔다. 트라우마 후 상태에 있는 트라우마를 가진 아동의 활동 혹은 행동은 생존에 의해 발생한다. 아동의 관점에서 이 행동은 사느냐 죽느냐의 문제다. 이러한 상태에서 트라우마를 가진 아동의 행동은 그것이 극단적이든, 위험하든, 파괴적이든 간에 아동의 생존 방식이다. 다른 부분에서 우리가 설명했던 것처럼, 우리가 만약 그들이 생존하기 위해 하는 행동을 그만두도록 기대한다면 그것을 대처할 수 있는 '효과적인' 무언가를 가지고 있는 게 더 낫다.

드니즈와 로버트(그리고 그들의 3A)가 트라우마 사건을 기억하기(드니즈는 그녀를 강간했던 남자를 기억했고, 로버트는 그를 학대했던 계부를 기억했다) 직전과 직후의 순간을 생각해 보자. 드니즈와 로버트는 그 자극(트라우마를 기억하게 하는 것)에 노출되자마자 자각, 감정 그리고 행동에 명확한 변화를 동반한 극단적이고 즉각적인 반응을 보였다. 이러한 변화는 〈표 3-1〉에 요약되어 있다.

표 3-1 드니즈와 로버트가 스트레스 요인을 경험한 이후에 자각, 감정 그리고 행동의 변화

3A	직전의 드니즈	직후의 드니즈	직전의 로버트	직후의 로버트
자각	쇼핑몰의 주변 환경을 온전히 인식하고 참여함. 자기 자신을 '좋은 친구'로 경험하고 '통제'된 상태	혼란스러워지고 그녀의 예전 집 침실로 돌아간 것처럼 느낌, 자기가 강간당하기 직전이라고 믿음	학교 운동장에서 친구들과 농구 게임을 하는 주변 환경을 온전히 인식하고 참여함	인식이 좁아짐, 한 친구와 비난하는 말에 대해서만 생각함, 그 친구가 자신을 해치지 못하고 자신이 문제를 일으키기를 원하지 않는다는 학교 규칙을 지켜야 함을 잊음
감정	기분 좋음, 친구들과 자기 자신을 즐김	공포를 경험하고 마비됨	기분이 좋고 행복함, 농구 게임을 즐김	분노함
행동	쇼핑, 웃음	도망가고 화장실 변기 위에 올라감	농구공을 던지고 친구들과 얘기함	다른 아이의 얼굴을 때림

정서 상태 단계

트라우마 스트레스가 있는 아동은 평온하고 안정된 상태에서 극단적인 정서 상태로 매우 신속하게 변화할 수 있다. 만약 그들을 매우 신중하게 평가한다면 네 가지 단계를 확인할 수 있을 것이다. 네 가지 단계는 개입에 특별한 기회를 주기 때문에 중요하다. 예를 들면, 로버트는 학교 운동장에서 좋은 시간을 보내고 있었고 평온했으며 농구 게임에 참여하고 있었다. 다른 소년이 그에 대해 비난하는 말을 했을 때, 로버트는 그에게 달려들어 얼굴을 때렸다. 로버트의 정서 상태에 대한 매 순간(moment-by-moment) 분석은 조절의 네 가지 단계를 제안한다. 이 단계는 [그림 3-1]에 제시되어 있으며, 다음에 설명되어 있다.

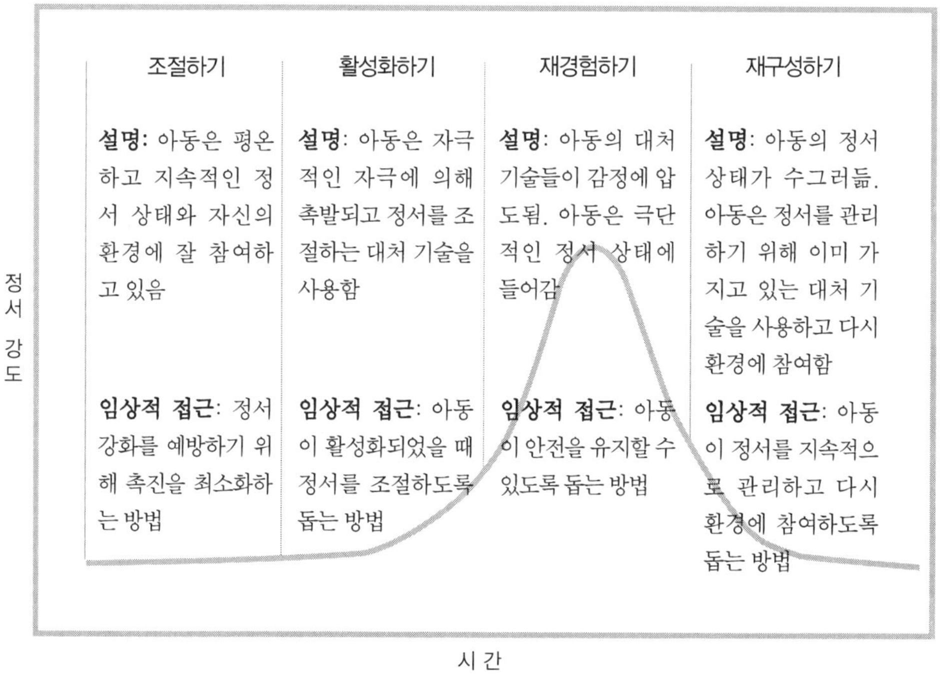

[그림 3-1] **정서 상태 조절 단계**

정서 상태를 조절하기

트라우마를 가진 아동은 대부분 정서 조절 상태에 있다. 이러한 상태는 평온, 경험의 연속성, 정서와 행동의 통제, 그리고 환경에의 참여로 특징지을 수 있다. '조절' 상태 동안 아동은 배우고, 놀고, 공부하고, 얘기하고, 온전하게 사회환경에 참여하며 반응한다. 로버트는 비난적인 말을 듣기 전까지 정서 조절 상태에 있었다. 유사하게, 드니즈도 자신을 학대한 엄마의 남자친구를 떠오르게 하는 남자를 보기 전까지는 상점에서 정서 조절 상태에 있었다. 아동이 정서 조절 상태에 있을 때는 뇌의 상위 단계 체계가 작동한다. 편도체는 '부정적 정서로 인한 의식의 마비' 를 아직 시작하지 않았다.

정서 상태를 활성화하기

'활성화' 상태 동안, 트라우마 스트레스를 가진 아동은 의식적 혹은 무의식적으로 트라우마 사건을 떠오르게 하는 자극을 경험한다. 이 국면 동안, 아동의 대처 기술은 평온과 자기진정을 위해 사용하는 데 어려움을 겪게 된다. 그들은 자신의 정서를 관리하는 것을 돕는 누군가를 찾는다. 3A는 '활성화' 상태에서 변화를 시작한다. 아동은 자신의 주의 초점(자각)이 전환되고, 감정이 변화하며, 행동이 방어 행동으로 바뀔 때 혼란스러워지기 시작한다. 드니즈는 엄마의 남자친구를 떠올리게 하는 남자를 본 이후, 그리고 그에 대한 기억을 경험하기 시작했을 때 불안해지기 시작했다. 그녀는 정서의 '활성화' 상태에 있었다. 이러한 정서 상태는 개입의 중요한 초점이다. 아동은 이 단계에서 불편의 신호를 보낸다. 만약 개입이 이루어지지 않는다면 아동이 정서를 '재경험'하는 상태로 접어들기 쉽다. 정서의 '활성화' 상태에서는 부정적 정서로 인한 마비가 시작될 뿐이다.

정서 상태를 재경험하기

'재경험' 상태 동안, 아동은 현재 트라우마 요소들을 실제로 인식하는 플래시백과 같은 트라우마의 회상으로 인해 일어나는 감정으로 자주 압도된다. 3A는 극적으로 전환된다. 환경에 대한 아동의 자각과 참여는 눈에 띄게 변화한다. 이 상태는 그 순간의 생존이다. 아동은 트라우마를 재경험할 때 시간과 장소를 제대로 인식하지 못하고 혼란스러워한다. 아동은 마치 자신이 '그때 그 장소로 돌아간' 것처럼 느낄지도 모른다. 아동이 자신에 대해 느끼는 방식도 '재경험' 상태에서는 매우 다르다. 그리고 아동은 극단적으로 자신에 대한 정체감 혼란을 느낀다(자아분열장애). 유사하게, 이러한 정서들을 관리하기 위해 나타나는 정서와 행동 또한 극적으로 변화한다. 우리는 〈표 3-1〉에서 로버트와 드니즈가 각각 어떻게 변화하였는지 볼 수 있었다.

편도체의 비상 반응체계는 이와 깊게 관련되어 있다. '부정적 정서에 의한 의식의 마비'는 활발하게 진행한다. 편도체 관련 정보 처리는 신체가 생존 기회를 최대화하기 위해 싸우거나 도망가거나 마비될 준비를 한다. 생존에 필수적인 정보 처리 속도는 맥락의 세부 사항을 놓친다. 맥락적 처리가 사라질 때, 아동은 혼란스러워진다. 아동은 '재경험' 상태에 있을 때 흥분을 경험하고 매우 위협적인 정보의 조각을 경험한다.

정서 상태 재구성하기

이미 설명했듯이, '재경험' 상태는 자각 혹은 의식(주의, 적응, 자아인식)의 변화를 동반하는 극단적인 정서와 행동으로 특징지어진다. 이러한 상태가 치료방법이나 그 외의 것들을 통해 종결될 때, 아동은 정서 조절 상태로 돌아간다. 이러한 전환은 아동이 자신의 주변 환경에 순응하고 스스로를 평온하게 하고 진정시키도록 노력하는 시간 동안 획득된다. 아동은 트라우마가 촉진되는 시간에 특히 취약하고 그 순간의 생존 상태인 재경험으로 다시 돌아갈 위험이 있기 때문에 이러한 재구성 기간은 매우 중요하다.

단계가 중요한 이유

아동이 조절의 어느 단계에 있는지 아는 것은 왜 중요한가? 그 이유는 단계에 따라 당신이 개입하는 방법이 매우 다르기 때문이다. [그림 3-1]은 아동의 상태에 의존적인 개입 접근법을 요약하여 제시해 주고 있다. 자세한 사항은 14장에서 다룰 것이다.

- **조절 단계**에서 아동은 차분하다. 그들은 외부 세계에 대한 주의의 초점과 적응에 대해 매우 잘 인식하고 있다. 그러므로 그들은 치료에 매우 잘 참여할 수 있다. 따라서 그들이 스트레스 상황에서 정서조절 기술을 향상시킬 수 있도록 도움을 제공한다(14장에서 설명됨). 아동이 이 기술을 연습함에 따라 외상 촉발 요인 혹은 스트레스 요인에 대한 대처 능력은 극대화될 수 있다. 또한 조절장애를 가져오는 스트레스의 원천이 무엇인지 찾기 위해 집과 학교와 같은 환경을 조사하는 데 노력이 집중된다.
- **활성화 단계**에서 아동의 대처 기술은 어려움이 있다. 개입은 즉각적인 자극을 제거하고 그들이 정서를 다루고 조절된 상태로 돌아갈 수 있도록 돕는 대처 기술이 작용할 수 있도록 하는 것에 집중한다. 즉각적인 개입 없이 아동은 보다 어렵거나 보다 위험한 감정과 행동을 보일 수 있으며 정서의 재경험 상태에 들어갈 수 있다. 트라우마를 경험한 아동의 하루는 많은 활성화 일화가 있다. 이러한 일화들은 정서를 조절하는 대처 기술을 충분히 수행함으로써 종결될 수 있고, 그렇게 조절 상태로 회복되거나 재경험 상태에 들어갈 수 있다.
- **재경험 단계**에서 아동은 혼란에 빠지고 매우 위협적인 환경을 경험할 수 있다. 환경이 안전하다는 것을 알려서 아동이 안전하다는 것을 확인하고 환경에 적절히 적응하는 데 모든 노력을 집중하도록 한다. 만약 아동이 신체적으로 위험한 행동을 보일 때 주변 사람들이 안전하다는 것을 아동에게 확신시키고 아동의 안전을 보장할 수 있는 사람을 호출하는 것이 중요하다.
- **재구성 단계**에서는 아동의 경험을 재설정하고 스스로 진정시키고 위로하며 정서 조절 상태로 회복될 수 있도록 작업하는 것에 집중한다. 이 단계에서 아동은 여전히 촉발 자극에 의해 정서 재경험 상태로 쉽게 돌아갈 수 있는 위험이 있다.

시간에 따른 평가

정서 상태에 대한 적절한 평가에는 상태 조절의 요소들이 단계에 따라 어떻게 변화하는지 이해하는 것이 필요하다. 단계 변화는 주의, 적응, 자아인식과 같은 자각, 감정, 행동의 변화로 특징지어진다.

아동은 이러한 변화를 어떻게 경험하고 왜 해야 하는지 인식하지 못할 수 있다. 상담자는 정서 상태의 모든 경우를 파악하고, 이러한 영역을 확실히 평가하기 위해 아동과 부모 혹은 교사와 같은 관찰자를 면접해야 한다. 치료 시기 동안 아동이 정서적으로 다른 단계에 들어가는 것은 평가에 있어 매우 가치 있는 기회다. 왜냐하면 상담자는 무엇이 사건을 촉발시키고 아동이 어떻게 행동하는지 볼 수 있기 때문이다. 상담자는 아동의 정서를 통합시키는 방법을 합리적으로 이해하기 위해 아동이 새로운 단계에 들어갈 때마다 평가하는 것이 중요하다.

우리는 〈표 3-2〉에 3A를 평가하기 위한 질문을 제공한다. 이러한 질문은 예로 활용할 수 있지만 모든 것을 알려 주지는 못한다. 다만, 이러한 질문은 아동의 특정한 정서조절장애 일화에 초점을 맞추어서 아동이 스트레스를 받을 때 그들의 자각, 감정, 행동이 어떻게 변화하는지 아동을 면접하는 데에 제한적으로 활용할 수 있다. 이 질문은 상담자가 물어야 할 질문의 유형을 이해하도록 돕고자 한 것이지만, 그것을 어떻게 제시해야 하는지는 임상 상황에 따라 달라질 수 있다. 이 질문이 상담 실제에서 사용될 수 있는 방법을 설명하기 위해 이 장의 앞에서 설명한 조절장애 일화에 대해 로버트와 면접한 것을 예시로 제시한다. 면접 내용은 〈표 3-3〉에 제시되어 있다.

표 3-2 자각, 감정, 행동(3A)을 묻기 위한 질문의 예시

자각(의식)	감정(정서)	활동(행동)
당신은 무엇을 보고 있었나요? 당신이 주목한 것은 무언가 달라 보이나요? (주의) 당신의 주변에서 일어나는 일들에 주의 집중하기 힘들었나요?(주의) 어써한 일이 일어났는지에 대해 당신은 무엇을 기억하고 있나요? 무슨 일이 일어났는지 기억하는 데 문제가 있나요? (주의) 전에 일어났던 일이 다시 일어난 것과 같은 기분이 드나요? (적응) 그것이 얼마 동안 지속되었나요? 그것을 기록하기는 어려웠나요? (적응) 어디서 발생했나요? 어딘지 잊었나요? (적응) 그 안 좋은 일이 일어난 시간이나 장소로 돌아간 것 같나요? (적응) 당신의 몸은 어떻게 느끼고 있나요? 당신의 몸은 다르게 느끼나요? (자아인식) 당신이 어려(혹은 늙어)보이는 것 같나요?(자아인식) 당신이 다른 사람처럼 느껴지나요? (자아인식)	당신의 감정은 어땠나요? 당신의 감정에 변화가 있었나요? 그 감정은 얼마나 강했나요? 전보다 더 또는 덜 강렬했나요, 아니면 비슷했나요? 당신은 더 많이 화가 났나요? 당신은 슬픔을 더 느끼나요? 당신은 더 두렵나요? 이런 감정이 덜 느껴지나요? 가끔 감정 상태가 너무 극단적으로 심하거나 전혀 느끼지 못하거나 할 수 있습니다. 당신은 어떤가요? 감정을 통제하기 어려운가요? 감정을 느끼는 것이 어려운가요? 사람들은 한순간에 한 가지 이상의 기분을 느끼기도 합니다. 당신은 다른 감정을 느껴 본 적이 있나요? 그런 감정들에 대해 말해 주세요.	당신은 어떤 행동을 했나요? 당신의 행동에 변화가 있었나요? 때때로 아이들은 당신이 설명한 것과 같은 감정을 느낄 때 물건을 던지거나 때리거나 도망가는 것과 같은 매우 안전하지 못한 행동을 하곤 합니다. 당신도 이런 행동을 하고 싶은 감정을 느끼는지 궁금하네요. 당신은 어떻습니까? 소리 지르거나 울거나 그런 행동을 하고 싶다고 느꼈나요? 당신이 하는 행동에 대해 주변 사람들은 어떠한가요? 그 사람들은 당신이 달라 보인다는 것을 알고 있나요? 자학하고 싶은 감정이 든 적이 있나요? 혹은 그렇게 해 본 적은 있나요? 무엇을 하는 것이 당신의 기분을 나아지게 하나요? 다른 사람들이 어떻게 하는 것이 당신의 기분을 나아지게 하나요? 무엇이 도움이 될 거라고 생각하나요? 마약이나 음주 경험이 있나요? 때때로 아이들은 정말로 기분이 안 좋을 때 사적인 공간에서 다른 아이를 만진다거나 성적인 말을 건네는 것과 같은 성적인 행동을 하곤 합니다.

		당신은 그런 행동을 하고 싶은 감정을 느낀 적이 있나요? 그런 행동을 한 적은 있나요? 식습관은 어떻습니까? 그 기간 동안 당신의 식습관은 어떠하였는지 말해 주세요. 먹기는 했나요? 아니면 먹었던 걸 없애 버렸나요?

로버트의 평가

로버트의 사례는 평가의 유용한 예가 될 수 있다. 〈표 3-3〉에서 면접 내용은 왼쪽에 제시되고 우리의 해설은 오른쪽에 제시되어 있다.

표 3-3 로버트에 대한 평가와 해설

면접	해설
상담자: 네가 학교에서 어려움이 있다고 들었단다.	상담자는 개방형이면서 위협적이지 않은 질문을 한다.
로버트: 네, 존이 저를 괴롭혀요. 상담자: 존이 네가 때렸다는 아이니? 로버트: 네. 상담자: 그래, 무슨 일이 있었니? 로버트: 제가 그 애를 때렸어요.	상담자는 우선 사건의 내용을 이해해야 한다. '무슨 일이 일어났는지' '원인이 무엇이었는지' '아동이 어떻게 그 사건을 경험했는지' 등에 대해서 말이다.
상담자: 그 애를 때린 것에 대해 뭘 기억하고 있니? 로버트: 그 애가 날 괴롭혀서 제가 달려들었어요.	사건이 일어날 동안의 기억을 헤아리는 것이 중요하다.
상담자: 네가 왜 그 애한테 달려들었는지 알고 있니? 로버트: 아니요.	상담자는 그의 행동에 대한 로버트의 이해와 통찰력을 가늠해야 한다(고차원적 인지과정).
상담자: 좋아. 그럼 정확히 무슨 일이 일어났는지 한번 이야기해 보자. 너는 존에게 달려들기 전에 무엇을 하고 있었니? 로버트: 농구를 하고 있었어요.	사건의 순간순간을 어떻게 이해했는지 결정하는 것도 중요하다. 아동에게 반응이 유발되었을 때 어떻게 3A가 변화하였는지를 평가하는 것도 포함된다.

상담자: 농구를 할 때 기분이 어땠니?	상담자는 조절 상태에서의 감정과 행동을 평가한다.
로버트: 좋았어요. 전 농구하는 걸 좋아해요.	
상담자: 잘하고 있었니?	상담자는 조절 상태에서의 자각을 평가한다.
로버트: 네. 제가 몇 점 땄어요. 저랑 제 친구가 이길 것 같았어요.	
상담자: 농구하면서 화가 나거나 하는 일은 없었니?	상담자는 촉발 자극과 로버트에게 있어 그것의 구체적인 의미를 평가한다.
로버트: 아니요. 잘 돼 가고 있어요. 저는 그저 득점하는 거랑 이기는 것만 생각하고 있었어요.	
상담자: 그런데 존에게 무슨 일이 일어났니?	상담자는 자극의 정서적 의미를 평가한다.
로버트: 그 애는 다른 팀에 있었어요. 그 애가 전에 저를 패 줄 거라고 말하며 괴롭힌 적이 있어요. 게임하는 동안 그것을 생각하지는 않았어요. 그런데 골대 아래서 걔가 팔꿈치로 저를 내려쳐서 제가 넘어졌어요. 저는 일어나서 걔를 쳐다보았어요. 그는 저를 호모에 패배자라고 불렀어요. 그래서 그 애에게 달려들었어요.	
상담자: 네가 그 애에게 달려들었을 때 무엇을 했니?	상담자는 촉발 상태와 그 뒤 재경험 상태에서 자각, 감정 그리고 행동을 평가한다.
로버트: 잘 모르겠어요. 너무 빨리 벌어진 일이에요. 제가 정말로 기억하고 있는지도 모르겠어요.	환자는 자각 수준을 설명한다.
상담자: 존이 너를 호모에 패배자라고 부른 다음 네가 기억하는 것은 무엇이니?	
로버트: 정말 잘 모르겠어요. 제 생각에 제가 그 애 위에서 주먹을 날리고 반 애들은 저를 그 애에게서 끌어내리려 했어요.	환자는 자각을 설명한다.
상담자: 네가 그에게 달려든 것을 기억하니?	
로버트: 아니요.	
상담자: 그래, 그럼 네가 그에게 달려들기 바로 전 상황에 대해 이야기해 보자. 존이 너에게 호모에 패배자라고 불렀어. 그 애가 그렇게 말했을 때 너는 어떤 기분이 들었니?	상담자는 자각을 평가한다.
로버트: 잘 모르겠어요.	

상담자: 그때 학교 운동장의 상황으로 돌아가서 생각해 보자. 너는 농구를 하고 있었고 존이 농구 골대 아래서 너를 팔꿈치로 내려치기 전까지만 해도 경기를 잘 하고 있었지. 너는 넘어졌고, 네가 다시 일어났을 때 그는 너를 호모에 패배자라고 불렀어. 그때 네가 뭘 느꼈는지 기억나니?	상담자는 계속 자각을 헤아리려고 하며 촉발 또는 재경험 상태에서의 감정을 이해하려 한다. 로버트의 혼란은 명백하다.
로버트: 무서웠어요. 상담자: 뭐가 무서웠지? 로버트: 그 애가 말하는 것이요.	로버트는 촉발 상태에서의 감정을 설명하기 시작한다.
상담자: 너를 무섭게 한, 그가 말한 것이라는 게 어떤 거니?	상담자는 촉발 상태 동안의 로버트의 경험에서 세부적인 사항을 알기 위해 노력한다.
로버트: 저는 제가 작다고 느꼈어요. 아주 작다고요. 상담자: 작아지는 느낌에 대해서 더 이야기해 줄 수 있니? 로버트: 마치 전에 양아버지가 저를 여자애라고 부를 때, 뭐 그런 기분이요. 상담자: 존이 너를 그렇게 부를 때도 그랬구나. 그게 네 양아버지가 너에게 한 일을 떠오르게 했니? 로버트: 네. 그가 저를 때리기 전에요.	로버트는 촉발 상태에서 자각 정도를 설명하기 시작한다—그가 혼란에 빠지기 시작한 초기의 증거.
상담자: 존이 너에게 그렇게 말하고 난 뒤 네가 어떻게 느꼈는지 좀 더 자세히 말해 줄 수 있니? 로버트: 전 폭발할 것 같은 느낌이었어요. 그리고 그다음 기억나는 것은 사람들이 저를 그 애에게서 떼어 내려 했다는 거예요. 상담자: 네가 화났다는 말이니?	상담자는 로버트의 경험에 대해 그가 촉발된 후의 더 자세한 사항을 알기 위해 노력한다.
로버트: 네, 저는 그를 죽일 수도 있었어요. 상담자: 너를 그 애에게서 떼어 낸 뒤 무슨 일이 있었니?	로버트는 재경험 상태에서의 감정(분노)을 설명한다.
로버트: 잘 모르겠어요. 싸우려고 했던 것이 기억나요. 그런 후 저는 사람들이 저를 그 애에게서 떼어 내도록 그냥 놔두었어요. 그리고 사람들과 잔디에 앉았죠. 푹	로버트는 재경험 상태에서의 자각을 설명한다.

처지는 것 같기도 하고 혼란스럽기도 했어요. 머리도 아팠고요.	
상담자: 혼란스러웠다고?	상담자는 재구성 상태에서의 자각, 감정 그리고 행동을 평가한다.
로버트: 네. 잠시 동안 제가 어디에 있었는지를 잊은 것 같았어요. 멍했죠. 그런 뒤 좀 가라앉았어요.	
상담자: 그다음에는 무슨 일이 일어났니?	
로버트: 교장선생님을 만나러 갔고, 그들이 저를 응급차에 태워 당신을 만나러 가게 했어요.	

로버트의 평가에 대한 논의

로버트에 대한 평가에서는 고려해야 할 원리가 많다. 로버트는 초반에 매우 막연해했고 혼란스러워했다. 그가 조절장애 사건 전, 도중 그리고 후에 어떻게 생각하는지, 어떻게 느끼는지, 그리고 어떻게 믿고 있는지에 대해 구체화하는 것이 중요하다. 상담자는 이러한 질문들을 시시각각으로 시행해야 한다. 로버트를 기준선에서부터, 즉 로버트가 사건 이전에 조절 상태에 있었는지 아닌지 이해하려는 노력이 우선이다. 그런 후 정서 상태 조절 변화의 각각의 요소를 평가하기 위해 무엇이 그를 유도했는지 정확히 찾아야 한다. 마지막으로 상담자는 어떻게 그 사건이 끝났는지와 재구성 단계 동안 로버트의 경험은 어땠는지를 확인하도록 노력해야 한다. 상담자는 항상 정서 상태 조절과 그것의 요소(3A)를 인식하고 있어야 하며, 그에 따라서 정보를 모으고 추후 조직화해야 한다.

상태와 특성

우리는 정서 '상태'의 장애로서 아동의 트라우마 스트레스를 설명해 왔다. 이러한 태도는 아동에게 무슨 일이 일어나느냐에 따라 임상적인 그림이 계속적으로 변화한다는 것을 암시한다. 상태가 변할지라도, 그들은 그렇게 행동하고 예측 가능한 방법으로 행동한다. '특성(traits)'은 어떠한가? 특성은 생각, 감정, 행동, 관계 맺기의 상대적으로 지속적인 유형을 암시하는 것으로 아동의 성격 발달에 중요하다. '상태'가 '특성'이 될 수 있는 방법은 트라우마 경험이 있는 아동을 이해하는 데 매우 중요하다. Bruce Perry와 동료들(1995)은 트라우마 스트레스를 가진 아동의 상태가 어떻게 특성이 되는지에 대한 영향력 있는 논문을 썼다. 본질적으로 그는 아동이 시간이 지나는 동안 극한 정서에 압도당하는 데 적응한다고 말했다.

- 아동이 자라면서 감정, 자각 그리고 행동 통제의 어려움을 지속적으로 가지는 것은 아동의 자기존중감과 자기통제에 어떤 영향을 미치는가? 만약 아동이 주어진 정서 상태에서 무엇을 했는지 기억하지 못한다면 이 상태 조절 문제가 주는 최악의 영향력은 얼마나 될 것인가?
- 아동이 각기 다른 정서 상태에서 자신에 대해 극적으로 다른 감정을 느끼면서 자라는 것은 아동의 자아정체감에 어떠한 영향을 미치는가? 시간이 지날수록 자아인식이 아동의 상태에 의존한다면 아동의 자아정체감에 어떤 영향을 미치는가?
- 아동이 주의 집중과 정보 처리에 있어 정기적으로 정서와 중요한 변화에 압도될 때 그것이 아동의 학습 능력에 어떠한 영향을 미치는가?
- 트라우마 경험과 아동의 계속적인 상태 조절 문제는 아동이 사람, 세상 그리고 미래와의 관계에서 자신에 대해 생각하는 방법에 어떻게 영향을 미치

는가?

- 감정, 자각 그리고 행동에서 이러한 변화는 시간이 지날수록 아동의 관계에 어떠한 영향을 미치는가?

우리는 이 모든 문제에 답을 가지고 있지 않다. 그럼에도 아동의 트라우마 스트레스는 극도의 정서장애보다 더 심하다. 또한 이러한 정서 상태에 대한 만성적 적응을 포함한다. 이런 만성적 적응 중 일부는 아동의 인지 변화로 생각될 수 있다. Aaron Beck(Beck, Rush, Shaw, & Emery, 1979)은 이 변화들을 정의하는 우울의 인지적 3요소를 소개했다.

- 자신
- 세상
- 미래

트라우마를 가진 아동의 만성적인 적응은 대부분 인지의 이 세 가지 영역에 대한 영구적인 변화와 관련이 있다. 인지 처리(15장)와 의미 구성(16장)에 있어 우리의 개입 모듈은 트라우마 경험의 이러한 만성적인 적응을 다룬다.

PTSD란 무엇인가

왜 우리는 이 트라우마 치료 지침서에서 외상후 스트레스 장애(posttraumatic stress disorder: PTSD)를 거의 언급하지 않는가? PTSD에 대한 진단상의 구분이 유용함에도 불구하고, 우리는 두 가지 주요한 관심 사항을 가지고 있다.

① PTSD의 DSM-IV 정의는 그 징후와 사회환경이 서로 어떻게 적합한지를 충분히 설명하지 못한다.
② PTSD의 DSM-IV 정의는 트라우마의 주요 발달적 정신병리학—정서 상태의 조절장애—에 대해 충분히 설명하지 못한다.

PTSD와 사회환경

사회환경이란 무엇인가? 우리는 트라우마를 가진 아이들의 핵심 문제가 돌봄 체계나 사회환경과 아동의 정서 상태 조절 능력 사이의 '적합도'에 있다고 반복적으로 설명해 왔다. PTSD의 정의에는 사회환경에 관한 언급이 없다. DSM은 '심리사회학적 그리고 환경적 문제'라는 제목으로 4축(axis IV) 차원을 포함한다.

4축은 유용하지만 제한적이다. 비록 그것이 다양한 환경적 문제를 나열하지만(예: 교육, 직업, 주거), 그 항목들은 정신병리학적 항목들을 통합하지 않는다. 그 목록은 단지 정신병리학에 관련된 문제를 명료하게 식별하고 치료계획으로 전환할 때에만 임상적으로 유용할 수 있다. 우리의 평가 목적은 정확히 이러한 종류의 구체성에 접근하는 것이다.

PTSD와 정서 상태 조절

PTSD 진단에 있어 우리의 주된 관심 사항은 그것이 트라우마를 가진 아동의 주요 발달병리학—스트레스 요인을 직면했을 때의 정서 상태 조절장애—을 불확실하게 한다는 것이다. 이 중요한 발달 정신병리학적 과정의 이해—그리고 아동이 스트레스 요인과 만났을 때 특히 자각, 감정 및 행동이 어떻게 극적으로 변화하는지—는 상담자에게 트라우마를 가진 아동의 정신병리학을 이해하는 데 귀중한 방법을 제공한다. 아동이 이 상태 조절 문제에 만성적으로 적응하는 방법 역시 앞의 '상태와 특성' 부분에서 어떻게 상태가 특성이 되는가에 대해 이야기한 것과 같이 매우 유익하다.

PTSD 진단의 유용성은 그것이 정서 상태 조절장애와 관련된 기본적인 발달적 문제를 가진 많은 아이(또는 어른들)를 포착하는 '어망'을 던진다는 것이다. 다시 말해, PTSD 증상 분류를 사용하는 것은 정서 상태 조절 문제를 가진 많은 아이를 정의할 수 있게 한다. 하지만 PTSD 증상 분류는 대부분의 외상 정신병리학에 가장 적합한 증상과 경험을 설명하고 조직하는 데는 부족한 방법이다. 정의되어야 할 가장 중요한 정신병리학 과정은 아동이 스트레스 요인과 마주쳤을 때 어떻게 자각, 감정 그리고 행동이 동요되는가, 그리고 어떻게 아동이 이런 동요에 적응하는가다. PTSD 증상 분류는 이 과정의 대리인이 될 수는 있지만 좋은 제시는 아니다.

PTSD 증상 분류를 살펴보자.

A. 외상 노출
B. 재경험(예: 플래시백, 악몽, 촉발 요인에 대한 극심한 고통)
C. 마비 또는 회피(정서 반응을 줄이고, 분노와 관련된 행동을 제한함)
D. 각성 반응 증가(예: 수면 부족, 집중력 감소, 놀람, 과각성)

이러한 증상 분류는 외상 반응의 중요한 일부분이며 정서 상태(예: 불안 상태, 마비 상태, 아마도 해리 상태)의 특정 종류를 설명한다. 문제는 이 프로파일이 트라우마 후 반응의 다양성, 특히 앞에 설명된 주요한 발달적 정신병리학 과정을 포착하지 못한다는 것이다.

다른 증상 분류들은 트라우마 스트레스 반응을 분류하는 대체 방안으로 제안되어 왔다. 이것은 급성 스트레스 장애, 복합 PTSD 또는 복합외상이라고 불려 왔다. DSM-IV는 PTSD의 관련 특징이라는 표제 아래 다음의 추가적인 증상을 포함하고 있다.

- 감정조절 기능의 손실
- 자기파괴적 · 충동적 행동
- 해리 증상
- 신체 증상 호소
- 무능함, 부끄러움, 좌절 또는 절망의 감정
- 영구적으로 손상되었다는 감정
- 전부터 유지해 온 믿음에 대한 소실
- 적개심
- 사회생활 거부
- 지속적인 위협 감정
- 타인과의 관계 손상
- 개인의 성격 특성 변화

이러한 증상은 트라우마를 가진 아동에게 적절한 증상임에도 다수의 증상이 발달상의 문제, 특히 조절장애나 정서 상태의 적응 문제로도 이해될 수 있다. 〈표 3-4〉는 PTSD 증상 목록(그리고 그것의 관련 특징)이 3A의 변화(또는 이러한 변화에 대한 만성적 적응)에 따라 어떻게 분류되는지를 보여 준다. 정서 상태 조절 모델 사용의 장점은 그것이 주어진 개인에게 어떠한 증상들이 함께 일어나는지에 대한 과정을 보여 준다는 것이다.

드니즈의 사례를 보자. 우리는 그녀가 PTSD(그리고 그것의 관련 특징)를 가지고 있다고 말할 수 있다. 그녀는 다음과 같은 특징을 가지고 있다.

- 트라우마 자극에 대한 극심한 고통
- 플래시백
- 트라우마의 재경험
- 트라우마의 공포로 인해 제한된 활동

표 3-4 PTSD 증상 분류와 상태 조절

상태 조절의 특질	PTSD 증상 또는 관련 특징
자각(의식) • 자아인식 • 주의 • 적응(orientation)	재경험, 해리, 집중력 부족, 과각성, 분리나 소외의 감정
감정(정서)	촉발 요인에 대한 극심한 고통, 정서적 반응의 감소, 과민성 또는 정서 모듈의 손상, 신체 증상 호소, 적개심, 지속적인 위협 감정
활동(행동)	공격성, 자기파괴적 · 충동적 행동, 제한된 활동
적응(adaptation, 상태 조절 문제에 대한 만성적 적응)	무능함, 부끄러움, 좌절 또는 절망의 감정, 영구적으로 손상되었다는 감정, 전부터 유지해 온 믿음에 대한 소실, 가까운 미래에 대한 의식

- 과각성
- 과민성 또는 정서 모듈의 손상
- 무능함, 부끄러움, 좌절 또는 절망의 감정

우리는 드니즈가 어머니의 남자친구로부터 당한 성폭행의 촉발 요인에 직면했을 때 자각(조각 난 기억, 시공간적 혼란, 탈개인화), 감정(공포, 아마도 마비) 그리고 행동(도망, 머리카락 말기)의 변화에 의해 조절 상태에서 재경험 상태로 전이한 것을 알 수 있다. 이러한 반응에 대한 그녀의 만성적 적응은 계속 부끄러워한다는 것이다. 이러한 상태는 가정 내 폭력이나 사생활 결여를 포함한 그녀의 사회환경 속에서 스트레스 요인에 의해 반복적으로 일어난다.

로버트도 마찬가지로 PTSD(그리고 그것의 관련 특징)를 가지고 있다고 말할 수 있다. 그는 다음과 같은 특징을 가지고 있다.

- 트라우마 자극에 대한 극심한 고통
- 플래시백
- 트라우마의 재경험
- 트라우마의 공포로 인해 제한된 활동
- 과각성
- 과민성 또는 정서 모듈의 손상
- 공격성
- 자기파괴적 · 충동적 행동

우리는 로버트가 신체적 학대의 촉발 요인에 직면했을 때 '자각'(조각 난 기억, 시공간적 혼란, 환경과 맥락 인식의 손실, 과각성), '감정'(분노) 그리고 '행동'(공격성)의 변화에 의해 조절 상태에서 재경험 상태로 전이한 것을 알 수 있다.

우리는 드니즈와 로버트를 설명하는 방법 중 후자가 그들의 경험을 설명하는데 더 정확하고 임상적 효과도 뛰어나다고 믿는다.

많은 사람이 왜 트라우마와 관련된 장애가 DSM에 널리 분산되어 있는지 궁금해한다. 이것은 흔들리는 자각, 감정 그리고 행동의 발달적 과정이 많은 다른 장애를 '동반하기' 때문이다. PTSD 외에도 트라우마와 관련된 장애는 기분장애, 품행장애, 경계성 인격장애, 물질남용장애, 해리장애, 섭식장애 그리고 신체형 장애를 포함한다. 이러한 장애는 각각 하나 또는 그 이상의 상태 조절 특질을 동반하는 장애로 잘 알려져 있다. 이러한 다양한 특질은 DSM에 배치되어 있다.

- **자각**(주의 집중, 자아인식, 적응의 요소): 주의력결핍장애, 해리장애, 신체형 장애, 인격장애
- **감정**: 기분장애, 인격장애
- **행동**: 품행장애, 인격장애, 기분장애, 섭식장애, 물질남용장애

우리는 DSM-IV에서 트라우마와 관련된 장애가 파편화되어 있는 이유를 트라우마를 가진 아동의 발달병리학적 과정, 정서 상태의 조절장애에 대한 설명 부족이라고 믿고 있다. 7장에서 자세하게 설명하겠지만, 우리의 TST 평가 접근은 정서 상태의 조절장애와 아동의 트라우마 스트레스를 치료하는 평가 모델의 완벽한 통합을 시도한다.

2장에서 우리는 어떻게 DSM-IV의 외상후 스트레스 장애가 새로운 '스트레스 유발 및 공포 순환 장애'에 포함되는지에 주목하였다. 이 새로운 개념화는 이 장과 다음 장에 설명된 트라우마 스트레스의 과정을 포착할 수 있다는 희망을 제공한다.

04

사회환경과 돌봄 체계

– 트라우마 스트레스 반응과 사회적 맥락의 관련성

학 습 목 표

- 사회환경이 아동의 정서 및 행동 조절 능력에 어떠한 영향을 끼치는지 이해하기
- 트라우마 스트레스가 사회환경에 어떠한 영향을 끼치는지 이해하기
- 사회환경을 구성하는 다양한 수준 층이 트라우마 사건이 되살아난 아동을 어떻게 지원할 수 있는지 이해하기
- 문화가 트라우마에 대한 아동의 반응 방식 및 치료에 미치는 영향 이해하기

앞의 장들에서 논의한 바와 같이, 우리는 '트라우마 체계'에 초점을 맞추고 있다. 핵심 내용을 다시 강조한다면, 트라우마 체계는 다음과 같은 것으로 이루어진다.

① 트라우마를 가진 아동이 겪는 정서 조절의 어려움

② 아동이 효과적으로 정서를 조절하도록 조력해야 하는 사회환경 및 돌봄 체계의 무능함

3장에서는 정서를 조절한다는 것이 무엇인지를 검토해 보았다. 이 장에서는 사회환경과 돌봄 체계에서 위험 신호가 어떻게 나타나는지 살펴볼 것이다. 새끼 쥐 실험에 관해 논의함으로써 이 주제를 더 잘 이해할 수 있을 것이다.

쥐의 놀이 활동을 통해 트라우마를 가진 아동에 관해 무엇을 알 수 있는가

거의 대부분의 어린 포유동물은 놀이를 한다. 전문가와 마찬가지로, 우리 역시 놀이 활동이 아동의 정신건강에서 차지하는 중요성, 특히 그것이 중단되거나 제대로 이루어지지 못할 때의 심각성을 알고 있다. 아동의 정신건강을 돌보는 현장에서 행하는 일차적 처치에는 놀이가 포함된다. 왜 인간을 비롯한 동물들의 새끼는 놀이를 하는가?

이스턴미시간 대학의 신경과학자인 Jaak Panksepp은 놀이가 즐거움의 정서를 불러일으키는 기본 요소이며, 중요한 진화적 가치를 가진다고 주장했다. Panksepp은 새끼 쥐를 이용해 연구를 하였는데, 이를 위해 우리 안에 갇힌 새끼 쥐의 놀이 활동을 측정하였다. 새끼 쥐들은 우리에 갇혔음에도 다른 어린 포유동물들이 자연적인 서식지에서 그러하듯이 놀이를 하였다.

Panksepp(1998)은 저서 『정서 신경과학(*Affective Neuroscience*)』에 새끼 쥐 놀이 실험에 관한 내용을 담았다. 그는 새끼 쥐들의 놀이 활동을 며칠간 관찰하며 그들의 활발한 놀이 활동을 기록하였다.

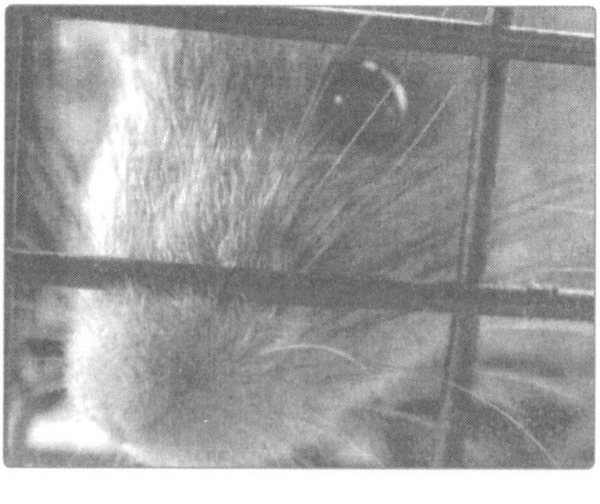

[그림 4-1] **새끼 쥐**

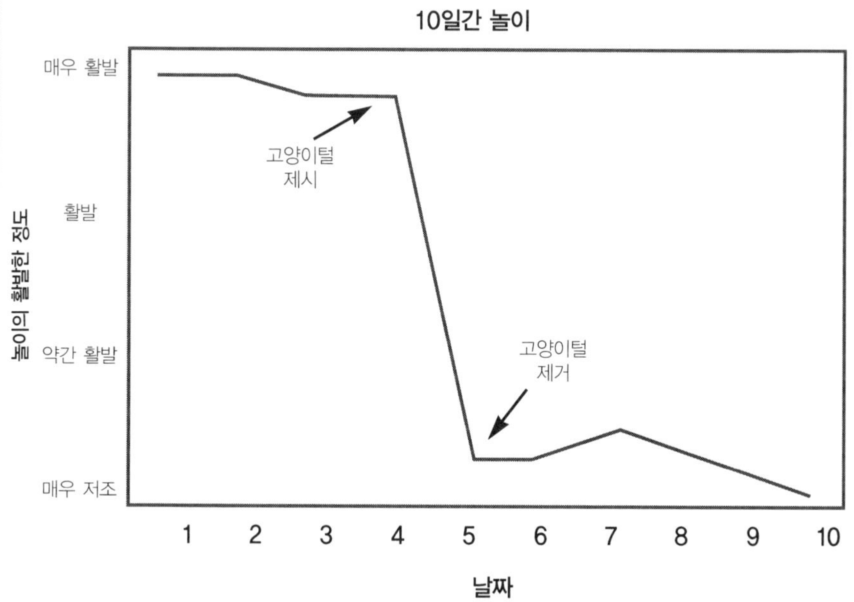

[그림 4-2] **고양이털을 우리 안에 넣자 쥐들이 놀이를 멈추었다.**
Panksepp(1988)에서 발췌.

그러고 나서 그는 위협적인 자극—고양이털—을 제시하였다. 그는 고양이털을 우리 안에 24시간 동안 두었다가 제거하였다. 고양이털을 우리 안에 두었을 때, 그리고 그것을 제거하였을 때 새끼 쥐들의 놀이에는 어떠한 변화가 생겼을까?

참고로 이러한 실험이 연구실 쥐([그림 4-1] 참조)를 대상으로 이루어졌다는 것을 알아둘 필요가 있다. 연구실 쥐들은 고양이를 본 적이 한 번도 없었다. [그림 4-2]는 고양이털을 우리 안에 넣고 그것을 다시 꺼내는 동안 새끼 쥐들에게 나타난 변화를 보여 준다. 세로 축에는 놀이의 활발한 정도, 가로축에는 실험이 계속된 날짜가 표시되어 있다. 새끼 쥐들은 실험이 시작된 후 4일간 활발하게 놀이를 하였다. 그러나 고양이털을 우리 안에 넣자 그들의 놀이는 완전히 중단되었다. 고양이털이 제거된 이후에도 새끼 쥐들의 놀이 활동은 고양이털이 우리 안으로 들어오기 이전 수준으로 회복되지 않았다.

이 실험의 핵심은 무엇인가? 새끼 쥐의 놀이 활동과 이 책에서 논의하고 있던 사회환경은 어떠한 관련이 있는가? 쥐 실험의 어떤 점이 트라우마를 가진 아동과 관련이 있는가?

물론 우리는 인간의 사회환경이 연구실 새끼 쥐보다 훨씬 복잡하고 정교하다는 것을 알고 있다. 그러나 안전에 대한 인간의 욕구 역시 새끼 쥐보다 훨씬 강하기 때문에 새끼 쥐 실험의 결과에 대해 논의할 필요가 있다. 만약 우리 사회에 위험 신호가 나타난다면 무슨 일이 생기는가? 모든 것이 변할 것이다. 삶은 절대 이전과 같아질 수 없을 것이다. 불쌍한 연구실 쥐들에게 나타난 위험 신호는 고양이털 한 가닥이었다. 당신이 돕고자 하는 트라우마를 가진 아동에 대해 생각해 보라. 드니즈나 로버트 그리고 그들의 생존 회로(survival circuits)에 대해 생각해 보라.

이러한 정보는 트라우마를 가진 아동의 치료에 어떠한 도움이 되는가?

만약 드니즈의 이야기가 다음과 같이 계속된다고 당신에게 말한다면 어떠할까?

드니즈의 친구들은 그녀의 이름을 거듭 부르며 그녀가 괜찮은지 물어보았다. 드니즈는 그들이 곁에 있다는 것은 알 수 있었지만, 완전히 회복되기까지는 몇 시간이 더 걸렸다. 드니즈는 악몽을 자주 꾼다고 이야기하였다. 그녀는 '항상' 수줍어한다. 드니즈는 엄마와 엄마의 남자친구(그녀를 학대한 사람이 아닌) 그리고 형제들과 침실이 두 개인 아파트에 거주한다. 아파트의 시설은 열악하다. 앞서 언급했듯이, 드니즈의 침실에는 문이 없다. 그녀가 옷을 갈아입을 때 오빠가 현관에서 그 모습을 쳐다본다. 그녀는 엄마와 남자친구가 다투는 소리를 듣고, 어떤 때는 직접 목격하기도 한다. 그녀는 만약 자신이 잠들면 자신과 엄마에게 무슨 일이 생길 것만 같다는 생각에 수일간 잠을 제대로 자지 못한다. 그녀는 학교에서도 학업에 집중하지 못하며, 올해도 낙제를 할 것이다.

만약 로버트의 이야기가 다음과 같이 계속된다고 당신에게 말한다면 어떠할까?

로버트는 앰뷸런스에 실려 응급실에 왔다. 그는 응급실에 도착한 지 몇 시간이 지나서야 가까스로 진정을 하고 잠이 들었다. 그러나 새아버지와 간호사가 다투는 소리에 잠에서 깼다. 그의 새아버지는 "이것은 집안 문제야. 내 아들을 어떻게 키워야 하는지는 내가 알아."라고 말하면서 로버트를 집으로 데려가겠다고 소리쳤다. 병원의 경비원들이 달려왔다. 경비원들은 새아버지를 끌고 갔다. 정신과 의사가 로버트를 진단했다. 그러나 로버트는 거의 매일 밤 그의 새아버지가 허리띠나 주먹으로 자신을 때려 왔다는 사실을 좀처럼 밝히려 하지 않았다. 로버트의 엄마는 로버트를 때리는 새아버지를 말리다가 자신도 맞았다. 로버트는 언젠가 자신이 죽임을 당하거나, 누군가를 죽이거나, 자살을 할 거라고 이야기했다. 그는 학교에서 학생 수가 많은 일반학급에 속해 있다. 그는 지난 6개월 동안 싸우거나 다른 학생을 때렸다는 이유로 10회 이상 정학처분을 받았다.

Panksepp의 실험에서 입증되었듯이, 만약 고양이털 하나가 주위 환경에 놓인다면 다른 어떤 것도 중요하지 않게 된다. 이와 유사하게, 아동의 사회환경에 실제적 위협이 존재한다면 그 외의 다른 것에 대해 논의하는 것은 타당하지 않다. 만약 아동의 환경에 위협적인 신호가 나타난다면 그 아동은 다른 어떠한 것도 제대로 할 수 없다. 아동을 치료할 때 '고양이털'을 제대로 효과적으로 다루지 못하면 드니즈와 로버트는 회복되지 못할 수도 있다.

드니즈의 사례에서 고양이털은 다음과 같은 것이다.

① 침실 문이 없어서 오빠가 현관에서 그녀의 옷 갈아입는 모습을 목격하는 것
② 엄마와 그녀의 남자친구가 다투는 모습을 보거나 그 소리를 들어야 하는 것
③ 쇼핑몰에서 남성을 보는 것
④ 학교에서 낙제하는 것

로버트의 사례에서 고양이털은 다음과 같은 것이다.

① 새아버지의 폭력
② 엄마를 구타하는 새아버지의 모습을 지켜보는 것
③ 위협적인 목소리나 소음을 듣는 것

드니즈와 로버트, 그리고 트라우마를 가진 다른 아동의 사례에서 알 수 있는 비극적이지만 자명한 사실은 트라우마를 가진 아동이 고양이털이 가득 차 있는 우리 안에 살고 있다는 것이다. 심지어 고양이와 함께 살고 있는 아동도 있다!

2장에서 우리는 Joseph LeDeux(1998)의 "편도체의 작용에 의해 부정적인 정서가 의식을 마비시킨다."라는 말을 인용했다. 그러나 이것이 완전히 옳은 것은 아니다. "고양이털이 편도체를 자극해 부정적인 정서가 의식을 마비시키게 한다."로 바꿔야 보다 정확해진다. 만약 우리가 트라우마를 가진 아동을 돕고자 한다면 고양이털이 어디에 있는지 파악해야 하며 또한 그것을 제거해야 한다.

환경을 통해 우리는 무엇을 말하려 하는가

Urie Bronfenbrenner(1979)의 인간행동에 관한 사회생태계 모델을 살펴보는 것은 개입이 사회환경에 어떻게 작용하는지 이해하는 데에 도움이 된다. [그림 4-3]에서 볼 수 있듯이, 이 모델은 아동이 생활하는 사회생태계를 다층적으로 나타낸다. Bronfenbrenner는 모델에 여러 개의 층을 포함시킴으로써 아동발달에서 외부 기관과 문화적 맥락이 중요함을 지적하였다. 사회생태계의 각 층은 아동의 건강한 발달에 핵심적인 역할을 한다. 또한 아동이 트라우마 스트레스에 노출되었을 경우 회복을 돕는 기능을 하기도 한다.

아동발달을 결정하는 이러한 사회환경 및 사회생태계의 층들은 서로 지속적

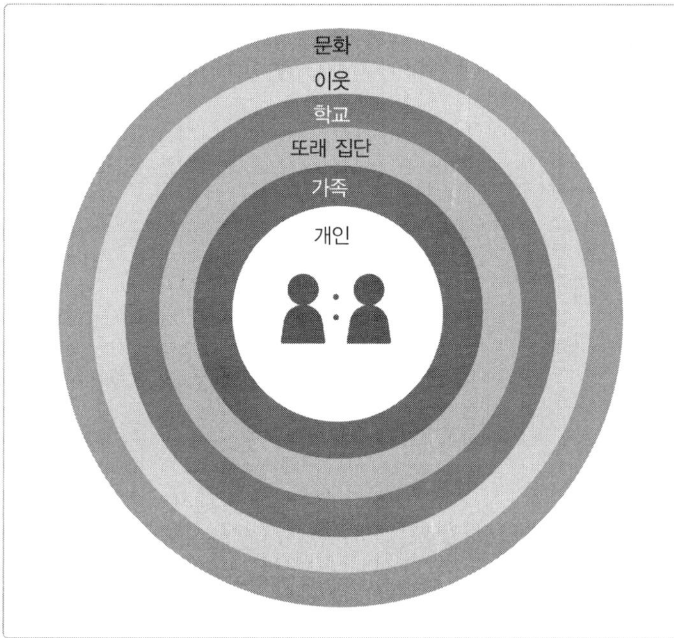

[그림 4-3] **사회생태계 모델**

으로 영향을 미친다. 각각의 단계가 아동발달에 미치는 영향을 더 깊이 이해할 수 있도록 이들 단계에 대한 설명을 간단히 제시한다.

개인 수준에는 개인이 가지고 있는 특성, 즉 생리적인 부분, 당시 그 시점에서 아동이 습득하고 있는 내용과 기술 등이 포함된다. 아동의 경험은 정서적 · 인지적 · 행동적 자원(예: 강점과 약점)뿐만 아니라 아동이 트라우마 사건에 반응하는 방식에도 큰 영향을 미친다. 긍정적이고 적응적인 자원을 발달시킨 아동은 트라우마를 겪었을 때 상당히 회복력이 강할 것이다. 반면, 그렇지 못한 아동은 트라우마 사건에 대해 부적응적인 태도를 보일 것이며, 심지어 정신병에 시달릴 수도 있다. 사회생태계의 개인 수준은 아동의 정서조절 능력을 기른다.

Bronfenbrenner에 따르면, 개인 층 다음에 존재하는 층은 미시체계(microsystem)다. 이 층에는 가족환경, 즉 양육 방식, 가족 역동, 발달력, 모든 가족구성원의 심리적 자원(예: 그들의 강점과 약점), 재정 상황, 트라우마 사건에 대한 구성원의 경험 및 반응 등이 포함된다. 이러한 요인은 가족 기능뿐만 아니라 정서 및 행동 조절 방법을 습득하도록 부모가 아동을 돕는 방식에도 영향을 미친다. 아동의 트라우마 경험에 대해 가족이 반응하는 방식은 아동이 그러한 경험을 극복하는 데 중대한 영향을 미친다. 마찬가지로 아동의 정신적 고통의 정도 역시 가족이 어떻게 그것을 극복하는지에 영향을 미친다.

미시체계의 바깥에 존재한 몇 개의 층은 외체계(exosystem)다. 이들 층에는 아동의 인접 환경(immediate envionment), 즉 학교, 또래, 사회적 관계망, 교회, 지원체계 및 서비스, 고용 기회 등에 영향을 미치는 공식적 · 비공식적 사회구조가 포함된다. 이러한 환경의 요소들이 지닌 위험성과 회복력은 아동발달에 큰 영향을 미친다. 바람직한 외체계는 아동에게 적절한 교육 장소와 또래 친구를 만나고 사회적 관계를 맺을 수 있는 안전한 환경을 제공해 줄 뿐만 아니라, 아동의 보호자에게 충분한 고용 기회를 제공해 준다. 반면, 학교에서 적절한 교육이나 도움을 받지 못하거나, 폭력적이고 안전하지 않은 이웃들 사이에 거주하거나, 또래 집단 또는 사회적 지원망이 비생산적이거나 범죄적 활동에 연루되었거나, 빈곤하며 희망이 없는 절망적인 곳에서 거주하는 아동의 발달은 안전한 외체계에 속한 아동의 발달과 크게 다를 것이다. 쉽게 추측할 수 있듯이, 이러한 환경 차이는 아동이 트라우마 사건을 극복하는 데 있어서도 매우 다른 의미를 지닐 것이다.

모델의 더 바깥층은 거시체계(macrosystem)다. 거시체계는 사회 및 가족 기능에 스며들어 있는 해당 문화의 믿음과 가치다. 이 바깥층은 아동이 경험하는 세계의 모든 층을 둘러싸고 퍼져 있으며, 개인 및 가족이 사회생태계의 다른 층과 상호작용하는 방식에 영향을 미친다는 점이 중요하다. 즉, 문화는 구성원이 트라우마를 이해하는 방식, 그에 대한 적절하거나 부적절한 반응 방식, 그리고 필요하다고 여겨지는 개입 등을 결정한다.

우리는 Bronfenbrenner의 모델을 통해 아동이 자신을 둘러싼 세계에 미치는 영향, 그리고 세계로부터 받는 영향을 이해할 수 있다. 이렇게 상호 간에 미치는 영향과 교류는 아동의 건강한 발달을 촉진하거나 저해하기도 한다.

Bronfenbrenner의 미시체계, 외체계, 거시체계는 TST 체계의 두 번째 부분, 즉 아동의 정서 조절을 도울 수 있는 사회환경/돌봄 체계의 능력과 관련이 있다.

개별 아동을 둘러싼 생태학적 층들이 바로 그 아동의 '우리(rat cage)' 다. 어느 수준의 층이건 그곳에서 나타난 위협적이고 위험한 신호는 아동의 발달에, 특히 정서 조절에 심각한 위기를 야기한다. 아동의 사회생태계를 구성하는 층의 역할은 무엇인가? 궁극적으로 그것은 삶의 위기로부터 개인을 보호하는 기능을 한다. 대개 트라우마 스트레스를 경험하는 아동의 사회생태계 층들은 제 기능을 다하지 못한 경우가 많다. 드니즈와 로버트의 경우를 생각해 보라. 그들의 환경 중 제대로 기능하지 못하는 것이 몇 개나 되는지 세어 보라. 우리는 지금 인간이 실험 쥐 우리 안에 산다고 이야기하는 것이 아니다! 환경에 위험 신호가 나타났을 때, 실험 쥐와 마찬가지로 인간의 행동 역시 심각하게 변화한다고 말하는 것이다.

앞서 언급했듯이, 트라우마 사건은 개인 수준에만 영향을 미치는 것은 아니다. 그것은 각 개인을 둘러싼 사회생태계의 모든 측면에 영향을 미친다. 트라우마의 영향을 제대로 이해하기 위해서, 당신은 반드시 트라우마 사건이 각각의 환경체계에 미치는 영향뿐만 아니라 체계 간에 끼치는 영향 역시 확인해 보아야 한다. 이러한 체계가 서로 협력해야만 아동에 대한 효과적인 개입이 가능하다. 그것보다 더 시급한 것은 어디에 고양이털이 놓여 있는지, 즉 위험 신호가 사회생태계의 어느 층에 놓여 있는지 파악하는 것이다. 그러고 나서 그것들을 제거하는 데 초점을 맞추어 개입계획을 짜야 한다.

그러나 우리 모두가 알고 있다시피, '고양이털' 을 환경에서 완전히 제거하는 것은 불가능하다. 우리는 아동이 개에 물리지 않게 하기 위해 세상의 모든 개를 없앨 수 없으며, 아동이 물에 빠지지 않게 하기 위해 모든 수영장을 없앨 수는 없다. 전쟁과 자연재해, 아동을 학대하는 어른들, 혹은 아동에게 과거에 자신을 학대했던 가해자를 떠올리게 만드는 어른들 역시 마찬가지다. 예를 들어, 드니즈의 사례에서는 쇼핑몰에서 드니즈가 마주치는 모든 성인 남자를 그녀의 세계에서 없앨 수 없다. 그것은 TST의 목적과도 맞지 않는 것이다. 이에 관해서는 6장의 '현실에 맞추기' 부분에서 논의할 것이다. 이런 종류의 문제, 즉 바꿀 수 없는 문제를 해결하기 위한 훨씬 좋은 방법은 드니즈가 위협적으로 느껴지는 성인 남자를 만났을 때 사용할 수 있는 정서조절 기술을 획득하도록 하는 것이다. 반면, 침실 문을 설치한다든가 가정폭력을 막는 것과 같은 '고양이털을 직접 제거하는 전략'이 매우 효과적인 경우도 있다.

7장과 8장에서도 논의하겠지만, 우리가 해야 할 일은 가능한 한 많은 사회생태계의 구성원과 협력하여 고양이털을 최대한 제거하고, 제거할 수 없는 고양이털은 아동이 극복할 수 있도록 하기 위한 계획을 짜는 것이다. 때때로 이러한 목표를 달성하기 위해 아동을 환경으로부터 분리해야 할 경우도 있다.

트라우마와 사회환경

사회환경은 트라우마를 경험한 아동이 정서조절 능력을 획득할 수 있도록 지원해야 한다. 아동을 둘러싼 사회환경의 구성원들은 트라우마 이후의 세계를 안정적이고 통제 가능하며 질서정연한 것으로 재창조해야 한다.

그러나 트라우마는 바로 그 환경체계, 즉 아동을 둘러싼 환경체계에까지 악영향을 미칠 수 있다. 트라우마에 의한 신체적 손상, 신체적 혹은 성적 학대, 화재, 가족구성원 중 누군가가 살해당한 일과 같은 사건들은 개인과 미시체계 층에 영향을 미칠 뿐만 아니라, 그 영향은 다른 층으로까지 퍼져 나간다. 이러한 사건이 미시체계에 미치는 영향은 아동 주위의 보호자가 아동을 도울 수 없게 만드는 것이다. 보호자가 아동이 경험하는 트라우마 사건에 대해 자신 역시 정서적으로 어려움을 경험할 경우, 혹은 아동과 보호자가 물리적으로 분리되는 경우 그러한 일이 발생한다. 예를 들어, 로버트의 어머니는 남편에게 맞을지 모른다는 두려움 때문에 로버트를 제대로 돕지 못했다.

테러나 자연재해와 같은 대규모의 트라우마는 아동의 사회생태계에 좀 더 직접적으로 영향을 미친다. 이러한 경우 아동이 트라우마를 극복하도록 도와줄 수 있는 확대가족, 종교 조직, 이웃, 학교의 돌봄 기능이 손상되어 아동의 생존과 건강한 발전을 위한 핵심 기능을 충분히 해 내지 못할 수 있다. 뿐만 아니라 트라우마 사건은 사람들을 그들의 역사와 유리되게 만듦으로써 문화적 의식과 믿음을 붕괴시킨다. 이러한 영향은 트라우마 사건에 대처하는 아동의 능력을 더욱 약화시킨다.

문제 해결을 위해서는 종합적인 해결책이 필요하다

우리가 지금까지 확인한 바는 무엇인가? 트라우마 사건은 아동 및 가족뿐만 아니라 사회생태계를 구성하는 더 바깥 층에까지 악영향을 미친다. 트라우마의 후유증은 아동의 대처 기술을 무력하게 만들어 적응 행동을 감소시키고 부적응 행동을 증가시킨다. 또한 아동을 지원할 수 있는 환경체계의 능력 역시 손상시킨다.

개인 수준에서의 개입만으로는 이러한 모든 문제를 해결할 수 없다. 사회생태계를 구성하는 다양한 층의 능력을 향상시켜 아동이 트라우마 사건으로부터 보다 효과적으로 회복하도록 지원할 수 있는 종합적인 개입이 필요하다. TST 모델은 트라우마를 경험한 아동과 그 가족의 회복을 위한 개입에 포함되어야 할 효과적인 서비스의 종류와 적용 및 조직 방법을 제안한다. 앞서 논의했듯이, 아동의 성장과 발달에는 다양한 체계가 영향을 미친다. 이는 그러한 다양한 체계가 트라우마 사건을 경험한 아동을 도울 수 있다는 의미이기도 하다. 그러나 이러한 체계가 통합된 방식으로 아동을 돕지 않는다면 아동에게 전혀 도움이 되지 않거나 심지어 해가 될 수도 있다. TST는 아동의 삶과 연관된 다양한 체계가 서로 협력하고 통합하여 공통된 목적, 즉 무너진 체계를 조정하고 복원하기(이것이 무엇을 의미하는지 좀 더 알고 싶다면 6장을 참조하라)를 위해 노력할 수 있도록 한다.

TST는 여러 개의 돌봄 체계를 통합함으로써 아동의 다양한 요구를 충족시켜 준다. TST의 핵심은 아동 및 청소년 서비스 체계 프로그램(Child and Adolescent Service System Program: CASSP), 돌봄 체계 접근(System of Care Approaches: SOC)과 일치한다. 이러한 프로그램들은 심각한 정서장애를 가지고 있는 아동이 필요한 서비스를 충분히 받지 못하고 있다는 사실, 그리고 혹 서비스를 받는다고 해도 통합되지 못하고 제각각인 서비스들 때문에 효과를 충분히 보지 못한다는 사실을 인식하고 있다. 간단히 말하자면, 교사와 의사, 변호사 혹은 사회복지 담당자 사이에 의사소통이 제대로 이루어지지 않고 있음을 알고 있다. 아동을 둘러싼 모든 사람과 모든 체계가 아동을 돕고자 할지라도, 서로 협력하지 않는다면 서비스는 큰 효과를 나타내기 어려울 것이다. CASSP와 SOC에서 제공되는 개입은 다음의 SOC 원칙을 따른다.

① 개입은 각각의 아동이 지닌 요구에 맞추고 그들의 강점을 고려해 구성한다.
② 아동을 위한 치료계획 수립 및 결정에 가족이 적극적으로 참여하도록 한다.
③ 지역사회와 긴밀히 협력한다.
④ 다양한 체계가 서로 협력하여 아동을 위한 치료 계획과 서비스를 마련하도록 한다.
⑤ 가족의 문화적 가치를 세심히 고려하여 개입에 반영한다.
⑥ 가능한 한 융통성 있는 방식으로 서비스를 제공한다.

6장에서 확인할 수 있듯이, TST는 이러한 원칙을 기반으로 구성되었다.

어떠한 돌봄 체계가 TST를 구성하는가

아동의 사회생태계는 크게 두 영역, 즉 생태계 안에 존재하는 것과 생태계 밖에 존재하는 것으로 나눌 수 있다. 첫 번째 영역('사회생태계의 수준')은 아동 주위에서 자연스럽게 생겨난 것이다. 가족, 또래, 학교 그리고 지역사회(이웃)는 좋든 나쁘든 '생태계 안에 존재하는 것'을 구성한다. 아동의 사회생태계 중 이 영역은 아동의 환경에서 핵심적인 부분이며 앞으로도 항상 그러할 것이기 때문에 치료에서 반드시 고려되어야 한다. 아동의 욕구나 사회생태계의 상황에 따라 사회생태계 중 이 영역에서는 개입이 직접적으로 이루어지지 않을 수도 있다. 그렇지만 아동의 사회환경에 대해 생각할 때 이 부분은 항상 중요하게 고려해야 할 것이다.

다음 영역('외부 기관')은 '생태계 밖에 존재하는 것'이다. 예를 들어, 트라우마 사건 이후 아동을 지원하기 위해 기관의 도움이 요청될 수 있다. 대개 이 기관들은 사회생태계에 원래 포함되어 있는 부분은 아닐지라도 필요에 의해 때때로 포함된다. 즉, 아동을 지원하기 위해 혹은 아동의 사회생태계(가족과 같은) 능력을 향상시켜 아동을 효과적으로 돕기 위해 포함되기도 하는 것이다.

이러한 기관이 아동을 돌보는 데 관여하게 됨으로써 사회생태계의 다른 수준이 된다. 한 가지 중요한 점은 단지 외부 기관이 아동의 삶에 관여하고 있다고 해서 반드시 도움이 되고 있음을 의미한다고 볼 수는 없다는 것이다. 앞서 언급한 바와 같이, 이러한 기관과 사회생태계의 나머지 부분들이 공동의 목표를 위해 공조하고 있지 않다면 '음악보다는 소음'을 만들어 낼 수도 있다. TST하에서 우리는 ① 누가 개입되어 있는가, ② 누가 개입될 필요가 있는가, ③ 어떻게 공동의 목표를 위해 모든 관계자가 함께 일하도록 할 수 있는가에 대해 알아낸다. 먼저 누가 개입되어 있는가에 대해 살펴보자.

사회생태계의 수준

*가족

가족은 아동에게 가장 중요한 환경이다. 가족 안에서 돌봐 주는 사람과의 접촉을 통해 아동은 최초의 애착관계를 형성하고, 주변 환경에 대해 배우며, 자신의 행동이 주변에 미치는 영향에 대해 인식하고, 정서를 조절하기 시작하며, 사회적 교환에 관여하고, 문화적 가치와 신념을 만들게 된다. 이러한 것들이 잘 진행된다면 가족환경은 이러한 영역에서 아동의 발달을 지지하고, 아동이 가족을 통해 배운 것을 다른 사회생태계의 수준으로 확대시켜 나갈 수 있는 기반이 된다.

가족이 아동의 발달을 지원하는 데 문제가 나타나기도 한다. 때때로 아동의 트라우마나 문제(예: 약물남용)에 대한 가족들의 반응, 심지어 아동에게 상처를 입힐 수 있는 그들만의 고유한 특성 등이 아동을 부양하는 방식 안에 들어 있기도 하다. 가족이 어떻게 보이건 간에, 가족은 아동의 사회환경에서 중요한 부분이다. TST하에서 가족과 함께 작업하는 목표는 가족구성원이 최선으로 기능하도록 도와서 아동의 회복을 지원할 수 있도록 하는 데 있다. 이러한 목표는 가족의 자원에 따라 상당히 다르게 보일 수 있다. 슬프게도, 연속선의 한쪽 끝 지점에서는 가족이 아동에게 상처 입히는 것을 막는 데 목표를 둔다. 반면, 연속선의 다른 끝 지점에서는 가족이 적극적인 도움 제공자이자 상담자가 되고 필수적인 치료 팀의 구성원이 되기도 한다. 그러나 TST는 가족이 연속선의 어떤 지점에 위치하든지 가족이 아동에게 미치는 영향을 살펴보고, 가족의 강점을 키워 나갈 수 있도록 돕는다.

그러나 우선 현실을 확인해야 한다. 가족은 아동의 사회환경에 있어 거의 항상 필수적인 부분이지만 상담자와 TST 치료 팀은 그렇지 않다는 것이다. 왜 그런가? TST 팀은 왜 필수적이지 않은 걸까?

다른 방식으로 설명해 보자. 아동의 생활에서 가족은 기본적인 부분이지만,

상담자나 TST 팀이 아동의 생활 속 한 부분이 될지의 여부는 가족이 선택할 수 있다. 우리는 사회생태계의 바깥층, 즉 '존재해야 할 필요가 있는' 집단이다. 근본적으로 가족은 TST가 아동 사회환경의 일부분이 되어 주기를 '원한다.' 따라서 가족과 함께 성공적으로 작업하는 첫 번째 단계는 '치료 동맹(treatment alliance)을 형성하기' 다. 이에 대해 나중에 다시 자세하게 언급하겠지만, 한 가지 기억해 둘 것은 치료 동맹 없이는 치료도 없다는 점이다.

＊ 또래 집단

가족구성원 다음으로, 또래 집단은 아동의 삶에서 초기 사회화에 영향을 미친다. 또래 집단은 아동 신념체계의 모든 부분에 영향을 미칠 수 있다. 또래 집단은 아동이 세상 돌아가는 방식을 이해하는 데 영향을 미칠 수 있다(그 정보는 정확한 것일 수도 있고 그렇지 않은 것일 수도 있다.). 그리고 교육에 얼마만큼의 중요성을 둘지, 사회적 상황에서 어떻게 협의하고 문제를 해결할지, 성관계를 어떻게 시작할지, 적절한 목표를 정할지(예: 아이비리그 학교에 들어가기 위해 노력하는 것부터 갱단에 들어가려고 애쓰는 것까지), 힘든 상황에서 어떻게 대처할 것인지(예: 물질 사용, 자해, 도피, 자살 시도 등)에 대해 영향을 미칠 수 있다.

가족과 마찬가지로, 또래 집단은 긍정적이고 지지적인 영향을 미칠 수도 있고, 아동의 사회환경에서 촉발 자극(trigger)이 될 수도 있다. 화장실 칸막이 안에 웅크리고 있던 드니즈의 사례를 생각해 보자. 그녀가 화장실에 있는 것을 찾아낸 친구들은 드니즈가 차분해지고 적응될 때까지 곁에 머물러 준 매우 긍정적으로 도움을 준 사회환경이었다. 드니즈가 그것을 어떻게 느끼는지에 따라 이 친구들은 TST 팀에서 중요한 역할을 하게 될 수 있다. 그렇게 되지 않는다면, 적어도 드니즈를 위해서 그녀가 학교에서 문제가 있을 때 그녀와 함께 대화를 나누고 부탁을 할 수 있는 중요한 사람이 될 수도 있다.

이제 로버트의 사례로 돌아가서 생각해 보자. 로버트는 최근 모욕적인 말을 한 친구와 싸움을 했다. 우리는 로버트의 다른 친구들에 대해 많이 알지는 못한다. 하지만 우리가 현재 알고 있는 것은 로버트의 또래 집단 환경의 일부가 로버트의 학교생활을 더욱 힘들게 한다는 것이다. 이것을 우선적인 문제(우선적인 문제를 정하는 것에 대해서는 뒤에서 자세하게 다룬다)로 생각하는지의 여부에 따라, TST 팀에서는 사회생태계의 이 수준이 개입을 위한 중요한 지점인지를 결정할 수 있다. 당신이 또래 집단 생태학에 어떻게 개입하는가 하는 것은 다양한 요소들, 예를 들어 학교에서 운동장을 더 잘 감독해야 할 필요가 있다거나, 로버트가 보다 구조화된 학교로 전학을 간다거나 하는 요소들에 따라 달라질 것이다. 그러나 중요한 것은 변화를 위한 장으로서 사회환경의 이러한 측면을 확인하는 것이다.

✻ 학교

학교는 가정과 필적할 만큼 아동들이 대부분의 시간을 보내는 곳이다. 학교는 3R를 가르치는 것보다 더 많은 것을 한다. 즉, 학교는 아동들에게 사회적 교환, 직업적 훈련, 체육 활동, 그리고 일부 학교의 경우 종교 지도 등과 같은 기회들을 제공한다. 또한 학교는 아동이 의무적으로 가야 하는 곳이기도 하다. 이러한 요소를 한데 넣으면 학교가 ① 모든 아동의 사회생태계에 있어 매우 중요한 곳이며, ② 트라우마를 가진 아동의 삶에 개입하는 데 필수 요소임을 쉽게 알 수 있다.

안타깝게도, 아동의 생활에서 학교를 중요하게 만드는 같은 요소들—학교가 많은 아동과 그들의 발달을 위한 많은 부분에 대하여 책임을 지고 있어서—은 교사나 학교 직원에게 있어서 트라우마와 관련하여 개별 아동이 원하는 특정 요구에 대해 관심을 가지기 어렵게 만들 수 있다. 많은 교사와 관리자는 트라우마가 어떻게 아동에게 영향을 미치는지, 교직원으로서 어떻게 도움을 줄 수 있는지에 대해 배울 기회조차 갖지 못한다. 정신건강 상담자로서 우리는 트라우마 스트레스가 아동의 감정과 행동뿐 아니라 아동의 주의 집중, 정보 처리, 기억력, 학습 등에 영향을 미침을 알고 있다. 우리에게 해리 증상으로 보이는 것이 교사에게는 낮잠이나 게으름으로 보일 수도 있다. 교사와 학교 관리자들이 이러한 관계를 알도록 도와주지 않는다면, 우리는 교사에게 아무런 얘기도 해 주지 않는 상담자들의 오래된 문제에 일조하고 있다고 할 수 있다.

아동의 사회환경의 일부분인 학교와 함께 일할 수 있는 한 측면은 교사들이 트라우마 반응의 핵심 및 관련 특징에 대해 이해할 수 있게 하는 것이다. 예를 들어, 무관심과 해리 증상 간, 그리고 과잉 활동과 증가된 각성과 주의(과각성) 간의 차이를 인식할 수 있도록 돕는 것이다. 교사들은 또한 다른 교사와의 전문적인 책임의 맥락 안에서 트라우마를 가진 아동과 함께 작업하면서 나타나는 도전을 다루고 어려움을 인정함으로써 유익을 얻을 수도 있다. 특정 아동과 일대일의 치료로 만나면서 그 아동의 거의 모든 것을 다룰 수 있는 경우와 30명이나 되는 학급 안에서 다루어야 하는 경우를 상상해 보자! 상황에 따라 교사들은 학급 내에서 트라우마를 가진 아동과 작업을 할 준비를 하기 위해 추가적 지원을 필요로 할 수 있다. 또는 학급 자체의 변화가 필요할 수도 있다. 이러한 정보가 아동들에게 도움이 되는 구체적인 방법은 행동수정 계획, 교육과정 채택, 조정상담 서비스, 교통편, 사회기술 훈련, 일상생활 도움, 여름학교 참가, 학교 내 남는 인력 이용, 지지적인 개인교사, 결석 사유에 대한 확인 및 조사(트라우마로 인한 회피와 같은) 등의 트라우마 스트레스 문제들을 다루는 개별화교육 프로그램(Individualized Education Program: IEP)을 가지는 것이다. 이 모두를 지금 당장 하기 위해 걱정할 필요는 없다. 기억해야 할 중요한 사항은 학교가 아동 사회환경의 중요한 부분이며 우선적인 문제인 경우(뒤에서 더 자세히 다룰 것임.) 아동을 위해 보다 지지적인 곳이 되도록 돕는 방법이 많이 있다는 것이다.

교직원과 긴밀히 공조하는 것의 또 다른 중요한 점은 교직원이 하루 종일 아동을 살피고 다양한 상황에서 관찰하게 되기 때문이다. 교사는 조절장애에 대한 아동의 경험을 유도한 것이 무엇인지, 무엇이 아동에게 조절 상태로 머무르도록 돕는지를 알아낼 수 있다는 점에서 매우 중요한 파트너가 될 수 있다.

* 지역사회(이웃)

Panksepp의 연구를 참조하여 앞서 언급한 바와 같이, 아동이 살고 있는 환경은 적응적 행동을 방해하고 부적응적 행동을 증가시키는 트라우마와 관련된 잔재를 담고 있을 수 있다. 이웃 차원에서 이러한 트라우마를 상기시키는 것에는 현지의 폭력과 범죄가 포함될 수 있다. 빈 건물이나 갱단, 약물 활동, 공동체 구성원에게 있어 제한된 발전 기회 등과 같은 환경 내의 또 다른 관련 특징은 트라우마 사건을 상기시키는 것과 직접적으로 관련되어 있지 않더라도, 트라우마와 관련된 상황이 지속적으로 발생될 수 있는 종류의 환경을 만든다. 이와 유사하게 인종차별, 권리 박탈, 기회 제한 등과 같은 요소는 환경 안에 트라우마에 대한 반응을 일으킬 수 있는 절망적인 느낌을 불어넣어 회복을 더디게 한다. 아동이 이웃과 많은 시간을 보낸다고 가정할 때(밖에서 놀 수 있을 만큼 그들이 부유하거나 두려움 없이 학교나 상점으로 걸어갈 수 있는지 등과 관계없이), 환경 내에서의 안전에 대하여 아동들이 지각한 수준은 트라우마 사건에 대해 지속적으로 적응해 가는 데 열쇠가 된다.

TST 치료계획의 일환으로 '8번 구역의 깨진 창문을 모두 교체하라.' 는 명령은 현실적이지 않을 수 있다. 그러나 시작하는 입장에서 우리는 아동이 이웃에 대해 어떻게 느끼는지, 어떠한 종류의 위협이 거기에 존재하는지에 대해 이해하려고 노력할 수 있다. 이웃에게 중점을 두는 것은 사회환경에 대한 평가의 모든 부분이며, 우선적인 문제에 따라 진정한 시작이 되기에 충분하다. 체계에서의 권리지원(systems advocacy)에 관한 12장에서는 아동들의 통제되지 않음에 근본적인 영향을 미치는 구조적 문제를 도려낼 수 있는 도구가 제시되어 있다.

때로는 이웃과의 문제를 사회생태계의 다른 층, 예를 들어 가족이나 개별 아동에게 도움을 줌으로써 해결해야 할 필요도 있다. 어떻게 아동을 이웃의 위협으로부터 가장 잘 보호할 수 있는지에 대해 창의적으로 생각해 보자. 어떤 가족에게 있어서 이웃과 차별화하는 것은 치료의 의미 구성 영역에 도달했을 때 선택하게 되는 것일 수 있다(16장 참조). 공동체의 거주민들에 대한 감시와 보호를 보다 잘 할 수 있도록 이웃 감시망을 구축하거나 현지 경찰 당국과 연계를 맺는 등의 활동은 이웃에게 자부심과 책임을 갖게 하여 이웃이 나설 수 있게 할 수 있다.

또한 어느 정도 문제가 있을지라도 많은 이웃이 훌륭한 강점을 가지고 있을 수 있다는 점을 기억하는 것이 중요하다. 그리고 TST의 기본 원리 중 하나가 바로 강점중심 접근이다. 이웃관계에서 트라우마와 관계된 스트레스 요인을 살펴보는 것 또한 이웃의 강점을 평가하는 것과 같이 중요하다. 이웃 안에 레크리에이션 센터나 교회, 자경단, 혹은 아동들이 알고 신뢰할 수 있는 교통안전 요원이 있는가? 아동들이 알고 믿을 수 있는 이웃이 있는가? 사회환경 내에서 대화를 할 수 있는 이러한 요소는 아동의 일상환경에서 안전한 느낌을 만들어 내는 데 도움이 될 수 있다.

외부 기관

＊아동보호 서비스 및 수양아동 양육

사회 서비스 기관은 종종 트라우마를 가진 아동들의 삶에 관여한다. 아동의 트라우마가 폭행이나 무관심으로 인한 것일 경우, 우리 TST 상담자들이 개입할 때 이미 이러한 기관이 관여해 있을 수도 있다. 아동들이 처음으로 우리에게 지속적인 폭행에 대해 털어놓는다면, 우리는 이러한 단체를 개입시켜야 할 필요가 있을 것이다. 또 아동보호 서비스가 아동에게 개입을 하고 있다면, 우리는 그 서비스와 연락을 취해야 할 필요가 있다.

이론적으로 아동보호 서비스와 TST의 목표는 아동을 보호한다는 것에서는 동일하다. 그러나 이러한 공동의 목표와 관련하여 어떻게 아동을 가장 잘 보호하고, 아동에게 시급하고 중요한 것이 무엇인가를 살펴보는 데에 있어서는 의견차가 있다. 또한 그 체계가 공동의 목표를 위해 일을 하지 않는다면 에너지 낭

비일 뿐 아니라 아동의 삶에 있어서 많은 시간을 낭비하게 될 수 있다.

우리가 논의한 바 있는 수많은 다른 체계와 마찬가지로, 아동보호 서비스는 연속성(continuum)을 따른다. 때로는 서글프고 끔찍한 순간에도 아동을 보호하고 도와주는 데 필요한 단계를 밟기 위해 위원회에서 아동보호 서비스와 싸워야 할 필요도 있다. 이것은 아동에게 해를 입히려는 의도를 가지고 아동보호 직업에 종사하는 사람이 있다는 말이 아니라, 자원이 줄어들고 업무가 과중하며 해결되지 않는 문제가 산재해 있는 상황에서 사람들은 종종 외면하려는 경향이 있다는 말이다. 이러한 경우 TST 상담자들은 권리지원 기술(12장 참조)을 사용하여 이 문제를 다시 정면으로 다루고, 아동을 위해 보다 안전한 환경을 만들도록 해야 한다. 다행인 것은 이러한 연속선의 또 다른 끝에서는 아동보호 담당자들이 아동들이 원하는 것을 위해서 더 일할 의지가 있다는 것이다. 이 경우, TST 상담자들은 트라우마와 관련 증상의 영향(또는 사건 담당자가 이미 알고 있는 것)을 좀 더 배우기 위해 수용적인 청중의 입장을 취하고, 기관 및 담당자와 긴밀히 협조하여 기꺼이 치료계획을 세운다.

사건 후 사건 담당자 및 관리자와 지속적으로 연락을 취하는 것은 서비스 계획이 아동을 위해 적절한 지원을 제공하고, 아동의 회복을 도우며, 이러한 서비스를 적절하게 제공하고 조정해야 한다는 포괄적인 이해를 기반으로 수립될 수 있기에 매우 중요한 일이다.

*** 법/법원 체계**

때로는 아동에게 트라우마를 일으키는 경험이 법 또는 법원 체계의 개입을 유발한다. ① 소년 법원에 출두하게 만드는 아동의 행동조절장애, ② 범죄자 고발을 목적으로 하는 아동학대에 대한 조사, ③ 정치적 망명 신청을 위한 망명 가족의 신청 등을 그 예로 들 수 있다. 법적인 과정은 종종 길어질 수도 있고 가족에게는 고통스러운 것일 수도 있다. TST하에서 법원과 법체계의 역할은 ① 다루는 문제가 아동에게 트라우마 반응을 유발하는지(예를 들어, 아동이 전쟁을 목격한 국가로 추방의 위협을 받는지), ② 법적 과정 자체가 트라우마를 떠올리게 하는 것은 아닌지(예를 들어, 폭행에 대해 아동이 증언해야 하는 경우), ③ 아동이 트라우마를 가진 상태에서 한 행동으로 인해 기소되었는지(예를 들어, 아동이 범죄 시점에 해리 상태에 있었는지) 여부를 고려하는 데 있어 중요한 것일 수 있다. 이러한 가정은 각각의 TST 상담자들이 개입되어야 하는 다양한 이유를 보여 주며, 각 개입 상황은 각기 다른 형태일 수 있다. 그러나 법적 체계에 보다 밀접하게 관여될 수 있는 결정의 핵심에는 근본적인 문제, 즉 법적 절차와 관련된 방식 내에 아동의 우선적인 문제가 있는가라는 문제가 있다. 만약 그렇다면 아동을 위해 권리지원으로서의 개입이나 법원에서 트라우마에 대한 교육자로서의 개입은 필수적일 수 있다. 사회생태계의 한 층으로서 법적 체계는 아동에게 가장 도움이 될 수 있으며, 최소한의 상처를 남기는 결정을 내릴 수 있도록 트라우마 관련 상담자들로부터 의견과 도움이 필요한 영역이다.

＊의료 치료

아동들이 의료 전문가의 개입을 필요로 하는 의학적 질병이나 상해를 겪는 경우, 건강관리 제공자와 기관과의 연결은 매우 중요한 측면이다. 신체적 질병(예: 천식 발작)이나 신체적 상해(예: 수술 자국이나 잘린 팔, 다리)가 어떻게 트라우마를 떠올리게 하는 것으로 작용하는지에 대한 문제, 그 상황에 아동과 가족이 적응하는 것과 관련된 현실이 의미하는 것, 의료 치료(medical care)에 따르는 것 등은 최고의 도움을 제공하기 위해 민감하게 살펴봐야 할 필요가 있는 것들이다. 이와 유사하게 의료 전문가들이 트라우마 관련 반응과 고통 간의 관계에 대해 이해할 수 있도록 도와주는 것(트라우마로 인해 발생한 아동의 기능 수준의 상당한 변화에 따라 경험할 수 있는 것)은 아동과 가족에게 아동의 상태에 대한 정보를 전달하는 방법에 영향을 미칠 수 있다.

＊문화 및 종교 기관

많은 아동과 가족은 그들 스스로를 정의하는 데 도움이 되는 영적이고 문화적인 연결고리를 가지고 있다. 이러한 체계에 중요한 역할을 부여하는 것은 트라우마 사건으로부터 아동과 가족이 회복될 수 있도록 하기 때문에 아동의 치료에 포함될 수 있는 사회생태계의 수준에 주의를 기울이는 것이 중요하다.

종교나 문화로부터 떨어져 있다면 가족구성원이 편안하게 할 수 있는 것은 무엇인가? 어떻게 종교나 문화적 관점이 치료과정에 작용하는가? 이러한 점들을 살펴봄으로써 당신은 트라우마로 약해진 사람을 돕는 방법에 대한 공통적인 관점을 찾을 수 있다. 이러한 공통적인 관점은 가족에게 제공되는 도움과 일관되게 성립될 수 있다.

＊정신건강센터/지역사회 관련 기관(복지관)

정신건강기관은 아동의 사회환경의 일부가 될 수 있다. 우리는 부모처럼 처음부터 아동의 주변에 있지도 않고, 학교처럼 많은 시간 동안 아동을 보지도 않으며, 아동보호 서비스처럼 아동에 대한 힘도 가지고 있지 않다. 그러나 아동의 삶에 미칠 수 있는 우리의 역할을 과소평가하지 말아야 한다. TST 팀의 목표는 아동의 사회환경이 되는 것이 아니라 사회환경의 다른 층을 통한 일련의 변화 속에서 아동 자신과 아동의 조절 능력을 정립시키는 것이다. 그럼으로써 우리는 전체적으로 상황 밖으로 나갈 수 있게 된다. 우리는 진정으로 긍정적인 변화를 위한 촉매제가 되기에 충분할 만큼 주변에 오랫동안 머무르기를 원하며, 우리가 주변에서 나타나는 변화를 믿게 되는 즉시 떠나고자 한다.

당신은 아동의 삶에 최초로 관여하는 정신건강센터의 직원이 아닐 수도 있다. 당신의 개입을 기다리기만 할 수 없는 사회생태계 속으로 들어가고 있다고 가정을 하기 전에, 당신과 같은 방식으로 사회생태계의 다른 층에 속해 있었던 과거의 그리고 현재의 정신건강기관의 개입에 대해 평가하는 것을 기억해야 한다. 가족이 다른 정신건강센터와 접한 경험이 있는가? 그들의 경험은 어떠했는가? 가족구성원은 자신의 말을 전달했다고 느꼈는가? 그들은 TST 팀이 자신들의 이야기를 듣고 있다고 느끼는가? 6장에서 논하게 될 가장 중요한 원칙 중 하나는 책임, 특히 당신 자신의 책임을 주장하기다. 아동의 사회환경 내에서 맡은 당신의 역할을 살피는 것이 이러한 책임을 다하는 첫번째 단계다.

조정 서비스를 위한 TST의 접근은 무엇인가

우리는 아동 돌봄에 관여할 수 있는 사회생태계의 수준과 외부 기관에 대해 확인하였으며, 아동들이 트라우마로부터 회복되는 데 도움을 제공함에 있어 이러한 요소들이 왜 중요한지에 대해 살펴보았다. 이제 당신이 알고 있는 모든 정보를 어떻게 하나로 모아 가족과 아동이 원하는 바를 실질적으로 채워 줄 수 있을 것인가? 당신이 상상하는 바와 같이, 서비스를 조정하는 과정은 서비스의 수와 서비스를 제공하는 단체가 증가함에 따라 점점 어려워지고 있다. 당신이 이웃의 농구 팀을 사무실로 부르는 즉시 일은 정말로 바빠진다.

우리가 많은 기관과 집단을 열거한다고 해서 그들이 치료에 긴밀히 관여해야 할 필요나 의무가 있는 것은 아니다. 많은 것이 항상 좋은 것은 아니니까 말이다. 확실히 우리는 생태계의 이러한 층에 대해 각각 평가하고, 각 층의 장점과 약점, 위험에 대해 생각해 보고자 한다. 그러나 누가 실질적으로 치료에 관여하는지와 관련하여 가족과의 조정을 통해 신중하게 결정을 내려야 할 필요가 있다. 중요한 것은 치료해야 할 우선적인 문제에 영향을 미칠 수 있는 인자나 기관이 개입되기를 우리가 원한다는 점이다. 다른 사람들이나 기관은 후에 영향을 미칠 수도 있다. 그러나 우리는 모든 것을 한꺼번에 할 수 없으므로 그들이 일을 하고(그것이 또 다른 치료 원리다) 즉시 문제를 해결할 수 있도록 팀을 구성하기 위해 빈약한 자원을 투입하게 된다.

이러한 단계가 시행되면, TST 제공자는 직접적으로 관여하지 않아도 모든 것이 제대로 진행될 수 있도록 여러 가지 중요한 역할을 수행하게 된다. 우선, TST 제공자는 가족을 위한 '유일한 접촉자'가 된다. 이는 TST 제공자가 아동과 가족이 치료 계획과 개발 과정에 적극적으로 참여할 수 있도록 하기 위하여 가족에 대하여 일차적으로 책임을 지는 인물이 된다는 것이다. 두 번째로 TST 제공자는 다른 사회생태계의 수준 간의 공조 수준을 조절하고, 어떻게 그것들이 가족과 그리고 상호 간에 관계할 것인지를 정하게 된다. 그 밖에도 TST 제공자의 일은 다양하다. TST 제공자는 이러한 일들을 성공적으로 조정함으로써 아동과 가족에게 제공되는 서비스가 분열되기보다는 통합될 수 있도록 하고, 모든 노력이 공동의 목표를 향할 수 있도록 한다.

TST의 일환으로 제공되는 서비스는 아동과 가족, 서비스 체계의 힘의 기반을 근거로 한다. TST는 트라우마를 가진 아동에게 최대한의 도움을 제공하고 가능한 한 보호할 수 있도록 하는 방식으로 사회생태계의 다른 부분과 공조하기 위한 틀을 제공하는 것이다.

05

돌봄의 신호

– 트라우마를 가진 아동을 위한 돌봄 관계의 중요성

학 습 목 표

- 상담자가 TST의 치료적 관계 형성의 중요성을 이해하도록 돕기
- 상담자가 치료적 관계를 토대로 중요한 정보를 수집하는 것을 돕기
- 치료적 관계 형성을 방해하는 잠재적 장벽들을 확인하고 피하기

관계는 트라우마 체계 치료(TST) 안에서 일어나는 모든 것이다. 전문 용어나 순서 때문에 쉽게 잊어버릴 수 있지만, 모든 것은 관계의 질에 따라 성패가 갈린다는 것이 원칙이다. 트라우마를 가진 아동이 처음으로 상담기관을 찾는 사유는 관계 문제가 대부분이다. 그리고 그들에게 회복을 가져다주는 유일한 희망은 상담 전문가가 그 아동(그리고 가족)과 함께 형성하는 관계의 질이다. 치료적 관계는 매우 구체적인 방법으로 영향력을 행사한다. 어떤 이론적 배경을 막론하고, 심리치료는 아동이 회복되는 것을 돕는 데 있어 관계의 역할에 관한 매우 구체적인 것들이 구축될 때만 성공할 수 있다. 치료적 관계는 모든 효과적인 치료법의 필수조건이다. 따라서 정신건강 전문가는 이런 간단한 사실에 무지하든가 혹은 잘 알고 있으면서 작업을 수행하게 될 것이다.

왜 관계가 트라우마를 가진 아동의 효과적인 치료에 특별히 중요한 것일까? 관계는 TST 체계의 어디쯤 위치하는 것일까?

관계가 우선이다

첫 번째 원칙을 다시 살펴보자. 사회적 맥락 안에서 정서 조절이라는 트라우마 체계를 생각해 보자. 관계는 트라우마 체계의 끝에 위치하고 있다. 관계는 아동의 정서조절 능력과 아동의 정서 조절을 돕는 사회환경의 능력 사이의 중재자다. 왜 그럴까?

3장에서 다루었듯이, 정서 상태의 조절은 대인관계의 질에서 비롯된다. 초기 발달에서 조절 과제는 개별적인 유아의 능력이 아니라, 유아와 보호자 사이의 교류로 보인다. 유아의 고통에 대한 양육자의 반응은 모두 그 고통을 조절하는 것이다. 시간이 흘러 유아가 자신의 고통을 조절하는 능력을 증가시킴에 따라, 이런 발달은 양육자와의 끊임없는 교류로 정교화된다.

이미 언급되었듯이, 유아의 몫은 정서 상태 사이의 전환에 대한 통제력을 획득하는 것이다. 좀 더 바람직한 상황은 좀 더 오랜 시간 동안 다른 상황에서도 그 통제력을 유지하는 것이다. 부모의 역할은 유아가 덜 바람직한 상태에서 더 바람직한 상태로 옮겨 가도록 돕는 것이다. 만약 부모와 유아 사이의 지속적인 교류가 위험에 처하거나 방치된다면 정서와 행동 통제의 발달과 관련된 뇌체계에 심각한 영향이 미칠 것이다. 이 뇌체계가 아동이 전 생애 동안 맞을 위협에 대처하도록 돕는 역할을 하기 때문에 그것의 손상은 발달적 조절장애를 일으킨다.

돌봄 체계 안에서 돌봄의 신호

애착이론에 근거한 이러한 아이디어는 왜 관계의 질이 트라우마 체계의 두 가지 요소인 정서 조절과 사회환경의 끝에 위치하는지 설명한다. 본질적으로 이러한 관계의 질은 돌봄의 체계 안에서 돌봄의 신호로 묘사된다.

아동의 초기 관계의 질은 전 생애 동안의 위협에 대응하여 정서를 조절하는 아동의 능력을 위한 장을 마련한다. 또한 이런 초기 관계의 질은 의식적인 서술적 기억과정(2장에서 설명한 정서 처리의 '높은 부하')을 통하는 대신, 오직 함축적 관계 기억(2장에서 설명한 정서 처리의 '낮은 부하'를 통한)을 창출한다. 이러한 방법으로 아동(성인)은 부지불식간에 대인관계 신호에 반응한다(왜냐하면 그는 이러한 기억에 의식적으로 접근하지 않기 때문이다.). 따라서 아동은 미묘한 대인관계 신호(예: 냉혹한 시선, 무심한 목소리)에 자신이 왜, 어떻게 반응하는지 지각하지 못한 채 그 순간에 조절장애를 보일 수 있다.

이러한 신호는 미묘하든 그렇지 않든 '고양이털'과 같고(4장에 설명되었듯이) 사회환경에서 매우 흔하다. 다른 종류의 대인관계 신호(미묘하든 미묘하지 않든)는 도발적인 대인관계 신호에 의해 촉발된 정서조절장애를 치유한다. 이러한 '돌봄의 신호'는 따뜻함, 공감, '긍정적 사유'를 소통한다. 만약 이러한 돌봄의 신호가 아동의 사회환경 수준에서 '임계질량'을 형성한다면, 그 아동은 필요한 돌봄을 받았다고 느낄 것이고 그 순간에 조절장애를 보이는 경우가 매우 적어질 것이다. 그 경우의 신호의 본질에 상관없이 말이다.

돌봄의 체계는 (4장에서 설명되었듯이) 체계 안의 사람들의 돌봄 신호의 임계질량 위에 세워져야 한다. 만약 돌봄 신호가 없다면 아동은(또는 어떤 사람이든) 걱정하고 불편하고 불안하게 느낄 것이다. 그리고 자극받았을 때 조절장애를 보이는 경우가 훨씬 더 많을 것이다. 대인관계는 아동의 정서조절 능력과 자극을 받았을 때 정서조절장애로 거의 반응하게 되는 환경을 창출한다. 이러한 방식으로 관계는 트라우마 체계의 끝에 있다.

치료적 관계는 이런 면에서 매우 결정적이다. 치료적 관계는 반드시 돌봄의 신호가 충분한 사회환경을 창조해 내야 한다. 그 반응이 상담 회기 내에 일어났을 때, 치료적 관계는 어떻게 미묘한 대인관계 신호가 정서조절장애와 재조절을 이끌어 내는지 이해할 수 있는 중요한 기회를 제공한다. 아동의 주요 트라우마가 대인관계와는 무관하더라도, 이러한 아이디어는 여전히 관련이 있다. 우리의 몇몇 연구 중(Saxe et al., 2005)에는 화상으로 입원한 아동이 궁극적으로 트라우마 스트레스로 발전하는 것을 예측하는 하나의 큰 요인은 분리불안이라는 것을 발견했다. 다시 말해, 화상을 입어 입원 중인 아동이 자신을 도와주는 사람이 전혀 없어서 불안을 느낄 때 트라우마 스트레스를 가질 가능성이 높다. 의식적이든 무의식적이든, 트라우마를 가진 사람이라면 누구라도 다음과 같이 자문할 것이다. 내가 이것을 헤쳐 나가도록 도와줄 사람이 여기 있는가? 이런 측면에서 '모든' 트라우마는 대인관계적이다.

치료적 관계

우리는 어떻게 아동 내담자들에게 돌봄의 신호로 가득 찬 치료적 관계를 만들어 낼 것인가? 어떤 트라우마를 가진 아동에게는 치료적 관계가 처음 가져 보는 '건강한 관계' 일 것이다. 이런 이유에서 그들은 당신과 관계를 형성할 때 완전히 낯선 여행을 떠나는 것이다. 그들은 당신이 그들을 떠나거나, 다치게 하거나, 어떤 형태로든 학대할 것이라고 예상할 수도 있다. 당신이 그러지 않았을 때, 그것은 매우 강력하고 전환적인 경험이 될 수 있다. 당신이 주는 돌봄의 신호는 아동의 과거와 현재의 환경 속의 위험에 대한 모든 대인관계적 신호에 정확히 맞설 것이다.

트라우마를 가진 아동은 갈등, 다툼, 배신, 폭력, 상실과 방치로 가득 찬 관계의 기억을 가지고 있다. 이런 기억은 매우 큰 결론에 이르게 한다. 아마도 이런 기억들은 가장 먼저 아동에게 자신이 사랑받지 못하고, 사랑할 수 없으며, 돌봄받지 못하고, 관심의 가치가 없다는 것을 가르칠 것이다. 이런 기억과 예측은 전 생애에 걸쳐 관계에 대한 어려움과 빈약한 자아인식을 이끌 것이다. 3장에서 트라우마에 대한 '만성적 반응'으로 설명하였듯이, 이러한 어려움은 모든 관계를 회피하거나 관계 안에서 자기보호에 실패하는 것, 또는 다툼, 갈등, 폭력의 관계 패턴으로 설명될 수 있다.

TST에서 치료적 관계가 중요한 이유는 다음과 같이 네 가지로 설명된다.

① '돌봄 받는' 느낌의 경험은 아동과 가족의 치료 참여에 필요한 전제조건이다. 아동과 가족이 치료에서 충분히 돌봄 받는다고 느끼지 않는다면 당신이 하는 어떤 것도 소용이 없다. 트라우마를 가진 아동과 가족은 상담 내의 관계가 충분히 안전한지 아닌지에 대해 경계심을 가지고 살핀다. 그들은 위험을 알리는 신호를 말하는 당신의 말, 얼굴 표정, 신체 표현을 경계하면서 살핀다. 그들은 당신이 충분히 안전한지 알아보기 위해 당신을 시험한다. 안전한 치료적 관계를 구축하고, 돌봄의 신호로 가득한 환경을 창조하는 것은 종종 아동과 가족이 권위자들과 상호작용하는 전체적인 역사에 반하는 작업이기도 하다. 우리가 "내가 당신을 도울 거예요."라고 말할 때, 말로 표현하든 하지 않든 아동과 가족구성원은 종종 '그래, 당신도 내가 지금까지 만났던 30명의 다른 상담자들과 똑같은 말을 하는군.'이라고 생각한다.

치료적 관계를 구성하는 이런 종류의 주저함은 자기방어적이며, 격려받아야 한다는 것을 이해하는 것이 중요하다. 트라우마를 가진 사람이 새로운 관계에 마음을 열 때, 그것은 극심한 취약성을 만들어 낸다. 차라리 아동이나 가족구성원이 바로 뛰어들어서 압도되는 것보다 신중하고 자기를 보호하는 관계를 시작하는 것이 더 건강하다. 상담자는 "당신이 겪었던 것을 내가 이해한다는 측면에서 나는 당신이 이것을 원하지 않는 것을 탓하지 않아요. 나는 당신이 나를 바로 신뢰하기를 기대하지 않고, 그것이 좋은 일이라고 생각하지도 않지요. 시간이 흘러 내가 당신의 신뢰를 얻기를 소망해요."라고 말하면서 자기방어를 지지해야 한다. 치료 원리를 다룰 다음 장에서 우리는 상담자가 반드시 책임, 특히 당신 자신의 책임을 주장할 것에 대해 말할 것이다. 우리가 우리 자신의 책임에 대해 경계한다면 가족의 신뢰를 얻을 수 있으며 그것이 치료적 관계를 도울 것이다. 10장의 첫 번째 치료 모듈은 치료과정에서 가족과 연계하여 치료 동맹을 형성하는 것에 관심을 둔다. 치료 동맹 없이는 치료를 시작할 수 없으며, 가족이 충분히 돌봄받는다고 느끼기 전까지는 치료 동맹을 형성할 수 없다. 따라서 우리는 이 과정을 '시작하기(ready-set-go)' 라 한다.

치료 신호의 시작, 즉 안전하고 건강한 관계로의 초대는 위험을 수반하기 마련이다. 따라서 많은 다양한 방법으로 시험대에 오르게 된다. 상담자는 이런 시험을 기대해야 하고, 그 행동이 자기보호(좋은 것)의 한 형태라고 이해하면서 관리할 수 있어야 한다.

② 대인관계에서 교환된 정보는 대인관계에서 아동의 정서 조절 문제를 볼 수 있는 중요한 창을 제공할 수도 있다. 얼마나 미묘한지에 상관없이, 대인관계 신호들은 대인관계 트라우마(예: 학대, 폭행)를 경험한 아동의 정서조절장애로 이끄는 자극제가 될 수 있다. 학대받은 아동의 삶에서 무엇이 조절장애로 이끄는지를 정확히 아는 것은 어려울 수 있다. 어떻게 이러한 신호들이 치료적 관계 안에서 역동하는지 직접 관찰하는 것은 모든 관계에서 어떻게 역동하는지 알고, 무엇이라도 할 수 있는 가능성을 열게 된다. 이 과정은 다음의 사례에서 설명된다.

세리나는 가정과 학교에서 반항적 행동으로 치료에 의뢰된 7세 소녀다. 최근에 세리나는 칼로 교사 중 한 명을 찌르겠다고 위협해서 응급실로 보내졌다. 세리나는 현재 다섯 번째 위탁가정에 배치되어 있다. 세리나의 위탁모를 초기 면접하는 동안, 상담자는 세리나가 4세까지 생모에게 심하게 맞았으며, 4세 때 생모로부터 분리되었음을 발견했다. 세리나는 '다루기 어려우며', 다른 아이들에게 신체적 싸움을 건다는 사실 때문에 위탁가정들로부터 옮겨져 왔다. 첫 회기에 상담자는 세리나에게 상담실의 장난감을 가지고 놀게 해 주고, 상담이 끝날 때는 치워야 한다고 말했다. 그러자 세리나는 바닥에 장난감들을 던지면서 상담자에게 소리 질렀다. "당신이 이것들을 치워요." 상담자가 세리나가 정리하는 것을 도와준다고 제안하자, 세리나는 "당신이 지금 당장 이것을 치우지 않으면 당신을 때릴 거야."라고 말했다. 이에 상담자는 상담실이 아무도 다치지 않고 아무도 타인을 때리는 것을 허용하지 않는 안전한 곳이라고 차분히 설명하였다. 그리고 세리나에게 "네가 치우지 않는다고 해도 너를 때리진 않는단다. 많은 아이는 자신이 무언가 나쁜 일을 하면 혼날 것이라고 걱정하지만 이곳에선 그러지 않아."라고 말했다. 세리나는 잠시 상담자를 쳐다보고는 천천히 장난감들을 정리하기 시작했다.

상담자는 자신과 아동 사이의 미묘한 대인관계 교류를 날카롭게 관찰할 수 있어야 한다. 이런 관찰은 어떻게 미묘한 대인관계 신호들이 상담 회기 밖의 조절장애를 이끄는지 중요한 정보를 형성한다. 세리나는 장난감을 정리하라는 미묘한 경고 후에 장난감을 던지고 상담자에게 소리를 질렀다. 우리는 세리나의 경험에 대해 잘 모르지만, 세리나가 청소나 다른 집안일에서 위협을 받았을 것이라고 상상하는 건 그리 어려운 일이 아니다. 세리나는 의식적이든 무의식적이든 '안 한다면 어떻게 되는 거지?' 라고 생각할 것이다. 세리나가 정리하지 않는다면 상담자는 어떻게 할 것인가? 이런 사고의 끝은 세리나가 '다루기 힘들다' 고 했던 다른 일화들과 연결될 것이다. 3장에서는 어떻게 이 신호들이 주어진 상황에서 조절장애도 이끄는지 알기 위한 시간별 평가에 대해 설명하였다. 우리가 막 건넨 대인관계 신호에 기인하여 이 조절장애가 우리 앞에서 직접적으로 일어나는 것을 볼 때, 우리는 그 아동을 이해할 수 있는 최고의 기회를 가지게 된다.

세리나는 앞에 언급된 치료적 관계에 관해 또 다른 아이디어들도 설명해 준다. 첫 회기에서 세리나는 상담자가 충분히 안전하거나 믿을 만한지 시험한다. 세리나는 자신이 '어려운 아이' 라도 돌봄 받을 수 있는지 알고 싶어 한다. 이러한 어려움에 대한 상담자의 반응은 그녀가 그 순간에 '시험에 통과되었는지' 의 여부에 따라 판단될 수 있다.

③ 돌봄 받는 느낌의 경험은 전환될 수 있다. 이미 설명했듯이, 강한 치료적 관계는 아동이 가졌을 과거의 학대적 · 방치적 관계로 인한 나쁜 영향력과 종종 부딪히게 된다. 돌봄의 신호들은 위험의 신호들의 생애 경험을 경감시킨다. 돌봄 받은 경험은 매우 숭고해서, 그와 같은 인간의 중요한 욕구를 자기존중과 가치로서 표방한다.

트라우마를 가진 아동이 치료를 통해 배울 수 있는 가장 중요한 교훈 중 하나는 자신이 관심을 받을 가치(좋은 의미의 가치)가 있다는 것이다. 사실 우리가 보았던 많은 아동은 나쁜 행동을 했을 때 외에는 어른들로부터 관심을 받지 못해 왔다. 결과적으로 아이들은 강한 치료적 관계를 구축하면서 '말썽 피우지' 않고도 자신의 욕구를 충족시킬 수 있다는 것을 배운다. 우리는 학대와 방임 경험을 내재화해서 자신이 그런 식으로 취급받는 것이 당연하다고 믿는 많은 아동을 보아 왔다. 치료적 관계는 긍정적인 상호관계와 상호신뢰—치료적 관계 이상으로 받아들일 수 있는 삶을 향상시키는 순간—로 가득 찬 관계를 지금 막 경험한 아동들에게는 회복적인 것이 될 수 있다. 치료적 관계는 '건강한' 관계가 어떤 형태인지, 어떤 느낌인지의 내적 모형을 형성하는 것을 도움으로써 미래에 재생될 수 있다. 이런 방식으로 돌봄 받는 단순한 경험은 트라우마를 가진 아동들에게는 전환이 될 수 있다.

④ 상담자와 경험한 감정에는 강력한 이익과 대가가 따른다. 트라우마를 가진 아동의 변화에 기여하는 상담자의 경험은 작업의 어려움에도 불구하고 지속될 수 있다. 반면, 성적 · 신체적 폭행과 학대를 경험한 아동과의 작업은 상담

자에게 매우 불편한 느낌을 불러일으킬 수 있다. 희망 없음, 철회, 화, 공격성, 성적 각성은 트라우마를 가진 아동과의 작업에서 나타나는 혼합된 감정들의 일부분이다. 이런 감정들을 의식하고 생각하며 어떻게 그것들이 치료에 영향을 미칠지에 대해 고려하는 것은 매우 중요하다. 정신역동 문헌에서는 이러한 과정을 '역전이(counter transference)' 라고 한다. 어떤 용어가 사용되든, 이러한 감정들을 인지하여 아동에게 이런 일이 일어나지 않도록 하는 것은 매우 중요하다. 이런 일은 우리의 감정이 아주 미묘한 방법으로라도 철회하거나 복수하고자 할 때 자주 일어난다. 이러한 행동들은 위험 신호로 인지되고, 매우 어려운 트라우마 관련 교류가 뒤따른다. (흔히 일어나는 이 문제를 돕는 치료 팀의 중요성에 관해 9장에서 설명할 것이다. 그리고 6장에서는 그런 일이 벌어질 가능성을 최소화하는 방책으로서 '당신 자신과 팀을 돌보기' 라는 우리의 치료원리 중 하나를 설명할 것이다.)

당신이 어떻게 특정 아동에게 반응할 것인지를 생각하는 것은 매우 현명한 생각이다. 대체로 사람들은 그 아동에게 비슷한 방법으로 대응한다. 예를 들어, 아동이 상담실에 들어오자마자 당신을 신경질 나게 하는지, 당신의 반응을 끌어낼 만한 특정 행동을 하는지 등은 아마도 당신이 치료에서 아동과 직접 다루어야 할 중요한 점일 것이다. 또는 아동이 매우 외롭고 철회되어서 당신을 매우 슬프게 만드는가? 아동은 어쩌면 자신의 느낌을 말로 표현하는 것이 어려울지도 모른다. 그러나 당신의 그런 반응은 아동의 내적 경험에 대해 좀 더 설명해 줄 수 있다.

돌봄의 신호에 대한 맺음말

돌봄의 신호는 트라우마를 가진 아동의 대인관계 의미와 중요성을 설명하는 TST의 방식이다. 트라우마를 가진 많은 아동의 정서조절장애를 이끄는 많은 자극제는 미묘한 대인관계 신호와 관련이 있으며, 그 신호는 그 자신만이 자신의 트라우마 경험을 통해 알고 있는 위험 신호를 보낸다. 따라서 TST 상담자가 어떻게 이러한 신호가 아동의 사회환경 안에서, 특히 치료적 관계 안에서 조절장애를 이끄는지 날카롭게 인지하고 있는 것은 매우 중요하다. 치료적 관계 안에서 조절장애가 모든 이에게 매우 고통스러울지라도, 그것은 전에는 나타나지 않았던 아동의 문제 측면을 드러내는 것일 수 있고, 따라서 최상의 개입 기회를 제공한다. 이미 설명하였듯이, 만약에 트라우마 체계가 위험 신호로 가득 차 있다면, 아동의 유일한 희망은 돌봄의 신호가 충분히 발달되어야 하는 것이다. 이러한 전환이 일어나면, 그것은 아동에게 건강과 행복한 미래의 가능성을 증폭시키게 될 것이다.

이제 우리는 2부를 살펴봄으로써, 트라우마 체계가 어떻게 변형되는지를 이해하기 시작할 것이다.

Part 2
적용

Collaborative Treatment of Traumatized Children and Teens

06 열 가지 치료 원리
– TST 치료 지침

학습목표

- TST의 열 가지 치료 원리 소개하기
- 원리에 따라 치료가 어떻게 이루어지는지 설명하기

트라우마 체계 치료(TST)는 열 가지 치료 원리를 따른다. 이 원리들은 이전 장에서 설명했던 몇 가지 기본에 기반하고 있다. 이 장에서는 그것이 어떻게 실행되는지에 대해 설명할 것이다. 열 가지 치료 원리는 〈표 6-1〉에 제시되어 있다.

표 6-1 열 가지 치료 원리

1. 무너진 체계를 조정하고 복원하기
2. 먼저 안전을 확보하기
3. 사실에 근거하여 명확하고 초점화된 계획을 만들기
4. '준비' 되지 않았을 때 '시작' 하지 않기
5. 최소한의 자원으로 작업하기
6. 책임, 특히 당사자의 책임을 주장하기
7. 현실에 맞추기
8. 당신 자신과 팀을 돌보기
9. 강점으로 시작하기
10. 더 좋은 체계를 만들어 남겨 두기

이후부터는 이들 원리에 대해 설명할 것이다. 우리 치료방법의 충실도는 열 가지 원리와 연관된다(부록 참조).

첫 번째 원리: 무너진 체계를 조정하고 복원하기

1장에서 언급한 것처럼, 트라우마 체계는 다음과 같이 정의된다.

- 트라우마를 지닌 아동은 정서 상태를 조절하지 못한다.
- 사회환경/돌봄 체계는 아동이 이러한 정서 상태를 조절하는 것을 충분히 도울 수 없다.

트라우마 체계는 무너진 체계다. TST는 이러한 깨어진 체계를 조정하는 데 공헌한다. 많은 사람이 우리에게 TST가 다른 치료 모델과 다른 점이 무엇이냐고 묻는다. 우리는 항상 이렇게 대답한다. "TST는 다른 치료에 포함되어 있는 여러 요소를 활용한다. TST의 다른 점은 전적으로 트라우마 체계를 조정하는 데 초점을 두고 있다는 것이다." TST는 명확하고 통합적이며 조직적인 방법으로 이 초점과 관련하여 개입을 만들어 낸다. 첫 번째 원리에 따르면 다음과 같다.

트라우마 체계를 다루지 않는 치료는 TST가 아니다.

TST의 치료는 항상 무너진 체계를 조정하는 것으로 요약된다. 만약 상담자나 팀이 특정 개입이 어떻게 아동의 정서 상태 조절을 돕는지, 사회적 돌봄 환경 혹은 체계가 아동이 이 상태들을 조절하는 것을 어떻게 도울 수 있는지, 그리고 궁극적으로 이 두 요소의 상호작용을 어떻게 향상시키는지 명확하게 알지 못한다면 개입은 TST의 한 부분이 아니다.

나머지 아홉 가지 원리는 모두 무너진 체계를 조정하는 것과 관련된다.

두 번째 원리: 먼저 안전을 확보하기

상담자가 트라우마 체계에 들어갔을 때는 모든 종류의 위험이 존재한다. 아동은 자기 자신이나 다른 사람들을 해할 위험이 있다. 또한 아동은 사회환경에서 가족구성원이나 다른 사람들에 의해 상처받을 위험이 있다. 특히 치료의 생존 단계나 안정 단계(8장에서 소개됨)에서 때때로 상담자조차도 위험할 수 있지만, 위험은 모든 단계에서 일어날 수 있다. 사실 생존 단계는 이러한 위험으로 정의된다. 두 번째 원리에서 중요한 요소는 상담자와 팀이 위험을 평가하는 것에 대해 신중해야 하고 이 평가 결과에 기반하여 치료를 재구조화하는 것에 대해 능동적이어야 한다는 것이다. 예를 들어, 정서조절 기술 회기에 초점을 두도록 준비된 상담자는 아동으로부터 자살 관련 내용이나 학대에 대한 정보를 수집한다. 따라서 모든 계획은 아동의 안전을 보장하기 위해 중단된다. 물론 이 원리는 아주 좋은 임상적 돌봄이 되지만 복잡한 치료에서는 쉽게 놓칠 수 있다. 다시 말해서, 안전에 대한 관심이 높아질 때 모든 치료 자원은 안전 문제를 보장하는 데 공헌한다. 치료계획은 안전성 문제가 종료될 때까지 재개되지 않는다.

세 번째 원리:
사실에 근거하여 명확하고 초점화된 계획을 만들기

TST는 초점에 대한 것이다. 아동의 정서조절장애 수준과 아동의 사회환경과 돌봄 체계에서의 안정성 수준에 대해 결정하기 위해 특정한 임상적 증거를 수

집할 것이 요구된다. 7장과 8장은 TST 안에서 아동과 가족을 위한 치료를 개발하고 평가하는 데 사용되어야만 하는 틀을 설명한다. 이 틀은 정보들이 조직적이고 명확하게 수집될 경우에만 사용될 수 있다. 평가를 조직적으로 하지 않으면 치료계획이 초점화되지 않아 치료가 효과적이지 않게 된다.

치료 팀이 치료계획에 대해 명확한 개념을 발전시킬 때, '시작하기' 모듈(10장에서 설명됨)의 부분으로서 가족들과 의사소통해야만 한다. 이 계획은 치료 동맹을 형성하고 치료에 대한 실질적인 장벽을 조정하는 기초를 만든다. 또한 이는 우리가 '투명성(transparency)' 이라고 부르는 치료의 개방성과 정직성에 기여한다. 투명성의 구성은 TST에서 매우 중요하다. 모든 이해 관계자(적어도 상담자와 TST 팀 구성원들이 아닌)에게 모든 것이 명확하지 않다면 치료는 진행될 수 없다.

치료계획이 세워졌을 때, 어떤 특정한 목적에 초점을 더 많이 맞춰야 할지 결정하는 것은 팀에게 매우 중요하다. TST 상담자는 엄격할 필요가 있다. TST 상담자는 계획을 따라야만 한다. 하지만 계획에 대한 상담자의 초점이 흔들려서는 안 되는 반면, 계획 자체는 새로운 정보나 새로운 환경에 대해 유연하게 반응할 필요가 있다. TST는 임상적 증거를 계속해서 수집하고 새로운 정보에 근거하여 계획을 바꿀 필요가 있다. 이는 안전 문제에 대한 새로운 정보가 있을 때 계획을 변화시킬 것을 고려하는 두 번째 원리의 일부분이다. 여기서 새로운 정보는 모든 유형의 정보를 포함한다. TST 상담자와 팀은 임상적 정보를 수집하고 새로운 정보에 따라 다시 계획을 세우는 데 항상 준비되어 있어야 한다. 변하지 않는 것은 트라우마 체계를 조정하는 가장 임상적인 요소들에 집중하는 것이다. 특히 치료가 효과적이지 않을 때 새로운 계획을 세우려는 자세는 매우 중요하다. 계획한 대로 되지 않을 때, 팀 구성원들은 항상 스스로에게 '내가 무엇을 놓쳤나? 우리가 놓친 게 뭔가?' 를 물어봐야만 한다. 만약 팀 구성원들이 회의마다 적어도 두 번 이 질문에 답하지 못한다면 그들은 정말 무언가를 놓치고 있는 것이다.

네 번째 원리: '준비' 되지 않았을 때 '시작' 하지 않기

10장에서 제시하겠지만, 치료가 정말 시작될 수 있기 위해서는 다음과 같은 세 요소가 있어야만 한다.

- 특정 치료계획에 대해 가족들과 동맹(alliance)이 시작되어야만 한다.
- 치료에 실질적으로 방해되는 것(이동, 육아, 약속 시간 등)을 조정해야만 한다.
- 트라우마 스트레스 반응과 TST에 포함된 내용이 어떤 결과를 남기게 될 것인지에 관한 심리교육이 이루어져 있어야만 한다.

가족과 명확한 치료 동맹 없이 치료를 시작하는 것은 여러 종류의 심리치료에서 범하는 일반적인 실수다. TST를 실시하는 많은 상담자에 대한 우리의 자문에서는 치료 실패의 가장 일반적인 원인으로 시작하기(ready-set-go) 형태가 적절하게 수행되지 않았던 것이 언급된다. 흔히 상담자가 가족과 좋은 동맹을 맺었다고 생각할 때, 그것은 가족이 상담자를 좋아하고 또 상담자가 가족을 좋아한다는 생각에 기초한다. TST에서는 서로 좋아하는 것만으로는 충분하지 않다.

치료 동맹은 매우 특수하다. 가족과 상담자가 가족이 변화하기를 원하는 방향을 함께 결정하고 TST 치료계획이 문제를 변화시키는 데 도움이 될 수 있다고 합의하는 것 자체가 특수한 것이다. 10장에서 우리는 시작하기 모듈이 완성될 수 있는 방법, 그리고 아동과 가족이 정말로 준비되어 있는지 알기 위해 팀에게 필요한 요인들에 대해 밑그림을 그렸다. 물론 (특히 쉽게 이방인, 즉 당신을 믿지 않는 가족들과) 견고한 동맹을 형성하는 데는 시간이 걸린다. 따라서 우리는 모든 것이 끝날 때까지 치료 동맹이 완벽하고 철저해야만 한다고 믿지 않는다. 얼마나 충분히 동맹이 '이루어지고' 있는지가 중요하다.

우리는 TST에서 많은 가족에게 요청한다. 가족은 우리가 그들에게 TST에서 해 달라고 요청한 것을 하도록 동기화된다. 그들은 다음 두 가지 점에 대해 명확성을 가져야 한다.

- 치료계획이 그들의 고통에서 가장 중요한 자원을 다룬다는 것
- 치료가 어느 정도 그들의 고통을 완화시켜 줄 수 있다는 것

가족이 이 두 가지 점에 대한 명확성이 없다면, 그들은 우리와 함께 일하는 것을 원할까?

다섯 번째 원리: 최소한의 자원으로 작업하기

TST는 아동, 사회환경과 돌봄 체계 안에서 어렵고 복잡한 문제들을 제시한다. 주로 이 문제들은 TST 팀이 개입하기 몇 년 전부터 계속 존재해 왔던 것이다. 따라서 치료가 모든 것을 변화시킬 수 있다고 제안하는 것은 매우 뻔뻔한 것이다. 비록 치료 팀이 수많은 자원을 제공할 수 있다고 할지라도, 그들은 여전히 모든 것을 변화시킬 수는 없다. 그리고 어떤 누구도 수많은 자원을 가지고 있지는 않다. 현실에서의 정신건강 자원은 매우 제한적이다. 그러면 우리는 어떻게 돕기를 시작할 수 있을까?

우리는 아동을 돕고(가정기반 치료, 정서조절 기술 훈련, 정신약리학, 권리지원 등), 그들이 함께 조정하고 서로 강화시킬 수 있는 틀 안에 그들을 놓을 수 있다고 믿는 일련의 개입 방식을 제안해 왔다. 우리는 이것이 트라우마 스트레스 아동에 대한 이전 개입들보다 더 진전된 것이라고 믿지만 이 틀은 여전히 충분하지 않다. 우리는 모든 사람에게 모든 서비스를 제공할 수도 없고 제공해서도 안 된다. 우리는 우리의 자원을 사용하는 방법에 대해 전략적일 필요가 있다.

정신건강 개입의 비용은 비싸다. 정신건강클리닉과 기관들은 요구를 충족시키기 위해 고심한다. 클리닉이나 기관의 자원들은 제한되어(희박하게) 있고, 그것이 TST 팀 안에 있을 때는 고도의 전략에 따라 배정되어야만 한다. 전략적 치료의 기원인 Milton Erickson은 심리치료가 통나무들로 막혀 있는 곳에서 돕는 것과 같다고 말했다. 질문은 정확한 통나무를 찾는 것이다. 훌륭한 전략적 치료자와 같이 TST 상담자는 항상 통나무들이 강 아래로 떠내려갈 수 있도록 치워야 하는 통나무를 찾는다. 또한 TST 상담자는 훌륭한 경제학자로서 정확한 통나무를 찾고 그것을 치우는 데 사용될 수 있는 자원이 무한하지 않다는 것을 알고 있다. 그래서 TST 상담자와 팀은 항상 '최소한의 비용으로 최대한의 해결책을 어떻게 얻을 수 있을까?' 를 묻는다.

9장에서 설명하겠지만, 팀은 이러한 희소 자원을 소유하고 있으며 그것들을 전략적이고 효과적으로 사용할 수 있다고 확신한다. 이 원리는 팀이 가족 기반의 자원과 심리치료, 정신약리학 그리고 권리지원 자원들을 사용하는 것에 관해 결정을 내려야 하는 아동과 가족들에게 적용된다. 또한 거시적인 수준에서 제한된 자원을 가지고 제한된 시간 안에 많은 아동이 다양한 서비스 요소를 제공받을 수 있으려면 어떻게 해야 하는지를 팀이 결정해야만 한다. 이러한 종류의 결정은 쉽지 않지만 효과적인(그리고 효율적인) 개입을 위한 단계가 될 것이다.

여섯 번째 원리: 책임, 특히 당사자의 책임을 주장하기

왜 가족들은 당신을 믿어야만 하는가? 가족구성원들은 교사, 사회복지사, 법원 공무원, 경찰 혹은 이전 정신건강 상담자들 같은 권위자들에 의해 상처받았을 수도 있고 부정적인 관계를 맺었을 수도 있다. 왜 그들이 당신을 믿어야만 하는가? 만약 그들이 첫 번째 만남에서 당신을 믿는다면 이는 '좋은' 신호일 것이다.

우리는 치료적 관계에 대해 언급한 5장에서 신뢰 문제를 논의했다. 신뢰를 쌓는 것과 관련하여 가장 중요한 것은 책임인데, 이는 당신이 할 것이라고 말한 것을 하는 것이다. 이 점은 매우 중요하다. 우리 모두는 '행동이 말보다 더 영향력 있다' 는 것을 안다. 상담자가 트라우마가 있는 사람과 치료적 관계를 맺을 때, 내담자는 주로 상담자 역시 '다른 사람들과 같을' 것이라는 증거에 대해 암묵적으로 확인하려 한다. 상담자가 한 말을 지키지 못하는 것은 피할 수 없는 상황이라고 할지라도 가족구성원의 관점에서는 그들의 두려움이 사실이라는 것을 증명하는 확실한 신호다.

상담자로서 우리는 책임이 굉장히 중요하다는 것과 행동을 통한 우리의 의사소통이 말보다 더 결정적이라는 것을 이해해야만 한다. 실패 시에는 정직하게 우리의 실패에 대해 고백하는 것이 문제를 가장 잘 다룰 수 있는 방법이다. 우리는 우리를 믿어야 하는 절대적인 이유가 없는 사람들과 신뢰관계를 형성하고, 다른 긍정적인 관계와 좋은 양육을 위해 가장 중요한 것을 모델링한다. 투명성과 동맹 형성에 대해 이전에 언급했던 몇몇 생각은 가족들과 책임의 가치에 대해 의사소통하는 데 매우 중요하다. '책임(accountability)' 이라는 단어의 어원은 '믿음(count)' 이다. 책임은 상담자들과 가족이 '내가 당신을 믿을 수 있을까?' 라는 (그들 자신에게) 서로에 대해 묻는 절대적인 질문에 대한 것이다.

책임에 대해 주장하는 다른 부분은 아동과 가족구성원의 책임뿐만 아니라 아동의 사회환경과 돌봄 체계(전문가들을 포함하여)에서의 다른 사람들의 책임을 포함한다. TST 치료계획 양식(8장에 제시됨)을 발전시키는 중요한 이유는 가족구성원을 포함하여 치료계획을 실행하는 것에 관련된 모든 사람이 책임을 지게 하는 것이다. 치료계획 양식은 치료계획을 조망하고 그에 대해 누가 책임져야 하는지 상술한다. 이는 서명란을 포함한다. TST 상담자들이 가족의 책임을 물을 수 있는 단 하나의 방법은 우리 자신의 책임에 대해 신중해지는 것이다.

이 원리는 가족구성원들이 기대에 대해 명확한 방식으로 의사소통을 해 본 경험이 없기 때문에 매우 중요하다. 이 기대라는 것은 무엇인가? 가족구성원들은 치료계획에서 그들의 특정한 부분이 충족되기를 바란다. 이 부분은 완수하기 매우 힘든 활동들을 포함할 것이다. 하지만 치료의 '시작하기' 부분이 적절하게 성립된다면 가족구성원들은 그들이 무엇을 해야만 하는지, 왜 해야만 하는지, 그들과 그들의 아이에게 어떤 이익이 될 수 있는지를 알게 될 것이다. 또한 그들은 사전에 특정 활동을 하는 데 동의할 것이다. 이러한 동의는 다음과 같은 내용을 포함할 수 있다.

- 약물 사용을 중단하고 약물중독 치료를 시작할 것
- 동거인에게 떠날 것을 요청하고 금지 방침을 이행할 것
- 폭력적인 아동이나 동거인을 돕기 위해 경찰을 부를 것
- 규칙적으로 정신과 약을 복용할 것
- 사회복지 부서의 조사에 참여할 것
- 가정기반 팀이 집으로 들어가도록 허락할 것

TST의 모든 회기는 이전 회기 동안 동의되었던 것을 확인하는 기간을 포함한다. 동의가 유지될 때, 가족구성원들은 신용을 얻게 된다. 동의가 유지되지 않을 때, 그 조약은 명확하게 논의된다. 그 조약은 원래의 치료 동의로 돌아가는 것과 가족구성원들이 그 동의를 유지할 수 있는지 여부에 대해 평가하는 것을 포함한다. 이때 치료계획, 실질적 방해물을 조정하는 것, 새로운 정보를 가지고 치료계획을 다시 점검하는 것 혹은 더 나은 심리교육을 제공하는 것에 대해 논의하게 된다. 중요한 점은 동의가 수반되고 책임이 기대된다는 것이다. TST 상담자들은 치료계획을 세우고 동맹을 맺는 힘든 작업이 성과를 내더라도 이 원리에 대해 엄격해야만 한다.

일곱 번째 원리: 현실에 맞추기

현실에 맞추기란 무슨 뜻인가? 누구의 현실을 말하는 것인가? 상담자들과 가족들은 보다 단순하고 행복한 허구 세계로 들어가고자 하는 욕망이 강하더라도 현실 안에서 작업해야만 한다.

너무 철학적으로 접근하지만 않는다면 TST가 이와 관련된 현실에 대한 가정을 세우는 것은 중요하다. 우리는 일곱 번째 원리가 매우 중요하면서도 놓치기 쉽다고 믿기 때문에 다른 것보다 더 자세하게 논의할 것이다.

- 실질적인 현실을 반영하는 결정은 성공할 가능성이 크다. 아동을 2:1로 지도하고 라틴어를 가르치는 것을 강조하는 집중학습 교실에 배치하기로 결정하는 것은 아동이 필요로 하는 것일 수 있다. 하지만 그런 교실이 존재하지 않는다면(즉, 현실이 아니라면) 그 계획은 실패할 것이다. 비슷하게, 아동이 "지니가 내가 자기를 때린다고 거짓말하고 있어요."라고 말할 때 우리는 부모의 이야기를 믿는 것이 더 쉽기 때문에 그녀를 믿을 수 없다. 만약 우리가 현실에 근거하여 결정하지 않는다면 성공할 수 없다.
- 트라우마 체계 안에 포함된 높은 수준의 정서는 실질적 현실에 맞춰진 결정을 내리는 것을 방해할 수 있다. 이 체계 안에 있는 모든 사람(TST 상담자들을 포함하여)이 이러한 실수를 범할 수 있다.
- TST 상담자는 아동과 가족들이 그들 상황의 실질적인 현실을 고려하도록 돕고, 현실에 기반한 결정을 하는 기술을 습득하도록 돕는 중요한 역할을 한다.
- TST 치료계획은 실질적 현실 안에서 이루어지고 주어진 현실에서 가능한 한 가장 좋은 결정을 하도록 하는 지도(map)다.

'실질적 현실 안에 존재하기' 가 의미하는 것이 무엇인지 설명하기 위해 다음 사례를 제시한다.

니콜은 최근 심각한 자살 시도로 병원에 있다가 퇴원한 14세 여자아이다. 니콜이 퇴원한 이후 첫 방문에서 당신은 그녀를 처음 보았다. 입원하기 직전에 니콜은 어머니의 남자친구로부터 성적 학대를 당했기 때문에 어머니로부터 분리되어 있었다. 사회복지 부서의 조사는 계속되고 있었지만 그녀의 어머니는 이러한 학대가 '불가능' 하다고 말했다. 방문하기 전날 밤, 니콜과 그의 어머니는 그 주장 때문에 크게 싸웠다. 니콜의 어머니는 아이를 '거짓말쟁이' 라고 불렀고, 니콜은 어머니를 '마녀' 라고 불렀다. 그러고 나서 니콜은 침실로 가서 팔을 그었다. 방문했을 때 니콜과 그녀의 어머니는 모두 흥분하여 화난 상태였다. 당신은 니콜이 병원으로 돌아갈 가능성이 높다고 말했다. 니콜은 병원이 너무 싫고 '다시 갇혀 있을' 수는 없다고 말하면서 더 흥분했다. 니콜은 이번 일을 통해 교훈을 얻게 되었고 다시는 자해하지 않겠다고 말했다. 니콜은 자신을 병원에 보내지 말아 달라고 당신에게 애원하면서, 만약 자신이 자해할 생각을 다시 하게 되면 당신에게 전화하겠다고 말했다. 화난 목소리로 니콜의 어머니는 "나는 당신이 아이와 무엇을 하든 신경 쓰지 않겠어요."라고 말했다. 주변에 그들을 도울 만한 다른 친구나 친척들은 없다.

논평

이 사례는 수많은 현실적인 문제들을 제공한다. 어떠한 결정이 이러한 임상적 상황의 실제적 현실을 가장 잘 반영한 것인가? 현실에 대해 니콜이 이해한 것은 '스스로 배웠고' 병원에 갈 필요가 없다는 것이다. 더구나 아동은 당신에게 전화하기로 약속하면서 '안전에 대한 조약' 을 맺었다. 실제적 현실은 무엇인가?

이 청소년은 최근 성적 학대가 일어나서 심각한 자살 시도 후에 입원하였다.

그녀는 학대의 진실에 대해 어머니와 싸운 후에 충동적으로 팔을 그었다. 그녀는 최근에 매우 흥분되어 있고 그녀의 어머니가 이런 위험을 줄이도록 도울 수 있을 거라는 단서도 보이지 않는다. 주변에서 도움을 제공할 수 있는 다른 사람도 없다. 임상적 자료와 자살 위험에 대한 문서들의 지식에 기반한 현실의 위험에 대한 상담자의 각성은 이 상황이 매우 위험하다는 것이다. 따라서 현실에 맞추기 위해서는 상담자가 다시 입원하도록 돕는 것이다. 이것은 신중한 결정이지만 치료 동맹의 측면에서는 어떤 의미가 있는가? 이것은 동맹이 처음에 어떻게 구성되었느냐에 달려 있다. 가령, 니콜과의 동맹에 그녀가 자해할 위험을 최소화하기 위해 협업하는 것을 포함시키는 것이다. 니콜은 자신의 현실에 대해 스스로 위험하지 않다고 인식하고 있다. 반면, 당신은 실질적 현실이 매우 위험하다고 인식하고 있다. 일곱 번째 원리에 따르면 다음과 같이 추측된다.

아동 및 가족과의 동맹은 항상 현실과의 동맹에 포함된다.

TST 상담자는 (이 사례에서처럼) 현실을 무시하도록 압박을 받을지라도 임상 상황에서 실질적 현실에 대해 스스로 확인해야만 한다. TST 상담자는 여기서 벗어나서는 안 된다. 이런 점에서 TST는 강력하게 현실적인 치료 모델이다.

니콜이 입원한 이후에 당신은 니콜의 자살 시도를 점검하고 어머니의 남자친구로부터의 학대에 대한 어머니의 주장을 듣기 위해 어머니와 회기를 진행했다. 니콜의 어머니는 당신이 이 주제를 꺼내는 것에 대해 화를 냈다. 그녀는 "당신은 니콜을 믿지 않게 되겠죠?"라고 말했다. 당신은 왜 그녀가 그 학대가 '불가능'하다고 믿는지 물었다. 그녀는 자신이 '사람을 볼 줄 아는' 사람이며, 자기가 볼 때 자신의 남자친구는 학대자가 아님을 장담할 수 있다고 말했다. 그녀는 또한 니콜이 '모든 것에 대해 거짓말을 한다' 고 말했다. 그녀는 자신의 남자친구가 집으로 오지 못하게 할 것을 사회복지 부서와 약속하였지만, 그 약속 이후에도 남자친구와 두세 번 정도 만났다고 인정했다. 그들의 관계에 대해 그녀에게 물었을 때, 그녀는 그가 '완벽한 신사'라고 말했다. 다시 물었을 때는 "예전에는 한 번이나 두 번 정도 때렸지만 지금은 그렇지 않아요."라고 인정했다. 사회복지 부서의 조사가 끝난 이후에도 당신은 그녀의 어머니가 학대는 '불가능'하다고 믿는 것이 니콜에게 어떠한 의미를 주는지에 대한 문제를 제기했다. 어머니는 재빠르게 "나는 아이가 말하는 것을 믿을 수 없어요."라고 대답했다.

논평

트라우마 체계(그리고 어디에서라도) 안에서 좋은 결정을 방해하는 주요한 요인들 중 하나는 현실과 바람(wish)을 구분하는 것의 어려움이다. 제시된 구체적인 사안과 관련해 니콜의 어머니는 너무 강하게 그녀의 남자친구가 자신의 아이를 학대하지 않았다고 믿고 있다. 그래서 그녀는 그것이 진실일 수도 있는 가능성에 대해서는 전혀 고려하지 않는다. 다른 요소들 사이에서 이 바람은 그처럼 위험한 남자를 그녀의 집 혹은 그녀의 사적인 공간에 동료로 들여놓았다는 죄책감에 의해 동기화된다. 자신의 딸이 진실을 얘기할 수도 있는 가능성을 고려하지 않은 결정은 자신이 딸을 위험한 남자로부터 보호하지 않을 것이라는 부분과 자신의 부정이 딸의 정신건강과 딸과의 미래 관계에 무엇을 의미하는지를 인식하지 못하는 위험을 증가시킨다. TST 상담자는 표에 이러한 사실들을 제시함으로써 현실에 맞춘다. 현실에 맞추는 기능은 개인이 자신의 바람, 정서, 충동의 관점에서 현실을 이해하도록 돕는 것의 하나로서 자아의 주요 기능에 대한 정신분석적인 개념과는 다르다.

니콜의 어머니를 만난 이후, 당신은 정보를 얻기 위해 사회복지 부서 직원에게 전화를 걸었다. 사회복지 부서 직원은 스트레스를 받고 있으며 바쁜 듯이 보이고 그 사례가 '조사되고 있는' 중이라고 말했다. 그녀는 니콜이 처음 입원했을 때 면담을 시도하였으나 자기에게 아무것도 말하지 않았다고 말했다. 더구나 그 직원은 그녀가 '거짓말을 한다' 며 그녀를 믿을 수 없다고 확신했다. 또한 그 직원은 어머니도 면담하였는데, 당신에게 얘기했던 것과 일관되게 그녀는 자신의 남자친구가 니콜을 학대하는 건 불가능하며 니콜을 남자친구와 단둘이 있도록 한 적이 없다고 했다. 사회복지 부서 직원은 그녀의 남자친구와도 면담하였는데, 그 역시 학대를 부인하였다. 당신이 남자친구의 가정폭력과 약물남용에 대한 전적을 말했음에도 그 직원을 설득하기가 어려웠다. 니콜이 그 사건에 대한 면담을 원하지 않는 이유와 이 결정에서 전반적인 심리적 평가를 통합할 필요에 대해 말했을 때도 사회복지 부서 직원은 "너무 늦었어요. 결정이 이미 내려진 상태예요."라고 말했다.

논평

우리 중 누구도 현실에 맞추는 능력을 방해할 수 있는 요소들에 대한 면역력이 없다. 사회복지 부서 직원은 많은 사례를 담당하고 있고 자신의 사례를 종결해야 한다는 것에 대한 부담감을 관리해야 한다. 직원은 합리적인 평가를 실시할 만한 시간이 없다. 그럼에도 이 직원의 의사결정은 현재 상황의 실질적 현실을 반영하지 못한다. 따라서 당신은 권리 옹호를 하고(12장 참조), 사회복지 부서의 책임자에게 편지를 쓰며, 현실에 대해 얘기하면서 이 결정에 항의해야 한다.

TST 상담자도 사람일 뿐이며 현실에 접근할 수 있는 시장을 가지고 있지 못하다. 더구나 TST 상담자가 트라우마 체계에 들어가서 그 안에 포함되어 있는 수많은 현실 관련 정서와 직면할 때는, 주어진 상황의 실질적 현실을 보기 힘들고 좋은 결정을 내리기 어렵다. 따라서 우리는 TST로 '안전망' 을 만들어야 한다. 이는 팀 논의와 의사결정(9장에서 개관됨), 슈퍼비전, 그리고 구조화된 치료 모델의 명료성을 포함한다. 더구나 다음 원리는 정서를 다루는 방법을 제시하여 의사결정을 더욱 신중하게 해 준다.

일곱 번째 원리와 관련되는 팀 의사결정 과정은 '이것은 실용적인가?' '현실이 무엇인가?' '이것이 작동할 수 있는가?' 와 같은 질문의 연속이다. 물론 언어나 문화에 따라 실질적인 현실을 고려하기 어렵다면, 자문을 제공하거나 다양한 문화 집단을 팀에 포함시키는 것도 중요하다.

여덟 번째 원리: 당신 자신과 팀을 돌보기

비행기 안에서 산소 수준이 떨어질 때 자녀를 둔 부모에게 그들의 자녀에게 산소 마스크를 씌워 주기 전에 자신부터 쓰라고 얘기한다. 왜 그럴까? 비상 상황 시 부모에게는 자녀의 안전이 가장 중요한 관심사가 아닌가? 비행기에서는 부모가 자녀의 안전에 가장 효과적으로 행동하도록 안내된다. 부모에게 산소가 충분히 있어야만 충분히 강해질 수 있다.

트라우마 체계는 쉽게 약해지고, 아프고, 혼란스럽고, 상처받는, 산소가 부족한 환경과 같다. 상담자는 무너진 체계를 조정하기(원리 1) 위해 그들이 해야만 하는 것을 관리하기 위해서 그들 자신을 돌보고 그들의 팀, 기관, 조직으로부터 충분히 보호받아야 한다(9장에서 이러한 생각들을 다룰 것임). 트라우마 상담자는 매일 다음과 같은 난관에 부딪힌다.

- 아동이 모욕당하고 괴롭힘을 당하고 상해를 입는 이야기를 들음으로써 삶의 잔인성을 직면함
- 아동이 예상치 못한 상해나 질병에 걸리는 것에 대한 이야기를 들음으로써 삶의 무질서를 직면함
- 도움을 줄 수 있는 자원을 가지고 있지 않으면서 아동과 그 가족을 도우려고 함

- 트라우마로 인한 극단적 정서를 경험하는데, 그것이 때때로 상담자에게 향하기도 함
- 부모의 자녀에 대한 양육권 상실과 관련된 결정을 내림
- 상담자도 아동의 집이 정말 안전한지 확실하지 않은데도 아동을 그 집에 남도록 의사결정을 함
- 아동이 자신 또는 다른 이를 해칠 가능성이 있는지에 관한 의사결정을 함

만약 우리가 주의하지 않는다면 이와 같이 흔하게 일어나는 어려움이 우리의 인간애를 좀먹을 수도 있다. 특히 한 사람이 다른 이, 특히 아동에게 해를 끼치는 것을 반복적으로 지켜봐야 하는 경우 철회, 극도의 피로, 스트레스를 경험할 수 있다. 특히 트라우마 경험이 있는 상담자는 더욱 취약할 수 있다.

임상적 판단은 정서의 변화, 즉 스트레스나 피로에 영향을 받을 수 있다. 극도로 지친 경우에 바람직한 결정을 내리기는 어렵다. 또한 이러한 부정적인 정서로 인해 상담자는 아동이나 가족과의 힘든 치료과정에서 물러나게 될 수도 있다. 이에 5장에서는 상담자 및 상담과 관련된 의사결정에 부정적인 영향을 미치는 요인을 다루는 방법에 대해 살펴보았다. 9장에서는 팀원들을 돌볼 수 있는 방향으로 팀을 조직하는 방법에 대해 논의하겠다. 팀 구성원이 정서적으로 어떻게 반응하는지 확인하는 것이 가장 중요하며, 이러한 작업이 실현되고 성취되도록 노력해야 한다.

아홉 번째 원리: 강점으로 시작하기

사람들은 회복력을 가지고 있다. 가족도 회복력을 가지고 있다. 사람들은 오랜 시간 동안 특정 상황을 해결하기 위한 적응방법을 개발해 왔다.

아동과 그 가족들이 표현하는 정서와 욕구는 그것의 강도에 근거하여 병리적

인 것으로 판단되기 쉽다. 그러니 아동과 그 가족이 오랜 기간 동안 발달시켜 온 강점 및 문제해결 방식은 정서를 조절하는 강력한 수단일 뿐만 아니라 치료에 포함되어야 할 요소다. 강점기반 치료는 정신건강 체계에서 단순히 말뿐으로 그치는 경우도 있지만, 효과적인 치료 접근 방식이다. 트라우마를 가진 아동은 종종 뛰어난 대인관계 능력, 인지 능력, 예술 혹은 운동 능력을 가지고 있어 자신의 정서를 조절할 수 있게 된다.

개인의 강점뿐만 아니라 공동체와 문화의 강점까지도 활용될 수 있다. 문명은 그 구성원들이 역경을 극복하는 것을 돕기 위해서 수백 년 동안 의례를 발전시켜 왔다. 이러한 강점들을 결코 무시해서는 안 된다. 이는 세 번째 원리와 연결되며, '부족한 자원을 잘 활용할 수 있는 곳에 지원하는' 것이다. 정신건강 치료의 부족한 자원과 비싼 비용을 고려할 때, 개인과 가족 그리고 문화적 생존 메커니즘을 치료계획에 포함시키는 것은 매우 효과적이다. 물론 그들이 통합되기 전에 상담자는 그들이 무엇을 하고 있는지 알고 있어야 한다. 7장과 8장에서는 강점을 평가하고 그것들을 치료계획에 통합하는 방법을 살펴보겠다.

'강점으로 시작하기' 원리는 아동 및 가족들과 협력할 때에도 도움이 된다. 만약 우리가 그들의 약점에만 주목한다고 믿는다면 어느 누가 무엇 때문에 우리와 협력하려 하겠는가? 우리가 아동과 그 가족의 약점뿐만 아니라 강점까지 볼 때, 그들은 우리가 자신들을 배려한다고 느낄 것이며 더 적극적으로 치료에 참여하고자 할 것이다.

열 번째 원리: 더 좋은 체계를 만들어 남겨 두기(종료하기)

TST는 아동과 그 가족을 위한 장기적 지원을 의미하지 않는다. 장기적 치료는 아동 및 그 가족이 상담 팀에게 의존하도록 만드는 매우 부정적인 면이 있다. 다음과 같은 격언이 있다.

> 만약 당신이 아이에게 물고기를 주면, 당신은 그를 하루 동안 먹여 살릴 수 있다.
> 만약 당신이 아이에게 물고기를 잡는 법을 가르쳐 주면,
> 당신은 그를 평생 먹여 살릴 수 있다.

TST는 사람들에게 물고기를 잡는 법을 가르치는 것이다. '스스로 할 수 있다고 생각되는 것을 대신 해 주지 말라.' 이것은 TST 상담자와 그 팀이 아동과 가족들에게 아무것도 해 주지 말라는 뜻이 아니다. 가족들은 도움을 정말 많이 필요로 한다. 특히 치료 초기에는 더욱 그러하다. TST 상담자는 유연성이 있어야 한다. 기본적으로 치료가 진행될수록 아동과 그의 가족은 점점 더 그들 스스로 행동할 수 있어야 한다. 우리의 역할은 아동과 그 가족이 변화할 기회를 최대한 가지도록 돕고, ① 트라우마 체계로 개입하며, ② 초점을 가지고 문제를 평가하고, ③ 개입 자원을 전략적으로 배치하는 치료계획을 구성하며, ④ 치료를 종료하기 위해서 필요한 변화들을 고려한 계획을 세우고, ⑤ 아동과 그의 가족이 스스로 과업을 수행할 때 필요한 기술들과 함께 떠날 수 있도록 하는 것이다.

첫 번째 원리인 '무너진 체계를 조정하고 복원하기'는 다음과 같은 때에 트라우마 체계에 개입하는 것이다.

- 트라우마를 가진 아동이 자신의 정서 상태를 조절할 수 없을 때
- 사회환경/돌봄 체계가 아동의 정서 상태를 조절하도록 충분한 도움을 줄 수 없을 때

열 번째 원리인 '더 좋은 체계를 만들어 남겨 두기(종료하기)'는 시작부터 치료가 종료되기 위해서는 아동의 정서조절 능력과 사회환경/돌봄 체계의 범위에서 적절하게 필요한 것이 무엇인지에 대해 상상하는 것을 포함한다.

완벽한 체계를 만든 상태에서 치료를 종료하는 것이 가능한가? 완벽한 체계란 지구상에 존재하지 않는다. 우리의 목표는 어느 정도 스트레스

를 유발하고 트라우마를 재경험하게 될 수도 있지만, 아동이 자신의 정서를 충분히 다룰 수 있도록 돕는 상태에서 치료를 종결하는 것이다.

- '더 좋은 체계를 만들어 남겨 두기'는 아동에게 적절한 정서조절 기술(14장), 올바른 인지처리 기술(15장), 그리고 트라우마 사건에 대한 새로운 의미와 관점(16장)을 제공하는 것을 의미한다.
- '더 좋은 체계를 만들어 남겨 두기'는 부모가 그들의 자녀가 정서를 조절하도록 돕고, 위협으로부터 그들 스스로를 보호할 수 있는 기술들을 알려 주는 것을 의미한다.
- '더 좋은 체계를 만들어 남겨 두기'는 부모에게 돌봄 체계 안에서 그들 자신과 자녀를 지원할 수 있는 기술을 알려 주는 것을 의미한다.
- '더 좋은 체계를 만들어 남겨 두기'는 치료가 끝난 후에도 돌봄 체계 안에서 아동이 보호되고 도움을 받을 수 있음을 의미한다. 이 과정에서 개별화 교육 프로그램(Individualized Education Program: IEP)이나 사회보장계획(social service plan) 등이 포함될 수 있다.

'더 좋은 체계를 만들어 남겨 두기'는 공공정책에서도 중요한 의미를 가질 수 있다. 비록 TST가 공공정책 변화를 목표로 하는 것은 아니지만, TST 상담 팀은 공공정책과 관련된 주제를 매일 마주하게 된다. 트라우마 경험이 있는 아동에 대한 권리지원, 돌봄 체계, 정신건강 요구 등에 초점을 맞추다 보면, TST 팀은 공공정책 개선에 활용할 수 있는 많은 정보를 획득할 수 있다. 종합적이고, 초점화되어 있으며, 통합적이고, 검증 가능한 개입 모델을 사용하여 다른 상담자와 정책 입안자들이 트라우마를 가진 아동의 욕구를 대변하는 더 좋은 체계를 세우는 데 영향을 미치고자 하는 것이 우리의 바람이다.

07

평가

– 아동의 트라우마 스트레스를 평가하는 방법

학습목표

- TST 평가표에 관해 배우기
- 정서조절 기술을 평가할 수 있는 기술 발달시키기
- 사회환경을 평가할 수 있는 기술 발달시키기

우리는 트라우마를 가진 아동을 어떻게 평가할 수 있을까? 앞서 언급했듯이, 트라우마를 가진 아동을 평가하는 목적은 정서 상태를 조절하는 능력, 아동의 정서조절 능력을 지원할 수 있는 사회환경 및 돌봄 체계의 능력을 확인하기 위함이다. 그렇다면 평가는 어떻게 이루어지는가? 평가에 관한 이해를 돕기 위해 2장, 3장에서 시작한 드니즈의 사례를 좀 더 살펴보고, 레나의 사례도 살펴보자. 우선 드니즈와 관련된 기본적인 사실을 다시 살펴보자.

드니즈는 16세의 아프리카계 미국 소녀로, 어머니의 남자친구에게 성폭행을 당한 경험이 있다. 친구들과 쇼핑몰에 갔을 때, 드니즈는 한 남자를 보고 극도의 공포를 느꼈다. 나중에 이 남자가 엄마의 남자친구를 떠올리게 했다고 그녀는 이야기했다. 드니즈는 그 순간 극도로 불안해지고 성폭행의 기억이 물밀듯이 밀려왔다고 기억했다. 그녀는 자신이 어떻게 어디로 걸어갔는지 기억하지 못했다. 30분 뒤에 그녀의 친구들은 그녀가 화장실 칸 안에서 멍하니 웅크리고 있는 것을 발견했다. 그녀의 친구들은 계속 그녀의 이름을 부르고 괜찮은지 확인했다. 드니즈는 조금씩 그들을 알아보기 시작했으나 온전히 안정을 찾기까지는 1시간 정도 더 걸렸다. 드니즈는 종종 악몽에 시달리고 '항상' 수치스러워했다. 그녀는 엄마와 엄마의 남자친구(그녀를 폭행한 이와 다른 사람) 그리고 세 형제자매와 방 두 칸짜리 아파트에서 거주하고 있다. 아파트의 상태는 (만약 확인해 봤다면) 상당히 열악하다는 사실을 발견할 수 있을 것이다. 드니즈의 침실에는 문이 없었다. 그녀는 엄마와 남자친구가 다투는 것을 (때때로 보거나) 들었다.

레나는 코소보에서 온 알바니아계 10세 소녀다. 그녀는 삼촌과 미국에서 살고 있다. 최근 레나는 달리는 차들 사이로 뛰어드는 바람에 차에 치일 뻔했다. 이 때문에 그녀의 삼촌은 그녀를 상담실에 데리고 왔다. 그녀와 삼촌이 함께 차를 타고 가고 있었는데 그녀가 갑자기 차 문을 열고 밖으로 뛰어나갔다. 그녀의 삼촌은 즉시 그녀를 따라가 다시 차로 데려왔다. 그녀는 이 사건을 전혀 기억하지 못했다. 삼촌에 따르면 그녀는 차에서 뛰어나가기 직전 소리를 질렀다. 그리고 그는 이 사건이 발생하기 직전에 여자친구와의 대화 중에 레나의 아버지 이름을 언급했음을 기억했다. 삼촌은 이런 사건들(갑자기 달아나고 혼란스러워하는 모습)이 1년에 몇 차례 발생하고, 그녀가 종종 명백한 이유 없이 매우 속상해한다고 이야기했다. 코소보에서 그녀는 심각한 폭력을 경험했다. 세르비아 군인들에 의해 그녀의 아버지는 살해당했고, 어머니와 언니는 강간을 당한 뒤 살해당했다. 그녀는 삼촌에 의해 6세 때 구조되었고, 구호단체의 도움으로 미국으로 망명했다. 레나는 잠을 잘 못 잤고, 종종 악몽에 시달렸다. 일주일에 3~5일 밤은 비명을 지르면서 일어나곤 했다. 레나는 종종 사람들이 아파트에 침입해서 삼촌을 죽일까 걱정했다. 레나의 삼촌은 면담을 하는 동안 무척 협조적이었다. 그는 레나를 매우 걱정했다. 레나는 삼촌이 자기를 사랑하고 지지해 준다고 말했다. 레나의 삼촌이 자신의 트라우마 스트레스 증상을 갖고 있다고 말하기는 했지만, 이로 인해서 레나를 제대로 돌보지 못하는 것 같지는 않다.

평가와 개입에 관한 개관

드니즈와 레나의 사례는 어떻게 평가할 수 있을까? 치료를 계획하는 데 어떠한 정보 유형이 필요할까? 트라우마 체계 치료(TST)의 세 번째 원리에 따르면 '사실에 근거하여 명확하고 초점화된 계획' 을 세워야 한다. 그렇다면 어떤 사실이 이러한 계획 수립에 도움이 되는가? 도움이 될 수 있는 사실은 '무너진 체계를 조정하고 복원하기' (첫 번째 원리)와 관련된 정보를 주는 것들이다. 무너진 체계란 무엇인가? 무너진 체계(또는 트라우마 체계)는 다음을 포함한다.

① 정서 상태를 조절하는 데 어려움을 느끼는 트라우마 경험이 있는 아동
② 아동의 정서조절장애를 방지하도록 도울 수 있는 사회환경 그리고/혹은 돌봄 체계

평가는 트라우마 스트레스가 아동에게 어떠한 영향을 미치는지에 대해 이해하는 것으로부터 시작되어야 한다. 우리는 평가과정을 통해 정서 조절 및 사회환경/돌봄 체계가 잘 기능하는지에 대해서 알아낼 수 있다. 정신건강 문제를 이해하는 데 정서 조절 및 사회환경/돌봄 체계 간 '적합도(goodness of fit)' (Chess & Thomas, 1973)의 개념은 많은 도움이 되고, TST 평가를 이해하는 데에도 역시 도움이 된다. 드니즈와 그녀의 사회환경(예: 가족, 친구, 학교)은 어떻게 기능하고 있는가? 그녀의 정서조절장애를 해결하기 위해 사회환경은 얼마나 잘 갖춰져 있는가? 레나의 삼촌은 그녀를 도울 수 있는가?

TST 평가표

아동과 사회환경(특히 아동의 자기조절 능력과 이 능력을 보조할 수 있는 사회환경/돌봄 체계의 준비성) 간의 조화를 도표화하기 위해서 TST 평가표를 작성해 왔다. [그림 7-1]이 바로 그 표다. 상담자는 아동의 정서 조절과 사회환경 안정성의 정도를 이 그림에 표시한다. 이와 같은 2차원의 평가에 기초해서 치료의 5단계 중 하나에 아동을 배치한다. 그다음에 아동이 포함된다고 평가되는 특정 단계에 따라 개입이 이뤄진다. 치료의 각 단계는 각기 다른 TST 주제를 포함한다. 치료의 5단계는 치료계획을 개관하는 8장에서 좀 더 설명된다. 여기서 반드시 이해해야 하는 것은 치료의 단계는 아동이 자신의 정서 상태를 조절할 수 있는 능력과 아동을 도울 수 있는 사회환경/돌봄 체계의 능력에 따라 달라진다는 것이다.

1단계(행동조절장애/위협적인 사회환경)의 아동과 4단계(정서조절장애/안정적인 사회환경)의 아동의 치료는 상당히 다르다. 8장에서 다양한 단계가 어떻게 다른지 좀 더 다루겠다. 이 장에서는 치료 단계를 결정할 때 TST 평가표를 어떻게 사용할지에 대하여 다룬다.

		사회환경 안정성		
		안정적인	붕괴된	위협적인
정서 조절	조절 상태	5단계	4단계	3단계
	정서조절장애 상태	4단계	3단계	2단계
	행동조절장애 상태	3단계	2단계	1단계

[그림 7-1] **TST 평가표**

'붕괴된 사회환경' 이란 무엇인가? 상담자는 어떻게 이를 구분할 수 있을까? 유사하게, '정서조절장애' 란 대체 무엇인가? 이것은 행동조절장애와 어떻게 다른가? 왜 이런 구별이 중요할까? 레나는 행동 조절에 실패한 것인가? 그녀의 사회환경은 안정적인 것일까, 아니면 붕괴된 것일까? 드니즈의 사회환경은 어떻게 구별할 수 있을까? 이 장의 나머지 부분에서는 치료 단계를 판단하는 방법에 관해 다룬다. 정서 상태 조절에 관해 논의하면서 이 용어들을 정의하겠다.

정서 상태 조절

우리는 3장에서 정서 상태 조절 및 그 평가에 대해서 다뤘다. 이 장에서 다뤄지는 자기조절에 대한 것들은 대부분 3장에서 이미 정의된 것이다. 트라우마를 가진 아동이 정서 상태 조절, 활성화, 재경험, 그리고 마침내는 정서 상태의 재구성(4R)으로 이행했던 것을 상기해 보자. 이런 변화를 겪는 동안 자각(또는 의식), 정서(또는 감정) 그리고 활동(또는 행동)(3A)에서 변화가 일어난다. TST 평가표는 치료계획을 할 때 사용되어야만 하는 본질적 특성들을 위해서 단위 시간 분석과정의 세부 사항들을 버린다. 이 본질적 특성은 '정서 조절' 에서부터 '정서조절장애' 그리고 '행동조절장애' 에 이르는 연속체라고 볼 수 있다.

한 아동이 정서조절장애를 경험하고 있는지, 행동조절장애를 경험하고 있는지, 혹은 둘 다 아닌지를 확인하기 위한 평가를 할 때는 다음 네 가지를 고려해야 한다.

① 조절장애 시의 변화: 일반적인 정서 경험과 조절장애는 어떻게 구분할 것인가? 3장에서 확인할 수 있듯이, 조절장애는 아동이 스트레스를 받은 순간 3A가 어떻게 변하는지를 통해 확인할 수 있다. 조절장애란 '아동이 스트레

스에 노출되었을 때 자각, 감정 그리고 행동에서의 변화' 로 정의한다. 이와 같은 세 가지 변화가 일어나지 않으면 아동이 조절장애 상태에 빠졌다고 보지 않는다.

② 조절장애의 빈도: 얼마나 자주 조절장애 상태에 빠지는가?

③ 조절장애가 아동에게 미치는 영향: 조절장애가 문제를 야기하는가? 조절장애는 아동에게 영향을 미친다. 조절장애가 아동의 학교생활, 가족관계, 교우관계 또는 아동 자신에게 문제를 일으킨다는 증거가 있어야만 아동이 조절장애 상태에 빠졌다고 판단할 수 있다. 이것은 조절장애 상태에 빠진 순간, 혹은 그러한 상태를 예상하고 느끼는 정서나 행동과 관련이 있다. 예를 들어, 어떤 아동은 조절장애를 경험한 후 다시 조절장애 상태에 빠질 것을 염려하여 학교에 가지 않으려 할 수 있다.

④ 조절장애 상태에서의 아동의 안전: 조절장애는 아동의 안전을 위태롭게 할 수 있을까? 이 질문의 답에 따라 우리는 정서조절장애와 행동조절장애를 구별할 수 있다. 어떤 아동들은 조절장애 상태에 빠질 때, 공격적인 행동을 하거나, 자살 충동을 느끼거나, 자해를 하거나, 그 외의 충동적이고 위험한 행동을 한다. 아동이 트라우마를 재경험할 때 잠정적으로 위험한 행동을 하는 경우, 행동조절장애 상태에 빠졌다고 판단할 수 있다.

이 네 가지를 적용하면 상담자는 아동이 자기조절이 가능한 상태인지, 정서조절장애 상태인지 혹은 행동조절장애 상태인지를 판단하여 TST 평가표를 작성할 수 있다.

정서 조절이 가능한 아동

정서 조절이 가능한 아동은 자신의 정서 상태를 상당히 잘 조절하며, 조절된 정서 상태로 대부분의 시간을 보낸다. 이러한 아동도 속상하거나 분노, 슬픔, 두려움, 수치심, 죄책감과 같은 부정적인 정서를 경험할 수도 있다. 그렇지만 스스로 정서를 진정시켜 차분한 상태를 회복할 수 있다.

- 자기조절이 가능한 아동은 스트레스를 일으키는 자극(아마도 스트레스를 받으면 이 세 가지 중 두 가지가 변화할 수도 있다)을 접해도 자각, 감정 그리고 행동의 세 가지 체계 '모두'가 변화하지 않는다.
- 자기조절이 가능한 아동은 스트레스를 받아도 거의 모든 경우에 위험한 행동을 하지 않는다(예: 자기파괴적이거나, 공격적이거나, 물질남용을 하거나, 극단적으로 많이 먹거나, 성적인 행동을 하는 것 등).

정서조절장애 아동

정서조절장애 아동은 자신의 정서 상태를 조절하는 데 어려움을 느낀다. 대부분의 시간 동안 조절된 정서 상태에 있을 수도 있으나 분노, 슬픔, 두려움, 수치심, 죄책감과 같은 부정적인 정서를 상대적으로 자주 표현하고, 스스로 정서를 진정시키는 능력이 제한된다. 조절된 상태로부터 자각(의식), 정서(감정) 그리고 행동(활동)에서 전형적 변화가 일어난다. 행동 변화가 반드시 위험한 것만은 아니다(예: 자기파괴적이거나, 공격적이거나, 물질남용을 하거나, 극단적으로 많이 먹거나, 성적인 행동을 하는 것 등). 조절장애 상태에 빠지는 것이 한 달에 한 번 정도 발생하며, 이로 인해 학교, 집, 대인관계 또는 그 자신에게 문제가 발생한다.

- 정서조절장애 아동은 스트레스를 일으키는 자극을 받으면 자각, 감정, 행동이 변화한다.
- 적어도 매달 한 번 이상 정서조절장애 상태에 빠질 경우 정서조절장애 아동이라고 판단할 수 있다.
- 정서조절장애 아동은 스트레스를 받아도 거의 모든 경우에 위험한 행동을 하지 않는다(예: 자기파괴적이거나, 공격적이거나, 물질남용을 하거나, 극단적으로 많이 먹거나, 성적인 행동을 하거나 등).
- 정서조절장애 아동은 기능하는 데 문제가 있다. 조절장애가 학교, 가정, 교우관계 또는 그 자신에게 문제를 일으킨다는 증거가 있어야 한다. 이것은 정서조절장애 상태에 빠진 순간 혹은 그러한 상태에 빠질 것이라는 예상으로 인한 감정, 행동과 관련이 있을 것이다.

정서 조절이 가능한 아동과 정서조절장애 아동을 구분하는 것은 3A를 경험하는지의 여부, 사건의 발생 빈도, 조질장애로 야기되는 문제와 관련된다. 만약 앞에 요약한 네 가지 특성이 없다면 그 아동은 자기조절을 할 수 있는 것으로 판단할 수 있다.

행동조절장애 아동

행동조절장애 아동은 자신의 정서 상태를 조절하는 데 어려움을 느끼고, 이로 인해 위험한 행동을 한다(예: 자기파괴적이거나, 공격적이거나, 물질남용을 하거나, 극단적으로 많이 먹거나, 성적인 행동을 하는 것 등). 이런 아동도 대부분의 시간에는 조절된 정서 상태에 있을 수 있다. 분노, 슬픔, 두려움, 수치심 또는 죄책감과 같은 부정적인 감정을 종종 표현하고, 스스로 감정을 진정시키는 능력이 제한되어 있다. 조절된 상태로부터 자각(의식), 정서(감정) 그리고 행동(활동)에서 변화가 일어난다. 그런데 앞서 언급했듯이 이들은 정서조절장애 아동과는 달리

종종 극단적이고 위험한 행동을 한다.

- 행동조절장애 아동은 스트레스를 일으키는 자극을 받으면 자각, 감정, 행동이 변화한다.
- 적어도 매달 한 번 이상 행동조절장애 상태에 빠질 경우, 행동조절장애 아동이라고 판단할 수 있다.
- 행동조절장애 아동은 스트레스를 받으면 위험한 행동을 한다(예: 자기파괴적이거나, 공격적이거나, 물질남용을 하거나, 극단적으로 많이 먹거나, 성적인 행동을 하는 것 등). 그리고 이와 같은 위험한 행동은 3개월간 적어도 한 번은 일어난다.
- 행동조절장애 아동은 적절히 행동하는 데 어려움이 있다. 조절장애가 학교, 가정, 교우관계 또는 그 자신에게 문제를 일으킨다는 증거가 있어야 한다. 이것은 행동조절장애 상태에 빠진 순간 혹은 그러한 상태에 빠질 것이라는 예상으로 인한 감정, 행동과 관련이 있을 것이다.

정서조절장애 아동과 행동조절장애 아동을 구별하는 것은 아동이 조절장애 상태에서 위험한 행동을 하는지의 여부에 달려 있다.

회색 영역

현실에서는 정서조절장애와 행동조절장애를 명확하게 구분하고 평가하는 것이 힘들기 때문에, 여러 가지 '회색 영역', 즉 경계에 걸쳐 있어 명확하게 구분하기 어려운 여러 종류의 문제가 존재한다. 예를 들어, 정서 조절에 대한 평가에도 수많은 회색 영역이 존재한다. 상담 현장에서 자주 물어보는 다음과 같은 질문을 통해 이와 관련된 논의를 발전시켜 나가고자 한다.

① 행동조절장애는 정서조절장애보다 항상 더 심각한 문제인가? 행동조절장애가 정서조절장애보다 항상 더 심각한 문제라고 말할 수는 없다. 그러나 우리는 특정한 이론적 관점을 바탕으로 이 문제에 접근하는데, 이러한 관점에 따르면 행동조절장애가 정서조절장애보다 심각한 문제라고 판단할 수 있다. 정서조절장애와 행동조절장애의 구분은 위험한 행동을 통해 부정적인 정서를 표출하는 경향성에 근거한다. 위험한 행동을 할 가능성을 가진 아동을 치료할 때의 접근 방식은 그렇지 않은 아동과는 달라야 한다. 우리는 이러한 입장이 TST 평가표에 충분히 반영되어 있다고 생각한다. 다시 말해서, 아동이 위험한 행동을 하지 않도록 방지하기 위한 치료의 유형 및 강도는 사회환경/돌봄 체계가 정서 혹은 행동 관리를 돕기 위하여 얼마나 잘 갖추어졌는지에 따라 다르다. 위험한 행동을 할 가능성이 있다면 그 방지책이 치료에 포함되어야 하지만, 위험이 존재하지 않을 경우에는 그럴 필요가 없다. 주어진 정서 조절 상실감에 대한 사건이 행동 조절 상실감에 대한 사건보다 더 '심하다' 고 간주되는 다른 준거의 틀이 있다. 예를 들어, 특정 사건은 심박동처럼 몇몇 규명된 정신물리학 변수에서 더 높은 점수를 가질 수도 있다.

② 스트레스 요인에 뒤따르는 행동 변화는 모두 행동조절장애인가? 아니다. 아동은 행동을 통하여 정서를 표현한다. 예를 들어, 놀이치료는 이러한 생각에 기반한다. 어린 아동의 경우 더욱 그러한데, 그들은 정서를 말로 표현하는 능력이 제한되어 있으므로 대신 행동으로 표현한다. 우리는 행동조절장애에 대해 스트레스 요인에 맞닥뜨린 아동이 자각, 감정, 행동에 변화를 일으켜 나타낸 행동이 잠재적으로 위험할 때라고 정의한다. 이러한 행동은 공격, 자살 경향, 자해, 회피, 약물남용, 위험한 음식 섭취 혹은 성적 행동을 포함한다. 행동조절장애라고 생각되는 행동과 연관된 몇몇 위험이 있다.

③ 위험한 행동을 보이는 경우 모두 행동조절장애인가? 아니다. 많은 아동이 트라

우마와 무관한 이유로 위험한 행동을 한다. 그러나 행동조절장애는 트라우마와 밀접하게 관계 있는 부분이다. 우리는 아동이 조절장애 상태에서 위험한 행동을 하거나 트라우마와 관련되어 있다고 생각될 경우 행동조절장애라고 판단할 수 있다. 거기에는 행동이 스트레스 요인 또는 정신적 트라우마를 떠올리게 하는 요인으로 인하여 촉발되었다는 증거가 분명 있어야 하고 자각, 감정, 행동의 변화에 대한 증거도 있어야 한다.

드니즈와 레나의 경우는 어떠한가

우리는 조절장애의 다른 수준들에 대한 정의를 살펴보았다. 이것들은 드니즈와 레나에 대하여 무엇을 설명할 수 있는가?

드니즈는 정신적 트라우마를 떠올리게 하는 요인과 직면하였다. 그녀가 정신적 트라우마를 다시 경험하였을 때 극단적으로 불안해하고 혼란스러웠으며, 그 장소에서 달아났고, 화장실에서 멍해져 있는 상태로 발견되었다. 따라서 자각, 감정, 행동에서 변화의 흔적이 있다. 물론 그럴 가능성은 있지만, 그녀가 이 사건 동안 위험한 행동을 했다는 아무런 증거도 없다. 만약 이러한 종류의 사건이 적어도 매달 발생한다는 증거가 있다면 우리는 그녀가 정서적으로 조절장애를 겪고 있다고 말할 수 있다. 만약 이 사건 혹은 그녀가 잠재적으로 위험한 행동을 했던 다른 경우가 있다는 증거가 있다면 그녀가 행동조절장애를 겪고 있다고 말할 수 있다. 우리는 [그림 7-2]에 드니즈의 TST 평가표를 제시했다. 여기서 볼 수 있듯이, 드니즈는 그녀의 사회환경/돌봄 체계의 안정성에 따라 2, 3, 혹은 4단계(음영 처리된 부분)의 평가를 받을 것이다. 이 영역의 평가는 뒤에서 제시된다.

사회환경 안정성

정서 조절		안정적인	붕괴된	위협적인
	조절 상태	5	4	3
	정서조절장애 상태	4	3	2
	행동조절장애 상태	3	2	1

[그림 7-2] **드니즈의 TST 평가표**

자신의 아빠가 죽음을 당했던 순간을 떠올렸을 때, 레나는 운전 중에 그녀의 삼촌 차에서 뛰쳐나온다. (이것은 처음이 아니다.) 이 사건 동안 3A에서 변화의 증거 또한 있다.

① 자각: 그녀는 그 사건을 기억하지 못하고 혼란스럽다.
② 감정: 그녀가 소리 지른 것은 갑작스러운 감정 변화를 말해 준다.
③ 행동: 그녀는 차에서 뛰쳐나간다.

차도로 뛰쳐나가는 것은 명백히 위험하기 때문에 레나는 행동조절장애 상태에 빠졌다고 볼 수 있다. 우리는 레나의 TST 평가표를 [그림 7-3]에 제시했다. 여기서 볼 수 있듯이, 레나는 그녀의 사회환경/돌봄 체계의 안정성에 따라 1, 2, 혹은 3단계(음영 처리된 부분)의 평가를 받을 것이다.

사회환경 안정성

정서 조절		안정적인	붕괴된	위협적인
	조절 상태	5	4	3
	정서조절장애 상태	4	3	2
	행동조절장애 상태	3	2	1

[그림 7-3] **레나의 TST 평가표**

안정적인 사회환경/돌봄 체계

4장에서 우리는 안정적인 사회환경/돌봄 체계에 대하여 설명하였다. 트라우마 스트레스를 가진 아동은 스트레스 요인으로 가득찬 무너진 체계에서 살고 있을 수도 있고, 가족이나 지역 서비스 체계가 아동의 정서 조절을 제대로 돕지 못할 수도 있다. 사회환경(예: 가족, 학교, 또래 집단, 이웃)이 일반적으로 아동이 정서나 행동을 억제하는 것을 도와주는 핵심 기능을 하기 때문에 아동의 능력 부족은 아동을 도와주는 하나 또는 그 이상의 사회환경 수준이 감소된 수용력을 나타낸다. 마찬가지로 이 문제는 또한 아동이 정서나 행동을 억제하는 것을 도와주는 돌봄 체계의 불충분함을 내포한다. 이 불충분함은 ① 아동이 돌봄 체계에 다가갈 수 없는 것, ② 아동이 '지원의 사각 지대(틈새)에 빠지는 것', 혹은 ③ 아동이 최근에 받은 서비스에 대한 효과가 없는 것의 결과다.

TST 평가표는 '안정적인' 사회환경/돌봄 체계에서부터 '붕괴된' 사회환경/돌봄 체계, 그리고 '위협적인' 사회환경/돌봄 체계에 이르는 연속체를 따라 평가한다.

'도움(help)'과 '보호(profect)'에 대한 생각은 안정성의 이러한 세 가지 수준 사이의 구분을 정의하는 데 중요하다.

- 도움: 아동이 정서를 관리하는 것을 도와주기 위한 사회환경 혹은 돌봄 체계의 능력을 내포한다. 이 능력은 보호자(전문적으로 돌보는 사람 포함)의 능력에 의하여 정의된다.
  - 아동의 정서적 요구에 맞춤
  - 이러한 정서적 요구를 가진 아동을 조력해 줄 수 있음. 트라우마 스트레스를 가진 아동의 경우, 조력은 대부분 아동이 고통스러워할 때 그들이 스스로 정서를 완화시키고 조절하는 능력을 향상시키도록 하는 것을 의

미한다.

- 보호: 정서조절장애 상태에 빠지게 하는 스트레스 요인으로부터 아동을 보호하는 사회환경이나 돌봄 체계의 능력을 내포한다. 이것은 보호자(전문적으로 돌보는 사람 포함)의 능력에 의하여 정의된다.
  - 아동의 정신적 트라우마 내력과 아동에게 정신적 트라우마를 떠올리게 하는 자극이 확인되는 것과 같이 트라우마에 대한 반응에 맞춤
  - 자극을 감소시키기 위하여 환경을 바꿀 수 있음

안정적인 사회환경/돌봄 체계

아동의 가족이 아동의 정서 조절을 '도와주고' 아동을 스트레스 요인으로부터 '보호할' 수 있는 능력을 가지고 있을 때 아동의 사회환경/돌봄 체계는 안정적이라고 여겨진다. 흔히 아동의 가족이 도와주고 보호해 줄 수 없다면 친척, 친구, 이웃과 같은 사회환경 안의 다른 이들이 아동을 위하여 이러한 기능을 제공해 줄 수 있다. 학교, 사회복지나 정신건강 체계와 같은 돌봄 체계는 아동의 최상의 기능 서비스에서 아동과 그 가족 및 확대된 사회적 관계를 지원해 주기 위하여 설계된다.

안정적인 사회환경은 다음의 요소에 의하여 정의된다.

- 아동과 가장 가까운 보호자는 아동이 정서를 조절하는 것을 '돕고', 아동을 스트레스 요인으로부터 '보호할' 수 있다.
- 아동의 친척, 또래 집단, 이웃은 아동을 지원할 수 있고, 아동이 정서를 조절하는 것을 '도와주거나', 정신적 트라우마를 상기시키는 요인으로부터 아동을 '보호' 할 수 있다.
- 아동의 가정이나 지역사회에서 아동이 정서를 조절하는 것을 도울 수 없거나 정신적 트라우마를 상기시키는 요인들로부터 아동을 보호할 수 없다면,

이러한 기능들을 효과적으로 제공할 수 있는 다른 장소에 서비스가 있다.

붕괴된 사회환경/돌봄 체계

아동의 가족이 아동의 정서 조절을 도와주거나 아동을 스트레스 요인으로부터 보호하는 데에 어려움을 겪을 때, 아동의 사회환경/돌봄 체계는 붕괴되었다고 할 수 있다. 게다가 친척, 친구, 이웃과 같은 사회환경 안의 다른 이들은 아동을 충분히 돕거나 보호할 수 없고, 돌봄 체계가 접근할 수 없으며, 서비스가 아동의 정서 조절을 적절하게 돕거나 아동이 스트레스 요인과 정신적 트라우마를 상기시키는 요인들로부터 보호받을 수 있는 장소에 있지 않다.

붕괴된 사회환경의 예는 다음과 같다.

- 보호자는 정신병이나 약물 사용으로 인해 정상적인 생활을 하지 못하고, 아동의 정서 조절을 이해하거나 도와주는 능력이나 스트레스 요인으로부터 아동을 보호하는 능력이 제한되어 있다.
- 보호자는 신체적인 병으로 인해 정상적인 생활을 하지 못하고, 아동이 정서 조절을 할 수 있도록 돌보는 능력이나 스트레스 요인으로부터 아동을 보호하는 능력이 신체적으로 제한되어 있다.
- 보호자는 자주 직장이나 다른 곳에 빠지고, 아동의 정서 조절을 돕거나 스트레스 요인으로부터 아동을 보호하기 위하여 충분하게 있어 줄 수 없다.
- 보호자는 경제적 자원이 제한되어 있어 아동의 신체적 요구를 위한 돌봄을 충분하게 할 수 없다(집이 없는 것과 배고픔을 제외하고).

붕괴된 돌봄 체계의 예는 다음과 같다.

- 아동에게 적절한 개별화교육 프로그램(IEP)을 제공하지 않아서 아동이 학

업 실패의 가능성, 계속되는 좌절감과 자기존중감에 대한 맹공격에 노출되어 있는 학교
- 적절하게 조사하거나 아동에게 적절한 보호 서비스를 제공하는 것을 제고할 수 없는 사회복지단체
- 아동의 문제에 대한 사회적 맥락을 다루거나 그것을 적절하게 다루기 위하여 충분한 서비스를 제공하지 않는 정신건강 체계
- 다양한 돌봄의 수준(외래환자, 입원환자, 응급환자, 상주환자)에 쉽게 접근할 수 없고 분산되어 있는 정신건강 체계
- 아동을 위한 적절한 사회적, 발달적 혹은 여가 서비스를 제공하지 않는 공동체

붕괴된 사회환경/돌봄 체계는 다음의 것들을 보여 준다.

① 아동의 보호자는 적절하게 아동이 정서를 조절하도록 돕거나 스트레스 요인으로부터 아동을 보호할 수 없다.
② 아동의 친척, 또래 집단, 이웃이 아동을 지원해 줄 수 없기에 아동이 정서를 조절하는 것을 돕거나 스트레스 요인들로부터 아동을 보호하기 어렵다.
③ 앞의 ①과 ②는 동반되어 나타나며, 지원체제가 없어서 아동이 정서를 조절하는 것을 효과적으로 돕거나 스트레스 요인들로부터 아동을 보호할 준비가 되어 있지 않다.

위협적인 사회환경/돌봄 체계

보호자가 아동의 정서 조절을 적절히 돕지 못하거나 트라우마 경험을 상기시키는 요인으로부터 아동을 보호하지 못하는 경우, 아동의 사회환경/돌봄 체계는 위협적이라고 여겨진다. 친척, 친구, 이웃과 같은 사회환경의 다른 이들 역시

아동을 적절하게 돕고 보호할 수 없거나 오히려 위협을 야기한다. 또한 아동을 보호하기 위하여 돌봄 체계가 갖추어지지 않았거나 혹은 (비극적으로) 돌봄 체계 자체가 아동에게 위협적이다.

사회환경으로부터 받는 위협의 예는 다음과 같다.

- 현재 겪고 있는 신체적 또는 성적 학대
- 현재 겪고 있는 폭력 위협
- 현재 겪고 있는 가정폭력
- 현재 겪고 있는 지역사회 폭력
- 현재 겪고 있는 아동 방치
- 현재 겪고 있는 심각한 빈곤(배고픔과 집 없음 포함)

돌봄 체계로부터 받는 위협의 예는 다음과 같다.

- 학교가 개입하지 않는 학교에서의 폭력이나 폭력 위협
- 전문가에 의한 위협(성적인 것 포함)
- 실제로 아동학대가 발생할 때 그에 대한 조사를 하는 사회복지단체의 개입 부족
- 신체적 혹은 성적 학대를 받은 아동에 대한 정신건강 체계의 기계적인 접근

위협적인 사회환경/돌봄 체계는 다음의 것들을 포함한다.

① 아동의 보호자가 해로운 위협을 아동에게 제기한다.
② 아동의 친척, 또래 집단, 이웃은 이러한 위협으로부터 적절하게 아동을 보호할 수 없다.
③ 아동의 돌봄 체계가 갖추어지지 않았거나 위협으로부터 아동을 보호하지

못한다.

④ 아동의 보호자(예: 친척, 또래 집단, 이웃, 전문가) 외의 자원으로부터 아동에게 해로운 위협이 존재하며, 이는 사회환경이나 돌봄 체계 안에서 충분히 완화되지 못한다.

회색 영역

이 장에서 정서 조절에 대해서 논의했던 것처럼, 사회환경/돌봄 체계의 안정성에 대한 세 단계는 가능한 한 명확하고 구체적으로 정의된다. 그러나 임상 실제에서는 대부분 명확하거나 구체적이지 않다. 그러므로 평가 결과에는 수많은 '회색 영역' 이 존재한다. 치료 현장에서 자주 물어보는 다음과 같은 질문을 통해 이와 관련된 논의를 발전시켜 나가고자 한다.

① **만약 위협적인 사회환경이 해로운 위험을 포함한다면 그 위험 때문에 정부의 사회복지기관으로 보내야 하나요?** 우리는 정부의 사회복지단체와 밀접하게 일하며 사회복지 서비스로 그냥 보내지 않는다. 많은 위협적 사건은 이미 사회복지 조사를 받고 있으며, 사회복지 종사자는 결과적으로 우리의 서비스에 관여하게 된다. 만일 가정으로부터 분리하여 아동을 지원하는 것이 규정이라면, 우리는 새로운 지원환경을 아동에게 제공할 수 있다.

② **사회환경에서 트라우마 경험을 상기시킬 만한 요인이 없지만 가족이 아동의 정서 조절을 도와주는 데 문제가 있다면 어찌 되는가? 이러한 상황은 불안정하다고 여겨지는가?** 안정적인 사회환경과 붕괴된 사회환경 사이의 구분은 사회환경/돌봄 체계가 아동의 정서 조절을 도와주거나 스트레스 요인 또는 트라우마 사건을 상기시키는 요인으로부터 아동을 보호하는 데 문제를 가지는지에 달려 있다. 이 두 가지는 자주 함께 발생한다. 만약 환경에서 스트레스 요인이나 트라우마 사건을 상기시키는 요인이 거의 없지만 가족이나 다른 이들이

아동의 정서 상태에 맞추어 주지 않고 아동의 정서 조절을 도와주는 능력이 제한되어 있다면, 사회환경/돌봄 체계는 여전히 붕괴된다고 여겨질 것이다. 아동의 정서 조절을 도와주는 능력은 양육의 중요한 과제이며 아동발달에 필수적이다. 확실히 자녀의 정서 조절을 도와줄 수 없는 부모는 미래에 발생할 수 있는 스트레스 요인으로부터 자녀를 보호할 수 없을 것이다.

③ 만약 아동의 집에 트라우마 경험을 상기시키는 요인이 많이 존재하고 부모가 이 사실을 바꿀 수는 없지만 아동이 좋은 서비스와 심리치료를 받고 있다면, 안정적인 사회환경이라고 여겨질 수 있는가? 아니다. 그것들 모두가 좋은 것이라고 의미 지어지느냐에 달려 있다. 우리는 심리치료를 포함한 좋은 서비스가 사회환경에서 스트레스 요인과 트라우마 사건을 상기시키는 요인을 완화시키는 데 도움이 될 수 있다고 본다. 만약 앞서 언급한 가정 기반의 서비스가 효과적이지 않아서 아동이 현재 겪고 있는 스트레스 요인 혹은 충격적인 사건을 상기시키는 요인을 약화시키기 위한 아동 서비스가 집에서 작용하지 않거나 혹은 집 밖의 장소를 고려하지 않는다면, 우리는 서비스나 심리치료를 '좋은 것' 이라 여길 수 없을 것이다.

드니즈와 레나의 경우는 어떠한가

우리는 사회환경/돌봄 체계 안에서 각각 다른 수준의 안정성에 대한 정의를 살펴보았다. 이 정의들은 드니즈와 레나의 환경에 대하여 우리에게 무엇을 설명할 수 있는가?

드니즈는 트라우마 경험을 상기시키는 요인으로 가득한 환경에서 살아간다. 가정폭력은 계속되고 있고, 침실에는 문이 없다. 그녀의 가족이 그녀의 정서 조절을 돕거나 트라우마 경험을 상기시키는 요인들로부터 그녀를 보호할 수 있다고 판단할 만한 근거는 전혀 없다. 그녀의 또래 집단이 그녀의 정서 조절에 어느 정도 도움을 줄 수는 있지만, 가정폭력으로부터 그녀를 보호해 줄 수는 없다. 이를 통해 드니즈에게 돌봄 체계와 조력 서비스가 준비되어 있지 않다고 판단할 수 있다. 따라서 우리는 그녀가 위협적인 사회환경/돌봄 체계 안에서 살고 있다고 말할 수 있다. 우리는 드니즈의 TST 평가표를 [그림 7-4]에 제시한다. 여기서 볼 수 있듯이, 드니즈는 사회환경이 위협적이기 때문에 2단계 치료가 적절할 것이다.

정서 조절 \ 사회환경 안정성	안정적인	붕괴된	위협적인
조절 상태	5	4	3
정서조절장애 상태	4	3	2
행동조절장애 상태	3	2	1

[그림 7-4] **드니즈의 TST 평가표**

8장에서 우리는 드니즈가 받게 될 2단계 치료를 설명한다.

레나는 삼촌과 살고 있다. 그가 그녀의 기분을 맞추어 준다는 것, 그녀가 정서를 조절하는 것과 충격적인 사건을 상기시키는 요인들로부터 그녀를 보호하는 것을 도와주기 위해 일할 것이라는 많은 증거가 있다. 자신의 대화 내용이 그녀의 행동조절장애를 유발했다는 사실에 삼촌은 끔찍함을 느꼈고, 레나가 정서를 더 잘 조절할 때까지 그가 남동생(레나의 아빠)에 대해서 말할 때마다 주의해야 한다는 사실을 알게 되었다. 비록 삼촌 자신도 트라우마 경험을 가지고 있지만, 이로 인해 레나를 제대로 돌보지 못한다는 증거는 없다. 사회환경 안에서 스트레스를 주는 다른 요인들도 없다. 따라서 우리는 레나가 안정적인 사회환경/돌봄 체계 안에서 살고 있다고 말할 수 있다. 우리는 레나의 TST 평가표를 [그림 7-5]에 제시한다. 여기서 볼 수 있듯이, 레나는 사회환경이 안정적이기 때문에 3단계 치료가 가장 적절하다. 7장에서 레나가 받게 될 3단계 치료에 대하여 설명할 것이다.

사회환경 안정성

		안정적인	붕괴된	위협적인
정서 조절	조절 상태	5	4	3
	정서조절장애 상태	4	3	2
	행동조절장애 상태	3	2	1

[그림 7-5] **레나의 TST 평가표**

다음 장에서는 TST 평가가 어떻게 치료계획으로 변환되는지를 살펴보겠다.

08 치료계획

– 트라우마 스트레스를 겪는 아동을 위한 개입 계획하기

학 습 목 표

- TST 치료계획을 통합하는 방법 이해하기
- 치료에서 문제의 우선순위를 정하는 방법 배우기
- TST의 각 치료 단계와 모듈 배우기

치료계획은 어떻게 수립되고 조직되어야 하는가? 우리는 치료 이론에 관해 많이 이야기해 왔다. 앞 장에서는 평가에 대한 생각을 제시하였다. 이 장은 트라우마 체계 치료(TST) 모델 안에서 치료를 계획하는 방법에 초점을 맞추고자 한다. 그리고 10~16장은 치료를 '수행하는' 방법을 설명한다. 이 장에서는 치료를 계획하고 구조화하는 방법을 알리기 위해 7장 끝부분에서 이미 논의한 평가를 활용하는 법을 설명한다. 7장에서 우리는 드니즈의 이야기를 계속했고 레나를 소개했다. 이 장에서는 TST 안에서 드니즈와 레나의 치료가 어떻게 구성되어야 하는지에 초점을 맞춘다.

드니즈와 레나의 평가

드니즈가 정서 조절이 어렵고 위협적인 사회환경/돌봄 체계 안에 있는 반면, 레나는 행동 조절이 어렵고 안정적인 사회환경/돌봄 체계 안에 있다는 것을 기억하라. 그들의 TST 평가표는 7장의 [그림 7-4]와 [그림 7-5]에 제시되었다. 우리의 평가 접근법에 따라 드니즈는 2단계 치료, 레나는 3단계 치료에서 시작해야 한다. 이것은 무엇을 의미하는가?

치료의 다섯 단계에 대한 개요

TST 안에는 트라우마 스트레스 관리의 상이한 주제에 상응하는 치료의 다섯 단계가 있다. 그것은 TST 평가표를 사용하여 평가된 아동의 자기조절 능력과 사회환경/돌봄 체계의 안정성 간의 조화 여부에 달려 있다. 이 단계는 다음과 같다.

- 1단계: 생존(surviving)
- 2단계: 안정(stabilizing)
- 3단계: 유지(enduring)
- 4단계: 이해(understanding)
- 5단계: 극복(transcending)

우리는 [그림 8-1]과 같이 각 단계의 이름을 넣어 TST 평가표를 다시 만들었다.

드니즈와 레나는 다음과 같은 치료 단계가 필요하다.

		사회환경 안정성		
		안정적인 체계	붕괴된 체계	위협적인 체계
정서 조절	조절 상태	**극복** 5단계	**이해** 4단계	**유지** 3단계
	정서조절장애 상태	**이해** 4단계	**유지** 3단계	**안정** 2단계
	행동조절장애 상태	**유지** 3단계	**안정** 2단계	**생존** 1단계

[그림 8-1] **TST 평가표**

드니즈는 치료 초기의 **안정 단계**가 필요하다. 이 단계는 드니즈의 집 안에서 트라우마 사건을 상기시키는 많은 요인을 최소화하기 위해 드니즈와 그녀의 가족과 함께 작업하는 가정기반 돌봄과 관련된다. 또한 개선된 주거환경을 위한 주거권과 관련된 권리지원도 포함될 것이다. 안정 단계에서는 드니즈가 자신의 정서조절 능력을 키울 수 있는 약물치료와 정서조절 모듈을 활용할 것이다.

레나는 치료 초기의 **유지 단계**가 필요하다. 이 단계는 정서 조절과 그녀의 정서조절 능력을 키우기 위한 약물치료 모듈이 관련될 것이다. 레나의 삼촌은 이 치료에서 매우 중요한 부분을 맡을 것이다. 상담자는 레나의 삼촌에게 레나의 정서 조절을 돕는 법을 이해하도록 도울 것이다. 만약 레나의 삼촌이 자신의 트라우마 스트레스에 압도되어 있다면 그도 치료에 의뢰될 것이다.

생존(1단계)

치료에서 **생존** 단계의 주제는 아동을 위협적인 환경과 위험한 충동으로부터 보호하고, 치료의 다른 단계에서의 개입을 위한 장을 마련하는 것이다. 아동은 행동 조절이 어렵고 사회환경/돌봄 체계가 위협적이다. 따라서 아동의 가정환경에 대한 전반적인 그림을 얻고 위험 정도를 평가하기 위해 이 단계에서 가정 그리고 지역사회 기반의 개입이 이루어져야 한다. 이 단계에서는 사회복지기관(social service agencies)과 정신과 입원병동(inpatient psychiatric unit)과 긴밀하게 작업해야 한다. 이 단계의 어떤 시점에서 아동이 자살 혹은 공격적 충동으로 인해 입원하는 것은 드문 일이 아니다. 또한 사회복지기관에 아동 학대와 방임의 가능성에 대해 알리는 것도 드물지 않다. 적절하다면 이 단계에서 정서조절 기술 훈련이 시작된다. 이 단계의 많은 아동은 약물치료 개입이 필요하다. 또한 추가적인 또는 보다 효과적인 서비스를 위한 지원체계도 필요하다.

안정(2단계)

안정 단계의 주제는 안전한 사회환경의 조성이다. 이 단계에서 시작하는 가족들은 보통 가정기반 치료 없이는 해결될 수 없는 심각한 문제를 가지고 있다. 거기에는 가족해체와 관련된 문제와 아동을 특수한 방향으로 유혹하는 스트레스 요인이 있을 수 있다. 유사하게 아동의 학교, 또래 집단, 이웃이 안정적이지 못하고 자극적일 수 있다. 개입은 아동의 트라우마 스트레스에 가장 큰 영향을 준 바로 그 사회환경을 대상으로 한다. 정서조절 기술 훈련은 아동이 어려운 환경을 관리하고 치료의 다음 단계를 위한 장을 마련하기 위해 이 단계에서 보통 시작된다. 이 단계의 많은 아동은 약물치료 개입이 필요하다. 종종 추가적인 또는 보다 효과적인 서비스를 위한 지원체계도 필요하다. 〈표 7-4〉에서 보았듯이, 이 단계는 드니즈에게 가장 적절하다.

유지(3단계)

유지 단계의 주제는 정서 조절을 위한 기술의 발달과 안전한 사회환경 구축이다. 아동과 가족은 극단적인 행동을 최소화하기 위해 트라우마의 충격을 견딜 수 있는 기술을 배워야 한다. 아동이 이러한 충격을 견디도록 하기 위해 그들의 사회환경은 안전해야 한다. 이 단계의 주된 방식은 정서조절 기술 훈련이다. 치료가 이 단계에서 시작된다면 가정과 지역사회 기반의 개입이 거의 완전해야 한다. 이 단계에서 시작하는 아동에게는 가정과 지역사회 기반의 개입이 요구된다. 대개 약물치료도 요구된다. 〈표 7-5〉에서 살펴볼 수 있듯이 이것은 레나에게 가장 적절한 단계다.

이해(4단계)

이해 단계의 주제는 트라우마 경험에 대한 치료적 의사소통의 형성으로 아동과 가족이 더 이상 그것에 의해 소진되지 않도록 하기 위함이다. 인지행동치료 기법이 이 단계에서 주로 활용된다. 정서조절 기술 훈련은 이 단계 이전에 완성되어 아동이 트라우마와 관련된 생각을 처리할 수 있는 충분한 기술을 가지고 있어야 한다. 이 단계 동안 약물치료 개입이 필요하지 않다고 기대되지만, 일반적으로는 그 개입이 필수적이다.

극복(초월, 5단계)

극복 단계의 주제는 트라우마 경험으로부터 벗어나 지속 가능한 의미와 관점을 형성하는 것이다. 초점은 과거보다 미래에 의해 정의된 방식으로 사는 방법을 배우는 것이다. 이 단계 동안 아동, 가족, 상담자는 아동의 트라우마 경험으로부터 지속 가능한 의미를 형성할 수 있는 문화 동질적 활동을 찾고 구성하기 위해 협력한다. 이 단계는 또한 아동과 가족이 상담자와 작별하고 치료를 넘어 삶으로 나아가는 것을 돕는 것도 포함한다.

치료 모듈

TST 치료는 아동/가족이 평가받은 치료의 단계에 따라 다양한 조합으로 활용되는 일곱 가지 모듈에 의해 제공된다. 이 일곱 가지 치료 모듈은 10~16장에서 상세히 설명한다.

- 시작하기
- 현장에서 안정화시키기
- 서비스 권리지원
- 약물치료
- 정서 조절
- 인지 처리
- 의미 구성

시작하기

많은 가정은 치료에 참여하는 과정에 어려움이 따른다. 이러한 어려움에는 다양한 이유가 있을 수 있다. 보호자의 트라우마 과거력은 치료에 대한 회피, 불신으로 이어질 수 있다. 심각하게 계속되는 스트레스는 혼란, 약속 연기, 치료계획을 따르는 것의 실패로 이어질 수 있다. 4장에서 설명한 대로, 치료에 참여하는 것에 대한 문화적 장벽이 있을 수도 있다. 시작하기(ready-set-go) 모듈은 TST 초기 단계의 가족에게 제공된다. 이것은 우리의 치료 접근을 소개하고 가족의 참여 능력을 평가하며 이러한 참여에서 발생하는 장벽들을 극복하기 위해 협력하는 방법이다. 본질적으로 시작하기 모듈은 트라우마를 겪은 가족과 치료 동맹을 형성하기 위한 방법으로 형성되었다. 이 모듈은 한 회기(잘 참여하는 가족)부터

한 달여에 걸쳐 이루어지는 여러 번의 회기(참여하는 데 어려움이 있는 가족)까지 어디에서든 활용된다.

현장에서 안정화시키기

현장에서 안정화시키기(stabilization on site: SOS)는 가정과 학교를 기반으로 하는 강도 높은 서비스이며, 아동의 일상환경에서 트라우마 사건을 기억나게 하는 자극이나 스트레스 요인을 줄이는 데 직접적으로 초점을 둔다. 현장에서 안정화시키기는 급성 정서조절장애를 경험하고 있고, 환경이 불안정한 아동(예: 치료의 생존, 안정 단계에 있는 아동과 가족)에게 적합하다. SOS는 병원을 더 나은 곳으로 옮기는 것(hospital diversion)과 같은 서비스를 제공할 수 있어서 가족의 안정화를 돕기 위한 중요한 접속점 역할을 담당할 수 있고, 정서적 · 환경적 위기 순간에 도움을 제공할 수 있다. 현장에서 안정화시키기는 치료의 초기 단계에서 시작되지만, 치료받고 있는 가정의 안정을 위협하는 새로운 문제 혹은 위기가 있을 때 치료계획에 활용될 수 있다.

서비스 권리지원

서비스 권리지원/옹호(services advocacy)는 정서 조절과 사회환경의 안정화를 돕기 위해 필요한 자원을 제공할 수 있는 서비스 체계와 협력하는 것과 관련된다. 4장에서 자세히 설명했듯이, 트라우마를 경험한 아동과 가족에게 중요한 문제는 심각하고 변화가 어려운 스트레스 요인이 환경에 존재한다는 것이다. 종종 가족은 그들이 받지 못한 서비스에 대해 권리를 갖고, 이러한 서비스들은 아동의 핵심적인 트라우마 스트레스 문제를 구체적으로 도울 수 있다. 서비스는 교육, 정신건강, 사회복지, 주거, 이주 등을 포함할 수 있다.

약물치료

정서 상태 조절에서 심각한 문제를 가진 아동, 특히 아동의 상태가 잠재적으로 위험한 행동으로 폭발될 수 있는 경우에는 약물치료 개입이 효과적일 수 있다. 약물치료 모듈은 TST와 관련되어 정신약리학의 원리와 실습을 설명한다. 이 모듈은 또한 TST 치료 팀에서 정신의학적 자문가의 역할을 설명한다. 약물치료 모듈은 흔히 생존, 안정, 유지 단계에서 사용된다. 이해, 극복 단계에서는 사용 빈도가 덜하다. 이상적으로 약물치료는 TST 개입이 끝날 때까지 지속되면 안 되고, 아동들은 그들의 정서를 조절하는 데 충분한 기술을 습득해야 한다. 이러한 목표는 달성하기 어렵기 때문에 치료가 종결된 후에도 약물치료 서비스가 계속되기도 한다.

정서 조절

정서 조절은 TST에서 아동의 회복에 있어 초석이다. 정서조절 모듈은 부모와 아동 모두에게 정서에 대한 자각을 얻도록 하고 정서를 조절하기 위한 구체적인 기술과 전략을 얻게 하는 반구조화된 상담실(office) 기반의 치료 접근이다. 일반적으로 정서조절 모듈은 치료의 유지 단계에서 중요한 치료 접근법이다. 그것은 또한 어떤 조건에서는 앞 단계에서도 활용될 수 있다. 정서조절 모듈은 정서에 압도당하지 않거나 혹은 부적절하거나 위험한 행동을 하지 않고 그들의 트라우마에 대해 말할 수 없거나 회상할 수 없는 아동들에게 적합하다. 정서조절 모듈은 유지 단계보다 앞 단계(안정, 생존)에서 조금 다르게 적용된다.

인지 처리

인지처리 모듈은 정서 조절과 같이 가는 모듈이다. 정서조절 기술이 정서조절 모듈에 의해 학습되면, 아동은 트라우마에 대해 이야기할 수 있도록 돕는 초점화되고 구조화된 접근을 배운다. 인지처리 모듈은 아동의 트라우마 처리과정에 대한 인지적-행동적 기법 학습과 관련된다. 그리하여 아동은 스트레스 요인이나 촉발 요인을 마주했을 때 정서조절장애를 일으키지 않을 것이다. 인지행동치료의 언어를 사용하여 인지 처리과정 모듈은 트라우마 반응을 없애는 것에 집중한다. 이 모듈은 사회환경이 안정적이고 아동이 트라우마에 대해 이야기하는 것을 견딜 수 있는 충분한 정서조절 기술을 획득했을 때 활용될 수 있다. 인지처리 모듈의 활용은 TST의 이해 단계에서 사용된다.

의미 구성

인지처리 모듈이 완성되고 아동이 과거에 의해 더 이상 소진되지 않으면 이제는 미래를 바라볼 시간이다. 의미구성 모듈은 아동과 가족이 그 사건에 대해 지속 가능한 의미를 형성하는 것을 돕는 활동을 찾는 것과 관련된다. 이러한 활동은 아동이 트라우마를 극복한 것을 '표시' 하는 의식, 예술작품, 다른 사람들을 돕는 활동들을 포함할 수 있다. 전형적으로 상담자, 아동, 가족은 가족의 문화적 · 종교적 배경에 동조적인 활동을 선택한다. 상담자는 아동과 가족이 적극적으로 의미를 구성하고 결국 트라우마를 과거에 두도록 돕는다. 이 모듈은 또한 상담자와 작별하는 시간을 제공하고 가족이 치료를 넘어 삶으로 나아갈 수 있도록 돕는다. 의미구성 모듈은 치료의 극복 단계에서 사용된다.

통합하기

우리는 다섯 단계와 일곱 가지 모듈을 가지고 있다. 어떤 것이 어떤 것과 어울리는지 상담자가 기억하고 유지하는 방법은 무엇인가?

TST 평가표는 단계를 정하고, 단계는 선택될 모듈의 종류를 결정한다.

기억해야 할 중요한 점은 다음과 같다.

- 모든 아동은 시작하기 모듈부터 시작되어야 한다.
- 모든 아동은 TST 평가표에서 그들의 평가에 근거한 단계에서 시작되어야 한다. 그들은 극복 단계에 이르기까지 보다 향상된 단계로 나아가도록 기대된다.
- 때로 아동은 다양한 환경 조건(예: 새로운 생활의 스트레스 요인)에 의해 이미 지나간 이전 단계로 돌아가야 할 때도 있다.
- 생존 단계로 평가받았을 때, 아동은 현장에서 안정화시키기 모듈, 서비스 권리지원 모듈이 필요하고 정서 조절과 약물치료 모듈이 필요할 수 있다. 이 단계에서는 정확한 정신의학 서비스와 사회복지기관이 치료의 파트너로서 중요한 역할을 할 수 있다. 이 단계는 3개월까지는 지속해야 한다.
- 안정 단계로 평가받았을 때, 아동은 현장에서 안정화시키기 모듈이 필요하고 서비스 권리지원, 정서 조절, 약물치료 모듈이 필요할 수 있다. 아동이 이 단계에서 시작했다면 3개월까지 지속해야 하고, 아동이 생존 단계를 지났다면 2개월까지 지속해야 한다.
- 유지 단계로 평가받았을 때, 아동은 정서조절 모듈이 필요하고 약물치료 모듈이 필요할 수도 있다. 아동은 또한 서비스 권리지원 모듈이 필요할 수 있다. 아동이 이 단계에서 시작할 경우 3개월까지 지속해야 하고 아동이 생존, 안정 단계에서 정서조절 모듈을 3개월간 경험했다면 1개월까지 지속해야 한다.
- 이해 단계로 평가받았을 때, 아동은 인지처리 모듈이 필요하고 간혹 약물치료 모듈이 필요할 수 있다. 아동은 드문 경우이기는 하지만 서비스 권리지원 모듈이 필요할 수 있다. 이 단계는 3개월까지 지속해야 한다.

• 극복 단계로 평가받았을 때, 아동은 의미구성 모듈이 필요하고 드물게 약물치료 모듈도 필요하다. 또한 드물게 서비스 권리지원 모듈이 필요하다. 이 단계는 2개월까지 지속해야 한다.
• 생존 단계부터 시작한 아동은 최대 11개월, 극복 단계에서 시작한 아동은 2개월까지 지속해야 한다.

[그림 8-2]는 치료에서 평가받은 단계에 따라 아동이 필요로 하는 모듈을 이해하기 위해 제시되었다.

드니즈와 레나에게 돌아가 보면, 그들에게 필요한 모듈은 다음과 같다.

드니즈는 안정 단계가 필요하고 레나는 유지 단계가 필요하다고 했을 때 그 의미는 명확해야 한다. 아동이 어느 단계에 있는지, 그리고 그에 상응하는 어떤 모듈이 실행되는지에 관한 결정은 TST 평가표에 근거한다. 드니즈와 레나의 가족을 포함한 모든 가족은 시작하기 모듈에서 시작한다. 이 모듈이 완성되면 드니즈는 현장에서 안정화시키기, 서비스 권리지원, 정서 조절, 약물치료 모듈을 받을 것이다. 레나는 정서조절 모듈만 받을 것이다. 드니즈와 레나가 그들의 모듈을 끝

	단계					
		생존	안정	유지	이해	극복
모듈	현장에서 안정화시키기	***	***	–	–	–
	서비스 권리지원	***	**	*	*	*
	약물치료	**	**	**	*	*
	정서 조절	*	**	***	–	–
	인지 처리	–	–	–	***	–
	의미 구성	–	–	–	–	***

[그림 8-2] **치료 단계에서 활용되는 TST 치료 모듈**

*** = 필수적인, ** = 자주 효과적인, * = 가끔 효과적인, – = 활용되지 않거나 금기인

내면 치료 단계는 발전해 갈 것이고, 그들은 TST 치료를 통해 극복해 갈 것이다.

이러한 개입에 의해 해결되어야 할 문제는 정확하게 무엇인가?

TST 우선순위 문제

6장에서 소개된 세 번째 원리는 사실에 근거하여 명확하고 초점화된 계획을 만들라는 것이다.

당신은 이 생각에 동의하겠지만, 그것이 의미하는 바는 '정확히' 무엇인가? 7장 '평가'와 이 장 '치료계획'에서 우리는 치료가 근거로 해야 할 사실과 그것이 우리에게 안내하는 개입의 유형에 대해 자세하게 설명하였다.

각 단계에서 집중할 치료는 무엇인가? 모듈은 초점화된 방식 안에서 어떻게 서로 조화되는가? 다른 모듈에서는 구체적으로 어떤 일이 일어나는가? 그 대답은 우선순위를 정하는 것과 관련이 있고 요약하면 'TST 우선순위 문제'라고 할 수 있다.

당신이 드니즈를 치료한다면 정확히 어떤 영역에 초점을 둘 것인가? 레나의 경우는 어떠한가?

TST 우선순위 문제를 결정하는 것은 아동의 정서 조절 문제와 환경의 스트레스 요인 간의 접점에 근거한다. 상담자는 정서 또는 행동조절장애와 그것을 자극하는 요소에 대한 일화를 찾으려고 한다. 이것을 하는 최선의 방법은 3장에 제시된 시간에 따른 평가를 하는 것이다.

- 조절장애의 일화에 대해 물으라.
- 이 일화 동안 3A(자각, 감정, 행동)가 어떻게 변하는지 이해하라.
- 이 일화에 대한 촉진 요소를 발견하라.
- 가족구성원(또는 사회환경의 다른 구성원)이 어떻게 아동을 돕거나 상황을 악

화시키는지 이해하라.
- 이 사건에서 아동과 가족이 지불하는 대가를 발견하라.

요약하면, TST 우선순위 문제의 배정은 다음에 근거한다.

- 정서/행동조절장애와 그것을 유발시킨 요인 간의 연결 패턴
- 아동의 사회환경에서 구성원의 역할이 사건 중 아동의 조절을 돕는지 방해하는지의 여부
- 이러한 연결 패턴에 대한 기능적 함의

TST 우선순위 문제는 반드시 다음과 같아야 한다.

- 정서/행동조절장애와 그것을 유발시킨 요인 간의 연결 패턴을 분명하게 언급하라.
- 그 연결이 일으키는 조절장애의 정도에 따라 임상적 판단에 근거하여 문제에 우선순위를 정하라.

기능적 함의에 근거하여 문제의 우선순위를 정할 때 다음의 안내를 준수하라. 이것은 안내문이며 상담자가 신중하게 결정해야 함을 기억하라.

① 신체적 안전을 위협하는 문제(예: 자살, 폭력, 아동학대)
② 치료에 참여하는 것을 위협하는 문제
③ 거주지 배치를 위협하는 문제
④ 학교 배치를 위협하는 문제
⑤ 건강한 발달을 위협하는 문제(예: 약물남용, 반사회적 행동, 성적 활동, 섭식장애)

⑥ 아동이나 가족구성원에게 심각한 고통을 일으키는 문제
⑦ 비교적 쉽게 해결될 수 있고 아동이나 가족구성원에게 매우 중요한 문제

TST 우선순위 문제가 확인되면, 그 문제에 대한 치료 모듈 적용은 매우 간단하다.

드니즈와 레나는 어떠한가?

짧은 글로 치료계획에 대한 충분한 정보를 제공하는 것은 어렵다. 여기에서는 드니즈의 TST 우선순위 문제에 대한 설명에 따라 그녀에 대해 보다 많은 정보를 제공할 것이다.

- 드니즈가 어머니의 남자친구를 연상시키는 사람을 볼 때마다 해리 상태를 보이고 그녀 가족 중 누구도 그녀가 이렇게 행동하는 이유를 인식하지 못한다고 가정해 보자. 더욱이 어머니가 그녀가 멍해 있을 때 그녀에게 고함을 지른다고 가정하자.
- 드니즈가 밤마다 어머니와 어머니의 남자친구가 신체적으로 싸웠던 성적 학대에 대한 악몽을 꾼다고 가정하자. 그녀는 밤에 잠을 잘 수 없고 학교에서 잠든다고 가정하자. 어머니도 선생님도 문제를 도울 수 없었으며, 그해 학교에서 그녀가 낙제했다고 가정하자.

드니즈의 TST 우선순위 문제는 다음과 같이 설명될 수 있다.

① 드니즈는 어머니의 남자친구(그녀를 학대한)를 연상시키는 사람을 볼 때마다 빈번히 해리 상태에 빠진다. 어머니는 이러한 연결에 대해 아직 인식하지 못했고 그녀가 해리 상태를 보일 때 화를 냈다. 이러한 접근은 문제를 악화시켰다.
② 드니즈는 어머니와 어머니의 남자친구 사이의 신체적 싸움을 목격한 이후

자주 악몽을 꿨다. 이 악몽은 학교에서의 낙제에 영향을 주었다. 어머니는 드니즈의 증상, 혹은 학교에서의 낙제에 영향을 주는 가정폭력의 진행에 대해 인식하지 못했다. 침실 문의 부재와 복잡한 주거환경은 문제를 악화시켰다. 어머니는 가정폭력이 드니즈에게 주는 충격 혹은 침실 문의 부재와 관련된 사생활 문제를 인식하지 못했다. 학교는 학교 과제를 수행하기 어려운 드니즈의 무능함 너머의 이유를 이해하지 못했고, 그녀의 낙제를 영리하지만 동기가 부족한 것으로 잘못 귀인했다.

자, 그럼 이제 무엇을 할 것인가?

TST 치료계획 양식

우리는 TST에 대한 치료계획 양식을 개발하였다. 이것은 평가 결과와 TST 우선순위 문제에 대한 서술과 해결책이 제시되는 것이다. 해결책은 TST 우선순위 문제를 다루는 초점화되고 세부적인 계획이다.

기능하는 방식은 팀 가운데 상담자 한 명이 치료계획 양식을 만들기 위해 지명된다. 양식은 여섯 부분으로 구성되고, 각각은 치료를 수행할 중요한 정보를 포함한다. 우리는 순서대로 이 부분들을 설명할 것이다. 다음 부분을 읽는 동안 이 양식을 참고하라.

① **팀의 '참가자' 를 지정하라.** TST 치료계획 양식은 치료를 수행할 사람들을 열거하는 것으로 시작하는데, 이것은 연락처도 포함한다. 가족과 팀의 구성원은 의사소통과 치료의 초점을 용이하게 하기 위해 이 양식을 복사하여 보관한다.

② **관련 도구에서 점수를 지정하라.** 특정 영역을 평가하기 위해 고안된 도구를 통해 양적인 정보에 의한 평가를 보충하는 것은 효과적이다. 우리는 아동

과 청소년 욕구와 강점—트라우마 노출과 적응(Child and Adolescent Needs and Strengths-Trauma Exposure and Adaptation: CANS-TEA), UCLA 외상후 스트레스 장애 반응척도(UCLA PTSD Reaction Index: PTSD-RI), 트라우마 증상 체크리스트(Trauma Symptom Checklist: TSCC), 아동 행동 체크리스트(Child Behavior Checklist: CBCL)를 사용한다. 정보에 대한 이러한 유형은 상담자와 팀이 그들의 평가가 올바른지 확인할 수 있도록 한다. 그것은 양적인 방식으로 치료과정을 따르는 데 사용된다. TST 주간 접수 체크리스트(TST Weekly Check-In Scale)는 매주 아동의 정서 조절과 사회환경 안정성에 대한 정보를 수집하는 데 유용하다. 이것은 부록에 제시되어 있다.

③ **추천된 치료 단계를 제시하라.** 치료계획 양식은 7장과 앞에서 살펴본 TST 평가표의 복사본을 포함한다. 이것은 정서 조절과 사회환경 안정성의 전반적 수준을 요약하고 치료 단계를 결정하는 것이다.

④ **추천된 치료 모듈을 제시하라.** 치료에서 활용될 모듈을 제시한 것이다.

⑤ **TST 우선순위 문제를 정하라.** 치료계획 양식의 매우 중요한 부분은 TST 우선순위 문제를 확인하는 것이다. 앞서 설명되었듯이, 이 우선순위 문제에 대한 설명은 치료를 안내하고 초점화하기 위해 평가에서 수집된 모든 정보를 통합하여 명확한 진술문으로 제시한다. 팀은 이 진술문을 만들 때 주의해야 한다. 그 이유는 이 진술문이 TST 안에서 제공되는 모든 개입에서 초점이 될 것이기 때문이다. 10장에서 설명되겠지만, 이 진술문은 가족과 치료 동맹을 맺기 위한 논의의 시작이다. 따라서 그들은 팀이 가장 중요하다고 믿는 것과 가족이 변화를 위해 동기화될 수 있는 어떤 것을 포괄하는 방식으로 구성되어야만 할 것이다.

⑥ **TST 우선순위 문제에 대한 해결책을 확인하라.** 치료계획 양식의 다음 부분은 각각의 우선순위 문제에 대한 구체적인 해결책에 쓰인다. 이것은 실제적인 장애물을 극복하기 위한 전략들을 설명하는 것을 포함한다. 여기에서 상담자는 TST의 개입 방식을 통해 문제에 대한 해결책을 제시하고 특히 누가

어떤 것에 대해 가장 책임이 있는지 설명한다(책임, 특히 당사자의 책임을 주장하기 – 여섯 번째 원리).

'해결책' 부분은 여섯 개의 세로 칸으로 구성된다.

- 첫 번째 세로 칸에는 제시된 해결책의 초점이 누구이고 무엇인지 제시한다. 이 세로 칸은 아동부터 시작하여 개입이 필요한 사회생태계 수준에 따라 조직된다.
- 두 번째 세로 칸에는 해결책이 적용된 문제의 번호를 적는다. 때로 한 해결책이 다양한 문제에 적용될 수 있다.
- 세 번째 세로 칸에는 해결책에 대한 명확한 설명이 제공된다. 이 설명은 추천된 치료 모듈이 우선순위 문제를 다루기 위해 어떻게 사용되어야 하는지를 포함한다.
- 네 번째 세로 칸은 추천된 해결책을 제공하는 당사자를 지정하는 것이다(책임, 특히 당사자의 책임을 주장하기).
- 다섯 번째와 여섯 번째 세로 칸에는 문제/해결책을 제공하였던 날짜를 기록한다.

TST 치료계획 양식은 팀 활동으로 완성된다(팀장으로서 상담자의 안내에 따라). 이 양식은 가족과 함께 검토되어야 하기 때문에 처음에는 예비 행위로 간주된다. 진실로 그것은 문제와 해결책에 대한 협상과 동의를 바탕으로 가족과 작업 동맹을 맺기 위한 발판으로 작용한다. 문제와 해결책에 대한 동의과정은 동맹 형성에 있어서 중요한 부분으로 10장에서 자세하게 다룰 것이다. 이렇게 동의가 내려지면 계획은 결승전에 이른 것으로 간주된다. 그러나 그것은 최신 정보를 반영하기 위해 갱신될 수 있고 또 그렇게 되어야 한다. 예비 단계 계획은 가족에게 주는 팀의 조언이다. 최종 TST 치료계획은 책임에 대한 엄격한 기대와 함께 가족과 팀 사이의 계약으로 여겨진다(여섯 번째 원리). 치료계획의 복사본은 팀 내, 가족과 분명하고 책임감 있는 치료과정을 형성하기 위해 팀의 모든 참가자에게 분배된다. 10장에서 검토될 계획에서의 차이는 적극적으로 논의되고 재조정되어야 한다.

다시 드니즈에게 돌아가 보자.

드니즈는 그녀의 정서 조절과 사회환경의 위협 요소에 근거하여 치료의 안정단계로 간주되었던 것을 기억하라. 이 단계에서 드니즈는 가정기반, 권리지원, 정서 조절, 약물치료 개입 자원으로 접근하게 된다. 이 개입 자원 중 어떤 것은 앞에서 확인한 TST 우선순위 문제 중 하나 혹은 두 개 모두에 효과가 있을 수 있다. 팀은 이 자원들이 드니즈를 위해 어떻게 분배되어야 할지 결정한다(최소한의 자원으로 작업하기 – 다섯 번째 원리).

[그림 8-3]은 드니즈의 TST 치료계획으로, 이 문서가 어떻게 초점화되고 돌봄을 구체화할지 설명한다.

아동 이름 *Denise Vasques* 생년월일 *8/13/99* 등록번호 # *24680* 날짜 *2/8/05*

TST 치료계획 양식

1. 팀 구성원 정보 기록

팀	이름	연락처	사인
아동 혹은 청소년	Denise	444-4444	Denise Vasquez
가족	Mrs. Vasquez	444-4444 cell# 555-5555	Donna Vasquez
상담자	Dr. Ellis	666-6666	B. H. Ellis
SOS 현장 상담자	Ms. Chapman	777-7777	Carolyn Chapman
SOS 현장 상담자			
변호사	Ms. Tames	888-8888	Pamela Tames
정신병리 자문가	Dr. Saxe	999-9999	Glenn Saxe
기타*	Mrs. Lester(교사)	333-3333	Mrs. Lester

* 대부, 인근 이웃, 확대가족, 멘터, 사회복지사, 소아과 의사, 종교지도자

2. 관련 심리검사 점수 기록

	TR HX	TSS SX	E Reg	B Reg	Soc Env	Str	Fn
CANS-TEA	3	12	10	5	18	4	
UCLA PTSD-RI	2	17					
TSCC		23					
CBCL			Int:	Ext:		Comp.	

3. 추천된 치료 단계

	안정적인	붕괴된	위협적인
조절 상태	극복 5단계	이해 4단계	유지 3단계
정서조절장애 상태	이해 4단계	유지 3단계	(안정 2단계)
행동조절장애 상태	유지 3단계	안정 2단계	생존 1단계

4. 추천된 치료 모듈

	생존	안정	유지	이해	극복
현장에서 안정화시키기 (SOS)	***	***	–	–	–
서비스 권리지원	***	**	*	*	*
약물치료	**	**	**	*	*
정서 조절	*	**	***	–	–
인지치료	–	–	–	***	–
의미 형성	–	–	–	–	***

*** = 필수적인, ** = 자주 효과적인, * = 가끔 효과적인, – = 활용되지 않거나 금지된

5a. TST 문제의 우선순위 정하기

TST 우선순위 문제

1. 사회환경적 스트레스 요인과 정서/행동조절장애 사이의 연결 패턴 파악하기
2. 아동의 적응을 가장 방해하는 패턴들의 우선순위 정하기(우선순위를 결정하는 것을 돕기 위해 5b에 제시된 점수 부여 방식 사용하기. 5b에 제시된 점수 부여 방식은 정교하지 않은 안내만을 제공하고 임상적 판단을 무시해서는 안 됨을 명심하기)

문제 우선순위 1	문제 우선순위 2
드니즈는 그녀를 해쳤던 사람을 떠올리게 만드는 사람을 만날 때 멍해진다. 엄마는 드니즈가 멍해지는 것이 그녀를 해친 남자와 닮은 사람을 보는 것과 관련이 있다는 것을 알지 못한다. 엄마는 드니즈가 어디론가 가 버리거나 노력하지 않는 것으로 보일 때 종종 화가 난다.	드니즈는 엄마와 엄마의 남자친구가 싸울 때 악몽을 꾼다. 악몽을 꾼 다음 날은 학교생활에 집중하는 것이 어렵다. 엄마와 엄마 남자친구의 다툼은 드니즈의 수면과 학업에 문제를 일으켰다. 학교는 드니즈의 두려움과 수면장애가 그녀의 학업을 방해한다는 것을 알지 못했다. 드니즈는 집에서 사생활이 보장되지 않아 더 큰 스트레스를 받고 있다.
문제 우선순위 3	문제 우선순위 4

5b. 5a에 제시된 문제의 우선순위 지침

1. 신체적 안정을 위협하는 문제(예: 자살, 폭력, 아동학대)
2. 치료에 참여하는 것을 위협하는 문제
3. 거주지(생활) 환경을 위협하는 문제
4. 학교생활을 위협하는 문제
5. 건강한 발달을 위협하는 문제(예: 약물남용, 반사회적 행동, 성적 활동, 섭식장애)
6. 아동이나 가족구성원들에게 심각한 고통을 일으키는 문제
7. 비교적 쉽게 해결될 수 있고 아동이나 가족구성원에게 매우 중요한 문제

6. TST 우선순위 문제에 대한 해결책을 확인하기

누가/무엇이 해결을 다룰 것인가	PP #	해결책	책임자	언제 기록 되었나	언제 해결 되었나
아동(기술 모듈이나 약물치료 지시하기)	1	당신을 해친 사람을 생각나게 하는 사람을 만날때 진정시킬 수 있는 정서조절 기술	Dr. Ellis	2/8	
	2	화가 날 때 학교생활에 집중할 수 있도록 돕는 정서조절 기술	Dr. Ellis	2/8	
	1.2	가출하지 않고 엄마와 대화를 나눌 수 있도록 돕는 정서조절 기술	Dr. Ellis	2/8	
	1.2	수면, 악몽, 진정을 돕는 약	Dr. Saxe	2/8	
사회환경					
보호자(예: 정서적 혹은 물질남용, 관찰/감독자, 정보, 가족폭력)	1.2	우울증에 대한 정신과 평가 의뢰	Dr. Saxe	2/8	
	2	폭력과 사생활과 관련된 사건을 유발하는 촉발 요인에 대한 가정기반 평가와 개입	Ms. Chapman	2/8	
	1.2	엄마에게 트라우마, 정서 조절, 해리에 대한 정보 제공			
	2	엄마에게 가정폭력과 쉼터에 대한 정보 제공			
형제자매					
거주	2	침실 문 설치, 가능한 한 조용한 아파트	Ms. Tames와 Dr. Ellis	2/8	
자원					
학교	2	악몽/수면, 불안/해리와 관련하여 학교 공부를 방해하는 문제의 해결책을 포함한 개별화교육계획(IEP)	Ms. Tames와 Dr. Ellis	2/8	
배치의 적절함					
이웃					
동료					
기타					

장벽(우선순위 문제를 해결하는 데 방해가 되는 실제적인 장벽들을 기술하라. 그것들을 극복할 수 있는 전략들을 기술하라.)

기술: 엄마는 일 때문에 드니즈를 약속시간에 데려가는 것이 어렵다고 보고하였다.	1.2	전략: 약속시간에 융통성을 발휘할 수 있는 일을 하라. 엄마의 일정을 조정하고 다음 약속에 도움을 받을 수 있도록 일을 조정하라. 가정기반 치료(SOS)의 도움을 받으라.	Dr. Ellis Ms. Chapman Dr. Saxe	2/8	

강점(우선순위 문제를 해결하는 데 도움이 될 수 있는 아동의 강점 혹은 사회환경의 자산을 기술하라.)					
기술: 드니즈는 매우 영리하고 매력적이다.	1.2	전략 : 드니즈의 지능은 학교 실패의 정서적 이유를 설명할 수 있다. 사회적 기술이 친구, 교사, 친척에게서 도움을 이끌어 내는 데 사용될 수 있다.	Dr. Ellis	2/8	

[그림 8-3] **드니즈의 TST 치료계획 양식**

09

치료 팀

– 종합적인 치료 팀을 구성하는 (그리고 유지하는) 방법

학습목표

- TST 치료 팀이 왜 필요한지 이해하기
- 치료 팀이 치료 충실도에 어떻게 기여하는지 알기
- 구성원을 지지하는 데 치료 팀이 어떻게 활용되는지 배우기

한 아동을 기르기 위해 마을이 필요하다면, 트라우마 경험 이후에는 적어도 치료를 제공할 팀이 꼭 필요하다. 트라우마 체계 치료(TST)는 계획에서부터 상담실 안에서 한 명의 상담자에 의해 완성할 수 있는 치료가 아니다. 우리는 가장 힘든 시기에 아동과 가족을 지지하는 일종의 망을 함께 형성하는 것이 치료가 가장 잘 이루어진 것이라고 생각한다. 뿐만 아니라 치료 제공자들의 관계망 또한 힘든 시기에 서로를 돕는 역할을 한다. 소말리아 속담에 다섯 개의 막대기를 다섯 사람에게 한 개씩 나누어 주면 다섯 사람이 그것을 각각 부러뜨릴 수 있지만, 다섯 개의 막대기 묶음을 한 사람에게 준다면 그 한 사람이 그것을 부러뜨릴 수 없다는 말이 있다. TST 팀도 마찬가지다. 치료 제공자들은 그들이 홀로 서 있지 않을 때 힘든 치료의 시기 동안에 희망과 인내를 더 강력하게 가질 수 있게 된다.

이 장에서는 가족과 팀 구성원 모두에게 지지를 제공할 수 있도록 여러 분야

에 걸친 팀을 구성하고 유지하는 것의 중요성에 대해 논의한다.

소진 상태

말린은 32세의 사회복지사로 직장에서 자주 피곤함을 느낀다. 최근에 그녀는 이전에는 그런 적이 없었는데도 집에 돌아와 매일 밤 와인 한 잔을 마시기 시작했다는 것을 알아챘다. 그녀는 잠들기가 어려웠고 자주 우울해졌다. 가끔 그녀는 아침에 두려운 기분으로 일어나곤 했으며 일하러 가기 위해 침대에서 일어나는 것이 매우 어려웠다. 어느 날 밤, 그녀는 딸이 그녀의 품 안에서 자살하는 꿈을 꾸었고 딸을 돕기 위해 노력했지만 마치 자신이 유리 상자 안에 갇힌 느낌이었다. 그녀는 아무런 소리도 낼 수 없었고 딸에게 다가갈 수도 없었다. 다음 날 직장에서 말린은 그녀의 슈퍼바이저에게 그녀가 최근 몇 달 동안 작업해 온 위험성 높은 내담자와의 상담에서 아무런 진전이 없었기 때문에 새로운 치료법이 필요한 것 같다고 말했다.

무슨 일이 일어나고 있는 걸까? 상담자가 상담하러 가는 것을 두려워한다는 것은 가능한 일인가? 그렇다면 말린은 다른 새로운 직업을 찾아야 한다. 말린의 이야기는 집에서도 마찬가지다. 아마 당신은 가끔 트라우마를 가진 아동과 작업하는 일터에서 벗어나고 싶은 기분이 들 것이다. 말린과 같은 일을 전혀 겪어보지 않을 수도 있겠지만 만약 당신이 트라우마를 가진 아동들과 오랫동안 일한다면 우울, 내담자에 대한 희망 상실, 실패의 느낌, 악몽, 해로운 대처 전략의 사용, 가정생활과 직장생활 분리의 어려움 등이 실제가 될 수도 있다.

우리는 말린의 문제가 그녀의 내담자에게 최선의 치료를 제공하는 것을 어렵게 만들 것이라고 예상할 수 있다. 또한 내담자의 복잡한 문제들이 말린에게 영향을 주는 문제의 일부분이 될 것이라는 것도 예측할 수 있다. 이와 같이 흔한 시나리오는 소진(burnout)의 예가 된다. 이러한 문제는 역전이, 간접 트라우마 경험 혹은 무기력함으로 불릴 수 있고, 트라우마를 가진 아동과 만날 때 쉽게 발견할 수 있다. 왜냐하면 상담자도 인간이기 때문이다. 비효율적인 서비스 체계나 자원이 부족한 기관에 대처하는 법을 확인하라. 그것은 우리가 모두 소진되지는 않았다는 증거다.

성과와 과정의 균형

TST 팀에게는 두 개의 중요한 목표가 있다.

① 트라우마를 가진 아동과 가족에게 효과적인 돌봄을 제공하라(TST 첫 번째 원리: 무너진 체계를 조정하고 복원하기).
② 돌봄을 제공하는 사람들을 보살펴라(TST 여덟 번째 원리: 당신 자신과 팀을 돌보기).

치료 팀에게 이 두 가지 목표는 우선시되어야 한다. 만약 효과적인 돌봄을 제공하는 구조를 수행하지 않는다면(TST 평가와 개입은 적절하게 되었는가?) 팀은 만나서 어젯밤 있었던 하키 게임에 대해서나 이야기할지 모른다. 팀이 구성원들의 정서적인 요구에 귀 기울이지 않는다면 팀의 회의실은 오랫동안 텅 비어 있을 것이다. 효과적인 돌봄은 TST의 성과다. 지각 있는 방법으로 이러한 돌봄을 제공하는 것이 TST의 처리과정이다. 이 성과와 과정의 균형을 맞추기 위한 확실하고 고정된 방법은 없다. 팀의 리더와 구성원들은 항상 이 균형을 염두에 두어야 한다. 팀 모임에서 다음의 질문이 주어진다면 도움이 될 것이다.

- 올바르게 TST를 제공하고 있는가?
- TST 원리를 지키고 있는가?

- 수행한 일에 대해 책임질 수 있는가?
- 치료계획을 따르고 있는가?
- 그렇지 않다면 치료계획에 통합시킬 필요가 있는 새로운 정보가 있는가?
- 치료가 잘 수행되고 있는가?
- 그렇지 않다면 무엇 때문인가?
- 더 나은 치료를 위해 할 수 있는 것은 무엇인가?
- 모든 사람이 잘하고 있는가?
- 팀을 잘 돌보고 있는가?
- 상담자를 지원하기 위해 할 수 있는 일은 무엇인가?
- 사람들은 계속 희망적인가?
- 모임이 너무 진지하지는 않은가?
- 모임을 지속시키기 위해 할 수 있는 일은 무엇인가?
- 무엇이 잘되고 있는가?

상담자는 목격자다. 상담자들은 반복적으로 이전의 학대와 트라우마 경험의 기억, 정서에 빠져드는 내담자들과 작업하게 될지도 모른다. 트라우마 경험의 반복적인 재경험은 트라우마 사건의 비극적인 잔해다. 상담자는 이러한 경험을 듣는 첫 번째 사람이 될 수 있다. 증언이란 개념이 함축하는 것은 그들이 듣거나 본 것을 참아야 하는 부담이라는 것이다. 증언한다는 의미는 공포를 경험한 다른 사람과 공감적인 연결관계를 가진다는 것이다. 이것은 사건이 일어난 그곳에 마음으로 같이 가서 이야기를 들음으로써 조금이라도 부담을 줄인다는 의미다. 그것은 우리를 그 공포에 조금 더 가깝게 가도록 한다. 우리 개개인이 가진 인간성은 그것에 영향을 받지 않을 수 없다. 증언이 상담자에게 영향을 주는 방법은 사람마다 다르다. 우리 모두가 전문적인 상담훈련을 받았음에도 불구하고, 우리는 그저 다른 사람의 공포에 반응하는 인간일 뿐이다. 폭력을 경험한 사람들과 작업하는 것의 해로운 결과는 단순히 자연적인 인간성의 파생물이다. 이러한 상담이 상담자에게 심오한 인간적 영향을 주지 않는다면 그 또한 상담자가 주의해야 할 부분이다(Saxe, Liebshutz, Edwardson, & Frankel, 2003, p. 157).

TST는 가장 힘든 사례를 대상으로 치료를 제공하도록 계획되었다. TST는 또한 두려운 트라우마 경험이 있는 아동과 치료에 관여하기 어려워하는 가족을 위한 방법이다. 그리고 그들을 도와주지 못하며 실제로 그들을 다치게 할 수도 있는 서비스 체계를 위한 방법이다. TST는 이 모든 것을 증언해야 하는 상담자에 의해 시행된다. TST는 당신이 50분의 회기 후에도 상담실에 남아서 생각해야 할 만큼 상담자에게 많은 것을 요구한다. 따라서 TST는 어떻게 그것을 사용하는 상담자가 지속적으로 사용하게 할 수 있는가를 고려해야 할 필요가 있다.

다행인 것은 TST가 힘든 세상에서 조금 더 쉬운 방법으로 치료가 가능하도록 몇 개의 지침을 세워 놓았다는 것이다. TST는 기관들 간에 의사소통을 용이하게 하기 위한 체계를 가지고 있다. 또한 체계 안에서의 지원을 위한 지침도 있다. 그러나 가장 중요한 것은 TST '팀' 을 가지고 있다는 것이다.

TST 팀은 어떻게 진행되는가

TST 팀은 일주일 단위로 만난다. 10장에서 자세히 다루고 있는, 한 가족에 집중하고 있는 TST 팀과 제공 기관이 함께 일하는 가족과의 협력적 만남과는 달리, TST 팀 모임은 어떠한 TST 가족을 대하고 있든지 모든 TST 지원 기관을 위한 모임이다. 이는 각각 다른 가족들을 지원하는 TST 지원 기관들이 한자리에 모여서 그들의 다양한 경험을 나누면서 이야기하는 기회가 된다. 팀 모임은 얼마나 많은 사례가 논의되어야 하는가에 따라 한 시간에서 한 시간 반가량 지속된다. 팀에는 팀이 TST를 하고 있다는 것을 확인하고, 팀 구성원이 돌봄을 받고 있으며, 열심히 일하고 있다는 것을 확인할 책임을 지닌 사람이라고 생각되는 한 명이나 그 이상의 리더가 필요하다. TST 팀 모임의 리더는 TST에서 잘 사용되는 강력한 상담 기술을 가진 경험 많은 상담자여야 하며, 팀 구성원들을 잘 조화시킬 줄 아는 사람이여야 한다. 한마디로 팀 리더는 선생님이기도 하면서 지지자여야 한다. 팀은 사회복지사, 심리학자, 정신과 의사, 간호 전문가, 재택 상담자, 변호사, 그리고 훈련받는 사람으로 구성될 수 있다.

이러한 팀 형태는 아마도 많은 상담자에게 익숙하게 들릴지도 모른다. 물론 우리가 종합적인 치료 팀의 모임을 개설하지는 않았다. 여기서 우리의 초점은 효과적인 치료를 위한 필요조건으로서의 팀 형태를 주목하는 것이다. 우리는 TST 안에서 이러한 종류의 팀이 어떻게 TST에 적합하게 구성될 수 있는가를 많이 생각해 왔다.

TST 팀 모임은 다음과 같은 기본적인 구조를 고수해야 한다.

① 안건 정하기
② 새로운 접수면접에 대한 논의
③ 진행 중인 사례에 대한 논의(위기나 새로운 사항)
④ 좋은 일로 마무리하기

우리는 모임의 영역별로 실제로 무슨 일이 일어났는지, 즉 내용에 대해 이야기한다. 그런 다음 좀 더 일반적으로 어떻게 모임을 더 지원할 수 있는지, 즉 과정에 대해서 이야기한다.

안건 정하기

안건 정하기는 모임의 가장 정확한 부분이다. 누가 새로운 접수면접을 하였는가? 누가 사례를 진행 중인가? 누가 보고하기에 좋은 소식을 가지고 있는가? 안건 정하기의 실질적인 목적은 모임이 모든 주제나 화제를 포함하도록 속도를 맞추면서 진행되는지 확인하는 것이다. 그러나 이것은 또한 집단의 맥을 짚기 위한 중요한 시간이다. 어떤 날은 사람들이 할 말이 굉장히 많다. 이것은 보통 좋은 신호다. 팀 구성원들은 사실 그들의 사례를 가지고 작업하고 다른 사람의 의견을 받아들일 준비가 되어 있으며 모임의 구성원들과 의견을 교환하고 싶어 한다. 이러한 행동의 의미는 그들이 새로운 아이디어에 대한 에너지를 가지고 있으며 구성원들에게 지지를 받는다고 느낀다는 것이다. 그렇다. 바로 이것이 우리가 상담자들이 느꼈으면 하는 것이다.

그러나 어떤 날은 안건을 정할 시점에 불길하게도 조용할 때가 있다. 물론 새로운 접수면접이 없거나 모든 사례가 순조롭게 흘러가서 논의할 것이 없을 때는 그럴 수도 있다. 그러나 이것은 드문 경우다. 대신 어떤 구성원은 '나는 케니에게 할 수 있는 것은 다 했어요. 그래서 다른 어떤 제안도 받아들일 수가 없어요. 그들은 이해하지 못해요. 어떤 것도 안 먹혀요.' 또는 '내가 만약 로리와 그 애의 학교 문제에 대해 말하면 그들은 나에게 아이의 학교 선생님과 연락을 하라고 말할 거예요. 저는 이번 주에 그럴 시간이 없었을 뿐이에요.' 또는 심지어 '나는 그동안 너무 못해 왔어요. 그래서 사람들에게 말하는 게 창피해요. 그러니까 사실 나는 무엇이 문제인지도 모르겠어요.' 라고 생각하고 있을지도 모른다.

따라서 안건을 정할 때는 주의를 집중하라. 방이 이상할 정도로 조용하고 사람들이 조심스럽게 안건을 정하는 사람의 눈길만 피하고 있다면 팀 문화에 대해 살펴볼 시점이다. 그리고 팀 리더가 구성원들을 격려하고 용기를 주거나, 피자를 사서 가져온다거나, 구성원들이 그들의 사례를 공개한 것에 대해 어떠한 지원을 받아 왔는지를 살펴야 하는 시점이기도 하다. 치료를 하기 위해 상담자에게 내담자에 대한 책임이 필요하듯이, 팀 리더 또한 팀의 구성원들이 TST 팀 모임에 참여하게 할 책임이 있다.

새 접수면접

새로운 가족이 접수면접을 위해 방문했다. 당신은 당신의 접수면접 모델에 따라 그들과 두세 시간 동안 앉아 있으면서 문제와 치료계획에 대해 명확하게 알게 될 것이다. 8장은 TST에 따라 어떻게 이 과정을 진행하는지에 대한 자세한 내용을 담고 있다. 상담자들이 8장의 내용을 아주 잘 알고 있더라도, 우리는 TST 팀을 찾아온 모든 새로운 사례를 논의할 것이다. 이렇게 하는 데에는 여러 가지 이유가 있다.

첫째, 상담자는 한 가지 관점을 가진 한 명의 사람이다. 사례를 소개하는 훌륭한 상담자는 아동의 발달, 정신건강 문제, 그리고 어떤 치료법이 적절한지에 대한 정확한 생각을 가지고 있을 것이다. 사례 발표를 듣는 변호사는 주거 환경이 열악하며 그 상황을 향상시키기 위한 자원이 있다는 사실을 지적해 낼지도 모른다. 변호사가 지적한 대로, 상담자는 주거 공간의 질이 얼마나 아동의 트라우마 후 증상에 영향을 주는지 생각하기 시작한다. SOS(stabilization on site) 상담자는 내담자가 집 주변의 환경에 익숙하며 현재 가족의 집 근처에는 수많은 범죄 행동이 벌어지고 있다고 말했다. 팀은 환경이 스트레스를 준다는 점에 동의하여 안전한 주변 환경에서 더 나은 주거지를 위한 지원을 가장 우선순위에 둔다. 정신과 의사는 약물치료가 아동을 안정시키도록 돕기 위한 즉각적인 행동 변화를 잠재적으로 제공할 수 있는지를 궁금해한다. 이러한 방식으로 다방면에 걸친 치료계획이 다양한 관점에서 세워진다.

TST 팀 모임 동안 모든 새로운 사례가 논의되는 또 다른 이유는 그러한 방식이 새로운 사례들을 소개하는 방법이기 때문이다. 즉, "우리는 소개할 새로운 구성원이 있어요."와 같은 식의 접근이다. 나중에 치료를 하는 데 새롭게 복잡한 문제가 나타날지도 모른다. 그리고 상담자가 "저기, 전에 내가 머릿속에 벌이 살고 있다고 한다는 내담자 기억나요?" 라고 했을 때, 팀 구성원들은 고개를 끄덕이지만 궁금해하며 "그때 그 내담자에게 무슨 일이 있었죠?" 라고 말할 것이다. TST 팀에 의해 내담자가 한번 논의되면 그 내담자는 팀의 부분이 된다. 그리고 우리는 모두 도전을 통한 힘든 과정이나 성공을 축하하는 일에 참여한다.

마지막으로, 아마도 가장 중요한 것으로서, 팀에서는 우리가 확실히 뒤에 서 있다는 의미의 표현이 있다. 이것은 슈퍼바이저가 한번 훈련생에게 말하면 슈퍼바이저가 된 훈련생이 또 자신의 훈련생에게 말하는 것으로, 다음과 같은 말이다.

절대 혼자서 걱정하지 말라.

이것은 간단하지만 매우 중요하다. 당신은 TST와 같은 치료법을 통해 매우 위험성이 높은 사례를 작업하게 될 것이다. TST는 아동들을 병원에서 나가게 하여 최소 제한적 환경에서 치료를 제공하도록 많은 것을 할 것이다. 우리는 이것이 아동들을 위한 최선이라고 생각한다. 그러나 이것은 또한 치료 제공자가 매우 신중하고 호기심 많으며 내담자가 어떻게 행동하는지 고려해야 한다는 것을 의미한다. 문제가 커지거나 비정상적이거나 걱정스러울 때 가족에 대해 알면 알수록 당신이 감지할 수 있는 것은 많아진다. 그러나 새로운 접수면접에서는 알려지지 않은 것이 많고 안전을 위해 판단을 내리는 데 어려움이 있다. 우리가 TST 상담자들에게 마지막으로 바라는 것은 한밤중에 천장을 보면서 그들이 내린 의사결정에 대해 고민하라는 것이다. 모든 접수면접은 우리가 위험 수준을 신중하게 생각해 왔는지, 그리고 상담자가 혼자서 걱정하지는 않았는지를 확인하기 위해 모든 팀 구성원에게 점검되어야 한다.

진행 중인 사례

사례가 '팀의 일부'가 되면 팀 구성원들이 사례의 주된 변화, 상황을 더 복잡하게 만드는 문제 또는 진행과정에 대한 새로운 사항을 아는 것이 중요하다. 때때로 TST 팀 모임은 매주 새로운 내용이 추가되고 얽히는 그들 스스로의 미니시리즈가 되기도 한다. 그러나 당신이 팀에 속해 있다면 당신은 단지 미니시리즈 시청자보다는 문제를 해결하고 상담자를 지원하기 위해 더 활동적인 참여자가 된다.

위험성이 높은 사례는 꾸준하게 논의되어야 한다. 새로운 접수면접처럼 이 규칙은 중요한 사례를 다양한 관점을 가지고 볼 수 있도록 도와준다. 또한 위험 수준을 바라보는 하나 이상의 시각을 가지도록 돕는다. 기억하자.

절대 혼자서 걱정하지 말라.

마지막으로, 위험성이 높은 사례를 꾸준히 논의해야 하는 또 다른 이유는 이러한 사례들에서 치료 제공자들의 의사소통, 그리고 치료목적과 치료계획에 대한 합의는 TST 작업을 위해 필수적이기 때문이다. 팀 모임에서 다음과 같은 인사를 하기 위해 5분 정도 사용할 수 있을 것이다. "오늘 아침에 내가 주거 문제를 다루고 있다고 생각하는 어머니로부터 전화를 받았어요." 이런 말은 통합되고 집중된 돌봄을 제공하는 데 각기 다른 차이를 만들 수 있다.

무엇인가 좋은 것

상상해 보라. 성폭행을 당한 16세 소녀, 전쟁에서 아버지가 살인을 저지르는 것을 목격한 14세 소말리아 소년, 그리고 지난밤 어머니가 애인에게 폭행당했다고 들은 8세 소년의 세 가지 새로운 접수면접이 있다. 범죄 집단에 가담하고 있는 한 청소년과 어머니가 성폭행당하는 모습을 본 한 소녀의 두 가지 진행 중인 사례도 있다. 이 이야기를 듣고 나서도 여전히 기분이 좋은가? 팀 모임에서 이야기를 끝까지 잘 듣고 세상을 맞이할 준비가 되었는가?

아직은 아닐 것이다. 힘이 빠지고 고개를 푹 숙인 상태로 매주 TST 팀 모임을 끝마치는 것은 이 싸움을 유익한 싸움으로 만들도록 격려하는 데 누구에게도 도움이 되지 않는다. 따라서 팀 모임의 끝부분에 '무언인가 좋은 것(something good)' 을 위해 약간의 시간을 비축해 두라. 사람들이 사례에 대한 기쁜 소식을 가지고 있다면 좋다. 그것을 모임을 끝내는 방법으로 안건에 올려놓으라. 만약 누구도 사례에 대한 좋은 소식을 가지고 있지 않다면 걱정하지 말라. 누군가가 일 이외의 다른 이야기를 공유하도록 하라. 분위기를 좋게만 만들면 된다. 책에서 화제를 가져와도 되고 팀 구성원들이 흥미를 느낄 만한 좋은 영화나 책을 소개해도 된다. 또는 팀 구성원들이 생각하기에 기쁜 소식이라고 느낄 만한 것이라면 짧은 이야기 한 토막이라도 좋다. 폴리애나(Pollyanna) 같은 유명한 소설 속 주인공이 되라는 것도 아니고, 그림 리퍼(Grim Reaper) 같은 재밌는 캐릭터를 원하는 것도 아니다.

TST 팀이 스페인 종교재판과 다른 점은 무엇인가

TST 팀은 상담자를 위한 지원과 아이디어를 제공할 뿐만 아니라 시행하고 있는 치료가 TST 모델에 맞게 충실한지를 확인해 주는 중요한 기능을 한다. 치료팀이 TST를 채택한 것은 문화를 바꾸는 것을 의미한다. TST에서 사용하는 용어가 있고, 그것을 수행하는 방식이 있으며, 그것에 대한 목록이 있다. 그러나 TST 자체는 없다.

TST 치료를 사용하려고 노력하는 팀을 위해서는 열 가지 중요한 원리와 이 원리들의 행동적 지표를 얼마나 고수했는지에 따라 사례를 평가하는 것이 유용하다. 우리의 충실도 체크리스트는 부록에 제시되어 있다. 상담자가 사례를 발표할 때, 팀 구성원들은 작업되었어야 할 일들이 진행되었는지를 확인하기 위해 목록에 따라 체크한다.

우리는 이 작업을 팀으로 시작했지만 곧 문제에 부딪히게 된다. 당신이 사례를 가지고 평가받아야 하는데 누가 사례를 발표하려고 하겠는가? 상담자들이 지지받고 있다고 느껴야 할 환경이 갑자기 비판과 정정의 시간으로 바뀐 것이다. 상담자들의 기력 소진 지수는 마구 올라갈 것이다.

좀 더 생각해 본 후 치료가 TST와 일관성이 없거나 상담자가 지지받는 느낌을 받지 못했다면, 우리는 그것이 팀의 문제라는 것을 깨닫게 된다. 팀 구성원들이 활발하게 듣고 있는가? 사례의 진행이나 상담자에 대한 긍정적인 행동이 없는가? 그들이 TST와 일관된 제안을 구체적으로 제시하고 있는가? 상담자가 직면한 현실적인 도전을 인식하고 있는가?

TST 팀의 문화는 TST를 달성하거나 혹은 중단하게 한다. 팀이 지지적이고 이해를 바탕으로 하며 TST를 어떻게 효과적으로 하는지에 대한 경험이 많다면 팀의 상담자들은 좋은 치료를 제공할 수 있을 것이다.

팀 리더는 팀의 지지적인 문화를 북돋우기 위해 많은 일을 할 수 있다. 이를 위해 다음과 같은 아이디어가 있다.

- 성공이나 성과를 파악해 빠르게 언급하라.
- 성공이나 성취를 축하하라(음식을 함께 먹는 것은 절대 사람의 마음을 다치게 하지 않는다.).
- 사건이 발생하는 더 큰 맥락, 즉 아동의 삶에서 진정한 변화를 만들 가능성에 대해 사람들을 상기시킬 준비를 하라.
- 얼마나 어려운 일인지, 우리가 사람들에게 얼마나 많이 물었는지를 인식하는 것을 두려워하지 말라. 그것을 인정하는 동시에 당신은 공개 토론을 격려하는 데 좌절하거나 소진된 느낌을 받는다.
- 가능하다면 약간의 유머를 사용하여 기운이 나게 하라.
- 성과와 과정의 균형을 맞추라.

TST에 대한 맺음말

TST 팀은 그릇과 같은 기능을 한다. 만약 팀이 적절히 구성되었다면 팀 구성원들은 자신이 그곳에 '포함된' 기분이 들 것이다. 이것은 그들이 그들의 일을 논의하러 갈 만한 안전한 장소를 가지고 있다고 느끼는 것을 의미한다. 그들은 효과적인 서비스를 지원하는 데 분명한 구조가 있다고 느낄 것이다. 우리는 절대 잊지 말아야 한다. 즉, 팀 구성원은 트라우마 이후의 강력한 정서들을 다루게 된다. 이러한 강렬한 정서는 아동뿐만 아니라 상담자, 슈퍼바이저, 팀 그리고 기관까지도 불안정하게 할 수 있다. 사실 트라우마 경험이 있는 가족과 작업하는 데 필요한 돌봄은 그들과 일하는 상담자 팀에게 필요한 관심과 같은 종류다. 필수적으로 팀에게는 안전, 소속감 그리고 구조가 필요하다. 이러한 것이 있다면 작업은 다루기 쉬울 뿐만 아니라 효과적일 것이다.

Part 3
TST 실시

Collaborative Treatment of Traumatized Children and Teens

10 시작하기
– 어떻게 가족이 TST에 참여하도록 할 것인가

▨ **학습목표**

- 치료 개입 시 존재하는 어려움 이해하기
- 치료 개입에의 동기를 향상시킬 수 있는 핵심 요인 확인하기
- 치료 목표 달성을 위한 협력관계 발전시키기

1~9장을 읽은 후 당신은 트라우마 체계 치료(TST)에서 트라우마를 가진 아동의 문제를 어떻게 다루는지, 치료의 일반적인 과정은 어떠한지, 안정적인 환경과 정서조절 기술과 같은 핵심 요소는 무엇인지에 대해 알 수 있었을 것이다. 아마도 당신은 치료를 시작하면 효과가 나타날 것이라는 희망을 품었을 것이다. 그렇다면 시작할 준비가 된 것인가?

네 번째 원리를 기억하는가? '준비'가 되지 않았을 때 '시작'하지 않기. 이 장에서는 그 원칙이 무엇을 의미하는지 논의해 볼 것이다. 치료를 시작하기 위해 우리는 무엇을 해야 하는가? 우리는 치료를 어떻게 준비해야 하는가? '시작하기(ready-set-go)' 모듈은 트라우마를 가진 아동의 회복을 위해 가족이 필요로 하는 것을 지원해 줄 수 있다.

이미 언급했듯이, 시작하기 모듈로 치료를 시작할 때에는 가족이 어떠한 치료 단계에 있는지는 중요하지 않다. 먼저 가족에게 트라우마가 아동에게 어떠한

영향을 미치는지, 그리고 TST와 같은 치료법이 어떠한 도움을 줄 수 있는지 이해시키기 위해 1회기를 할애해야 한다. 이 과정에 한 달이 걸리는 가족이 있을 수도 있다. '시작하기' 모듈은 가족과의 협력관계 형성과 공통의 치료 목표 확립, 그리고 이러한 목표를 위해 어떠한 노력을 할지 동의하는 과정에 초점이 맞추어져 있다. 이 장은 이러한 과제를 성취하기 위해 무엇을 해야 하는지에 관한 내용으로 이루어져 있다.

왜 바로 치료를 시작하지 않는가

대부분 상담기관의 현실은 가족들이 치료를 받으러 오지 않으면 그것으로 치료가 중단된다는 것이다. 세 번 이상 약속시간에 맞추어 오지 않으면 치료는 바로 중단된다. 다음과 같은 사례는 매우 흔하다.

8세인 던컨은 학교에서 공격적인 행동을 보여 치료에 의뢰되었다. 학급 친구들과 싸움을 한 것도 여러 번이며, 최근에는 도서관에서 욕을 하다가 정학 처분을 받았다. 던컨의 어머니는 접수면접 시간에 맞춰 그를 상담기관으로 데리고 왔으며, 심리검사를 받기 전에는 학교로 돌아올 수 없음을 알리는 편지를 가지고 왔다. 첫 번째 만남에서 그녀는 울면서 남편의 폭력에 대해, 두 달 전 집을 나오면서부터 겪고 있는 재정적 어려움에 대해, 혼자서 아들의 문제를 해결해야 된다는 압박감에 대해 이야기하였다. 그녀는 한 회사의 서류 정리 부서에서 일하고 있다. 그러나 던컨이 학교에서 문제를 일으킬 때마다 회사에서 조퇴해서 학교로 던컨을 데리러 가야 했다. 이 때문에 그녀는 회사에서 해고될지 모른다는 불안감을 갖고 있었다. 사실 그녀는 오늘 상담기관에 오기 위해서 또 회사에서 조퇴를 할 수밖에 없었다고 했다.

접수면접에서 상담자는 일주일마다 만나기로 약속하였다. 그들은 첫 번째 약속시간을 지키지 못했다. 상담자가 전화를 걸어서 다음 약속을 잡았다. 그러나 그들은 다음 번에도 역시 약속을 지키지 못했다.

가족이 반복적으로 치료 약속을 어기거나 심리검사 이후 다시 오지 않는다면, 그들이 치료에 저항하거나 혹은 치료를 받을 준비가 되어 있지 않았다고 오해하기 쉽다. 그러나 불행히도 그렇게 약속을 지키지 못하는 가족들은 심각한 고통에 처해 있는 경우가 많다.

예를 들어, 던컨의 어머니는 부분적으로는 던컨의 행동 문제 때문이지만 명백히 심각한 어려움을 겪고 있다. 던컨은 가정에서 폭력 행위를 보고 자랐고, 아버지를 떠나 살게 된 최근의 변화 및 기타 정서적 · 경제적 문제들 역시 심각한 스트레스 요인으로 작용하고 있다. 이러한 문제들을 고려할 때, TST가 이 가족에게 유용하리라는 사실은 명백해 보인다. 그렇지만 어머니의 관점에서도 그러할까? 일주일에 1회 이상의 치료 약속을 지키기 위해 매번 직장에서 조퇴해야 하고, 상담기관에 오기 위해 버스비를 내야 하고……. 던컨의 어머니에게는 이러한 것들이 심한 부담으로 느껴질 것이며, 이 때문에 그녀는 분명 던컨에게 화를 내게 될 것이다('왜 이 녀석은 학교에서 똑바로 행동하지 못하는 것이지?')

어머니가 치료의 유용성을 이해하기 전까지, 그리고 현실적인 문제들(그녀의 직장을 잃지 않고서도 매번 치료 약속을 지키게 할 수 있을지)이 해결되기 전까지는 치료를 시작할 수 없다. 혹은 이러한 문제를 다루는 것으로 치료를 시작할 수 있다.

앞서 논의했다시피, 가족이 치료에 참여하기 위해서는 먼저 두 가지 조건이 충족되어야 한다.

① 가족과 상담자 모두 '문제에 동의' 해야 한다. 즉, 양자가 고통을 유발하는 원인이 무엇인지와 치료에서 그것을 다룰 것이라는 사실을 이해해야 한다.
② 가족과 상담자 모두 '문제 해결책에 동의' 해야 한다. 즉, 양자가 반드시 치

료에 참여해야만 하며, 고통의 원인이 해소될 것이라고 믿어야만 한다.

던컨 가족과 같이 치료를 시작하기 전에 먼저 극복해야 하는 문제들이 존재할 경우, 앞의 두 가지 조건은 충족되기가 어렵다. 이 장에서는 이 두 조건을 충족시키는 방법에 관해 논의할 것이다. 상담자와 가족은 치료적 동맹을 형성하여 문제 및 문제 해결책에 동의할 수 있다.

시작하기의 목표

시작하기 모듈의 기본 목표는 단순하다. 즉, 가족을 치료에 참여시키는 것이다. 보다 구체적으로는 다음과 같다.

① 가족과의 치료적 동맹 구축하기
② 트라우마와 TST에 관한 정보를 제공하고 교육하기
③ 치료 시작을 어렵게 만드는 가족의 현실적 문제 조정하기

요약하자면, 이 모듈은 가족의 현실을 고려하여 문제를 규명하고 해결책을 실행하는 것을 목적으로 한다.

이 장에서는 각각의 구체적인 목표에 대한 설명과 함께 이를 달성하기 위해 어떻게 해야 하는지에 관해 자세히 논의할 것이다. 8장에서 언급했듯이, 이러한 목표는 우리의 치료계획 과정과 완벽히 일치한다.

시작하기: 치료의 계획 및 실천의 가교

시작하기 모듈에서는 가족에게 필요한 것이 무엇인지를 확인하여 가족이 일련의 치료를 받기 위해 무엇을 변화시켜야 하는지를 파악한다. 8장에서는 TST 치료계획 양식의 완성에 대해 논의했었다. 이러한 자료를 통해 TST 팀은 우선적으로 해결해야 할 문제를 규명할 수 있다. 8장에서 논의되었다시피, 우선순의 문제들을 확인할 때는 환경적 촉발 요인 및 어떠한 상황에서 정서/행동조절장애가 나타나는지 그 패턴을 먼저 규명해야 한다. 그리고 문제 해결을 위한 TST 팀의 아이디어를 치료계획 양식에 작성해야 한다. 치료에서 가장 선행되어야 할 일은 '가족과의 협력적 만남'을 통해 이러한 문제 및 해결책을 제시할 수 있도록 하는 것이다. 팀과 가족 모두 문제 및 해결책에 동의한 이후에야 치료계획을 본격적으로 논의할 수 있다. 즉, 시작하기 모듈을 시작하기 전 가족과의 협력적 모임에 관해 먼저 논의해야 한다. 이러한 만남은 해당 문제와 관련 있는 이들, 특히 가족과의 토의를 시작할 수 있는 중요한 기회다.

가족과의 협력적 만남

가족과의 협력적 만남(Family Collaborative Meeting: FCM)은 문제 및 문제 해결책에 대한 팀의 초기 아이디어를 가족과 나누는 자리다. 평가가 끝난 후(보통 2회기 정도 소요된다), 팀은 TST 치료계획 양식을 작성한다. 그리고 나서 FCM을 마련해 가족을 포함하여 문제와 관련된 이들이 모두 참석하도록 한다. 필요하다면 정신과 의사 및 변호사도 동석하도록 한다. 또한 아동의 친척 및 다른 지지적인 어른 역시 참여할 수 있다. FCM에 관해서는 치료를 시작할 때, 즉 상담자가 가족을 처음 만날 때 알려 주어야 한다.

FCM을 마련할 때 주의해야 할 점이 있다. 가족과 TST 팀의 주장을 반영하는 것은 마치 곡예사가 줄을 타는 것과 같이 조심스럽게 이루어져야 한다는 점이다. 만약 TST 팀이 독단적으로 자신의 입장을 주장할 경우, 가족은 치료에 협력하려 하지 않을 것이다. 또한 팀이 분명하게 정리된 주장을 하지 않을 경우, 가족은 불안해할 것이다. 그러므로 TST 팀이 문제 및 해결책에 대해 분명히 정리된 생각을 가지고 FCM을 시작해야 하며, 가족의 생각에 따라 유연하게 변경시킬 수 있다는 개방적 자세를 가져야 한다.

논의를 진행하는 동안 현재의 계획이 사실에 근거하여 명확하고 초점화되어야 함을 항상 기억하라(세 번째 원리). 가족과의 협력에 현실적 제약이 존재함을 기억하는 것이 도움이 될 것이다(일곱 번째 원리).

우리는 치료 첫날부터 FCM에 대해 가족에게 알려 주어야 한다. 가족이 방문하여 질문지를 작성하도록 질문지를 건네줄 때, 우리 중 한 명은 "우리는 FCM에서 만났을 때 측정된 점수에 대해 이야기 나눌 것이며, 이를 통해 아동이 정서적으로 어떻게 기능하는지 알 수 있을 것입니다."라고 말한다. 그리고 가족이 무엇 때문에 고통받고 있는지 이야기한다면 "저에게 알려 주어서 감사합니다. FCM에서 이에 관해 더 깊이 논의를 할 것입니다. FCM을 통해 당신이 좀 더 편안해질 수 있기를 바랍니다."라고 말한다.

TST에서 FCM은 매우 중요하다. 왜냐하면 FCM이야말로 무너진 체계를 조정하고 복원하는 시작점이기 때문이다(첫 번째 원리). 또한 가족과 상담자의 책임에 관해 의사소통할 수 있는 길이기도 하다. 아동을 돌보는 데 관여하는 모든 이가 참석하여 치료계획 양식에 '서명'을 한다. 이것은 여섯 번째 원리인 책임, 특히 당신 자신의 책임을 주장하기에 해당한다.

가족에게 시간이 더 필요하다면 FCM을 당분간 미룰 수도 있다. 예상할 수 있는 이유로는 가족이 전문가들로 가득 찬 방에 함께 있어야 하는 것에 대해 위협감을 느낄 수 있다는 것이다. FCM을 미루는 이유에는 ① 문제를 바라보는 가족과 상담자의 입장이 전혀 달라서 논의가 어려운 경우(일곱 번째 원리: 현실에 맞추기), ② DSS 조사에서 가족이 어떠한 역할을 할 수 있을지 불명확할 때, ③ 가족 구성원이 문제 해결을 위해 협력하기 어려울 정도로 심각한 다른 문제를 경험하는 경우(예: 정신질환, 중증 우울증, 물질남용)가 있다.

상담자는 가족들이 FCM 전에 충분히 준비되어 있도록, 그리고 돌발 상황이 일어나지 않도록 노력하는 것이 중요하다. FCM은 초기 2회기가 끝난 후 가능한 한 빨리 이루어지는 것이 좋다. 또한 FCM 날짜를 정할 때에는 임상적 판단 역시 고려되어야 한다.

시작하기 모듈의 성공

앞서 언급했다시피, 시작하기 모듈에는 세 가지 목표가 포함되어 있다.

① 가족과 치료적 동맹 구축하기
② 트라우마와 TST에 관한 정보를 제공하고 교육하기
③ 치료 시작을 어렵게 만드는 가족의 현실적 문제 조정하기

FCM을 준비할 때는 이러한 목표를 달성하기 위해 가족과 함께 노력해야 한다. 이제 각각의 목표에 대해 보다 상세히 논의해 보겠다.

치료적 동맹

모든 치료과정에서 공통적으로 중요하게 여기는 요인이 있다면 그것은 바로 동맹이다. 상담자가 동맹을 구축해야 한다는 사실에는 모두가 동의한다. 동맹을 어떻게 얻어 내느냐는 또 다른 문제다. 동맹 구축에 기여하는 요인은 매우 많으며, 이에 관해 모두 다루는 것은 이 장의 범위를 넘어서는 것이다. 대신에 TST

에서 동맹을 구축하는 데 핵심적으로 여기는 요소들 위주로 설명해 보겠다. 이는 시작하기 모듈에서도 핵심적이다.

치료적 동맹을 구축하는 것은 단순히 상담자와 가족 간에 '호감' 을 느끼는 것 이상임을 이해해야 한다. 즉, 서로에게 좋은 감정을 갖는 것 이상으로, 서로 함께 치료 작업을 해 나가고자 하는 마음이 드는 것이다(이는 견고한 치료적 동맹을 형성하면 자연스럽게 형성되는 것이기도 하다.). 치료적 동맹에 대한 TST의 관점은 매우 구체적이다. 상담자와 가족은 구체적인 문세가 무엇인지, 그리고 이러한 문제를 어떻게 해결할 것인지에 관해 동의해야 한다. 이러한 동의를 얻어 내기 위해서 상담자는 가족과 대화할 때 진솔한 태도로 그들을 존중해야 한다. 가족들은 치료를 위해 무엇이 필요한지 알고 이를 위해 노력할 수 있어야 한다. 물론 이러한 것들은 가족들이 현실적으로 실천 가능한 것이어야 한다.

*** 문제에 관해 동의하기**

보호자가 아동을 치료에 의뢰하는 이유는 여러 가지다. 아동에 대해 걱정하기 때문일 수도 있고, 아동 때문에 자신들이 미칠 것 같아서일 수도 있다. 또는 다른 누군가가 치료를 받도록 시켰기 때문일 수도 있다. 그들이 치료를 위해 기관을 찾은 이유에 따라 '문제' 를 보는 관점은 크게 달라진다. 자녀가 심하게 슬퍼하는 것이 문제인가? 집 안의 가구가 자꾸 망가지는 것이 문제인가? 혹은 사회복지 부서가 가족을 더 이상 지원하지 않으려 하는 것이 문제인가?

상담자로서 당신은 문제가 무엇인지 명확하게 정리할 필요가 있다. 그러나 그것이 무엇이든지 당신은 가족이 진짜 문제라고 생각하는 것을 무시하거나 혹은 문제라고 생각하지 않는 것의 해결책을 찾으려 해서는 안 된다. 그러므로 문제가 무엇인지에 관한 동의를 얻어 내는 것이 가장 먼저 해야 할 일이다.

종종 이러한 과정은 쉽게 해결되기도 한다. "그렇죠. 사회복지 체계가 바로 문제예요. 우리가 그러한 문제를 해결해 줄게요." (일곱 번째 원리: 현실에 맞추기) 그러나 반드시 이러한 방식으로만 쉽게 해결되는 것은 아니다. 대신에 이렇게 말할 수도 있다. "외부의 관여를 최소화하며, 당신의 가족들을 원래대로 되돌리고 싶어 하는 것으로 들리는군요. 그러면 우리의 목표는 지나치게 많은 사람이 참여하지 않는 방식으로 돕는 것이 될 것입니다. 지금 학교에서 나타나는 조니의 성적 행동이 많은 이를 걱정하게 만들고 있어요. 우리는 무엇 때문에 그가 이렇게 행동하는지, 어떻게 그를 도울 것인지 생각해 보아야겠지요."

문제가 무엇인지 부모와 합의하기 위해서는 다음과 같은 질문에 대해 답을 얻어야 한다.

① 보호자는 문제를 무엇이라고 보고 있는가?
② 아동은 문제를 무엇이라고 보고 있는가?
③ 보호자와 아동은 그들의 가족 및 삶에서 어떠한 변화가 일어나기를 바라는가?

이러한 세 가지 질문에 대한 분명한 답을 얻었다면, 당신은 문제 해결책을 제안하기에 좀 더 좋은 위치에 있는 것이다. 문제를 정의할 때는 구체적이어야 할 뿐만 아니라 그 과정에서 통합적인 태도를 가져야 한다. 예컨대, 다른 친구가 수지를 괴롭혀서 그녀가 친구를 때렸다는 것과 이로 인해 수지의 어머니가 수지를 데리러 학교에 가기 위해 직장에서 조퇴했다는 것이 문제라는 것에 동의할 것이다. 수지가 문제로 생각하는 것(괴롭힘 당하는 것)은 엄마가 문제로 생각하는 것(수지 때문에 직장에서 조퇴를 해야 하는 것)과 연결되며, 모든 사건이 같은 문제의 일부로서 논의될 수 있다.

때로는 문제가 무엇인지 서로 동의하는 것이 쉽지 않을 수 있다. 이때 부모에게 트라우마에 관한 정보를 제공하고 교육을 하는 것이 도움이 될 수 있다. 보호자와 아동(특히 청소년)이 문제가 무엇인지 서로 동의하지 않는 경우가 많다는 사실을 아는 것이 중요하다("규칙이 너무 많아요!" "그렇지만 나는 네가 어디에 있는지, 누구와 함께 있는지 전혀 알지 못해!"). 문제 및 문제 해결책에 관해 상담자,

가족, 아동 모두 동의하는 것이 최선이지만, 항상 처음부터 가능한 것은 아니다. 그러나 적어도 상담자는 아동 및 보호자 각각과 치료적 동맹을 구축하여 중요한 문제가 무엇인지, 해결책은 무엇인지에 관해 동의를 구해야 한다.

✻ 문제 해결책에 관한 동의하기

문제가 무엇인지에 관해 동의를 구했다면 시작이 좋은 것이다. 그렇지만 그다음으로 당신은 문제 해결책에 관한 동의를 구해야 한다. 조니의 경우로 돌아가서 그의 성적 문제 행동에 대해 살펴보자. 만약 조니를 학교 밖으로 내쫓아 더욱 심하게 벌을 줄 것이라는 해결책을 제시한다면 조니의 부모는 어떠한 반응을 보일까? 그들은 그에 적극적으로 찬성할 수 있다. 만약 부모들이 치료가 효과 없을 것이라고 생각한다면 어떻게 하는가? 그들을 치료에 참여시키는 것만으로는 동기를 향상시킬 수 없다. 그러나 문제 해결을 위해 어떠한 것이 도움이 될지 알려 주게 되면 그들의 동기가 증진될 수 있다.

가족과 동맹을 형성할 때는 당신과 TST가 문제 해결에 도움이 될 것이라는 희망을 주입하는 것이 중요하다. 일부 가족은 다른 모든 방법에 효과가 없음을 확인한 다음에야 어쩔 수 없이 심리치료를 받으러 온다.

다양한 방식으로 가족들에게 문제 해결의 희망을 줄 수 있다. 물론 누구도 아동의 미래에 대해 장담할 수는 없다. 그러나 우리는 아동에 관해 잘 알고 있고 그들이 어떻게 트라우마를 극복해 나갈 수 있는지에 관해서도 알고 있다. 또한 충분한 시간과 에너지, 지원이 존재한다면 치료 효과가 나타난다는 사실 역시 알고 있다. 가족에게 TST에 관해 교육할 때 이러한 희망을 심어 주어야 한다.

만약 부모가 TST의 효과성에 대해 희망을 품기 시작한다면, 당신은 문제 해결을 위해 어떻게 할 것인지에 관해 보다 구체적으로 이야기하라. 부모들은 치료 과정이 어떻게 이루어질 것인지 알고 그에 관해 동의할 필요가 있다. 만약 SOS가 관련된다면 이와 관련해서도 부모와 이야기를 나누라. 정신약리학적 의뢰를 한다면 그렇게 해야 하는 이유에 대해 알려 주고, 약물치료에 대한 부모의 태도를 다루라.

당신이 어떠한 치료 단계에 있든 지속성은 매우 중요하다. 치료의 유용성에 관해 부모와 이야기할 때 지속성에 관해서도 언급하라. 치료시간 약속을 세 번 어기면 치료가 중단된다는 이야기를 하라는 것이 아니다. 치료시간 약속을 세 번 어김으로써 치료 및 문제 해결의 과정이 더뎌질 수 있음을 말하라는 것이다.

*** 진정성을 잃지 말라!**

무엇보다도 당신은 현실에 살고 있는 사람이며, 현실에 살고 있는 또 다른 사람을 만난다는 사실을 잊지 말라. 당신은 너무나도 많은 목표와 관련 서류들, 전문 용어들, 해야 할 일과 하지 말아야 할 일의 목록들, 그리고 학술적 특이성에 압도되기 쉽다. 하지만 만약 당신과의 만남이 끝난 후, 가족들이 이 모든 것을 할 수 없다고 느낀다면 그것을 모두 잊어버리라. 즉, 모든 해야 할 일과 하지 말아야 할 일의 목록은 잊어버리라. 가족들이 돌아오지 않을 것이기 때문이다. 혹은 돌아오지 못할 것이기 때문이다.

반면, 당신이 가족구성원의 말을 진심으로 경청하고 존중을 표현한다면 그들이 당신과 당신이 하는 일을 존중할 가능성 역시 높아진다. 만약 치료과정 중에 진전이 보이지 않는 때가 오더라도, 당신과 가족 사이에 존재하는 믿음은 그러한 시기를 극복하는 데 도움을 줄 것이다.

진정성은 가족들에게 당신이 믿을 만한 사람임을 알려 줄 수 있는 출발점이다. 이런 형태의 의사소통은 매우 중요하지만, 실제로 진정성이 어느 정도 평가될 수 있는지의 문제로 인해 매우 어려운 일일 수 있다. 우리는 5장에서 신뢰에 관한 주요 쟁점에 대해 논의하였다. 신뢰의 문제는 여섯 번째 원리인 책임, 특히 당사자의 책임을 주장하기를 포함한다. 신뢰를 구축하는 것은 책임에 대한 섬세한 주의를 요한다. 당신이 할 것이라고 말한 대로 행동하는 것과 당신이 실패했을 때에도 받아들이는 것은 다른 무엇보다 중요한 부분이다.

교육과 정보의 제공

시작하기 모듈은 가족들이 트라우마와 그 영향에 관해 무엇을 알고 있는지, TST에 기대하는 바가 무엇인지를 파악하는 시간이다. 이러한 영역에 대한 가족들의 지식에서 크지는 않지만 약간의 격차가 있을 수 있다. 결국 그러한 모든 것을 알아내는 것이 당신의 일이다. 가족구성원과 지식을 공유하여 아동에게 어떤 일이 진행되고 있고, 무엇이 도움이 되는지에 대해 이해할 수 있도록 돕는 것 또한 당신의 역할이다.

다음과 같은 기본적인 심리교육이 이루어져야 한다.

① 트라우마는 아동의 정서적 신경체계에 어떻게 영향을 미치는가?
② 사회환경은 어떻게 아동의 정서 조절을 돕거나 방해하는가?
③ TST는 무엇인가?

이 세 가지 부분은 이 책의 앞부분에서 자세히 논하고 있다. 그러나 1장부터 5장까지의 내용이 아무리 훌륭하더라도, 우리는 부모들이 이 부분을 반드시 읽어야만 한다고 생각하지 않는다. 다음의 내용이 우리가 부모들과 공유하기를 원하는 것의 요약본이다.

① 트라우마는 아동의 정서조절 능력에 부정적 영향을 미친다.
- 트라우마를 가진 아동은 종종 정서 반응을 보다 강력하게 느끼고 조절이 힘들 수도 있다.
- 종종 아동의 행동은 강렬한 정서를 처리하려는 시도이며, 아동은 그러한 정서를 처리하는 다른 방법을 배우는 방식의 도움을 필요로 한다.

② 사회환경은 아동이 강렬한 정서를 갖게 하는 큰 부분이다.
- 트라우마의 촉발 요인은 아동을 빠르게 다양한 정서 상태에 빠뜨릴 수

있으며, 이러한 정서는 너무 강렬하고 다루기 힘든 것이다.

- 트라우마의 촉발 요인은 아동이 느끼고 행동하며 세상과 관계를 맺는 방식을 변화시킨다.

③ TST는 사회환경 내의 트라우마 경험을 상기시키는 것들을 줄여 주며, 동시에 아동과 가족에게 감정을 조절할 수 있는 더 좋은 방법을 알려 줌으로써 도움을 제공한다. TST는 총체적인 치료 팀으로서 함께 일하고 아동을 돕는 데 헌신한다.

부모는 트라우마가 아동에게 어떤 영향을 미치고 자신이 도움을 줄 수 있는 것이 무엇인지 배움으로써 이전보다 힘을 갖게 됐다고 느낄 수 있다. 당신은 부모가 "무슨 일이 일어난 건지 모르겠어요. 꼭 누군가가 스위치를 올려서 갑자기 그렇고리가 통제 불능이 된 것 같아요."라는 부모들의 이야기를 들어 본 적이 있는가? 부모가 트라우마를 상기시키는 것이 어떻게 '스위치를 올리는지' 그리고 그 이유는 무엇인지 알게 되면, 이러한 종류의 행동이 갑자기 나타나는 것이라고 덜 느끼게 되며 좀 더 예측이 가능하다. 그리고 무언가를 예측할 수 있게 되면, 당신은 그것을 먼저 제거하거나 적어도 그것에 대한 준비를 할 수 있다. 부모로서 이것은 훨씬 위안이 되는 일이다.

잠시 던컨의 어머니에 대해 생각해 보자. 던컨의 어머니는 던컨이 '다루기 힘든' 아동이 됐다고 말했다. 또한 그녀는 던컨의 생활에서 폭력을 목격한 것과 같은 트라우마 사건에 대해 이야기했다. 그녀는 이 두 가지 부분을 연결하고 있는가? 그렇지 않다면 트라우마가 아동에게 어떤 영향을 미치는지에 대해 그녀에게 알려 주는 것이 큰 도움이 될 것이다. 던컨의 어머니는 상황을 악화시킬 수 있는 수많은 스트레스 요인에 대해 언급하였다. 우리는 그녀가 재정적인 스트레스로 인해 얼마나 힘든지 스스로 잘 인식하고 있다는 것을 안다. 그러나 그녀는 가정환경이 던컨에게 어떤 영향을 미치는지 알고 있는가? 그리고 그녀가 직장을 다니기 때문에 어머니로서 함께 있는 시간이 적다는 것, 즉 던컨의 사회환경이 덜 지지적이며 이러한 점이 정서를 조절하는 던컨의 능력에 영향을 미치고 있다는 것을 알고 있는가? 어머니가 트라우마와 사회환경 그리고 던컨의 행동 사이의 연결고리를 보기 시작한다면 예전과는 다르게 반응할 것이다. 그녀는 던컨에게 화를 덜 낼 것이고 덜 비난할 것이다. 그녀는 아들을 돕기 위해 자신이 할 수 있는 구체적인 것들이 있음을 느낄 수 있다. 간략하게 말하면, 그녀가 던컨의 편에 서서 가족들의 힘을 모아 트라우마를 극복해 나가도록 돕는 것이 가능해질 수 있는 것이다.

실제적 장애물 해결

가족들이 치료에 동참하겠다고 어떻게 약속했든 간에, 실제 장애물은 여전히 가족들의 참여를 방해할 수 있다. 도움 제공자로서 우리가 이러한 장애물을 인식하고 다루지 못하면 실제적인 도움을 줄 수 없다는 메시지를 전하게 된다. 뿐만 아니라 우리는 가족들에게 일관되게 좋은 치료를 제공하겠다는 약속을 지키지 못하게 된다.

우리는 모든 장애물을 해결할 수는 없지만 그것이 어떤 문제인지 알아낼 수 있고, 가족들과 함께 머리를 맞대고 문제를 어떻게 해결할지에 대하여 논의할 수 있다. 혹은 우리는 가족들을 위해 조금 더 쉽게 문제를 해결할 수 있는 타협점을 찾을 수 있다.

우리는 여기에서 구체적인 상황에 대해 이야기한다. 당신이 속해 있는 기관과 가족, 공동체의 자원에 따라 해결책은 다양해질 수 있다. 요점은, 적어도 치료에 장애가 되는 것들을 인식하고 그것을 해결하려고 시도하는 책임감을 지니는 것이다.

＊교통수단

"아이를 상담소로 데려가고 싶은데 어떻게 데려가죠?"

이는 좋은 질문이다. 그리고 그 답은 단순히 "매사추세츠 거리를 따라 쭉 내려

간 후 좌회전하세요."라는 식이 아니다. 자가용과 대중교통은 비용이 든다. 세 아이를 키우는 한부모의 경우는 아이들을 전부 데리고 와야 할 수도 있다. 수지가 다니는 학교가 마을의 반대편에 있다는 사실은 당신을 정말 당혹스럽게 하기도 할 것이다. 어떻게 해야 할까?

- 부모에게 여기 오는 방법을 알고 있는지 물어보고, 문제가 있다면 그 내용을 확인한다.
- 다른 교통수단에 대해 생각해 본다. 부모가 대중교통을 이용하려고 하는가? 스쿨버스가 아이를 상담소에 내려줄 수 있는가? 대부 또는 다른 사람이 아이를 돌봐 줄 수 있는가?
- 경제적인 문제 혹은 사회공포증 등과 같은 관련 장애들을 확인한다. 가족이 대중교통을 이용할 돈이 없다면 재정적인 지원을 받을 수 있도록 연결해 줄 수 있는가? 부모가 사회공포증으로 인해 아이를 데려오지 못한다면 부모를 위한 치료도 시작해야 한다.
- 다른 치료방법이나 장소에 대해서 고려한다. 당신의 상담소에서는 가정이나 학교로 '찾아가는 상담' 이 가능한가?

✻ 일정 잡기

"저는 오후 5시까지 일을 해야 해서 제시간에 갈 수가 없어요."

때때로 일정을 잡을 때 갈등이 발생하는 것은 치료보다 다른 문제들이 우선순위가 된다는 사실을 반영한다. 아동이 제일 좋아하는 TV 프로그램이 상담 일정에 방해가 됨을 알게 된다면 앞의 '문제 해결책에 관한 동의 구하기' 부분을 다시 떠올려야 한다. 그러나 종종 일정 잡기의 갈등은 정말 현실적이다.

다시 던컨의 경우를 이야기해 보자. 던컨의 어머니는 폭력적인 던컨의 아버지로부터 독립하기 위해 열심히 일하고 있다. 이것은 분명히 중요한 목표다. 그리고 만약 그녀가 던컨을 상담소에 데리고 가기 위해 일주일에 한 번씩 직장에서 일찍 조퇴해야 한다면 그녀는 해고될 수도 있다. 이러한 시나리오는 모두에게 좋지 않다. 그러면 당신은 무엇을 할 것인가?

- 약속시간을 확인한다. 가족에게 맞춰서 30분 정도 일정을 연기할 수 있는가? 가족에게 주중에 더 좋은 날이 있는가? 다소간의 유연성을 보여 주는 것은 때로 큰 조치이자 큰 도움이 된다(반면, 당신이 약속한 시간에 늦거나 토요일에 방문을 한다면 가족에게 분노를 일으킬 수도 있으므로, 당신에게 책망으로 돌아올 수 있는 양보를 해서는 안 된다는 점을 주의해야 한다.).
- 아동에게 도움을 줄 수 있는 다른 사람이 있는지를 부모와 함께 생각해 본다. 제인 할머니가 던컨을 상담소에 데리고 올 수 있는가? 제인 할머니가 치료 팀에 참여할 의사가 있는가?
- 중복 약속을 잡는다. 만약 아동이 약물치료사와의 약속과 상담 약속을 위해 와야 할 필요가 있고 어머니는 변호사를 만나야만 한다면, 이는 약속이 지나치게 많은 것이다. 한 번에 약속을 잡아 가족이 들이는 시간을 줄여 주자.
- 창의적인 문제 해결을 독려한다. 어머니는 목요일에 일찍 퇴근하기 위해 일찍 출근할 수 있는가? 직장 상사가 이 상황을 이해하고 상담하는 날 조퇴를 해도 어머니에게 해가 가지 않도록 어머니가 편안하게 상사에게 이야기할 수 있는가?
- 권리지원을 통해 부모가 아동을 돌보는 의무를 다할 수 있도록 한다. 가족의료지원 휴가(Family Medical Leave) 법안은 아동에게 심각한 돌봄이 필요해서 부모들이 주중에 여러 차례 상담 약속에 가야 하고 지속적인 관리감독을 제공할 필요가 있을 때 부모가 직장에서 해고되지 않도록 보호한다.

✽ 보육

"당신이 잰을 만나는 것은 좋지만 남겨진 다른 아이들은 어떻게 해야 할까요?"

부모가 치료에 참여하기를 원하는 경우, 이것은 특히나 중요한 문제다. 우리는 어머니가 아동과 함께 상담자를 만나는 동안, 아동의 형제자매가 대기실을 난장판으로 만드는 것을 보아 왔다. 이에 대한 제안은 다음과 같다.

- 자원봉사 프로그램을 시작하거나 자원봉사 기관의 도움을 받아 대기실이 붐비는 시간에 도움을 줄 수 있는 직원을 둔다.
- 다른 공동체의 자원이나 도움을 줄 수 있는 가족구성원을 생각해 본다.
- 다른 아동들이 방과 후 수업에 참여하거나, 아버지가 집에 있는 시간으로 약속을 잡는다.

✽ 언어

"나는 마침내 정말 이해해 주는 누군가를 만나서 행복하다!" (Estoy tan contento finalmente haber encontrado alguien que entiende realmente!)

어? 이제 "서술적 기억체계는 주로 해마에 의해 처리된다……."라고 말해 보자. (Huh! Now try saying "The declarative memory system is largely mediated by the hippocampus…….")

우리는 비영어 사용자의 비율이 나날이 증가하고 있는 놀라울 정도로 다양한 국가에 살고 있다. 이민자와 난민은 우리가 어떤 언어를 사용하고(또는 사용하지 않고) 우리가 어디에 있는지에 관계없이, 우리가 서비스를 제공해야 하는 내담자의 일부이거나 일부가 될 것이다. 만약 부모, 아동, 혹은 부모와 아동 모두 당신과 같은 언어를 사용하지 않는다면 어떻게 할 것인가? 다음과 같은 제안이 있다.

- 상담소 내에서 전체 체계에 미치는 변화를 주라. 다중 언어를 구사하는 직원의 고용을 지원하라.

- 다양한 언어로 서비스를 제공하는 지역사회 기관과 협력관계를 구축하라.
- 통역사와 함께 일하라. 아동을 통역사로 이용하지 않는다. 위기 상황에는 전국적인 전화 통역 체계를 이용할 수 있다.
- 몸짓이 의사소통에 매우 유용하다는 것을 기억하라. 당신은 첫 번째 만남이 있을 때까지 가족들이 소말리아어만 사용한다는 것을 알지 못할 수도 있다. 갑작스럽게 알게 되어 통역을 이용할 수 없을지라도, 가족에 대한 존중과 돌봄으로 소통할 수 있다. 눈을 맞추고, 진실하게 말하고, 그 후에는 다음 회기를 위해 통역사를 구할 수 있도록 가능한 모든 것을 하라.

＊부모의 한계

"토니를 상담에 참여시킬게요. (물론 내가 집을 나서야만 한다고 요구하지 않으면 할 수 있어요)."

종종 트라우마는 가족 전체에게 영향을 미친다. 부모 스스로가 정신건강에서 상당한 도움을 필요로 할 수도 있고, 다른 문제들이 아동을 위한 치료에 온전히 따르는 것을 힘들게 할 수도 있다. 치료에 대한 의지가 있음에도 불구하고 말이다. 부모의 PTSD는 과거의 트라우마에 대해 이야기하는 것을 피하게 만들 수 있고, 자연스럽게 아동을 위한 상담도 회피하게 한다. 약물중독으로 인해 부모는 일상생활에서 장애를 느끼고 있을 수도 있다. 우울증은 부모에게 깊은 영향을 미쳐서 침대 밖으로 벗어나지 못하게 할 수도 있다. 그리고 지적장애는 습관적으로 약속을 잊게 만들 수도 있다.

이러한 모든 문제는 아동이 치료를 받지 못하게 할 뿐더러 스트레스를 주는 사회환경에도 기여한다. 간략히 말해, 이러한 문제는 가족들이 정말로 도움을 필요로 한다는 뚜렷한 적신호다. 이에 대한 제안은 다음과 같다.

- 부모를 위한 치료를 시작하게 한다.
- 부모가 당신에 대해, 어머니나 아버지로서 그들의 아동을 잘 돌보지 못하고

있다고 비판하거나 수치를 주는 사람으로서가 아닌 지지의 자원으로 여기도록 만든다.

- 상담실에 올 수 없는 가족이라면 치료를 시작할 수 있는 방법으로 SOS를 고려해 본다.

✻ 정신과 치료의 낙인

"난 내 아이가 미쳤다는 낙인을 받게 하고 싶지 않아요."

정신질환을 가지고 있다는 낙인은 안타깝게도 자주 일어나는 일이다. 가족이 그에 대해 걱정하고 있는지를 알아보고, 심리교육을 통하여 정신과 치료를 받는다는 것이 미쳤다거나 약하다거나 다른 사람보다 못하다는 것을 의미한다는 그릇된 통념을 떨쳐 낼 수 있도록 최선을 다한다.

✻ 사회복지 서비스에 대한 두려움

"내가 아이를 이곳에 데리고 오면 당신은 사회복지기관에 보고할 거예요. 나는 그렇게 하는 것을 원치 않아요."

우리가 단지 "아뇨, 보고하지 않을게요."라고 말할 수 있다면 이 문제는 쉽게 해결될 것이다. 하지만 우리는 그렇게 할 수 없다. 우리에게는 보고해야 할 의무가 있다. 그리고 아동을 보호해야 할 의무도 있다.

하지만 우리가 언제 그리고 왜 아동학대를 상급 기관에 보고하는지에 대해 정확하게 부모가 이해하도록 도움을 줄 수 있다. 그리고 보고를 해야 한다면, 우리는 보고하는 동안 부모와 함께 작업하기 위해 최선을 다할 수 있다. 우리는 확실히 강점, 예를 들어 "가족이 치료에 동참하고 있고, 상담실에서 나와 함께 있으며, 우리는 함께 작업하는 데 동의했다. 어머니는 육아에 대한 지원에 대해 개방되어 있다……."를 강조할 수 있다. 바라건대, 사회복지 서비스가 개입된다면 당신은 그들을 치료 팀에 참여시켜서 그들이 TST에 따른 통합 돌봄 체계의 일부가 되게 할 수 있다.

시작하기 모듈의 목표 달성을 위해 TST 치료계획 양식을 이용하기

TST 치료계획 양식의 기본 형태는 문제와 해결책에 대해 보다 자세한 분석을 제공하고, 누가 무엇에 대해 책임이 있는지에 관하여 명확히 기술하는 것이다. FCM에서의 토론을 안내하고, 후속되는 가족과의 만남에서 '나아가기' 단계로 나아가기 전, 문제와 해결책에 대해 충분히 합의할 수 있도록 우리는 이 양식을 이용한다. 다음에 제시된 바와 같이, 치료계획 양식은 치료에 관한 모든 것을 명확하게 하고 구체화함으로써 치료를 지속적으로 안내한다.

8장에는 이 양식을 어떻게 작성해야 하는지에 대한 세부 내용이 담겨 있으며, 양식은 부록에 첨부되어 있다. 가장 중요한 부분은 TST의 우선순위 문제(5a 영역)에 대한 명쾌한 설명과 추천된 해결책(6 영역)이다. 동의 형성의 가능성을 극대화하기 위해 다음과 같은 안내를 반드시 따라야 한다.

① TST의 우선순위 문제와 그에 대한 해결책을 명확하고 간단하게 규명한다. 가족이 이해하고 수용할 것이라고 생각되는 언어를 사용한다.
② 명료하되 독단적이어서는 안 된다. 가족들이 당신이 말한 것을 이해하지 못하거나 강하게 반대하는 경우 한 발짝 물러선다.
③ 가족구성원이 원하는 것을 주의 깊게 듣는다. 가족들에게 가장 중요한 것을 치료계획에 포함시킬 수 있도록 최선을 다한다.
④ 가족들을 통해 당신이 놓친 것이 있음을 확인하게 된다면 그에 따라 계획이나 해결책에 대한 접근을 수정한다.
⑤ 가족들이 당신이 놓친 것이 있다고 확신하지 않는다면 문제나 해결책을 논하는 방식을 수정한다. 앞의 '치료적 동맹' 부분에서 설명한 바와 같이, 가족들의 변화에 대한 동기를 북돋울 수 있는 방식으로 문제가 서술되도록

한다(즉, 가족들의 고통을 다룬다.).

⑥ 일단 합의에 도달한다면 모든 관련자의 서명을 받고, 팀 내의 모든 구성원(특히 가족)을 위해 복사를 한다.

⑦ 치료 중 진행 방향이나 우선순위에 관한 문제에 맞닥뜨리면 TST 치료계획 양식을 꺼낸다. 팀의 각 구성원이 자신이 합의한 대로 행동하고 있는 지에 관해 정보를 얻도록 이러한 논의를 이용한다.

⑧ 가족구성원에게 그들이 합의한 일을 행하고 있음에 대한 믿음을 준다.

⑨ 가족들이 자신들이 동의한 대로 행동하지 않았을 때 반드시 그 이유에 대해 논의하고 이해해야 한다. 가족들이 동의한 대로 행동하지 않는 데에는 여러 가지 이유가 있을 것이다. 각각의 이유에는 각기 다른 접근방법이 필요하다. 공통되는 이유 중 몇 가지는 다음과 같다.

- 가족은 문제와 해결책에 대해 당신이 설명한 것을 정말로 이해하지 못했다. 가족은 진심으로 동의한 것이 아니라 다른 여러 가지 이유로 동의를 표현한 것이다. 가족들은 당신이 이야기한 것을 정말로 이해했는가? 만약 가족구성원들이 그들이 하겠다고 말한 것을 행동에 옮기지 않았다면 그들이 이해했는지에 관해 재확인하는 것이 중요하다. 중요한 오해가 있다면 보다 단순한 언어를 사용해야 한다. 심리교육 또한 도움이 될 수 있다.
- 가족이 정말로 문제나 해결책에 대해 동의하지 않았다. 가족구성원이 당신을 보내기 위해서 '예' 라고 대답했는가? 그들이 '아니요' 라고 말하는 것을 두려워해서 '예' 라고 대답했는가? 가족이 합의 사항을 완전히 따르지 않는다면 언제든 이러한 가능성에 대해 반드시 다시 확인하고, 가능하다면 재협의를 해야 한다.
- 합의에 완전히 따르는 것을 방해하는 실제적 장애물이 있다. 아마도 가족은 이해하고 동의했지만 일정 잡기나 교통수단 문제와 같은 것들을 충분히

예상하지 못했을 것이다. 이러한 부분도 재확인해야 한다.

- 가족은 당신이 약속을 지키지 않았다고 믿는다. 그런 적이 있는가? 확인해 보자!!

만약 당신이 동의할 수 없다면? 때때로 상담자와 가족은 치료의 우선순위에 대해 실제로 동의하지 못하는 경우가 있다. 예를 들어, 어머니는 자신이 우울증을 갖고 있다고 여기지 않을 수도 있고, 자신의 우울증이 자녀에게 영향을 준다고 생각하지 않을 수도 있다. 이러한 상황에서 상담자는 심리교육을 통하여 그들이 어떤 것을 치료에 있어서 우선순위로 생각하는지의 이유를 알 수 있도록 최선을 다해 도와야 한다. 바로 합의에 도달하지 못했을 때는 차이를 인정하고 타협하는 것이 필요할 수도 있다.

"우리는 다소 다르게 바라보고 있는 것 같아요. 당신은 좁은 집에서 사는 것이 당신이 바라는 대로 아이를 돌보는 것을 정말 어렵게 만든다고 생각하고, 나는 당신이 가진 슬픔이 이러한 어려움을 가중시키는 것 같다고 보고 있어요. 당신도 알다시피, 우리 둘 다 옳을 수도 있어요. 바로 당장 드니즈에게 도움을 주는 것이 얼마나 중요한지를 생각해서 우리는 모든 방법을 다 동원해야 할 것 같아요. 두 가지 일을 모두 시도하는 것에 대해 동의하는 것이 어떨까요? 나는 거주에 관한 지원을 받는 일을 시작하고, 당신은 당신이 겪어 온 슬픔과 불면증에 대하여 상담자에게 이야기하는 것에 대해 동의하는 거예요."

'나아가기' 단계로 갈 준비가 된 시점임을 어떻게 알 것인가

시작하기 모듈은 치료의 단계와 무관하게 가족구성원 모두가 시작해야 하는 중요한 모듈이다. 가족들은 각기 다른 지식의 토대, 치료 경험의 내력, 기대를 가지고 치료에 참여하기 때문에 이 모듈은 매우 개별화된다. 어떤 가족들은 하루만 지나도 시작할 준비가 되고, 어떤 가족들은 더 많은 시간이 필요할 수 있다. 가족이 시작하기 단계로 이동할 준비가 됐다는 것을 어떻게 알 수 있을까?

가족구성원은 다음과 같을 때 시작하기 모듈에 따라 움직일 준비가 된 것이다.

- 가족구성원이 정기적으로 약속에 참여함으로써 준비가 되었음을 행동으로 나타낸다.
- 문제와 해결책에 대한 전반적인 합의가 있다(치료적 동맹의 시작).
- 가족들은 트라우마가 어떻게 아동에게 영향을 미치는지에 대한 기본적인 지식을 가지고 있다.
- 가족들이 TST가 어떻게 일하고, TST 안에 그들이 어떻게 참여할 것인지에 대하여 익숙하다.

치료의 다른 모듈로 이동한 후라고 할지라도, 가족들은 시작하기 모듈의 '재점화' 과정을 필요로 하는 때가 있을 것이다. 어쩌면 새로운 장애물이 나타날 수도 있고, 희망이 시들해지기 시작할 수도 있으며, 익숙하지 않은 새로운 치료 단계에 들어가게 될 수도 있다. 어떤 면에서든 가족들이 치료에 잘 참여하지 않는 것처럼 보인다면 한두 회기를 문제 해결과 동기의 촉진을 위하여 진행하라. 때로는 또 다른 FCM이 팀을 제자리로 돌아오게 하는 데 도움을 줄 수도 있다.

시작하기 모듈에서 진행된 작업은 앞으로 갖게 될 모든 단계의 기반을 마련한다. 만약 당신이 이 단계에서 성공했다면 이미 나머지의 일들을 보다 쉽게 만든 것이다.

11

현장에서 안정화시키기

– 아동이 가정과 학교에 머물 수 있도록 돕는 지역사회 기반의 돌봄

▨ 학습목표

- 아동이 가정에서 안전하게 머물 수 있도록 가족을 안정화시키기
- 아동의 정서조절 능력을 지원하기 위해 가족의 능력을 향상시키기
- 지원과 부모교육을 통한 환경 안정화하기

현장에서 안정화시키기(Stabilization On Site: SOS)는 아동의 일상환경 안에서 트라우마를 떠올리게 하는 요인과 스트레스 요인을 직접적으로 줄이는 데 초점을 맞추고 있는 집중적인 가정, 학교 기반의 서비스를 포함한다. SOS는 불안정한 환경에 놓여 있거나 갑자기 정서조절장애를 경험하는 아동, 예를 들면 치료의 생존기나 안정기에 있는 가정의 아동에게 적합하다. SOS는 병원에서 제공될 수 있고, 가정의 안정화를 돕는 결정적인 단계에 도입될 수 있으며, 감정적·환경적 위기에서 즉각적인 지원을 제공한다. SOS는 치료 초기에 주로 사용되지만, 그 외에도 치료 중인 가정이 새로운 문제를 경험하거나 가정의 안정을 위협받게 될 때 치료계획에 도입될 수 있다.

단순히 가정에서 하는 방문 치료에 불과한가

SOS는 상담실 치료와 많은 공통 요소를 가지고 있지만 몇 가지 중요한 차이가 있다. 아무리 평등주의자인 상담자가 상담실 치료를 한다고 해도, 이는 여전히 '상담자'의 사무실에서 일어나는 것이다. 장소는 자동적으로 상담자에게 책임을 전가한다. 또 다른 측면에서 볼 때, 아무리 상담자가 많이 안다고 해도 가정에 가게 되었을 때는 그 가족이 책임을 지게 된다. 이것은 SOS의 획기적인 측면이다. 가족구성원은 좀 더 참여적으로 느끼고, 자신의 가정에서 일어난 치료에 관여하고 싶어 한다. 그들은 변화를 만드는 데 더 많은 책임감을 가질지도 모른다. 또한 그들은 당신이 말하는 동안 TV를 본다든가, 상담에 참여하도록 이웃을 초대하는 등의 새로운 시도를 할 수도 있다. 이와 같이 예측 못할 사건들이 SOS를 상담실 치료와 구분하게 해 준다.

SOS는 상담실 치료에서는 볼 수 없는 많은 기회를 만들어 낸다. 상담자는 가정이 어떠한 모습인지 알 수 있고, 상담실에서는 볼 수 없는 안전함의 정도와 트라우마 촉발 요인을 평가할 수 있다. 또한 SOS 상담자는 가족이 어떻게 기능하는지 그들의 행동을 봄으로써 많은 것을 배울 수 있다. 그들은 학교 모임이나 공공주택 관리센터에 같이 갈 수도 있다.

SOS는 극복해야 할 많은 과제를 안고 있다. 이웃의 아동이 놀러온다면 당신은 어떻게 할 것인가? 전화기가 계속 울리면 어떻게 할 것인가? 방문하는 길에 총소리를 듣고 매우 무섭다고 느낀다면 어떻게 할 것인가? SOS는 예측하지 못한, 예견하지 못한 사건이 일어난 경우에도 어떻게 하면 확실하게 치료를 진행시키는지 배우는 것이다. SOS는 단순히 가정에서 하는 치료가 아니다. 그것은 짧은 시간동안 가족의 세계에 기꺼이 들어가는 것이다. 현재 이러한 기회를 어떻게 효과적으로 활용하는지, 그리고 어떻게 위험을 피하는지를 배우는 것이 이 장의 주제다.

SOS가 적합한 때는 언제인가

SOS를 적용하기 전에 다음 세 가지 요인이 고려되어야 한다.

① SOS를 시행하는 상담자를 위한 안전한 환경
② 아동을 위한 환경의 즉각적인 안전
③ 가정 기반의 서비스에 참여하는 가족의 자발성

이 요소들이 갖춰지면 SOS 치료의 대상자인, 정서 조절과 환경적 안정성에서 심각한 문제를 경험하는 아동(치료의 안정기나 생존기의 아동)을 찾는 단계로 진행하라.

SOS 팀을 위한 안전한 환경

가정에서 아동을 안전하지 않게 만드는 환경적 이유 중 몇 가지는 상담자가 가정 방문을 하였을 때도 안전하지 않은 환경을 만든다. 예를 들어, 갱단과 관련 있는 가정이 위협을 받는다면 가정 방문은 상담자를 위험에 빠뜨릴 수 있다. 마찬가지로 상담자가 폭력적 남편을 경찰에 신고한 부인을 지원하게 된다면, 상담자는 그 남편의 분노로 표적이 될 수 있다. 이러한 상황에서 SOS를 시행하는 상담자는 센터에서 가족을 만나거나 지역사회에서 만날 수 있다. 가정이 보다 안전한 생활환경을 가지도록 도와주는 지원을 시작하는 것이 가장 중요한 방법일 것이다.

아동을 위한 환경의 즉각적인 안전

가정에서 가정폭력이나 지속적인 학대가 있을 경우, SOS는 적절하지 않다. 각 지역의 사회복지기관은 아동에게 안전한 환경을 제공하는 즉각적인 대처를 하고 그에 대한 정보를 보고받아야 한다. 이런 측면에서 상담자는 아동이 안전한 환경에 있는지 확인하기 위하여 사회복지기관과 함께 아동을 지원하는 역할을 한다. 이런 행동은 '먼저 안전을 확보하기' 라는 TST의 두 번째 원리를 따른다.

몇몇 지역의 아동보호 서비스는 아동을 적절하게 보호하지 못하는 가정을 돕기 위해 가정방문 팀을 활용한다. 이런 경우 SOS는 가족과 사회복지기관과 함께 아동이 돌아갈 수 있는 안전한 가정을 만드는 데 협업한다.

가정 기반 서비스에 참여하는 가족의 자발성

가정 기반 서비스는 가족구성원의 적극적인 참여를 필요로 한다. 상담자가 일주일에 몇 번씩 가정을 방문한다는 것은 어떤 가족에게는 매우 위협적이고 침입적일 수 있다. 어떤 가족은 문제가 가족이 아닌 아동에게 있다고 느낄 수 있다. 이 경우 상담자는 가족이 이런 걱정을 이해하는 작업을 하고 이런 주제를 다룰 수 있는지 본다. 만약 가족이 타인의 방문을 선호하지 않는다면, 상담실에서 상담할 수 있다. 만약 가족이 가족이라는 확대된 맥락이 아니라 문제가 오롯이 아동 때문이라고 인식한다면, 시작하기 모듈에서 설명한 것처럼 문제를 보는 틀에 대한 작업을 지속할 수 있다.

또 다른 공통적인 문제는 일반적으로 가족이 서비스에 압도된다고 느끼는 것이다. 그들은 무슨 이유로 서비스 제공자를 추가로 원하겠는가? 만약 SOS가 다른 서비스의 최우선이라면 이런 문제는 매우 실제적이 된다. 반면, 배려적인 의사소통과 개인상담, 사회복지 등과의 통합을 통해 SOS 관리가 다른 돌봄 체계와 잘 엮인다면, 가족들은 서비스 제공자가 보다 적게 필요한 삶으로 향할 수 있을 것이다.

상담자의 역할은 가족구성원들이 왜 이러한 집중적인 가정 기반의 개입이 추천되며 이러한 서비스로부터 그들이 무엇을 잠재적으로 얻을 수 있는지를 이해하도록 돕는 것이다. 이것은 가족과 치료 동맹을 구축하는 문제다. 그리하여 모든 사람이 무엇이 문제이며 어떻게 고칠 수 있는지에 대해 동의하는가의 문제다. 대부분의 가족이 SOS 서비스를 좋아하며, 다른 어떤 서비스보다 편하고 도움이 된다는 것을 가족들에게 알려 주는 것이 도움이 될 수 있다.

일반적으로 주 상담자(primary clinician)가 가족들에게 SOS의 개념을 소개한다. 아동이 치료의 생존기나 안정기에 있다는 충분한 정보가 나오면 평가과정의 초기에 곧바로 SOS 개념이 제시되어야 한다. SOS 상담자와 가족의 첫 모임은 가족과의 협력적 만남(FCM)의 한 부분으로 일어난다. 8장에서 언급되었듯이, 치료계획과 FCM은 다음의 기회를 제공한다.

① 우선순위 문제를 정의하는 것에 대한 동의
② 해결책에 대한 동의
③ 누가 어떤 것에 책임이 있는지에 대한 결정

SOS 상담자가 정확하게 무엇을 할지에 대해 우선적인 동의를 얻는 것은 중요하다. 가정을 방문함으로써 SOS 상담자는 치료계획에 영향을 미칠 중요 정보를 얻을 수 있기 때문에, 치료계획은 이 새로운 정보를 더해서 다시 수정될 필요가 있다.

치료구조

SOS 치료는 일반적으로 서너 달 동안 지속된다. 처음에는 치료가 보다 집중적이다(일주일에 2~3회). 시간이 가면서 방문 횟수는 일주일에 1회로 줄어든다. 이

기간 동안, 응급 SOS 상담자는 가족이 위기 상황에서 언어적 도움이라도 받을 수 있도록 전화/무선호출기 연락이 가능해야 한다. 가족이 다른 치료를 원하거나 가족의 안전에 문제가 있지 않다면, 치료는 주로 가정에서 이루어진다. 안전상의 이유로 SOS는 주로 두 명의 상담자가 함께 방문한다.

평가 단계

SOS가 시작될 때에는 일반적으로 직면해 있는 문제나 치료 목표에 대한 정보가 거의 없다. 그러나 가정의 거실이 어떤지에 대한 정보가 없는 것이 곧 기회다. 가정의 실내 장식이 어떻게 꾸며졌는지는 정말 중요한 문제는 아닐 것이다. 하지만 가족이 어떻게 역동하는지에 대한 미묘함은 정말 중요하다. 거실에 누가 있는가? TV가 켜 있는가? 그렇다면 왜 그런가? 그것은 아동들을 조용하게 만드는가, 아니면 모든 사람을 분산시키고 크게 말하게 하는가? 흡연을 하는 가정인가? 어머니와 만나는 동안, 그녀가 담배를 통해 자신을 진정시키게 하는 것이 중요한가? 당신이 다룰 문제 중의 하나가 약물 사용인가? 가정환경이 혼란스럽고 시끄러워서 아동의 트라우마를 상기시킬 가능성이 있는가, 아니면 단지 생생하고 떠들썩한 가정집에 불과한가?

첫 3~4회기는 가족이 SOS 상담자를 조금 더 알아가는 기회가 되며, 상담자는 무엇이 가족을 움직이는지 배우는 기회가 된다. 이러한 방문은 특별한 구조를 갖지 않는다. 기억하라. 가족구성원이 책임을 가지고 있고, 당신의 역할은 가족들이 그들의 가정과 삶에 당신을 받아들이는 방식대로 그들에게 이끌려 가는 것이다. 이와 같은 평가 기간 동안, 당신의 목표는 다음과 같이 FCM 안에서 치료 동맹을 구축하는 것이다.

① 문제에 동의하고, SOS가 어떻게 치료의 한 부분인지 상의한다(이에 대해 더

알기 위해서는 시작하기 모듈을 참조하라.).

② 함께 작업하는 방식에 동의한다(당신이 작업하는 전체 계획에서부터 가정 방문이 어떤 방식으로 운영되는지에 관한 세부 계획을 포함하여).

세부 계획: 이상적 가정 방문 운영 지침

가정 방문은 예상하는 것만이 가능하기 때문에, 우리는 이번 회기를 '이상적 가정 방문 운영 지침' 이라고 명명한다. 당신은 클라리사의 생일인지 몰랐다. 그럴 수도 있다! 당신은 케이크 먹을 시간에 거기에 막 도착했다. 그렇다면 그냥 파티용 모자를 쓰라.

상담 회기가 어떻게 진행되어야 하는지에 대해 이야기할 때, 계획대로 전혀 이루어지지 않는 경우도 많다는 것을 잊지 말자. 당신이 클라리사의 생일 파티에서 파티용 모자 쓰기를 거절하고 '회기 중에 식사 금지' 규칙을 들며 케이크를 거부한다면 아무도 도울 수 없을 것이다. 반대로 '오, 어쩌면 우리가 무언가를 할 수 있을지도 몰라. 그리고 어쩌면 할 수 없을 수도 있지.' 와 같은 태도로 되는 대로 회기를 진행한다면 역시 도움이 되지 못할 것이다. 그래서 우리는 당신의 교류가 보다 예측 가능하고, 보다 생산적으로 가족과 작업할 수 있도록 돕고자 다음과 같은 회기의 구조를 제안한다.

상담 회기는 보통 1시간이다. 상담이 가정에서 일어나기 때문에 그 시작과 끝을 구축하는 틀은 특히나 중요하다. 가족과 상담자가 회기의 시작과 끝을 나타내는 신호에 대해 동의한 후, 회기 동안 일어나는 일에 대한 규칙에 합의하는 것도 중요하다. 전화를 받는 것은 괜찮은가? 라디오를 켜도 되는가? 누가 회기에 참여하는가? 만약 이웃이 갑작스레 들린다면 어떻게 할 것인가?

상담실에서 상담자가 첫 회기에 규칙을 정하는 것으로 시작하는 것은 상식이지만, SOS에서는 굳이 그럴 필요가 없다. 어떤 이에게 당신은 손님이다. 당신의 시어머니가 당신 집을 방문해서 음악을 끄라고 하고, 부엌에서 밥 먹고 있는 것을 멈추라고 하고, 새로운 창문 장식이 필요하다고 말하는 것을 상상해 보라. 당신이 우리보다 나은 사람이 아닌 다음에야 시어머니의 다음 방문 때는 집에 있고 싶지 않을 것이다.

가족구성원이 집에서 무엇을 할 수 있고 또 할 수 없는지를 규칙으로 정하면서 회기를 시작하는 것은 충돌을 야기할 수 있다. 이는 특정 규칙이 중요하지 않다는 말이 아니다. 당신의 역할은 어떤 규칙들이 정말로 필요한지, 그것을 함께 이루어 갈 수 있는지를 찾아내는 것이다.

SOS 상담자의 가정 방문은 가족이 힘을 얻고 통제감을 느낄 수 있도록 돕는 것이다. SOS 상담자는 반드시 가족의 소망을 절충하고, 요란한 라디오 소리가 나거나 저녁을 만드는 와중에도 상담 회기를 진행해야 한다. 다양한 규칙(예: 상담 회기 동안 라디오/TV 금지)에 대한 당위성을 나누기보다, 팀 구성원이 효과적인 대화를 선보이고 그들의 가치관이 들릴 수 있게 전달하며, 가족이 하는 말에 초점을 맞추는 편이 낫다. 초기에 상의하는 주제와 규칙은 다음을 포함한다(그러나 이것으로 제한되지는 않는다.).

① TV, 라디오, 또는 지속적인 소음을 내는 것들에 관한 규칙
② 어떤 가족구성원이 참가하며, 참가하지 않으면서 집 안에 있는 것은 괜찮은가
③ 상담이 이루어지는 장소
④ SOS 팀의 방문 시 '출입 금지' 된 방이나 시간은 있는가
⑤ 전화가 오거나 방문 벨이 울리면 어떻게 처리할 것인가
⑥ 다른 활동(예: 바느질, 노트에 적기, 비디오게임 하기, 음식 섭취, 흡연)을 상담 회기 동안 할 수 있는가

기본 규칙은 가족과 SOS 상담자에게 모두 적용되어야 한다. 예외가 필요하다

면, 이는 초기에 말하고 다루어져야 한다. 예를 들어, SOS 팀은 응급전화에 응답해야 할 수도 있다.

모든 가족에게 일반적으로 적용할 수 있는 이상적인 규칙은 존재하지 않는다. 예를 들어, 온 가족을 위해 TV는 꺼져 있어야 한다는 규칙을 만드는 것은 당연해 보이나, 반드시 그래야 할 필요는 없다. 또한 비디오를 보지 않을 때 방 안을 난폭하게 뛰어다니는 세살박이가 있는 상황을 가정해 보라. 거실 구석의 비디오는 사람들이 상담에 집중하는 것을 도울지도 모른다. 또는 어떤 침묵이든 참지 못하는 어머니가 있다고 해 보자. TV를 끄는 것은 어머니의 불안감을 폭발시키는 것이다. 물론 가족과 처음 작업을 할 때, 당신은 이러한 것들을 알지 못한다. 그래서 첫 몇 회기는 당신이 관찰하고 왜 가족이 지금의 방식으로 움직이는지 좀 더 발견하도록 고안된 것이다.

기본 규칙에 대한 논의는 회기의 구조에 대해 합의하는 시간일 수도 있다. 상담 회기는 다음의 기본 요소를 포함한다.

- 적응하기
- 시작하기
- 문제 해결하기/강점 기르기
- 회기 마무리

상담의 다양한 단계를 어떻게 구성할 것인가는 바로 가족의 일상에 기반을 둘 수 있을 것이다. 예를 들어, 평가 단계 동안 어머니가 상담자에게 음료를 대접하는 것을 좋아한다는 것을 발견했다면, 커피를 잔에 따르면서 담소를 시작하는 것이 '적응하기'의 틀이 될 수 있다. 어쩌면 막내아이는 소파에서 껴안고 있을 수 있는 봉제인형을 가지고 올 수 있다. 이 경우 막내에게 봉제인형을 가져오라고 하는 것이 적응하기의 신호가 될 수 있다. 나중에 당신은 봉제인형을 돌리면서 인형을 가진 사람이 말할 수 있는 기회를 주는 신호로 활용할 수도 있다. 무엇이 일상의 규칙인지가 중요한 것이 아니다. 당신이 발전시킬 그 규칙이 중요한 것이다.

[그림 11-1]에는 예시 회기가 설명되어 있다.

회기는 종종 융통성을 요구한다. 예를 들어, SOS 상담자는 회기 동안 가족의 논쟁에 우연히 마주치거나 아동의 정서조절장애를 목격할 수 있다. 이러한 예들에서 회기의 구조를 유지하는 것과 가족의 현재 취지에 반응하는 것의 균형을 유지하는 것이 필요하다. 상담자는 임상적 판단으로 그 균형점을 결정할 것이다. 예를 들어, SOS 상담자가 방문했을 때 아동과 부모가 서로 소리 지르고 있다면, 상담자는 안전과 늘 하던 일상을 시작할 가능성을 빠르게 탐색해야 한다. '현장(on-the-spot) 의사결정 체계' (뒤의 [그림 11-2] 참조)는 상담자가 어떻게 위기 상황을 다룰지 결정할 때 사용될 수 있다.

10분	**단계:** 적응하기 **신호 표식:** SOS 상담자의 방문 **활동:** 가족구성원이 커피/소다를 가져오고, TV를 끄고, 전화기 코드를 뽑고, 바깥의 아동들을 부르고, 담화를 시작한다.
20분	**단계:** 시작하기 **신호 표식:** 막내가 봉제인형을 가져온다. **활동:** 최근 사건을 물어보고, 정서조절 가이드(Emotion Regulation Guide, 뒤에서 설명됨)를 확인한다. 모든 사람에게 말할 수 있는 기회를 주기 위해서 인형을 전달한다. SOS 상담자는 가정과 아동의 안전을 지속적으로 탐색한다.
25분	**단계:** 적극적으로 문제 해결하기와 강점 만들기 **신호 표식:** 정서조절 가이드를 통한 개입 **활동:** 정서조절 가이드를 활용하여, SOS 상담자는 가정의 불안정 관련 정서조절 전략이나 지원이 필요한 부분을 찾아내는 작업을 가족과 함께 한다.
5분	**단계:** 회기 마무리 **신호 표식:** 인형 치우기 **활동:** 상담자가 사용하는 회기 마무리 의식(예: 특별한 악수)을 유사하게 하고, 다음 약속시간을 정한다.

[그림 11-1] **회기 내 구조의 예시**

전체 계획: 당신이 작업하는 것

SOS의 치료 범위와 목표

SOS의 구체적인 목표는 가족마다 다르다. 그러나 SOS의 전반적인 목표는 가족을 안정화시켜서 아동이 가정에서 안전하게 지내는 것이다. 가정의 안정성은 아동의 정서조절장애, 환경적 불안정성, (더 일반적으로는) 그 둘의 복합적인 이유로 위협받는다.

SOS는 일반적으로 스트레스가 많은 가족을 다룬다. 가족과 관계를 맺기 위해서는 가족구성원에게 고통을 유발하는 분명한 문제들에 관해 치료 동맹을 형성하는 것이 매우 중요하다. 10장에서 살펴보았듯이, 이러한 동맹이 형성되고 치료가 이루어지려면, 아동과 가족이 치료 목표를 설정하고 그에 가치를 두어야 한다. 치료를 '구입한' 가족들은 다음 두 가지를 반드시 믿어야 한다.

① 치료가 이루어지면 많은 고통과 스트레스가 완화될 것이다.
② 치료는 이루어질 수 있다.

우리의 핵심을 다시 말하자면 다음과 같다.

동맹이 없으면 치료도 없다.

생존기의 SOS

생존기의 아동은 행동이 조절되지 않으며(위험 행동에 잠재적으로 연결되어 있으며), 생존기의 환경은 위협적이다(아동에게 해를 가할 위험이 있다.). 이런 맥락에서 치료는 분명히 위험투성이다. 이 단계 동안, TST 상담자는 응급실 직원, 정신과 패쇄병동 상담자, 사회복지사, 경찰과 같은 이들과 교류를 가지게 됨을 예상할 수 있다. 위험 행동에 연루된 아동과 아동에 대한 위험을 내포한 가정의 상황은 임상 장면에서 가장 취약한 상황이지만, 상담자들이 트라우마를 가진 아동과 작업할 때 가장 자주 마주치는 상황이기도 하다. 우리가 이 단계를 '생존'이라고 부른다면 이는 문자 그대로를 의미한다.

잠재적으로 위험 행동에 연루된 아동들은 정규적으로 안전을 측정해야 한다(예: 자살 가능성, 가족이나 이웃의 다른 아동에 대한 공격적 또는 성적 충동). 이런 상황에서 SOS의 최우선 목표는 위험성을 측정하고, 아동을 응급실로 보낼 필요를 느끼지 않는다면 가족이 아동의 정서 조절을 즉시 도울 수 있도록 지원하며, 가정에서 스트레스 요인과 촉발 요인을 즉시 제거하는 것이다.

만약 가정이 안전한 환경—즉, 환경이 아동의 정서조절장애를 수용하고 아동에게 위협이 되지 않는—이 아니라면, 가정에 아동을 두는 것은 매우 위험하다. 집에 있으면서 SOS 상담자는 집 밖의 사람들이 알지 못하는 많은 것을 관찰하게 된다. 생존기의 치료 동안, SOS 상담자는 아동의 위험률을 자주 확인해야 하고, 필요하다면 주정부 사회복지기관과 공동으로 작업한다. 이 작업에는 학대나 방임을 조사하는 사회복지기관에게 보고함으로써 치료 동맹을 깨트릴 수 있는 위험이 분명히 존재한다. 그럼에도 학대나 방임을 암시하는 증거가 있을 경우, 상담자는 전문가의 의무를 다해야 하며 보고를 해야 한다. 우리의 경험에 비춰 볼 때, 이런 경우 치료 동맹은 우리가 예상하는 것보다 훨씬 덜 망가진다. 통제를 벗어난 대부분의 보호자는 어느 수준에서 자신들이 통제를 벗어나 있음을 안다. 우리가 작업한 많은 보호자는 자신만의 트라우마를 가지고 있고, 결과적으로 정서 조절의 어려움을 가지고 있다. 그들은 자신의 아이를 사랑하지만, 자신의 행동을 통제하기가 어렵다. 안전과 아동 돌봄을 위해 나선 전문가들은 안전과 돌봄 행동을 명백히 모델링함으로써 그러한 보호자를 수용할 수 있다.

현장 의사결정 체계

SOS의 내담자가 위기 상황을 평가하는 것을 돕기 위해 '현장(on-the-spot)' 의사결정 체계를 만들었다. 이 체계는 안정 단계에서 사용되어야 한다. 하지만 위기 상황에서도 활용이 가능하기 때문에 우리는 생존 단계에서 이를 설명한다.

이것은 무엇인가: 집에서 위기 상황에 대한 임상적 판단을 안내하는 도구
언제 사용하는가: 위기 상황이나 다른 안전하지 못한 상황에 가족이 처해 있을 때
주목적: SOS 상담자와 가족을 위해 안전을 유지하기

SOS 상담자의 최고 장점 중 하나는 조절장애가 발생할 확률이 높은 시기와 장소에 상담자가 있고 개입을 제공할 수 있다는 것이다. 하지만 이 장점으로도 상담자가 위기 순간에 가족들을 만날 때 무엇을 해야 하는지 아는 것은 어렵다. 위기 상태의 집에 들어가는 SOS 상담자는 신속하게 상황을 평가하고, 안전을 평가하며, 무엇을 해야 할지 결정할 수 있어야만 한다. 위기 상황에서 너무 고착된 원칙을 고수하는 것은 효과적이지 않으며, 최악의 경우에는 위험하기까지 하다. 반면,임기응변으로만 그 순간의 위기에 초점을 맞춰서 대응하는 것은 가족을 끊임없는 위기 상태로 이끌 수 있다. 현장 의사결정 체계는 SOS 상담자가 가정에서 위기를 직면했을 때 그들에게 도움을 줄 수 있다.

다음에 제시된 자료는 의사결정 체계가 어떻게 사용되어야 하는지 설명한다. 그다음에 체계를 제시한다([그림 11-2] 참조).

① 가정에 도착했을 때 하는 첫 번째 질문은 "평소와 다른 일이 일어나고 있는가? 이는 위험해 보이는가?" 다. 만약 상담자들이 평소와 다르고 가족이 위

기에 처했다고 느낀다면 바로 다음과 같은 질문을 한다. "SOS를 시작하는데 신체적으로 안전한가?" 만약 가정폭력이 일어나고 있는 중이라면 SOS 상담자들은 직접적으로 개입하는 시도를 하지 않아야만 한다. 만약 상담자의 안전을 직접적으로 위협하는 것이 있다면 팀은 그곳을 떠나 119에 전화해야만 한다.

② 만약 집에 들어가는 것이 신체적으로 안전하다면 다음 단계로 가족을 평가하고 아동의 신체적 안전을 평가한다. 만약 아동이 어떤 방법으로든 위협을 받는다면, 상담자는 아동을 안정시키기 위해 모든 시도를 해야만 한다. 만약 직접적으로 개입할 수 없다면 119나 사회복지기관에 비상 연락을 한다.

③ 만약 모든 사람이 신체적으로 안전하다면 의사결정 체계의 다음 단계는 구조적인 치료가 실행되어야만 하는지, 위기 초점 개입이 요구되는지에 대해 결정하는 것이다. 가족이 SOS 상담자가 집에 들어오는 것에 응하는가, 그리고 그들이 상담자의 요구에 반응하여 자신의 행동을 조절할 수 있는가? 만약 상담자의 방문이 위기 행동을 멈추게 한다면 회기를 시작하는 것은 그 자체로 개입이 될 수 있다. 상담의 편안함과 정서조절장애의 최근 사건이 모든 사람과 모든 것을 방해하지 않는다는 확신은 그 자체로 중요한 평온과 인식을 제공한다. 이 경우 위기가 무시되면 안 된다. 대신 침체, 정서 반응, 가능한 개입에 대한 논의는 정서조절 가이드(뒤에서 간략히 설명되며, 자세한 것은 14장에서 제시됨)를 복습하는 구조 안에 포함시킨다. 이 순간들은 특히 치료과정에 유용하다. 아동들이 침착해지도록 돕고 그 순간에 그들이 무엇을 생각하고 느끼는지 확인할 수 있게 한다.

하지만 구조를 시작하는 SOS 상담자의 시도에 가족이 응하지 않을 때도 있다. 이런 경우 SOS 상담자들은 가족과 다투기보다는 부모의 허락을 요청하고 부모를 이끌거나 직접적으로 개입을 하는데 정서조절 가이드를 사용하여 위기 개입

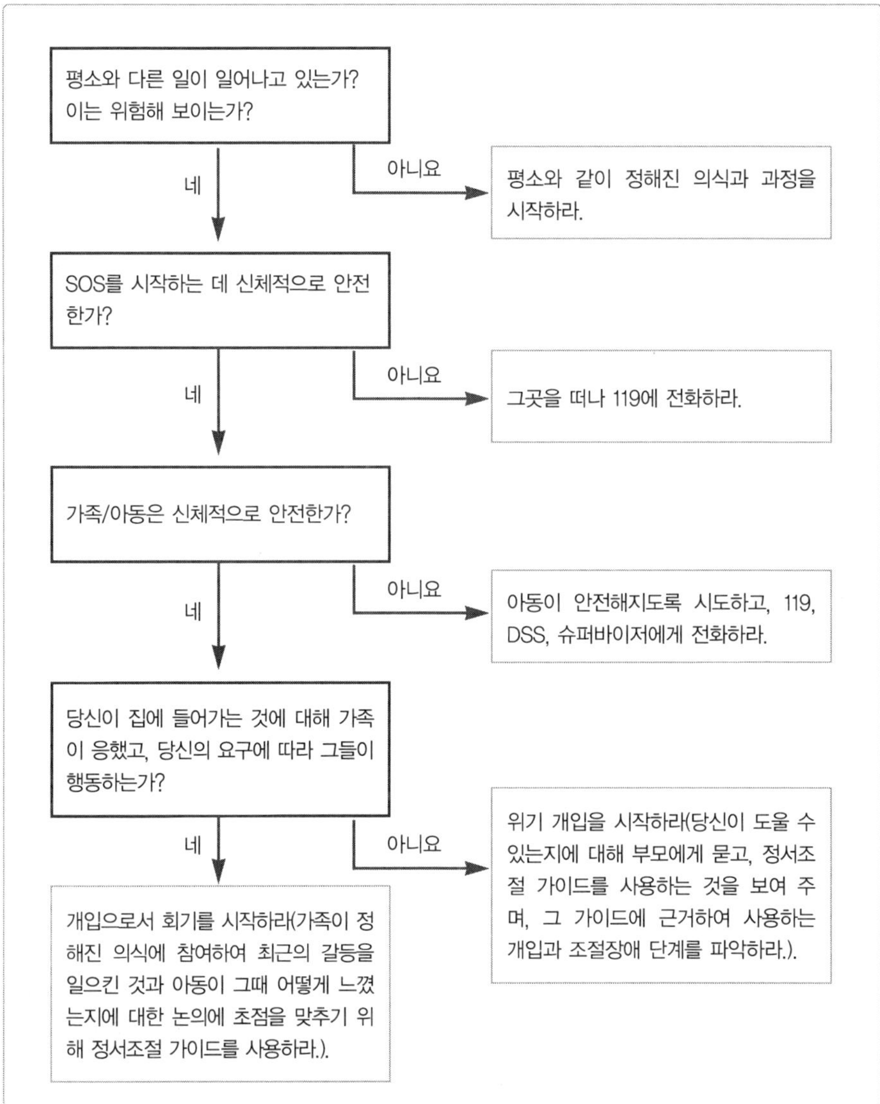

[그림 11-2] **현장 의사결정 체계**

을 시작할 수 있다. 그들의 사고과정을 직접 얘기함으로써 상담자들의 행동은 상황에 대한 개입과 부모와 아동에게 더 적극적인 행동을 보여 주는 데 사용될 수 있다. 예를 들어, 상담자는 아동이 실제로 화가 났지만 조절을 유지할 수 있다고 판별한다(그래서 아동을 칭찬하고 동시에 그 가이드에서 적절하게 사용하는 단계를 파악한다.). 상담자는 가이드의 '상호 조절(mutual regulation)' 회기에 포함된 개입들 중 몇 개를 지시할 수 있으며, 부모와 아동이 그것들 중 하나에 참여하도록 독려할 수 있다.

이 현장 평가를 통해 SOS 상담자들은 각 개인의 안전 수준에 대해 서로 얘기를 나눌 필요가 있다. 첫 번째 질문인 "여기서 평소와 다른 일이 일어나고 있는가?"를 묻는 것은 문 밖에 서 있을 때 대화를 통해 충분히 확인할 수 있다. 하지만 당신이 집 안에 들어서자마자, 비언어적 의사소통이 매우 중요해진다. 한 상담자는 위험에 처했다고 느끼는 것을 다른 상담자는 인식하지 못하거나 일어나고 있는 일에 대해 다른 안전 수준 정도로 인식할 것이다. 만약 당신이 처음으로 같이 일하는 거라면 서로에 대한 관심을 어떻게 비언어적으로 의사소통하는지에 대해 논의하는 시간을 갖는 것이 좋다. 이는 또한 얼마나 안전한지 결정할 때 더 낮은 역치를 감수하기 위해 일반적으로 좋은 규칙이다. 만약 한 상담자가 그 상황이 매우 위험하다고 느낀다면 그것을 높은 위험으로 다룬다.

물론 위기를 경감시키는 과정은 단순하게 목록에서 개입을 뽑아내는 것보다 더 복잡하다. 그 과정은 유연성, 대안을 시도하는 것, 인내심을 유지하는 것을 포함한다. 아동의 정서조절장애를 관리하기 위해 애쓰는 부모에게는 아동이 성공적으로 정서를 조절할 수 있도록 돕기 전에 다양한 전략을 시도하는 상담자를 옆에서 지켜보는 것이 상담자의 경험을 즉각적이고 비밀스러운 성공이 아니라 타당화하고 더 유용한 것으로 만들 수 있다.

가정을 방문하는 목적은 가능한 한 회기 안에서 최대한 일상적으로 있기 위한 것이다. 그래서 가족이 성공적으로 위기를 해결한다면 SOS 상담자들은 일상적인 일과관계를 시작할 수 있다(어떤 개입이 작동하는지 논의하는 것과 정서조절 가이드를 수정하는 것을 위해 그 사건을 새로운 출발점으로 이용하는 것 등).

안정 단계 동안의 SOS

SOS는 아동에게 해를 입히거나 아동이 해를 줄 위험이 없을 때 치료의 안정 단계 동안 더 일반적으로 수행된다. 또한 다음에 설명된 많은 치료 도구는 아동이나 가족이 즉각적인 위기에 있지 않을 때 생존 단계에서 사용될 수 있다.

3, 7, 8장에서 제시한 드니즈의 사례를 계속 제시한다. 드니즈의 집에는 불안정한 여러 요소가 있다. 그녀가 이용하는 매트리스는 사생활이 보장되지 못해 수치심을 느끼고 강간과 관련된 두려움을 느끼기 쉬운 곳에 위치해 있다. 게다가 그녀의 남자 형제가 약물을 복용하고 성적으로 자극적인 말을 하는 것은 그녀에게 성적인 트라우마를 떠올리게 하고 그로 인한 위협적인 감정을 느끼게 하는 가정환경을 만드는 데 영향을 미친다. SOS는 이 문제들을 파악하고 가족에게 드니즈가 문이 있는 방에서 지낼 수 있도록 더 좋은 생활 조건을 제공하도록 지원을 시작할 것이다. SOS는 드니즈의 남자 형제가 그녀에게 상처를 입히고 있다는 것과 그 남자 형제도 함께 치료를 받을 필요가 있음을 인식하도록 돕는 작업에 참여할 것이다. 마지막으로 만약 재정적인 어려움 때문에 그녀의 어머니가 두 가지 일을 해야 해서 집에서 아동들을 감시하지 못한다면 다른 재정적인 지원과 관련된 자문이 유용할 수 있다.

주어진 어떤 상황에 대한 특정한 목적은 다양할 수 있다. 하지만 SOS의 전반적인 목적은 가족구성원이 아동의 정서 조절을 돕는 능력을 향상시키거나 환경의 안정성을 향상시키거나 이 둘을 함께 실시함으로써 가족을 안정화시키는 것이다. 특히 SOS는 아동의 조절장애를 유발하는 일상생활에서의 요소들을 파악하고 이를 제거하거나 적어도 이러한 촉발 요인을 줄인다. 아동이 대부분의 시간을 보내는 두 장소인 가정이나 학교가 이러한 촉발 요인을 지니고 있을 가능성이 높다. SOS는 이 두 장소에서 아동이 하루 동안 촉발 요인을 접할 가능성을 줄이도록 돕기 위해 일할 수 있다.

치료 도구

SOS는 전형적으로 정서 조절, 서비스 권리지원, 약물치료 모듈을 포함하는 다른 서비스와 함께 실행된다. 긴밀한 의사소통과 서비스 조정은 치료의 성공에 결정적인 역할을 한다. 정서조절 가이드와 TST 치료계획은 다양한 사람의 의사소통을 돕도록 고안된 두 가지 도구다. 이를 중간 평가에 대한 문서 및 전자적 버전으로 생각하라. 8장에서 설명한 치료계획은 SOS 상담의 전반적인 치료 목표을 안내하는 주요한 역할을 한다. SOS 상담자의 주요한 도구인 정서조절 가이드는 여기에서 소개되고 14장에서 보다 자세하게 설명할 것이다.

정서조절 가이드

이것은 무엇인가: 아동을 정서조절장애 상태에 빠지게 하는 촉발 요인과 아동이 흥분하기 시작할 때 보이는 신호, 그리고 활성화 상태 혹은 트라우마 상태의 다양한 단계에 적용할 수 있는 개입들을 확인하는 개별화된 활동지다.

언제 사용하는가: SOS의 각 회기의 시작 부분과 SOS 모듈 전체에서 활용할 수 있다.

주목적: 아동과 부모는 촉발 요인과 흥분 패턴을 파악하는 것을 배우고, 조절장애 상태에 빠지기 시작하는 초기에 개입을 할 수 있다. 또한 제공자들과 의사소통을 촉진하는 것을 배울 수 있다.

SOS에서 사용되는 주요 치료 도구는 정서조절 가이드(Emotion Regulation

Guide: ER Guide)다. 정서조절 가이드는 개인의 정서조절 치료뿐만 아니라 SOS 상담자들에 의해 사용되며, 상담자, 아동, 가족이 촉발 요인, 트라우마 반응, 효과적인 개입을 이해하도록 돕는 데 사용된다. 이는 또한 중요한 의사소통 도구로, 가정 방문 동안 가족들에 의해서 작성되는 활동지다.

정서조절 가이드의 핵심은 아동이 정서 조절을 실패했을 때 일어나는 일을 자세히 분석하는 것이다. 즉, 직전에 무슨 일이 있었는지, 그동안 3A는 어떻게 변하는지, 아동이 그 후에 조절 상태로 돌아오도록 돕는 개입 혹은 대처 전략은 무엇인지에 대해 자세하게 설명한다. 특히 치료 초기에 가족은 모든 단계를 살펴보는 힘겨운 시간을 보낸다. 아동은 평온한 상태에서 행동적으로 조절이 되지 않는 상태로 중간에 어떠한 단계도 거치지 않고 바로 가는 것처럼 보인다. 사무실에서 일하는 상담자들은 가족들이 무슨 일이 일어났는지를 기억하도록 돕는 데 최선을 다하지만 이러한 접근은 한계가 있다. 그러나 SOS 상담자는 독특하게 가족이 그 순간에 무슨 일이 일어나는지 관찰하도록 돕는다. 만약 SOS 상담자가 조절장애 기간에 함께 있었다면, 상담자는 가족과 아동이 정서조절 가이드를 채우도록 돕는 그들만의 관찰을 사용한다. 또한 이는 SOS 상담자에게 가족과 함께 촉발 요인을 평가하고 이를 최소화하는 해결책을 생각하는 가장 좋은 기회를 제공한다. 핵심은 정서조절 가이드를 통해 아동과 가족이 2장에서 설명된 '그 순간의 생존' 반응으로부터 진행하도록 도움을 받는다는 것이다.

중간 평가: 다른 제공자와의 의사소통

만약 당신이 미식축구에서 터치다운 선을 넘는다는 일반적인 목적을 위해 전체 축구 팀과 일한다고 상상해 보라. 한 선수는 케임브리지에서 경기하고, 또 다른 선수는 도체스트에서 경기하며, 세 번째 선수는 매달 둘째 화요일에만 경기할 수 있다고 상상하라. 슈퍼볼을 준비한다면 이것은 너무한 것이다.

하지만 꼭 그런 것만은 아니다. 팀은 의사소통을 창조적으로 할 필요가 있다. TST팀에서도 그러하다. 팀의 모든 노력과 기술을 모으기 위해서 당신은 분명한 의사소통을 해야만 한다. 그리고 당신들 모두가 같은 장소에서 살고 같은 장소에서 일하지 않는다(우리도 당신들이 그러지 않기를 바란다.). 이때 당신은 중간 평가에 대해서 창조적이 되어야 한다. 정서조절 가이드와 치료계획이 이를 도울 수 있다.

정서조절 가이드는 제공자들 사이를 연결하는 일상생활의 주요한 의사소통 중 하나다. 모든 제공자는 항상 최신 가이드를 보유한다. 이는 아동이나 가족에 대한 회기—개인 회기가 될 수도 있고, 가정 기반 SOS 상담자의 모임일 수도 있다—가 있을 때마다 가이드의 어떤 변화와 추가 사항도 즉각적으로 다른 상담자나/제공자와 의사소통된다는 것을 의미한다. 이메일에 첨부하거나(신뢰를 위해 이름을 삭제한), 갱신하여 일반 컴퓨터 드라이브 혹은 하드 드라이브에 저장하거나, 양장본이나 팩스 안내물 모두를 사용할 수 있다. 가족에게도 최신의 가이드가 항상 제공되어야 한다. SOS 상담자가 가정에 방문하기 위해서는 적어도 정서조절 가이드의 두 가지 인쇄된 버전(새로운 정보를 추가한 것)과 두 버전에 손으로 기록한 추가 사항들이 있어야 한다. 가족이 하나를 갖고 다른 것은 컴퓨터용으로 갱신되는 데 사용된다.

약물치료자, 교사, 학교상담자 혹은 DSS(Department of Social Services)의 직원들은 모두 유용한 자료를 찾는다(가족이 배포하는 것에 대해 동의할 거라는 가정하에). 특수한 아동의 경우, 제공자들은 가이드를 직접 제작하는 게 나을 수도 있다. 예를 들면, 약물치료자는 최근 약물에 대한 회기를 추가하기 원할 것이다. 교사는 학교에 있을 수 있는 촉발 요인과 개입을 강조하기를 바랄 것이다. 가이드는 정보와 최신 치료를 통합하고 최적화하는 방향에서 확장되거나 응용될 수 있다.

유사하게, TST 치료계획은 큰 그림에서 모든 이를 최신화하는 데 사용된다. 가장 큰 문제는 무엇인가? 제안된 해결책은 무엇인가? 그리고 그때 누가 작업했나? 치료계획은 제공자들을 통해 모든 사람이 목적을 달성하고 새로운 정보나 환경, 치료계획에서의 일련의 변화를 야기하도록 개정을 유지하는 방법으로 활용될 수 있다. 정서조절 가이드처럼 가족을 포함하여 모든 사람이 정기적으로 개정된 자료를 공유함으로써 그들이 그 과정에 있도록 하는 것은 중요하다.

또한 면대면 회의는 TST 모델에서 조화로운 치료를 위한 주요 요소다. TST 팀 주간 회의는 새롭거나 긴급한 사례에 대해서 논의하고, SOS 상담자들이 공유한 사례에 대한 그들의 작업에 대해 다른 팀과 갱신할 수 있는 좋은 자리다. 우리는 또한 분기별 FCM 회의도 조언한다. 더 심각한 사례일수록 팀 회의를 더 자주 가져야 한다.

다양한 치료체계와 제공자들을 통합하는 것을 돕는 또 다른 도구는 회기 마무리 의식이다. TST 초기 단계에서 아동은 주어진 기간 동안 많은 제공자(개인 상담자, SOS 상담자, 약물치료자 등)와 서너 건의 만남을 갖는다. 치료 목표가 매우 잘 설정되었다고 할지라도, 모든 사람은 여전히 매우 다른 스타일로 아동과 관계를 맺는다. 회기 마무리 의식은 아동에게 우리가 모두 같은 팀으로서 같은 목적을 위해 일한다는 것을 상기시켜 주는 하나의 방법이다. 회기 마무리 의식은 신속하고 쉽고 모든 다른 회기와 일관되게 할 수 있으면 무엇이든 가능하다. 악수하기, 특별한 방식으로 작별 인사를 하기, 좋아하는 게임을 하기, 잠시 동안 아동이 원하는 음악을 듣기 등으로 이뤄질 수 있다. 때로는 이 회기 마무리 의식이 FCM의 마지막에 치료를 끝내는 상징적인 방식으로 발달될 수도 있다. 그 외에도 개인적인 만남을 가진 후에 다른 팀 사람들과 의사소통할 때 필요할 수도 있다.

SOS 종결하기: 언제 끝낼지 아는 것

SOS를 언제 종결해야 하는지 아는 것은 어렵다. SOS는 가족이 더 안정적인 지점에 도달하는 것을 돕도록 고안되었지, 치료의 마지막까지 지속되도록 고안된 것이 아니기 때문이다. 그래서 가족은 여전히 아동의 조절장애로 인해 어려움을 겪고 있으며, '종결'을 멀게 느끼거나 가정기반 상담자들에 의해 제공된 지원으로부터 작별할 준비가 되어 있지 않을 가능성이 있다. 모든 제공자와 함께하는 종결은 지원이 SOS 서비스가 끝나고 지속적으로 가능할 것임을 가족에게 알려 주는 데 도움이 될 수 있다.

이 단계를 종결할 시점이 되었는지를 평가할 때, SOS 상담자는 초기 목적을 고려해야만 한다. 궁극적으로 대답해야 할 질문은 다음과 같다. 이 가정환경이 아동의 정서조절장애를 충분히 이해하여 가정환경이 아동에게 위협적이시 않을 수 있나? 만약 이 질문에 대해 '예'라고 답할 수 있다면, 아동은 거의 안정 단계를 완수하고 치료의 유지기를 시작할 준비가 되어 있다는 것이다. 이 경우에 SOS를 종결하는 것이 적절하다. SOS 상담자는 가족과 집에서 일하는 것을 점차적으로 줄여 가는 것이 이상적이다. 만약 안정되면 가족구성원들은 그들의 에너지를 어디에라도 쏟을 준비가 된 것이다. 하지만 어떤 경우는 SOS 치료를 종결하는 과정이 지원으로부터 많은 도움을 받은 가족에게 위협적으로 느껴질 수 있고, 상담자가 작별 인사를 할 시기가 가까워질수록 더 많은 문제가 일어날 수도 있다. 이 상황에서 상담자와 협력하는 것과 의사소통하는 것을 끝내는 것은 매우 중요하다. 가족구성원은 계속 지원받는다고 느끼고 그들이 여전히 의지할 수 있는 누군가가 있다는 것을 알게 되는 것이다. 이상적으로 SOS는 가족이 필요로 하면 다시 함께 할 수 있는 선택 사항이라고 제시될 수 있다. 즉, 환경적으로 불안정한 새로운 상황이 벌어지거나 조절 문제가 발생하거나, 더 치명적인 임상적 상황이 발생한다면 말이다.

SOS에 대한 맺음말

SOS는 아동의 치료에서 중요한 역할을 한다. SOS 상담자는 전형적으로 가족의 스트레스가 가장 극심한 순간에 참여하며, 강력한 서비스에 참여한다. 이상적으로 SOS 서비스는 가장 어려운 시기 동안의 추가적 지원으로서 지속적이고 강력한 서비스로 기능한다. 집에 머무르면서 SOS 제공자들은 아동이 사는 환경을 관찰하는 중요하고 유리한 지점을 점유한다. 부모들은 그들의 가정에 너무 빠져 있어서 뒤로 물러서서 환경의 어떤 요소가 아동의 트라우마 스트레스 증상에 촉발 요인으로 작용하는지 보기 어렵다.

SOS 상담자와 다른 제공자들 사이의 마지막 의사소통은 지속적인 관리에 포함된 서비스를 촉진하여 추가되거나 종결되는 SOS 서비스들이 치료에 큰 해를 미치지 않도록 하는 것이다. 일관적인 언어와 치료 접근을 사용하는 것은 다른 치료 요인들을 연결시키도록 도와서 가족이 압도되지 않고 다양한 제공자들과 함께 안정감을 느끼게 해 준다.

12 체계에서의 권리지원/옹호

– 임상치료에 권리지원/옹호 통합하기

▨ 학 습 목 표

- 가족의 기본 욕구가 아동의 건강과 가정의 안정성에 어떻게 영향을 미치는지 이해하기
- TST 안에서의 권리지원 이해하기
- 효율적인 권리지원이 무엇인지 이해하기

권리지원/옹호(advocacy)는 사회환경 안에서 일어나는 불안정을 다루기 위한 트라우마 체계 치료(TST)의 중요한 도구 중 하나다. 8장에서 논하였듯이, 체계에서의 권리지원은 치료의 생존과 안정 단계에서 주로 사용된다. 물론 사회환경에서 주요 문제를 해결하기 위해서는 어느 때나 사용될 수도 있다.

권리지원은 가족의 기본 권리와 안전에 대한 욕구를 다룬다. 만약 가족의 기본 권리와 안전에 대한 욕구가 다뤄지지 않으면 곧바로 아동이 정서조절장애를 겪게 될 수도 있다. 다음에 식사를 할 수 있을지 알 수 없는 경우, 문손잡이가 고장 나서 잠들기 두려운 경우, 이해할 수 없는 것을 학교 수업시간에 배울 경우는 모두 아동의 발달에 나쁜 영향을 미친다. 트라우마에 대한 불확실한 느낌이나 두려움을 갖고 있는 대부분의 트라우마를 가진 아동에게 이와 같은 환경적 문제는 건강에 유해할 수 있다. 특정 환경 요소가 트라우마 스트레스에 영향을 미칠 때, 아동과 그 가족이 법적으로 혜택을 누릴 수 있는 서비스 권리지원은 효과

적인 치료계획의 요소일 수 있다.

두 가지 이유 때문에 TST에 체계에서의 권리지원 모듈을 포함한다.

① 부적합한 음식, 주거, 의복 그리고 교육은 분명히 정서조절장애에 영향을 미치고, 트라우마 경험에서의 회복을 지연시킨다.

② 정서조절장애를 일으키는 어떤 환경 촉발 요인들은 치료 팀이 권리지원 역할을 맡지 않으면 변화하지 않을 것이다.

권리지원이란 무엇인가

권리지원은 일반적으로 다른 이의 권리를 옹호하는 것을 의미한다. 이는 목적의 특성과 범위에 따라 개인이나 집단에게 제시될 수 있다. 또는 목표 영역—예를 들면, 개인, 단체, 행정기관, 국가기관—에 제시될 수도 있다. TST에서의 권리지원은 개인 또는 가족이 필요로 하는 서비스나 프로그램을 받을 수 있도록 돕는 것을 의미한다. TST 권리지원의 목표는 내담자와 그 가족이 그들의 권리를 알게 하고, 필요로 하는 서비스를 얻을 수 있도록 하여 자기역량 강화(self-empowerment)를 하도록 하는 것이다. 본질적으로 권리지원은 '트라우마 체계'를 변화시키는 것에 관한 것이다. 권리와 혜택이 가족을 위해 준비되어 있어서 아동을 돕기 위해 마련된 체계가 실제로 그 아동에게 도움을 줄 수 있다고 확신시키는 것이다.

실제로 상담자는 내담자를 대신하여 학교에 연락을 하거나, 지역사회의 자원센터에 내담자를 연계하거나, 보험회사에서 거절한 의료 서비스를 지속할 때 권리지원을 수행한다. 치료 장면에서 볼 수 있는 권리지원 개입의 구체적인 예는 〈표 12-1〉과 같다.

때때로 내담자를 위하여 권리지원을 하는 상담자의 노력이 성공하기도 한다.

표 12-1 권리지원 개입의 예

기본 욕구	권리지원 개입
부족한 음식	푸드 스탬프(food stamps)가 거부되었을 때, 가족이 식료품 저장소를 정기적으로 방문하여 이를 요청하도록 독려하는 것
비위생적인 거주지	열악한 주거 공간 상태가 아동의 건강에 미칠 영향에 대해서 임대주에게 편지를 쓰는 것
수입의 상실	아동의 정신장애의 심각성과 그것이 아동의 기능에 어떻게 영향을 미치는지, 그리고 부모가 수입을 얻을 수 있는 능력 등을 설명하여 사회보장수입권(Supplemental Security Income eligibility)을 얻기 위해 사회보장국에 편지를 쓰는 것

그리고 어떤 때는 관료체계가 복잡하고 파편화되어 있어서 내담자와 함께 좌절하기도 한다. 비록 상담자가 내담자의 건강에 영향을 미치는 사회적 · 정치적 문제를 오래도록 살펴보고 있었지만, 일반적으로 전통적인 임상훈련이 사회적 · 법적 · 정치적 체계를 완전히 이해하도록 돕지는 못한다. 게다가 이 각각의 체계들에서 문제를 해결하거나, 건강 개선을 위해 어떻게 노력해야 하는지 방향을 알려 주지도 않는다.

[그림 12-1]은 가족에게 영향을 미치는 열 가지 영역을 보여 준다.

그러나 이 영역은 절반에도 미치지 못한다. 수많은 기관이 이 열 가지 영역 중의 하나와 관련된 서비스를 제공하거나 책임지는 데 포함될 수도 있다. 각 기관 또는 부서는 각기 다른 종류의 법률, 조항, 정책에 의해서 관리된다. 그리고 그 다양한 법률, 조항, 정책의 복잡성 때문에 가족들은 필요로 하는 서비스를 단념해 버리게 된다. 공공 '안전망' 의 복잡성과 파편성은 때때로 트라우마를 가진 아동과 그 가족의 이해뿐만 아니라 상담자의 이해를 넘어서기도 한다.

TST에서는 이와 같은 장벽 때문에 상담자가 권리지원을 포기해서는 안 된다고 본다. 따라서 치료의 핵심 부분을 제공하기 위해 변호사들과 어떻게 긴밀하게 협력하고 권리지원을 할지의 방법을 상담자에게 교육하고자 한다.

변호사는 가족의 기본 권리를 보호하고, 정부의 혜택과 서비스의 불법적인 거

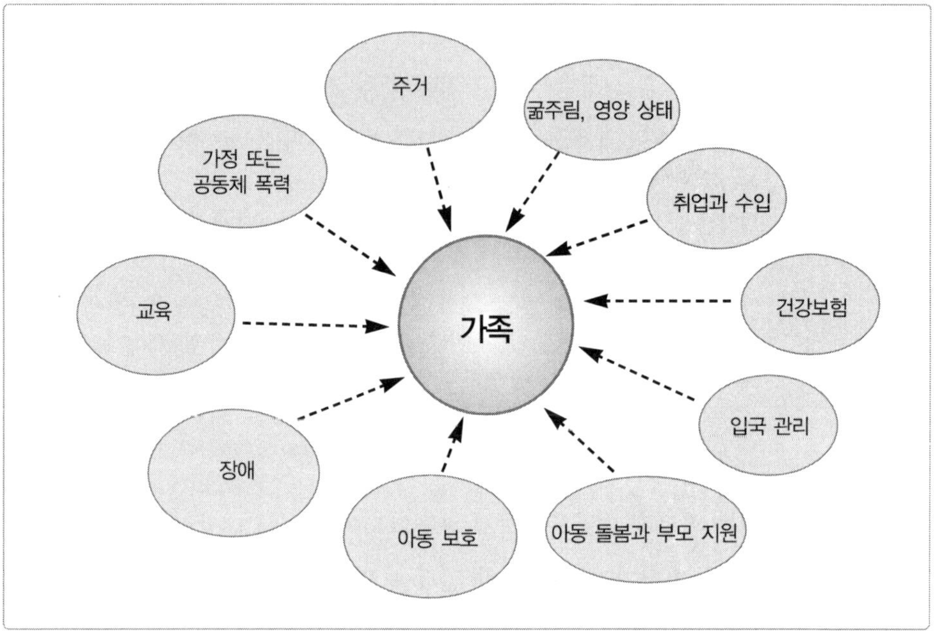

[그림 12-1] **가족에게 영향을 미치는 영역**

부에 대항하기 위해서 정부 부처와 협상하는 것을 훈련받고 교육받는다. 많은 상담자는 가족들이 누릴 수 있는 프로그램, 서비스 그리고 권리에 익숙하며, 변호사들은 특정 가정 상황에 적용할 수 있는 구체적인 법들을 이해하도록 훈련받는다. 또한 변호사는 권리 위반을 확인하고 책임을 질 수 있는 단체를 구해서 조치를 취하도록 훈련받는다. 변호사 자체가 전문적인 권리지원일 수 있다! 다음에서 볼 수 있듯이, 변호사는 다양한 단계에서 TST 처치 팀에 포함될 수 있다. 재정 지원과 이용 가능성을 고려하여 다음과 같은 상황에서 변호사가 고용될 수 있다.

① 가족이 필요로 하는 구체적인 기본 권리와 관련 서비스 그리고 이 서비스를 이용할 수 있는 효과적인 권리지원 접근을 팀에게 훈련시키기
② 주어진 사례에 대해서 팀과 상의하기

③ 치료 팀의 정식 구성원이 되어 지속적으로 컨설팅을 하고, 권리지원 관련 전문 지식을 제공하며, 변호사가 처리해 줘야 하는 공문서를 제공하기

4단계 권리지원 평가 및 계획

TST에서는 다음과 같은 상황일 때 권리지원 모듈이 사용된다.

① 사회환경 조건이 아동의 정서 상태를 조절하기 어렵게 만드는 데 기여한다고 판단될 경우
② 아동과 그 가족에게 주어져야 하는 서비스가 주어지지 않으면 사회환경 조건이 변화하지 않을 것 같은 경우
③ 서비스가 준비되어 있지 않고, 가족이 그것에 접근할 수 없도록 장벽이 있을 경우
④ 가족이 필요로 하는 서비스에 접근할 가능성을 최대화하기 위해 권리지원 계획이 개발될 경우

이 4단계 평가와 계획은 필요로 하는 이들이 있으면 언제든지 사용될 수 있어야 한다. 권리지원 개입은 그러한 접근을 제공할 이들이 구체적일 때 가장 효과적이다. 이 4단계 권리지원 평가 및 계획은 상담자와 변호사들에게 다음의 구체화된 단계를 제시한다.

다음 사례는 4단계 평가 및 계획이 어떻게 사용될 수 있는지를 보여 준다.

샐리 할머니는 12세 흑인 소녀 타니샤의 보호자다. 타니샤는 선별적 함구증을 포함하여 심각한 발달 지연에 의해 생긴 심한 공포, 철회 그리고 회피로 고통받고 있다. 타니샤는 매우 겁을 먹었을 때 극도로 공격적이 된

다. 타니샤는 그녀의 친어머니가 양육했을 때 가정폭력에 노출되었고 심각하게 방치되었다. 몇 년간 아동 수양 체계(foster care system)에서 지낸 후, 11세의 타니샤는 '임시적으로' 샐리에게 보내졌다. 그 외에는 타니샤를 돌봐 주려는 친척이 아무도 없었다. 샐리는 나이가 많았지만 돌봐 줄 수 있는 보호자다. 그러나 샐리는 타니샤가 친어머니를 방문하는 것을 막을 수 있는지 몰랐기 때문에 친어머니와의 만남을 관리하지 않았다는 의혹을 받고 있다. 종종 친어머니의 방문 뒤에 타니샤의 불안과 공격성이 증가하였다. 타니샤는 지역 공립학교의 5학년에 입학하였다. 특수교육을 받는데도 타니샤는 지속적으로 낙제점을 받거나 거의 낙제점에 가까운 등급을 받았다. 그녀는 공격적 행동으로 인해 최근까지 여러 차례 정학을 받았고, 무기정학을 받아서 매일 아침 교실보다는 정학실로 가야 했다. 샐리는 타니샤의 교육 배치 적절성에 대한 학교의 재평가가 최근에 언제 있었는지 기억하지 못했다.

권리지원 측면에서 봤을 때, 샐리와 타니샤의 기본 욕구와 권리와 관련된 다양한 몇 가지 사회환경 주제가 명확해진다.

- 보호자의 '일시적' 구속 상태
- 보호자 자신의 보호자로서의 권리와 의무에 대한 이해
- 학대/방치하는 부모와 아동 간의 지속적인 만남
- 아동의 교육 및 학교생활에 대한 적절성
- 부적절한 학교 교칙으로부터의 아동 보호

타니샤와 할머니는 확실히 권리지원이 필요하다. 이 주제들의 우선순위를 정하고 효과적으로 권리지원을 하기 위해서는 4단계 권리지원 평가 및 계획을 다음과 같이 진행해야 한다.

① 아동이 자신의 정서 상태를 조절하는 것을 어렵게 하는 데 기여하는 것으로 보이는 사회환경적 문제는 무엇인가?

친모의 방문과 학교에서의 낙제는 불안과 공격성에 영향을 미친다.

② 현재 이 문제를 해결하기 위해서 가족에게 제공되는 서비스가 있는가?

그렇지 않다.

③ 적절한 서비스가 제공되지 못 하게 하는 장벽은 무엇인가?

- 할머니는 보호자로서 자신이 갖고 있는 권리와 의무를 모른다.
- 할머니는 '친모와의 만남'을 줄일 수 있을지 없을지, 그리고 어떻게 줄일지 모른다.
- 할머니는 타니샤가 학교에서 그녀의 기능에 중대하게 영향을 미칠 수도 있는 '교육 서비스'에 참여할 권리가 있다는 것을 모른다.

④ 이 장벽들을 다루기 위해서 어떤 권리지원 단계들이 진행되어야 하는가?

- 이와 같이 타니샤의 능력에 영향을 미치는 환경 조건에 대해서 할머니를 이해시킨다.
- 타니샤 거취에 대한 할머니의 생각을 살펴보고, 보호자로서 갖는 그녀의 권리와 의무를 이해시키고, 타니샤가 지속적으로 생활하게 할 곳을 찾도록 격려한다.
- 안정적인 거취가 필요함을 사회복지 부서(DSS)에 권고한다.
- 친모와 공식적으로 인정되는 만남(supervised visit)을 가질 수 있는 방법을 찾도록 할머니를 격려한다.
- 친모가 공식적인 만남을 가질 수 있도록 DSS에 권고한다.
- 타니샤가 적절한 공교육을 받을 권리, 학교 교칙으로부터 보호받을 수 있는 권리가 있음을 할머니께 이해시킨다.
- 적절한 교육 서비스와 행동 계획을 공식화하도록 학교에 권고한다.
- 타니샤의 가장 좋은 권리지원자로서의 역할을 할 수 있도록 할머니의 권리지원 기술을 지원한다.

체계에서의 권리지원 문제를 다룰 때, 상담자는 ① 주제들을 인식할 수 있어야 하고, ② 가족이 그것을 확인하는 것의 중요성을 이해하도록 도와야 하며, ③ 가족들이 그것의 순위를 매기고 풀어 가도록 해야 한다. 권리지원은 다양한 단계에서 이뤄질 수 있고, TST 팀의 다양한 구성원들로부터 제공될 수 있다. 누가 권리를 지원해야 할지, 어떻게 권리를 지원할지, 그리고 무슨 이유로 해야 하는지를 결정하는 데 권리지원 주제의 복잡성, 가족과 상담자의 능력, 목표, 문제에 대한 예민함 그리고 팀의 자원 모두가 고려되어야만 한다. 4단계 접근은 권리지원 개입이 좀 더 효과적으로 이뤄지도록 돕는다.

TST에서 권리지원 사례 적용

자신들의 기본 욕구를 찾기 어려워하는 가족들에게 좋은 소식과 나쁜 소식이 있다. 좋은 소식 하나는 정부가 아동에게 기본 욕구를 채우는 것이 중요하다는 것을 어느 정도 인식하고 있고, 그래서 가족들로 하여금 기본 욕구를 찾을 수 있도록 다양한 연방 또는 주립 프로그램들을 제공해 오고 있다는 것이다. 여기에는 푸드 스탬프(food stamp), 건강 지원(nutrition support, health care), 주택 지원금(housing subsidies), 노숙자 쉼터, 수도 · 전기 · 가스 등 공공요금 지원(utilities assistance), 소득 및 고용 지원, 가족 및 아동 보호 프로그램, 교육, 보험 등이 포함된다. 임대주-세입자법, 고용과 소비법과 같은 민간 부문의 법 또한 가족의 위협을 예방하고 그들을 보호하고자 한다. 자! 여기서 우리 치료 팀에게 필요한 모든 것은 미국 정부(Uncle Sam)다. 그러면 우리는 모든 가정환경을 안정되게 만들 수 있을 것이다. 그렇지 않겠는가?

그럼 이번에는 나쁜 소식이다. 이와 같은 프로그램과 보호들에도 불구하고 많은 가족은 적절한 쉴 곳, 음식 또는 안전한 곳 없이 살아오고 있고, 많은 아동이 필수적인 교육 또는 건강관리를 받지 못하고 있다. 간단히 말하자면, 기본 욕구들이 현행법과 현 정부 프로그램에서 기본 권리로 제시됨에도 불구하고, 많은 장벽으로 인해 가족은 이 권리에 이르지 못하고 있다. 프로그램과 권리에 대한 무지, 행정관료 장벽, 문서 등을 접할 때의 위협과 혼란, 언어장애, 게다가 추가적으로 작성해야 되는 많은 양식에 지쳐서, 가족들은 자신들을 돕도록 구성된 프로그램에 접근하는 것을 그만둘 수 있다. 더 나쁜 경우도 있는데, 가족이 이 복잡한 체계를 정확히 찾아가도 때때로 운영 단체나 개인이 법을 부적절하게 적용하거나 제대로 운영하는 데 실패할 수도 있다. 결국 가족은 법적으로 권리가 있는 서비스를 이용하지 못하게 되는 것이다.

TST에서는 이와 같은 장벽을 가족의 안정성과 아동의 회복 능력에 영향을 주는 환경의 일부로 바라본다. 그들은 치료와 회복 과정의 부분으로서 제시되어야 한다. 가족이 그들의 환경을 성공적으로 변화시키는 것에 대한 권리를 옹호하는 상담자는 아동이 회복되는 데 가족들이 힘을 낼 수 있도록 격려해야 한다.

TST 안에서 권리지원이 어떻게 이루어지는지 좀 더 살펴보기 위해서 다음 두 가지 사례를 추가로 제시한다.

라라는 성폭행을 당한 적이 있는 14세 소녀다. 그녀는 8명의 가족과 함께 쥐가 들끓는 침실 3개짜리의 열악한 아파트에서 살고 있다. 그녀는 누군가 그녀의 방에 들어와서 그녀를 해칠 수도 있다는 두려움에 밤에 잠을 이루지 못하고 있다고 보고했다. 때때로 쥐가 돌아다니는 소리를 들으면, 누군가가 그녀를 쫓아오고 있다는 생각이 들었다. '어떤 나쁜 일이 일어날지 모르기 때문에' 그녀는 잠드는 것이 두려웠다. 그리고 잠이 들면 성폭행을 당하는 끔찍한 악몽을 꾸었다. 그녀는 낮에 극도로 피곤해졌고, 여러 차례 수업시간에 잠이 들었다. 그녀의 성적은 눈에 띄게 떨어졌다.

라라의 거주 상태는 여러 단계에서 문제를 야기했다. 첫째, 쥐가 들끓는 집에서 사는 건 모든 아동에게 문제가 된다. 라라의 경우, 집에 쥐가 있고 잠자리가 취약한 것은 트라우마를 떠올리게 하는 요인으로, 그녀의 증상에 직접적으로 영향을 미치고 있다. 라라에게 효과적인 치료를 제공하기 위해서 사회환경—이 경우에는 열악한 주거 공간—이 다루어져야 한다. 다음의 라라를 위한 4단계 권리지원 평가 및 계획을 통해 사례 분석을 하고 권리지원 개입의 예를 볼 수 있다.

① 아동이 자신의 정서 상태를 조절하는 것을 어렵게 하는 데 기여하는 것으로 보이는 사회환경적 문제는 무엇인가?

라라의 경우, 성폭행을 당한 그녀에게 열악한 주거 공간과 쥐의 출몰은 트라우마를 떠올리게 만드는 것이었고, 수면 부족과 악몽에 이르게 했다.

② 현재 이 문제를 해결하기 위해서 가족에게 제공되는 서비스가 있는가?

없다.

③ 적절한 서비스가 제공되지 못하게 하는 장벽은 무엇인가?

- 어머니가 비위생적인 주택을 개선하는 관련 법적 지원 조항을 알지 못한다.
- 어머니가 더 좋은 주거 상태를 위해 어떻게 도움을 요청하는지, 대체용 주거 시설을 어떻게 구하는지, 또는 가족에게 자격이 있을 수 있는 거주지 보조 프로그램에 대해서 알지 못한다.
- 트라우마 촉발 요인에 의한 수면 부족이 어떻게 낮 활동이나 학업 수행에 영향을 미치는지 학교에서는 알지 못한다.

④ 이 장벽들을 다루기 위해서 어떤 권리지원 단계들이 진행되어야 하는가?

- 라라의 부모님에게 거주 조건이 라라의 회복 능력에 어떻게 영향을 미치는지 교육한다.
- 어머니에게 주거 시설에 대한 권리를 교육시키고, 주거 시설에 대한 그녀의 목적을 명확하게 한다.

- 어머니가 임대주와 접촉하는 것뿐만 아니라 대체용 주거 시설을 찾고, 재원을 구하며, 대체용 주거 시설이나 개선된 주거 상태를 만들 수 있도록 독려한다.
- 주거 상태 문제가 라라의 건강과 교육에 어떻게 영향을 미치고 있는지, 그리고 개선된 주거 상태나 대체용 주거 시설이 왜 필수적인지에 대해서 어머니와 임대주나 부동산 중개인이 명확하게 논의할 수 있도록 어머니와 치료 팀이 함께 작업한다.
- 어머니와 학교 측과 함께 라라의 학교생활에서의 어려움의 이유들을 살펴보고 개선을 위한 해결책들을 논의한다.
- 어머니가 갖고 있는 권리지원 기술을 통해 라라의 최고 권리지원자가 될 수 있도록 격려한다.

권리지원이 어떻게 이루어지는지의 또 다른 예는 마이클의 사례다.

마이클은 아버지로부터 신체적 학대를 당한 적이 있는 8세 소년으로 학교를 다니지 않고 있다. 그의 부모님은 이혼을 하셨고, 현재 어머니와 살고 있다. 그는 교실에서 주의 집중을 하기 어려웠다고 진술하였다. 30명이 한 교실을 이루는 '일반' 학급에 있는 그는 종종 다른 학생들의 소란과 혼란에 불편함을 느꼈다. 이때 마이클은 그의 아버지가 그에게 소리 지르던 것이 떠올랐다고 이야기했다. 최근에 그는 학교에 등교하기를 거부하기 시작하였다. 그가 낙제한 것과 관련하여 학교 측에서는 심리검사를 실시하였다. 그 결과, 마이클은 정상적인 지능을 갖고 있고 특정한 학습장애가 있지 않다는 것이 확인되었다. 이 결과에 따라 학교에서는 마이클에게 특별한 도움을 제공할 수 없다고 보고하였다.

마이클의 침습적 사고와 환청 증상은 학교에서의 그의 학업 능력을 방해했다. 학교에서는 그의 정신건강 문제를 장애로 보지 않아서 그에게 특별한 서비스를 제공하기를 거부했다. 그 결과, 마이클은 기본 권리이자 욕구인 교육권을 상실한 것이다. 이 경우에 트라우마 스트레스와 학업 수행 간에 관련이 있으며 현재의 교실 상황이 그의 트라우마 스트레스 증상을 어떻게 촉발시키는지에 대해 학교 측을 이해시키는 것이 매우 중요하다. 이러한 구체적인 정보는 적절한 서비스를 권리로서 지원하도록 사용되어야 한다. 권리지원을 통해 학교가 마이클을 옹호하도록 이끌어 그가 트라우마 기억의 홍수로부터 도움을 받고 학습에 임하도록 할 수 있다.

① 아동이 자신의 정서 상태를 조절하는 것을 어렵게 하는 데 기여하는 것으로 보이는 사회환경적 문제는 무엇인가?

무질서하고 소음의 정도가 심한 혼잡한 교실. 마이클은 종종 소음과 혼란으로 인해 침습적 사고와 환청이 심해졌다.

② 현재 이 문제를 해결하기 위해서 가족에게 제공되는 서비스가 있는가?

없다. 마이클은 일반학급에 배치되었고, 아무런 특수교육 서비스를 받지 않았다.

③ 적절한 서비스가 제공되지 못하게 하는 장벽은 무엇인가?

- 어머니는 아들의 교육적 권리를 알지 못한다.
- 어머니는 학교의 결정에 대해 마이클이 특수교육 또는 합리적인 지원을 받을 권리가 있다고 이의를 제기할 수 있다는 사실과 어떻게 이의를 제기할 수 있는지를 알지 못한다.
- 학교는 교실 상황이 어떻게 트라우마 스트레스 증상과 그에 따른 낮은 학업 수행에 영향을 미치는지 이해하지 못했고, 장애를 가진 학생으로서 인정하고 보호해 주는 교육법을 거의 적용하지 않았다.

④ 이 장벽들을 다루기 위해서 어떤 권리지원 단계들이 진행되어야 하는가?

- 이 환경 조건이 마이클의 회복 능력에 어떻게 영향을 미치는지 어머니를 교육한다.

- 마이클이 학교를 다니는 것에 대한 어머니의 목적을 이해하고, 마이클과 같은 학생들이 특수교육법에 의해 어떻게 보호받을 수 있는지 알린다. 그리고 학교 결정에 이의를 제기할 수 있도록 그녀를 격려한다.
- 어머니에게 학교와 접촉하는 방법을 교육하고, 학교가 내린 결정에 대해 재고할 수 있도록 정보와 자원을 제공한다.
- 현재 교실환경이 마이클의 행동과 학업 수행에 구체적으로 어떻게 영향을 미치는지 학교와 명확하게 논의할 수 있도록 치료 팀과 어머니가 함께 작업한다.
- 학교의 어려움에 대한 이유를 이해하기 위해 학교와 작업하고, 적절한 지원 그리고/또는 합리적인 협의에 대해 학교에 명확하게 권고한다.
- 어머니가 갖고 있는 권리지원 기술을 통해 마이클의 가장 훌륭한 권리지원자가 될 수 있도록 격려한다.

이상의 예들에서 서비스를 방해하는 장벽—임대주, 정부 관료 또는 학교 등—은 아동의 정신건강과 추후의 트라우마 회복에 상당하게 영향을 미쳤다. 각 사례에서 사회환경은 트라우마를 떠올리게 만드는 것들로 가득했고, 그래서 아동의 조절장애를 다루기가 어려웠다. 우리가 반복적으로 이야기하듯이, 사회환경이 고려되지 않는다면 개인의 심리치료와 약물치료의 효과는 약화된다. 앞의 사례들에서도 권리지원 전략이 사회환경 문제를 고려하는 데 필수적이다.

TST에서 권리를 지원하는 법

이미 언급했듯이, 권리지원은 TST에서 대단히 중요한 부분이다. 앞에서 권리지원을 정의하고 그 문제를 평가하기 위한 4단계 접근을 제시하였다. 이제 권리지원을 상담치료로 통합하는 실제적 측면을 다루겠다.

TST에서의 권리지원은 어떤 단계에서도 일어날 수 있다. 여기서는 최소 자원 개입에서부터 최대 자원 개입에 이르기까지 여러 단계에 대해 간략하게 언급한다. 방법을 최대로 했을 때 당연히 성공적일 수 있겠지만, 활용할 수 있는 최소한의 자원을 사용하는 원리에 따라 최소한의 자원을 활용하는 것이 항상 더 바람직하다.

가족이 스스로 권리를 지원하도록 지지하기

종종 가족들은 그들 스스로 권리를 지원하지 못한다. 그 이유는 ① 그들의 권리가 무엇인지 몰라서이기도 하고, ② 그들이 원하는 것을 어떻게 권리로 지원하는지 몰라서이기도 하며, ③ 특정 문제가 변화시켜야 할 정도로 중요한 것인지 알지 못해서이기도 하다.

이러한 모든 장벽은 가족에게 권리지원에 대한 정보와 교육을 제공함으로써 처리될 수 있다. 앞서 제시한 라라의 사례를 보자. 그녀의 어머니에게 적절한 주거환경을 위한 권리에 대한 정보를 제공하고, 그녀가 임대주와 논쟁의 틀을 잡도록 도와주며, 편지를 쓰며 시작할 것을 제안함으로써 라라의 상담자는 그녀의 어머니가 딸의 인생에 있어서 중요한 변화를 가져올 수 있는 권리지원 단계를 밟을 수 있도록 도와준다. 부모가 그들 자신의 권리를 지원하는 것을 도와주는 것은 더 적은 TST 팀 자원을 사용하는 동시에 치료가 끝난 후에도 부모가 계속 가족을 위해 권리를 지원할 수 있도록 하는 도구를 다루도록 해준다.

가족 지지에 대한 권리지원에 관여하기

비록 가족이 그들 자신의 변호사를 갖는 것을 선호하지만, 때때로 그것은 실용적이지 않다. 만약 ① 가족들이 필수 기술을 가지고 있지 않고 그것들을 제때 배울 수 없다면, 혹은 ② 그들이 권리지원을 시도해 왔지만 정부 기관이 그들의 노력에 응대해 주지 않는다면, 가족들은 스스로의 권리를 지원하는 것에 성공하지 못할 것이다. 이런 경우, 상담자는 권리지원을 위해 노력해야 할 필요가 있다. 때때로 상담자와 가족은 무엇인가를 위하여 더 강한 사건을 만들며 동시에 권리를 지원할 수 있다. 앞서 제시한 마이클의 사례를 보라. 상담자는 가족이 새로운 교실 배치에 관한 그들 논의의 틀을 잡도록 도와주었다. 하지만 학교가 반응이 없다면 어떻게 할 것인가? 전문기관의 주소가 편지지의 윗부분에 인쇄된 편지나 전문가가 쓴 편지는 때때로 약간 더 주목받는다. 부모들은 그들 자녀에 대한 전문가가 될 수 있지만, 상담자로서 당신은 아동의 정신건강 전문가로서 편지를 쓸 수 있다. 이런 종류의 권리지원은 매우 효과적이며 가끔은 체계를 움직이기 위하여 필요하다.

변호사 소개하기

이민법을 자세히 살펴보거나 세입자 권리에 대해 임대주와 언쟁한다는 생각은 많은 상담자에게 낯설거나 위협적일 것이다. 그리고 사실 몇몇 권리지원은 상담자의 능력 범위를 벗어나 있다. 따라서 가족에게는 변호사가 필요하다. 가족 권리가 무엇인지 아는 것, 상담자로서 당신이 무엇을 할 수 있는지와 언제 전문가에게 가족을 위탁할 것인지는 매우 중요하다. 만약 아동의 정서조절장애에 직접적으로 영향을 미치고 당신이 그것을 고칠 수 있는 전문 지식이 없는 사회환경에서 핵심 문제를 명확히 할 수 있다면 변호사를 소개해야 한다. 이러한 상황에서 상담자는 실제로 변호사의 의뢰인이 되고, 변호사는 직접적으로 가족의 특정 권리지원 요구를 다룬다. 여기서 상담자의 역할은 가족, 변호사와 함께 어떤 사건 혹은 문제가 권리지원에 초점이 맞추어져야 하는지를 명확히 하는 것이다. 상담자, 변호사와 가족의 밀접한 의사소통은 경계를 명확히 하고 치료에 집중할 수 있도록 도와준다.

이민은 변호사 소개가 필요한 권리지원 요구에 관한 좋은 예다. 고향에서 심각한 폭행을 겪어서 아이티에서 미국으로 배를 타고 도망쳐 온 어린 소년의 경우를 살펴보자. 그는 밤에 악몽으로 잠에서 깨고 자신이 다시 아이티로 돌려보내질 것이라는 두려움에 떤다. 실제로 모든 가족이 합법적 신분을 가지고 있지 않아서 일을 할 수 없기 때문에 그들은 이에 대해 두려워하고 미국에 정착하기 위하여 애쓰고 있다. 사회환경 안에서 이러한 매우 중대한 위협을 다루기 위한 유일하고 실질적인 방법은 가족이 망명 신청서를 제출하도록 도와주는 것이다. 이 경우, 이 분야에 대해 전문 지식을 가진 변호사만이 그들을 도와줄 수 있을 것이다. 아동의 상담자로서 당신이 해야 할 일은 가족에게 변호사가 필요하다는 것을 이해하도록 돕고 그들을 지역 공동체 안의 자원과 연결시켜 주는 것이다. 지역 공동체 안에 존재하는 권리지원 자원에 대해 배우고 적절한 자원에 접근하는 것은 TST의 모든 부분이고 이 서비스 권리지원 모듈의 한 부분으로서의 역할을 하는 것이다.

가족이 직접적인 법률 항의로부터 얻어 낸 유일한 법률적 요구는 이민만이 아니다. 그러나 TST 팀은 변호사 소개가 양쪽 모두 필요하고 신중할 때를 결정하는 것이 필요하다. 6장에서 제시한 다섯 번째 원리인 최소한의 자원으로 작업하기가 반드시 고려되어야 한다. 전형적으로 지역사회는 제한된 무료 법률 자원을 가진다. 당신이 어떠한 법률상담 혹은 무료시간 봉사를 주선하든지, 당신은 신중하게 어떠한 사건들이 ① 사회, 환경 문제를 개선하기 위하여 변호사를 필요로 하는지, ② 사회, 환경 문제가 아동의 정서조절장애의 한 원인인지, ③ 특정 문제에 대하여 변호사와 함께 작업하는 것에서 가족구성원들이 그들의 역할을 할 준비가 되어 있는지 고려할 필요가 있다. 세 번째 항목은 우리가 '권리지원 준비도'라고 부르는 것이다. 가족이 문제에 대하여 동의하고, 해결책(치료 동맹)에 대해 동의하는 것과 변호사와 함께 작업하기 위하여 그들에게 요구되는 것을 할 수 있는 것도 필요하다.

상담자가 법학 분야의 학위를 가지고 있지 않을 때 무엇을 해야 하는가

이전에 우리가 논의했듯이, 상담자는 그들의 일을 준비하는 한 부분으로서 권리지원에 대한 훈련을 거의 받지 않는다. 그렇지만 우리는 관련 권리지원이 중요한 지식이라고 생각한다. 우리는 어떻게 TST 팀에 대한 지식을 쌓을 수 있을까?

기본적 권리지원 기술로 TST 팀을 훈련시키는 것에 관한 여러 가지 방법이 있다. 만약 당신이 그 모든 것을 할 수 있다면 훌륭하다. 그러나 만약 당신이 그중 몇 가지만 할 수 있다면 그것이 당신을 시작하게 할 것이다. 합법적 자원에 대한 모든 팀의 접근방법은 달라서 당신의 자원을 반영하는 권리지원 훈련과 상담환경을 설정할 필요가 있다. 궁극적으로 그 목표는 팀 구성원들이 다음의 것을 할 수 있는 것이다.

① 권리지원이 사회환경 문제를 해결하는 것을 도와줄 때 확인하라.
② 기본적인 권리지원 기술에 대한 범위를 가지라.
③ 변호사 의뢰가 필요한 경우와 그 의뢰를 어떻게 할지 알아 두라.

이러한 목표는 어떻게 성취되는가?

권리지원 훈련

TST 팀의 상담자는 주택 공급, 이민, 식량, 수입, 교육, 아동 보호와 양육권과 같은 법에 의해 보호받는 가족들의 기본 권리에 대해 이해한 상태에서 일해야 한다. 상담자는 가족들에게 반드시 그들의 기본 권리가 충족되도록 보장하는 것을 돕기 위한 권리지원 전략에 관한 훈련도 받아야 한다. 더욱이 상담자는 그들과 함께 상담하고 일하거나 가족들을 위탁할 수 있는 사회 지원과 지역사회 지원 단체를 알아야 한다. 실질적인 권리, 권리지원 기법, 현재 존재하는 자원 속에서 이루어지는 직원훈련은 그들이 권리지원 기술을 발달시키는 데 중요하다.

권리지원을 전문으로 하는 변호사는 TST 팀원들에게 가족의 서비스 받을 권리와 권리지원의 효과적인 접근법에 대한 훈련을 제공할 수 있다. 상담자는 약간이나마 이런 분야에 대해 앎으로써 가족이 그들의 권리를 행사하거나 기본적 욕구를 충족시킬 기회를 놓쳤을 경우를 발견할 수 있는 더 좋은 위치에 있는 것이다. 상담자는 권리지원 교육을 직접적으로 가족들에게 제공할 수 있으며, 따라서 그들의 권리에 대해 알고 옹호할 수 있는 권한을 줄 수 있다.

2년 전의 성적 학대로 인한 공격성을 치료받기 위해서 9세 아들을 데리고 온 어머니의 예를 보자. 어머니는 학교에서 교직원이 아들의 행동을 통제할 수 없다고 말했기 때문에 아들이 '영구적으로 정학' 을 당해서 집에 머물러야 한다고 말했다. 만약 이 이야기를 들은 상담자가 교육법에 조금이라도 익숙했더라면, 필시 이 이야기의 중요한 문제에 관하여 매우 날카롭게 다루었을 것이다. 즉, 장애를 가진 아동은 교육받을 권리가 있다! 장애를 가진 모든 학생에게는 무상으로 적절한 공교육을 받을 자격이 주어진다. 학교는 장애를 이유로 학생을 방출시키는 것이 금지되어 있다. 치료의 첫 단계는 가족들이 이 권리를 행사하는 것을 도와주는 방법을 찾아내는 것이어야 한다.

만약 상담자가 이 문제를 놓치거나 아동에 관련된 다른 치료 요소로 넘어간다면 아동이 긍정적인 교육 궤도에 오를 중요한 기회를 놓치게 되는 것이다. 그리고 그 이상의, 심지어 특정 문제를 다루게 된다면 아동의 정신건강에 관한 더 큰 위기 상황에 절망적이 될 것이다. 교육받지 못함, 사회적 고립과 학교에서 '쫓겨난' 상태와 관련된 자기존중감 저하 등과 같은 상황이 그 예다. 적절한 훈련을 받았다면, 상담자는 부모의 이야기를 통하여 권리지원 기회를 알아낼 수 있다.

권리지원 상담

직원을 간단하게 훈련시키는 것만으로는 복잡한 서비스 요구를 위해 충분하지 않은 경우도 있다. 이러한 경우 법 전문가로부터 직접적인 조언을 구하는 것이 문제를 해결하는 데 매우 유용하다.

사건 협의를 가질 때, 변호사는 상담자에게 당면한 특정 문제를 처리하기 위한 선택 사항의 항목이나 다음 단계의 순서를 알려 줄 수 있다. 이러한 제안은 상담자가 가족구성원들을 교육하고 그들에게 스스로 권리를 지원할 수 있는 힘을 줄 수 있는 방법에 초점을 맞추어야 한다. 예를 들어, 상담자는 앞서 언급한 어머니에게 여러 사무실에 가서 이렇게 저렇게 이야기를 함으로써 학교에 개별화교육 프로그램(IEP)을 요구하는 것을 제안할 수 있을 것이다. (대부분 단지 전문 용어를 아는 것만으로도 그들의 요구를 충족시킬 가족들에게 큰 차이를 가져올 수 있다!) 또 다른 경우 변호사는 상담자가 취해야 할 행동, 즉 (다시) 여러 표현으로 편지 쓰기 등을 제안할 수 있다. 다른 방법으로, 사건 협의는 무지, 또는 복잡하거나 혼란스럽거나 위협적인 요식체계 때문에 아직까지 받지 못한 서비스 요구에 대한 적절한 양식이다. 대개 제대로 된 권리지원을 받기 위해 필요한 것은 변호사로부터의 잘 표적화된 몇몇 제안이다. 그 후 상담자는 비슷한 상황에 직면했을 때 학교에 접근하는 최적의 방법에 대한 지식으로 무장할 수 있을 것이다. 팀 회의에서 사건 논의를 통해 나온 지식들은 팀의 나머지 구성원들에게도 전달될 수 있다.

팀에 대한 권리지원

만약 당신이 변호사를 TST 팀 회의에 참석시킬 수 있다면 회의에서 권리지원을 하는 방법에 대해 더 많이 배울 수 있을 것이다. 변호사는 TST 팀의 필수적인 한 부분이 될 것이다. 변호사는 상담자의 교육자이자 TST 팀의 구성원으로서 중대한 역할을 맡게 된다. 변호사는 사건에 권리지원이 영향을 미치는지에 대하여 귀 기울여 들을 수 있고, 4단계 권리지원 계획의 구성에 관하여 가장 좋은 선택 사항을 논의할 수 있으며, 지연된 권리지원 노력을 조정하며 더 성공적인 전략에 대한 정보를 제공할 수 있다. 이러한 분야를 포괄하는 변호사에게는 다음과 같은 장점이 있다. 즉, 의뢰인을 위해 요구된 서비스와 혜택은 명확해지고, 팀 전체는 권리지원 개입에 관한 기회와 전략에 대하여 배운다. 우리는 팀에 대한 전문적이고 법적인 조언자를 가지는 것이 중요하다고 생각한다. 뒤에서 설명하겠지만, 우리가 추천하는 수준은 변호사가 팀에게 매주 2시간씩 시간을 할애하는 것이다(팀 회의로 한 시간, 전화 협의가 가능한 또 다른 한 시간).

체계에서의 권리지원 도구

권리지원 선별 준거

상담자는 대개 많은 분야를 다루기 때문에 기본적 필요에 대한 요구—가족이 충분한 음식을 가지고 있는지와 같은—를 묻는 것을 무심결에 빠뜨리게 된다. 가족은 상담자가 도와줄 수 있을 것이라고 생각하지 않거나 그것을 말하는 것이 부끄럽기 때문에 주택이나 배고픔과 같은 문제들을 상담자에게 언급하지 않는다. 하지만 내내 '그에게 저녁을 줄 수 있는 것이 가장 큰 도움일 것이다.' 라고 생각하며 자녀를 도울 방법에 관하여 상담자와 한 시간 동안 이야기하며 보내는 것이 과연 어떨지 상상해 보라.

[그림 12-2](그리고 부록)의 권리지원 선별 준거(screener)는 이러한 문제들에 대한 간단한 해결책에서의 권리 체계 지원이 다루는 10개의 영역을 포함하는 기본적인 질문지다. 우리는 TST 상담자들이 첫 상담에서 권리지원 선별 준거를 소개할 것을 추천한다. 사회환경이 아동의 정신건강에 영향을 미친다는 전제를

권리지원 선별 준거	
경제 및 수입 지원	당신은 생계를 유지하는 데 어려움을 경험한 적이 있습니까?
주거	당신은 집의 상태나 안전 혹은 좁은 것에 대해 염려하고 있습니까?
배고픔	당신은 가족을 위해 음식을 구하는 데 어려움이 있습니까?
육아 바우처	당신은 자녀 돌봄에 대한 보조금이 필요합니까, 혹은 그에 적합합니까?
교육	당신은 자녀의 학업이나 교육에 대해 염려하고 있습니까?
가족 관계법	당신은 부권, 양육권 혹은 방문권(이혼을 했거나 별거 중인 사람이 전남편, 전처와 살고 있는 자녀를 방문할 수 있는 권리)에 대한 궁금증을 가지고 있습니까? 아동에 대한 금지명령을 제기해 본 적이 있습니까?
장애	당신의 자녀가 학교에서의 수행, 부모의 일, 가족의 삶에 영향을 미칠 만한 장애를 가지고 있습니까?
이민	당신이나 자녀가 외국에서 태어났습니까?

[그림 12-2] **권리지원 선별 준거**

논의하고 가난과 관련 문제들을 해결하라. "오늘이 끝나기 전에 나는 당신의 가족이 가지고 있을 요구에 대한 몇 가지 질문을 할 짧은 시간을 가지길 원합니다. 우리는 대개 일상생활의 많은 문제—생계를 유지하려고 노력하는 것과 같은—가 실제로 가족구성원 모두에게 영향을 미칠 수 있다고 생각하기 때문에 병원에 오는 모든 가족과 함께 이것을 합니다. 따라서 우리가 일상생활의 문제들 중 몇 가지를 도울 수 있는 방법을 생각하는 것은 로라의 행동을 돕기 위한 내 일의 한 부분입니다."

TST 치료계획 수립

8장에서 소개되었던 TST 치료계획 수립은 가족과 상담자가 사회환경의 개입 영역을 논의하고 우선순위를 정하는 데 도움을 줄 수 있다. 합법적 권리지원은 우선순위가 높은 문제를 다루는 서비스에서 이루어질 수 있다. 우선순위가 높은 문제가 요구하는 권리지원이 무엇인지 결정하는 것은 4단계 권리지원 계획을 실행함으로써 이루어질 수 있다. 일단 그것이 결정되면 다음과 같이 된다.

① 사회환경적 조건은 아동이 정서 상태를 조절하는 것에 어려움을 느끼는 한 원인이 된다.
② 이러한 사회환경적 조건은 아동/가족에게 주어진 서비스 또는 혜택이 주어져 있지 않다면 변하지 않을 것이다.
③ 이러한 서비스 또는 혜택은 설정되어 있지 않고 가족들이 그것에 접근할 가능성을 제거하는 장애물들이 존재한다.

그다음 체계에서의 권리지원 계획은 가족이 필요한 서비스와 혜택에 접근할 수 있는 가능성을 최대화하기 위하여 수립된다. 이 권리지원 계획은 TST 팀 계획 수립의 한 부분으로 포함된다. 그것은 ① 다루어야 할 최우선의 문제, ② 그 문제를 다루기 위한 권리지원 해결책, ③ 치료 팀 구성원에게 무엇이 요구되는지를 구체적으로 명시해야 한다.

실용적 조언

① **분명한 사실을 제시하라!** 가족이 그들이 원하는 것을 얻고 마땅히 그렇게 되도록 돕기 위하여, 특정 정부기관이나 단체에 명확한 요구를 제시해야 한다. 당신의 주장은 확인된 트라우마 스트레스 문제에 대한 서비스나 혜택 요구와 분명히 관련이 있어야 한다. 체계적이며 자료에 근거하여 처리하라. 당신이 그것들을 평가해서 아동이 필요한 서비스를 받아야 하는지 말아야 하는지에 대한 예측을 설명할 때 사실들을 펼쳐 보라.

② **포기하지 말라.** 만약 가족이 트라우마 스트레스로부터 회복하는 데 중요한 서비스나 혜택을 받을 자격이 있다고 확신한다면, 대답으로

'안 된다'는 말은 삼가라. '안 된다'고 말한 사람의 상사와 그 상사의 관리자에게 가라. 당신의 상사(그리고 상사의 관리자)를 이용하라. 집요함을 두려워하지 말라. 부정적인 대답은 잘못된 것이다. 만약 그것이 고쳐질 것이라면 당신은 계속해야 한다.

★ ③ 상담자와 변호사를 팀 동료로 여기라. 그들 각각은 상담에서 중요한 기술을 가지고 있다. 서로 간에 가르치고 배우라. 당신은 더 잘 지원하기 위하여 함께 일해야 한다.

★ ④ 전문 용어를 확실히 이해하라. 만약 당신이 권리지원 역할을 맡게 되어 의뢰인에게 제공할 서비스 체계를 다루게 된다면, 당신이 실제로 법과 권리를 아는 것을 명확히 하라. 정부 기관이나 단체의 용어로 말하라. 만약 확신할 수 없다면 변호사 동료에게 요청하라.

★ ⑤ 항상 일에 대한 정책 결과를 고려하라. 만약 당신이 아동을 위해 권리를 지원하고 있다면, 당신은 많은 수의 비슷한 아동들에 의해 경험된 서비스 요구에 관해 일하고 있을 가능성이 꽤 있다. 만약 당신이 같은 문제가 팀에서 계속해서 발생한다는 것을 깨닫는다면 권리지원 요구의 경향성을 파악하고 변화를 위해 더 폭넓게 지원하라.

의료적 자원과 권리지원의 연계

만약 당신이 지역 병원에서(혹은 어떤 종류의 정신건강 진료소와 관련하여) 일한다면, 당신은 스스로에게 "네, 맞아요, 좋네요. 하지만 어디서 변호사를 고용하기 위한 자금을 찾을 수 있을까요?"라고 말할 수 있을 것이다.

불행히도, 현재 우리의 돌봄 체계는 트라우마 스트레스를 겪고 있는 아동들과 그들의 가족에게 정신건강 치료를 제공하는 데 있어서 변호사의 역할을 인식하지 못한다. 그것이 발생할 때까지 우리는 권리지원 자금을 모으는 방법에 대하여 창의적일 필요가 있다.

다음은 병원에서의 권리지원의 지원 개발을 위한 방법에 대한 몇몇 제안이다. 각각은 장단점을 가지고 있고, 우리는 트라우마를 가진 아동과 가족이 필요로 하고 원하는 서비스를 제공하는 데에 있어서 현재의 돌봄 체계 위에서 실행될 수 있는 방법의 예로서 그것들을 제공한다. 다시 말하면, 우리가 추천하는 기준은 일주일에 2시간인데, 팀 회의를 위한 한 시간과 필요에 따른 전화 통화를 위한 한 시간이다.

법률 서비스 프로그램과의 협력

법률 서비스 프로그램은 국가적 · 지역적으로 자금이 지원되는 비영리 단체로서, 저소득층의 개인과 가족에게 무료로 법률적 도움을 제공한다. 몇몇 법률 서비스 프로그램은 주로 조언과 다른 제한된 형식의 지원을 제공해서 도움을 필요로 하는 많은 이를 도와준다. 다른 프로그램들은 더 적은 수의 내담자들에게 더 광범위한 도움을 제공한다. 적어도 하나의 프로그램은 실제로 미국 내의 모든 마을, 지역이나 도시에서 제공된다. 다음 웹사이트에는 국가나 주에 의하여 조직된 법률 서비스가 제시되어 있다.

www.rin.lsc.gov/rinboard/rguide/pdir1.htm

법률 서비스는 가난한 가족들에게 필요한 많은 도움을 제공하지만 그 실행에 있어서 많은 제약을 가진다. 현재 많은 프로그램은 제한된 자원 때문에 대략 5개 중 3개의 사례를 돌려보낸다. 대개 사무실은 지역 공동체 안에 위치하지 않는다. 제한된 자원 때문에 기관은 자주 언어적으로 적절한 서비스를 제공할 수 없다. 어린 아동을 가진 가족들의 경우, 법률 서비스에 접근하는 것은 매우 힘든 일이다.

변호사 실습생과의 협력

많은 법대는 학생들이 저소득 가정에게 법률 서비스를 제공할 수 있는 훈련의 기회를 가진다. 법대는 대부분 혁신적인 프로그램에 참여하는 것에 개방적이다. 대부분의 도시는 이러한 종류의 협력에 접근할 수 있는 법대를 가지고 있다.

보조금을 통한 현장 프로그램 개발

복지재단은 트라우마 스트레스를 가진 아동과 가족에게 제공되는 혁신적인 프로그램에 대한 자금을 대 주는 훌륭한 원천이 될 수 있다. 보조금은 대개 매우 유동적이어서 당신이 필요에 부합하는 권리지원 프로그램을 조정할 수 있다. 보조금의 가장 큰 문제점은 그 제공과 관련된 노력과 에너지와 기한이 제한된다는 것이다.

법률회사나 개인 변호사와의 협력

많은 법률회사는 일상적으로 무료 시간을 기부한다. 게다가 개인 변호사들(활동하고 있거나 퇴직한)은 TST 팀의 한 구성원으로 자원하는 데에 흥미를 가질 것이다. 이것은 적절한 기술을 가진 누군가가 트라우마 스트레스를 가진 아동을 돌보는 혁신적인 모델의 한 부분으로 참여하기 원하는지를 알아보기 위하여 지역사회 법률사무소 여기저기에 요청할 만한 가치가 있다.

무료 변호사 소개

마지막으로 지역 변호사협회는 저소득층 가정과 중산층 가정에 대한 완전 무료 서비스와 낮은 수수료의 서비스를 제공하는 위탁 변호사 명단을 보유한다.

모든 변호사가 똑같지 않다는 것을 마음에 새기는 것이 중요하다. 보통 변호사는 환자들을 위해 지원할 준비를 갖추고 있지 않다. 다른 학과들처럼, 변호사들은 어느 정도 다방면의 전문(generalist) 지원자로서 훈련받는다. 가족의 기본 혜택과 서비스 보호 분야의 전문가인 변호사는 '법률 서비스나 법률 보조 변호사' 로서 알려져 있다. TST 팀에 합류한 변호사는 아동의 발달과정에서 트라우마와 정신건강의 역할을 이해하기 위해서 추가 안내와 교육이 필요할 것이다. 효과적인 권리지원을 위해 반드시 그들의 작업이 목표로 하는 건강 관련 문제를 이해해야 한다.

끝으로 TST의 다른 역할과 마찬가지로 의사소통과 팀워크 작업은 매우 중요하다는 것을 기억하라. 변호사와 지역 단체의 팀워크 작업은 법과 정신건강에 관한 두 개의 다른 문화(그리고 때때로 윤리적 지침) 때문에 더욱 복잡해진다. 여러 중요한 원칙이 변호사와 현재 진행하는 팀워크 작업으로부터 세워졌다.

- 대체로 치료계획과 일치하는 권리지원 우선순위를 정하고, 만약 소개가 이루어졌다면 이러한 우선순위를 변호사에게 명확하게 전달하라.
- 다른 원칙들에 대한 윤리적이고 전문적인 책임을 존중하라.
- 변호사에게 소개하기 전에 가족들이 '권리지원 준비도' 를 확실히 하도록 도우라. 가족들은 계획에 동의하고 법적으로 진행되는 절차에서 그들에게 요구될 것을 끝까지 마무리할 필요가 있다.

권리지원에 대한 맺음말

권리지원을 다루는 것은 상담자의 경계가 약간 더 넓어지는 것을 요구한다. 그러나 다른 시각에서 볼 때 권리지원은 결국 우리가 일할 수 있게 하는 도구를 가지는 것이다. 상담자의 경우, 권리를 지원하는 방법을 배우는 것은 단지 우리가 '현재 상태를 그대로 받아들일' 필요가 없고 원하는 것이 다르다고 우리의 머리를 쥐어뜯을 필요가 없다는 것을 깨닫는 것을 의미할 수 있다. 가족의 경우, 권리지원은 자녀의 삶에서 강력하며 지속적인 변화를 만들어 낼 수 있다. 모든 이에게 권리지원은 더 좋은 체계를 유지하도록 도울 수 있다.

13
약물치료
– TST에서 약물치료의 통합

학 습 목 표

- TST에서 약물치료의 원리 설명하기
- TST에서 약물치료의 적용 설명하기
- TST에서 정신과 의사의 역할 설명하기

마법의 약은 없다. 트라우마 체계 치료(TST)는 서비스 통합에 초점이 맞추어져 있다. 약물치료는 유용한 치료가 될 수 있지만 심사숙고하여 정확하게 치료에 통합되어야 한다. 트라우마를 가진 아동을 위해 활용될 수 있는 다양한 약물을 살펴보았지만, 우리의 초점은 TST 안에서 적합한 약물치료의 원리와 실제를 살펴보는 것이다.

이 장에서는 TST에서 정신과 의사의 역할을 논의할 것이다. TST 치료 팀의 모든 구성원은 이것을 주의 깊게 읽어야 한다. 정신과 의사는 약물치료의 실제가 TST에서 어떠해야 할지와 TST에 적합하도록 그들의 역할이 어떻게 변해야 할지를 이해하기 위해 이번 장을 읽어야 한다. 다른 상담자들도 이러한 서비스를 잘 활용하는 방법을 이해하기 위해 읽어야 한다.

TST의 첫 번째 원리는 무너진 체계를 조정하고 복원하기다. 이 원리는 TST 개입이 그 트라우마 체계를 향해야 함을 의미한다.

• 트라우마를 가진 아동은 정서 상태를 조절하지 못한다.
• 사회환경/돌봄 체계는 아동이 이러한 정서 상태를 조절하는 것을 충분히 도울 수 없다.

TST의 다른 치료법과 같이, 약물치료는 이 목표(무너진 체계를 조정하고 복원하기)를 위해 기능하고 다른 치료법들과 긴밀하게 통합된다. TST 안에서 약물치료를 고려하는 것의 장점은 보다 넓은 개입 맥락이 세워질 수 있기 때문이다. 약물치료자는 종종 홀로 수행하거나, 약물치료 개입에 다른 치료들을 결합하거나 어떤 서비스를 제공할지와 이러한 서비스들이 약물치료와 조화롭게 사용될 수 있는 방법을 이해하기 위해 다른 치료자들과 의사소통하는데 많은 시간을 보내야 한다. TST 안에서 약물치료는 다른 유형의 실행보다 더 효과적일 수 있는데, 그 이유는 앞서 말한 바와 같이 체계를 세워 갈 수 있기 때문이다.

정신과 의사의 역할

TST 팀에서는 정신과 의사가 수행할 기능은 매우 많다. 그것은 다음과 같다.

① 약물치료 개입의 방향을 정한다.
② 아동에게 의학적 · 신경학적 평가가 필요할 때 진단한다.
③ 진단을 내리기 위해 진찰하고 차별적 진단을 내린다.
④ 정신과적 응급 사태 시 팀의 대처 방식을 지도한다.
⑤ 의사와 정신과 입원병동 관계자와 의사소통한다.

실제로 많은 수의 다양한 의학 전문가는 직접적인 약물치료 서비스를 제공하기 위해 임상훈련을 받는다. 정신과 의사, 신경학자, 행동 및 발달 소아과 의사, 임상간호 전문가들이 이런 훈련을 받는다. 이 역할을 충족시키는 사람은 누구라도 앞에 열거된 특정한 역할을 수행하는 데 필요한 전문 지식을 충분히 지니고 있어야만 한다. 만약 약물치료자가 그러한 전문지식을 제공하는 데 필요한 능력이 충분하지 않다면 추가적 자문이나 슈퍼비전을 위해 정신과 의사와 함께 협력할 수 있다. 예를 들어, 우리 팀에서는 아동청소년 정신과 의사가 팀 회의와 슈퍼비전에서 임상간호 전문가에게 조언을 제공한다. 이 임상간호 전문가는 직접적인 약물치료 서비스의 대부분을 제공한다.

약물치료와 생존 회로

2장에서 살펴본 대로, 약물치료와 정신과 치료는 편도체가 '정서에 의해 의식을 마비시키는 것' 을 감소시키는 뇌 경로에서 함께 작동한다 (LeDoux, 2002, p. 226). 이러한 경로를 '생존 회로' 라고 부른다. 이는 위협에 직면했을 때 개인의 생존을 돕기 위해 발달해 온 것으로 트라우마 스트레스에 대한 정신병리학의 핵심이다. 특히 트라우마 스트레스를 가지고 있는 개인에게 그 트라우마를 회상시키는 자극이 제시될 때, 그 반응은 즉각적이고 극단적이다. 이 반응은 3장에 설명된 대로 감정(정서), 활동(행동), 자각(의식)에서의 과도한 반응과 관련된다. 이것은 스트레스에 직면했을 때 정서 상태에서의 반복적인 변화로서 생존 회로에 의해 조정되고, 이는 트라우마 스트레스를 분명히 밝힌다. 이러한 정서 상태 동안 아동은 현재 트라우마 사건에 어느 정도 반응한다. 감정, 행동, 자각의 3A에서의 동요는 생존을 위한 정신생물학 체계의 표현이다. 이러한 과도한 반응은 결과적으로 부적응적인데, 현재는 생존이 위태롭지 않기 때문이다. 아동은 자신이 더 이상 삶을 위협하는 상황에 놓여 있지 않다는 것을 적절하게 알아차리지 못하게 된다.

치료는 아동에게 스트레스 요인이나 트라우마를 떠오르게 하는 자극이 현재 존재하지 않으며 생존의 문제가 아니라는 것을 인식시키도록 돕는다. 뇌가 스트레스 자극에 대해 그것이 마치 생존을 위협하는 것처럼 반응할 때 그러한 반응 방식을 변화시키도록 어떻게 도울 수 있을까? TST에서 치료는 다음의 방식으로 의도된다.

① 사회환경적 개입은 자극을 감소시키도록 실시된다.
② 기술기반 개입(정서 조절, 인지 처리, 의미 구성)은 스트레스 자극에 대해 보다 적응적으로 반응하고 편도체에 의한 응급 반응 체계(LeDoux의 낮은 부하)를 억제시키기 위해 맥락적 처리체계(해마와 피질, LeDoux의 높은 길, 2장)에 관여하고 이를 강화시킨다.
③ 약물치료는 기술기반 개입과 함께 응급 반응 체계를 억제시키는 역할을 한다.

정신과 의사는 흥분의 감소와 아동의 정서조절 기술 향상을 위해 치료 팀의 다른 사람들과 함께 조력한다. TST에서 모든 치료법은 무너진 체계를 조정하고 복원하기 위해 협력한다(첫 번째 원리).

다양한 약물치료는 이러한 응급 반응 체계 혹은 생존 회로의 활동을 감소시키는 것으로 알려졌다. 본질적으로 편도체의 활동을 감소시키는 약물은 아동이 즉각적으로 반응하는 대신 생각하고 계획하기 위해 뇌의 높은 부하를 사용하도록 생존 회로의 균형 변화를 돕는다.

직간접적으로 편도체를 억제시키는 것으로 알려진 약물이 정신장애의 다양한 영역에서 활용되었는데, 그 예로는 선택적 세로토닌 재흡수 억제제(SSRIs), 삼환계 항우울제, 벤조디아제핀, 기분 안정제, 항정신병 약물 등이 있다.

PTSD는 어떤가

우리는 3장에서 PTSD에 대해 살펴보았다. 요약해 보면, 우리는 PTSD 증상에 있어 이질적 집단 분류는 시작은 좋지만 2장과 3장에서 설명한 근본적인 처리 과정에서 단지 표면적인 표지일 것이라고 믿는다. 따라서 PTSD는 조금 관련이 있는 다른 표면적 표지들을 놓친다.

★ 약물치료의 목표는 트라우마를 가진 아동이 스트레스 요인이나 트라우마를 상기시키는 자극에 당면했을 때 아동의 감정, 행동, 자각을 극적으로 변화시키는 것이다.

치료의 목표에 대한 이러한 정의는 PTSD 진단보다 넓은 범위의 증상들을 포함한다. 하지만 구체적으로는 치료의 초점을 처리과정의 하나에 집중한다(예: 특정한 자극이 특정한 반응을 이끌어 내는 방법). 이러한 처리과정은 생존 회로의 기능에 의해 중재된다.

진단명을 붙이지 않고 증상 바라보기

★ 다른 임상 문제를 설명하기 위해 사용된 용어가 진실로 다른 심리적 기제를 설명하는지 혹은 같은 대상에 대해 다른 용어를 사용하는지는 완전히 명확하지는 않다. Oliver Wendell Holmes의 'think things and not words'라는 유명한 경고가 이와 매우 관련 있다. 그것이 PTSD인가 혹은 ADHD인가? PTSD인가 혹은 우울증인가? PTSD인가 혹은 빠르게 순환하는 청소년 조울증인가? 양쪽 다인가? 아니면 전부 다인가? 차별적 진단은 초기 질병에 하나 이상의 질병이 추가로 발생하는 것과 다른 것인가? 이 모든 것을 생각하는 보다 효율적

인 방식이 있는가? 진단명을 붙이지 않고 증상을 바라보라!

뇌는 특정한 방식으로 이해하기 어려운 것들을 풀 수 있다. 뇌는 주의, 기분, 현실 평가, 동기, 공포체계로 구성되어 있다. 만약 트라우마 사건이 이런 조직들에 영향을 줄 때 트라우마를 가진 아동이 나타내는 문제들은 다른 이름으로 불리지만 같은 조직에 영향을 미치는 다른 문제들과 유사하게 보일 수 있다. 이 아동이 정말 ADHD인지, 조울증인지, 정신병인지, 혹은 우울증인지 논의하는 우리의 방식은 '진단명을 붙이지 않고 증상을 바라보기'에 대한 우리의 선호를 반영한다. 만약 다른 문제의 근본적인 뇌의 기제가 트라우마 사건과 관련된 뇌의 기제와 같거나 유사하다면, 다른 문제에 효과적인 약물이 트라우마 스트레스에도 효과적일 수 있다고 기대할 수 있다. 트라우마 스트레스가 다른 문제에서 중요한 기제와 공유하는 것을 고려해 보라.

- 트라우마 스트레스와 ADHD: 트라우마를 가진 아동은 외적 정보(학교 수업)에 대한 처리과정에 손상을 입히면서 내적 정보(트라우마 기억, 불안)를 처리할 수 있다. 더욱이 아동은 트라우마를 상기시키는 매체에 직면했을 때 충동적인 행동과 과잉행동이 나타날 수 있다.
- 트라우마 스트레스와 조울증: 고도의 위협과 스트레스 상황에서 아동은 정서상태의 급격한 변화를 경험할 수 있다. 이러한 급격한 변화 상태는 충동적인 행동을 동반할 수 있다.
- 트라우마 스트레스와 우울증: 트라우마를 가진 아동은 그들이 나타내고 느끼며 감각을 잃는 것과 같은 정서적 반응에 극적인 마비를 경험할 수 있으며, 기쁨을 느끼기 어려울 수도 있다. 또한 주의, 수면, 식욕에 문제가 발생할 수 있다.
- 트라우마 스트레스와 정신병: 트라우마를 가진 아동은 감각 평가와 현실 검증에 어려움을 겪을 수 있다. 예를 들어, 성적으로 학대받은 아동은 때로 가해자의 목소리를 듣는다. 베트남 참전 용사는 때로 다가오는 헬리콥터의 프로펠러 소리를 듣는다. 이러한 환각, 지각적 왜곡은 어떤 분류에 해당하는가?

만약 환각이 외적인 실제 세계에 상응하지 않는 외적 자극에 대한 내적인 극단적 지각이라면 이러한 예가 환각이 아니라고 논쟁하기는 어렵다. 비슷한 예로, 누군가 자신을 해칠 것이라는 표시를 주변 환경에서 찾고 유순한 신호를 위협 자극으로 오해하는 성적 학대 아동은 망상에 빠졌다고 할 수 있다. 만약 망상이 사실이 아닌 잘못된 생각에 고정되면 이 문제가 망상이 아니라고 논쟁하기는 어려울 것이다.

약물치료에 대한 우리의 전반적 접근법은 트라우마를 가진 아동이 스트레스 요인이나 트라우마를 상기시키는 촉발 요인에 직면했을 때 특정 목표 증상이 아동의 감정, 행동, 자각에서의 극적인 변화와 관련이 있는지 여부의 임상적 결정을 내리는 것이다. 만약 이 특정 목표 증상이 앞의 정의와 일관된다면, 우리는 편도체의 반응을 감소시키기 위해 노력한다. 이러한 접근은 우울증, 정신병 등으로 생각되는 상태에 효과적인 것으로 알려진 약물치료 처치들로 실행된다.

적응

다른 약물에 대해 들어가기 전에 우리는 '적응'이라는 중요한 문제에 대해 생각해 보아야 한다. 생존 회로에 대한 논의는 과거에 삶에 대한 위협이 있었던 트라우마를 가진 아동은 자신이 안전한 환경에 있다는 것을 충분히 파악하기 어렵다는 것을 이해하는 것이 중요하다. 치료의 생존기에서는 실제 위협이 있다. 그러므로 트라우마를 가진 아동의 증상은 그야말로 생존을 위한 중요한 적응일 수 있고, 그럴 때는 결코 그것을 다루어서는 안 된다. 다음의 예들을 생각해 보자.

• 밤에 학대당할 것에 대한 두려움 때문에 잠자리에 들고 싶어 하지 않는 아동

- 폭력배의 싸움이 있는 환경에 살고 있으며 위협이 있는지 주변을 살피는 데 많은 시간을 쓰는 아동
- 누군가 자신을 죽이려고 위협했기 때문에 학교에 가는 것을 피하는 아동
- 엄마의 남자친구에게서 엄마를 보호하기 위해 공격적으로 행동하는 청소년

이러한 예는 명확해 보이지만 복잡한 약물치료적 실제에서, 특히 그것이 다른 치료 개입과 연결이 없을 때 아동의 반응에 대한 적응적 성향은 쉽게 놓칠 수 있고 하나의 증상으로 처리될 수 있다. 이러한 관점에서 이것은 중요한 임상적, 윤리적 문제다. 이러한 상황에서 치료적 노력은 환경에서의 실제 위협을 감소시키는 것에 목표를 둔다.

무엇을 선택할 것인가

TST 정신과 의사는 아동의 생존 회로가 정상으로 돌아오도록 돕기 위해 하나 혹은 그 이상의 약물을 선택해야 한다. 무엇을 선택할 것인가?

우리는 우리의 접근법이 유일한 접근법이라고 생각하지 않는다. 우리가 살펴본 바와 같이 다양한 약물이 편도체의 위협 반응을 감소시키는 데 효과가 있을 수 있다. 안전, 부작용, 효과성에 대한 이해를 바탕으로 우리는 생존 회로를 안정화시키기 위한 일차 접근법과 그 후 다른 특별한 상황을 위한 다른 접근법을 제안한다.

일차 접근법

우리는 플루옥세틴(fluoxetin), 설트랄린(sertraline), 파록세틴(paroxetine)과 같은 선택적 세로토닌 재흡수 억제제(SSRIs)로 시작한다. SSRIs는 불

안, 각성, 침습, 충동성, 우울, 감각마비에 효과적인 것으로 밝혀졌다. 심각한 불안, 각성이 기능과 심리치료 참여에 영향을 줄 때 하나의 SSRI에 대한 반응이 몇 주 뒤로 연기될 수 있기 때문에 벤조디아제핀(benzodiazepine)이 짧은 기간 동안 추가될 수 있다. 불안과 각성의 급성 수준이 사라지고 나면 벤조디아제핀은 줄이고 SSRI는 지속적으로 사용된다.

이차 접근법

다른 약물치료 접근은 다음과 같다.

- 벤조디아제핀만을 사용한다.
- 이미프라민(imipramine)이나 데시프라민(desipramine)과 같은 삼환계 항우울제
- 리스페리돈(risperidone)이나 올란자핀(olanzapine)과 같은 이례적인 항정신병 약물. 이러한 약물은 다른 약물에 반응하지 않는 심각한 불안, 특히 불안이나 각성이 해리 사고를 이끌 때를 위해 준비되어야 한다.

특별한 상황

특수한 문제가 현저하게 나타날 때 일상적인 일차 접근법에 다음과 같은 변화가 발생한다.

*** 불면증**

- 아동이 수면을 방해하는 것으로 알려진 제품(담배, 커피, 소다, 불법 마약)을 사용하는지 확인하기
- 트라조돈(trazodone)과 독세핀(doxepine)과 같은 항우울제로 진정시키기
- 벤조디아제핀

• 클로니딘(clonidine)이나 구안파신(guanfacine)과 같은 알파수용체($alpha_2$-adrenergic) 억제제

＊충동성

우리는 3장에서 행동조절장애에 대해 논의했다. 트라우마 이후 정서 상태는 공격적이고 위험하며 자기파괴적인 행동들로 표현된다. 이와 같은 행동 유형은 전형적으로 생존 회로 반응(생존이 현재 위협당하는 상황이 아닐지라도 생존하기 위한 행동)으로 일차 접근법이 시도되어야 한다. 그러나 이에는 두 가지 주의 사항이 따른다.

• SSRIs가 충동적이고 위험한 행동의 증가를 이끄는지 아닌지에 대한 논쟁이 있다. 우리의 경험에 따르면 이러한 약물은 해를 주기보다는 도움을 주는 경향이 있다. 그러나 위험한 행동의 증가가 가능하기 때문에 특히 이 약물치료가 시작된 몇 주 이내에 자세하게 검토되어야 한다.
• 벤조디아제핀은 탈억제로 이끌 수 있다. 우리의 경험에 따르면 SSRIs와 유사하게 벤조디아제핀은 해보다 도움을 줄 가능성이 더 크다. 그럼에도 벤조디아제핀 치료에 탈억제가 뒤따르는 것으로 입증되었다. 따라서 이러한 약물들은 충동성에 대한 3차 혹은 4차 치료로 선택되어야 하고 주의 깊게 검토되어야 한다.

충동성에 효과적일 수 있고 SSRI의 시도 다음의 이차 접근법으로 고려되어야 하는 약물은 다음과 같다.

• 리튬(lithium), 발프로산(valproicvacid), 카바메제핀(carbamezepine)과 같은 기분 안정제
• 클로니딘이나 구안파신과 같은 알파수용체 억제제

- 리스페리돈이나 올란자핀과 같은 이례적인 항정신병 약물

충동적 행동은 알코올 또는 약물 남용의 첫 번째 신호가 될 수 있다는 것에 주의하라. 그러므로 충동적 청소년이나 사춘기 이전의 아이들에게 약물중독에 대한 의심을 유지하는 것이 중요하다.

＊우울증과 감각마비

트라우마를 가진 아동은 기술을 발달시키는 개입에 대한 반응성과 기능을 방해하는 정서적 반응에 있어 극적인 마비를 경험할 수 있다. 따라서 이러한 아동은 종종 우울해진다.

주요우울장애를 포함한 정서적 반응의 마비를 도울 수 있는 약물은 다음과 같다.

- SSRIs
- 삼환계 항우울제
- 부프로피온(bupropion)과 벤라팍신(venlafaxine)과 같은 항우울제

＊체계적이지 않고 특이한 사고/지각적 왜곡

- 현실에 대한 평가와 관련된 문제는 생존과 관련된 영향에 의해 기인할 수 있기 때문에 일차 접근법으로 시작하라.
- 이차 접근법 혹은 일차 접근법의 부속물로서 리스페리돈이나 올란자핀과 같은 이례적인 항정신병 약물을 사용하라.
- 만약 높은 수준의 불안과 체계적이지 않은/왜곡된 지각과 사고가 나타나고 위험한 행동을 보일 때 리스페리돈이나 올란자핀과 같은 이례적인 항정신병 약물로 시작할 것을 제안한다.

＊부주의

- 부주의와 관련된 문제는 생존과 관련된 감정과 관계가 있을 수 있으므로 일차 접근법으로 시작하라.
- 이 일차 접근법의 부속물로서 메틸페니데이트(methyphenidate)나 덱스트로암페타민(dextroamphetamine)과 같은 흥분제를 사용하라.
- 만약 앞의 접근법들이 효과가 없다면 부프로피온이나 삼환계 항우울제를 고려해 보라.

TST에서 약물치료의 적용

정신과 의사는 6장에서 설명된 TST를 위한 열 가지 치료 원리에 익숙해져야 한다. 이러한 원리는 약물치료를 포함하여 TST를 안내하고 약물치료 실행에 있어 중요한 지침으로 고려되어야 한다. 이 열 가지 원리는 다음과 같다(6장 참조).

① 무너진 체계를 조정하고 복원하기
② 먼저 안전을 확보하기
③ 사실에 근거하여 명확하고 초점화된 계획을 만들기
④ '준비' 되지 않았을 때 '시작' 하지 않기
⑤ 최소한의 자원으로 작업하기
⑥ 책임, 특히 당사자의 책임을 주장하기
⑦ 현실에 맞추기
⑧ 당신 자신과 팀을 돌보기
⑨ 강점으로 시작하기
⑩ 더 좋은 체계를 만들어 남겨 두기(종료하기)

약물치료는 TST의 다른 치료방법과 밀접하게 조화를 이루어야 한다. 치료의 초기 단계에서 약물치료는 위기를 방지하는 데 사용된다. 이 단계 동안 사회환경이 불안정하고 아동이 위험 행동을 보이는 빈도가 높을 때, 약물치료는 정신적 응급 상황을 예방하고 정신과에 입원시키거나 집 밖의 다른 곳으로 배치되도록 도울 수 있다. 아동이 치료에서 더 높은 단계로 나아가면 약물치료의 주된 목표는 기술 습득 개입을 촉진시키는 것이다.

TST의 중요한 부분은 아동이 ① 정서 조절, ② 트라우마 처리, ③ 경험으로부터의 의미 구성을 위한 기술을 습득하도록 돕는 것이다. 이러한 생각은 아동이 그들의 삶에서 더 잘 기능하도록 돕는 데 가장 중요한 것이 기술의 발달임을 가정한다. 따라서 TST에서 약물치료의 주된 목표는 위기가 임상 상황의 핵심적인 부분이 아닐 때 이러한 기술 습득 개입을 지원하는 것이다. 이 목표는 구성원 간의 의사소통 활성화, 보다 넓은 TST 치료계획 안에 약물치료의 통합, 그리고 TST에서 약물치료에 통합된 단계에 따른 임상적 결정에 의해 달성될 수 있다.

이러한 방식으로 약물치료는 TST에서 명백하게 부가적이거나 지지적인 개입이다. 생존 회로가 촉발될 때, 아동은 종종 과각성되거나 체계적이지 않게 되어 기술 습득 개입에 참여하기가 어려울 수 있다. 약물치료는 생존 회로의 반응 정도를 약화시켜 기술 습득 개입이 가능하도록 한다.

약물치료는 TST에서 활용될 때 다른 치료법이나 다른 치료 제공자와 잘 통합되어야 한다. 약물치료 결정은 팀이 제공하는 정보에 영향을 받고, 팀에 의해 지지되며, 팀 구성원의 결정에 영향을 준다. 실제로 TST 약물치료는 팀 치료의 특성을 가장 잘 나타내 준다.

약물치료가 TST의 양상과 모듈에 적합한지를 보기 위해 우리는 8장의 [그림 8-2]를 [그림 13-1]로 재현한다. 이 그림이 나타내듯이, 정신과 약물치료는 치료의 생존, 안정, 유지 단계에서 '자주 효과적이다'. 그리고 이해, 극복 단계에서는 '가끔 효과적이다'. 이것은 주어진 단계에서 증상에 대한 금기를 나타내는 것도 아니고 '필수적'이라고 여겨지는 것도 아니다.

		단 계				
		생존	안정	유지	이해	극복
모듈	현장에서 안정화시키기 (SOS)	***	***	–	–	–
	서비스 권리지원	***	**	*	*	*
	약물치료	**	**	**	*	*
	정서 조절	*	**	***	–	–
	인지 처리	–	–	–	***	–
	의미 구성	–	–	–	–	***

[그림 13-1] **치료 단계에서 활용되는 TST 치료 모듈**

*** = 필수적인, ** = 자주 효과적인, * = 가끔 효과적인, – = 활용되지 않거나 금기인

약물치료 적용

약물치료 개입의 의뢰는 어떤 개입이든 의뢰하는 것과 같은 효과가 있다. 그것은 TST 팀에서 검토된 전반적인 평가와 치료계획에 적합하다. 정신과 상담자는 이 팀 모임의 일원이며 토론에 중요한 자원을 제공할 수 있다. 개입 형식에 대한 모든 결정은 팀이 내리며 TST 평가와 치료계획을 기반으로 한다. 이러한 경우 정신과 상담자는 '의뢰 문제'에 대해 혼란스럽지 않게 된다.

초기 모임

정신과 상담자가 아동의 가족과 처음으로 만날 때 치료의 사전 계획과 평가의 결과에 대해 충분히 요약할 수 있는 TST 치료계획 양식(8장과 부록에 제시됨)을 준비해야 한다. 첫 만남에서 정신과 상담자는 다음과 같은 일을 수행해야 한다.

- 아동이 왜 의뢰되었는지, 어떻게 약물치료가 아동에 대한 가족들의 돌봄에 적합한

지에 대해 아동과 가족들이 이해하고 있는지를 확인하라. 정신과 상담자가 팀의 일원이고 다른 팀원들과 그 약물치료를 매우 익숙하게 하고 있으며 그 약물이 다른 사람들에 의해 추천된다면, 전반적인 치료계획에서 유일한 자원이 될 수 있다는 것을 아동과 가족이 이해하는 것이 첫 만남에서는 매우 중요하다.

- **약물치료 개입에 대한 가족들의 관심 여부를 가능하면 빨리 파악하고 그에 관한 오해가 있다면 풀라.** 아동의 가족들은 종종 약물의 사용에 대해 부정적인 반응을 보인다. 이런 점을 드러내서 대처하는 것은 작업 동맹을 만드는 데 오랜 시간이 걸리게 할 수 있다.
- **정서 및 행동조절장애와 정신과적 진단에 대한 초기의 평가를 재평가하라.** 정신과 상담자는 이 평가에 특정 전문가를 두어야 하며 초기의 공식을 확인하여야 한다.
- **약물치료 평가로 다룰 수 있는 일반적인 영역에 대해 평가하라**(예: 이전 치료 경험, 약물치료 병력).
- **평가의 결과를 가족에게 전달하라.** 이 평가는 예비 평가로 치료 팀 안에서 다루어진다는 것을 가족이 이해할 수 있게 해야 한다. 평가에 대한 권고 사항은 정신과 의사가 참가한 FCM에서 가족에게 전달될 것이라고 설명하라.

가족과의 협력적 만남

10장에서 제시한 가족과의 협력적 만남(FCM)은 치료 팀의 모든 구성원이 평가의 결과와 예비 치료계획에 대해 논의하기 위해 가족과 만나는 자리다. 치료계획을 예비 치료계획이라고 하는 이유는 그것이 치료계획을 시행하기 위해 가족과 작업 동맹을 만드는 첫 단계로서 가족에게 먼저 선보여야 하기 때문이다. 치료 팀은 치료와 관련된 약물치료가 포함된 치료계획과 권고 사항들에 대해 명확히 알고 있어야 하고 가족의 관점에서도 생각해야 한다. 이 만남의 목적은 치료 팀이 필요하다고 믿는 것들이 반영되어 있는 계획을 정교하게 만들고 문제와 해결책에 대한 가족들의 아이디어를 모으는 데 있다. 정신과 의사는 시작하기 모듈을 잘 알고 이 관점에서 약물치료 문제를 고려한 치료 동맹을 다루어야 한다. 왜냐하면 치료 동맹은 약물치료적 시행에서 어려운 문제일 수 있다. 치료의 모든 요소를 포함한 전체적인 동의 안에서 작업 동맹을 맺는 것이 가족에게 그것을 승낙하게 하는 강력한 방법이 될 수 있다. 가족이 동의한 계획은 치료 팀의 모든 구성원에게 지지받게 된다. 약물치료 개입에 대한 가족구성원의 승낙은 치료 팀 구성원들에게 있어 전체적인 TST 치료계획을 채택하는 데 일부 역할을 한 것처럼 여겨지게 한다(치료계획 양식은 8장과 부록에 포함되어 있다.).

TST 안에서 진행되는 약물치료 상담은 일반적인 약물치료 상담과 많은 공통 요소들을 갖는다. 후속 모임은 약물치료에 효과적인 양을 알게 되기 전까지 대체로 1~2주마다 열린다. 아동이 더 안정적이게 되면 모임은 한 달에 한 번씩 열린다. 치료에 대한 정신과 의사의 자신감은 TST 안에서의 잦은 의사소통과 치료 통합으로 향상된다. 다음은 약물치료가 TST의 각기 다른 단계에서 어떻게 사용되는지에 대한 설명이다.

치료 단계에 따른 약물치료

[그림 13-1]에서 알 수 있듯이, 약물치료는 치료 단계에 따라 TST 안에서의 역할이 달라진다.

생존 단계

생존 단계에서의 약물치료는 '자주 효과적이다'. 이 단계에서 아동은 심각한 행동조절장애를 나타내며(주로 자기파괴적이거나 폭력적인), 사회환경은 위협적이다. 따라서 치료 팀은 종종 사회복지 팀, 경찰, 정신과 입원병동, 그리고 병원 응급실에 가끔 연락할 일이 생긴다. 정신과 약물치료에 대한 의뢰는 가끔 아동의 상태를 조절하고 그에 따라서 병원 입원을 예방할 수 있도록 급박하게 필요하다. 그러나 사회환경이 너무 불안정하여 정신과 의사는 부모나 보호자가 자신에게 동의할지, 적절하게 약물을 사용할 수 있을지에 대해 자신이 없을 수도 있다. 이런 경우에는 정신과 입원을 피하기가 어렵다. 사회복지기관은 종종 생존 단계와 관련 있고, 때때로 부모에게 합의를 얻는 것을 쉽게 도와주기도 하며 그들 스스로 합의하기도 한다. 위험 평가에 있어 정신과 의사의 전문 지식은 이 시기에 팀에게 매우 중요하다. 정신과 의사는 위험 수준을 정하는 데 의견을 내야 하고, 팀이 확신을 갖지 못한다면 아동과 가족에 대해 직접 위험 수준을 평가해야 한다. 정신과 의사는 입원병동과 응급실 의료진과의 의사소통을 통해서 치료 팀에게 도움이 될 수 있다.

정신과 의사는 앞에서 설명한 것처럼 주어진 증상에 대한 발표가 정말로 필요한 '적응' 인지를 반드시 평가해야 한다. 치료의 생존 단계에서는 아동에게 해가 되는 심각한 위협이 있다. 공격성, 경계성, 수면 부족, 회피와 같은 행동들이 아동에게 활기를 주는 방식일 수도 있다. 만약 그렇다면 약물치료를 하지 않아야 한다.

안정 단계

안정 단계에서의 약물치료 역시 '자주 효과적이다' . 이 단계에서 아동은 심각한 정서 또는 행동조절장애를 보일 수 있고 사회환경이 고통스럽거나 위협적일 수 있다. 그러나 이 단계는 생존 단계처럼 임상 양상이 시급하지는 않다. 안정 단계에서 치료 팀은 SOS 치료를 수행하는 동안 집에 머무르게 된다. 이 치료는 반복적으로 조절장애를 일으키는 자극을 줄이고 정서조절 기술 훈련을 시작한다는 것을 의미한다. 가정에서 어떠한 일이 일어나는지에 관한 정보를 받는 것은 약물치료에서 중요하다. 정서를 조절하는 아동의 능력을 돕기 위해 정신과 의사는 처음으로 약물을 접하게 할 수도 있다. 아동은 초기에 상태가 호전되지 않거나 오히려 나빠질 수도 있다. 이런 상황에서 정신과 의사는 약물의 양을 늘리거나 다른 약물로 바꾸려는 경향이 있다. 그러나 SOS 팀이 가정에 아동의 스트레스를 증가시키는 요인이 있다는 정보를 제공하면, 정신과 의사는 잘못된 정보에 의해 '추적' 된 증상을 피할 수 있다. 이 단계 동안 가정기반 돌봄은 약물치료에 대한 가족의 승낙, 승낙에 대한 장애물을 평가하는 측면에서 매우 유익하다. 그리고 이 정보는 약물치료 계획과 통합될 수 있다.

유지 단계

유지 단계는 아동이 어느 정도 조절되고 있는 상태이고 사회환경도 치료 전 단계보다 많이 안정되어 있는 단계다. 이 단계는 크게 상담실 기반 정서조절 기술 훈련이라고 정의된다. 이 단계에서 TST는 일반적인 약물치료 상담과 비슷하다. 상담자는 아동이 정서를 조절할 수 있도록 돕고, 아동은 이러한 심리치료 개입을 가장 효과적으로 사용하기 위해 약물치료가 필요할 수도 있다. 언급했듯이 유지 단계에서 약물치료의 목적은 아동이 TST의 핵심 요소인 정서조절 기술을 습득하는 것이다.

따라서 정신과 의사에게는 아동의 정서 상태가 치료를 방해하고 있는지를 결정하는 데 아동의 상담자와의 의사소통이 매우 중요하다. 기분장애, ADHD 또는 체계적이지 않은 사고를 가지고 있는 아동은 이러한 문제가 심리치료를 방해할 수 있기 때문에 약물이 필요할 것이다.

이해 단계

치료의 이해 단계에서 환경은 더 안정적이며, 아동은 트라우마 경험을 인지적으로 다룰 만큼 충분한 정서조절 기술을 가지게 된다. 이러한 인지처리 기술은 TST 이해 단계의 특성을 정의한다. 많은 아동이 이 단계에서는 약물을 필요로 하지 않는다. 그리고 어떤 아동들은 약물의 양을 줄일 것이다. 유지 단계에서처럼, 약물치료의 결정은 아동이 어떻게 인지처리 기술 훈련을 잘 사용하는지를 고려한다. 학습은 각성의 최적 수준에서 일어난다. 트라우마 경험의 인지 처리는 각성의 증가를 요구하여 트라우마 반응의 소멸이 어느 정도 있을 수 있다. 따라서 이 각성 증가에 대해서는 아동의 기능을 방해하지 않는다면 약물을 투여하지 않는 것이 중요하다. 아동의 치료자와 함께 하는 세심한 상담이 중요하며, 정신과 의사는 다음과 같은 사항을 알고 있어야 한다.

① 트라우마 경험 처리와 관련된 각성 증가가 나타날 것이라고 기대되는 때
② 이 각성 증가가 아동의 기능을 방해하는지 여부

치료자는 인지 처리 중의 각성 수준이 약물로 치료되어야 하는가에 대한 정보를 제공하는 데 매우 유익하다.

극복 단계

극복 단계는 TST의 마지막 단계로, 아동에게 트라우마 경험이 중요한 의미를 가질 수 있도록 트라우마 경험을 바라보게 하는 시각을 가지게 돕는다. 이 단계는 TST의 종착점이기도 하다. 많은 아동이 극복 단계에서는 충분히 안정적이며, 약물도 중단하게 된다. 물론 몇몇 아동은 오랜 기간 동안 약물치료가 필요하기도 하다. 그동안 약물을 줄이기 위한 아무런 노력이 없었다면 이 마지막 단계에서는 그러한 노력이 이루어져야 한다. 약물을 줄이는 동안 아동이 정서조절 장애의 증가를 경험한다면, 상담자는 아동이 약물을 투여하지 않을 기회를 최대화시켜 주기 위해 정서조절 기술을 향상시키도록 시도해야 한다. 만약 이런

기술의 향상이 효과가 없다면 아동은 아마도 오랫동안 약물이 필요할 것이다. 약물을 줄이면서 심리치료와 병행하는 것은 아동의 어린 시절 동안 이러한 가능성을 최대화할 수 있다. 따라서 치료의 실제에서는 약물을 줄여 가는 것을 모든 아동에게 적용하지 않아야 한다.

약물치료에 대한 맺음말

약물치료는 트라우마 스트레스를 가진 아동에게 매우 유용한 치료가 될 수 있다. TST에서 사용되는 약물치료는 다른 TST 개입들과 통합되어야 한다. 포괄적으로 말하자면, 목표는 치료의 초기 단계에서 위험을 피하고 이후의 치료 단계에서 기술 습득 개입을 향상시키고자 하는 것이다. 정신과 의사는 팀의 완전한 구성원이고 TST 원리와 일치하는 관리를 수행해야 한다.

14 정서조절 기술

– 아동의 정서 조절 돕기

▨ 학습목표

- 아동이 정서조절 기술을 획득하기
- 아동이 감정에 대해 말하고 분류하는 것을 배우기
- 아동이 기분이 좋지 않을 때 사용 가능한 대처 기술을 배우기
- 아동의 가족이 아동의 정서 상태 조절을 언제 그리고 어떻게 돕는지 배우기

정서 조절은 트라우마 체계 치료(TST) 안에서 아동 회복의 중심축이다. 앞 장에서 언급했듯이, 아동의 트라우마 스트레스는 ① 아동이 정서 상태를 조절하는 데 겪는 어려움, ② 아동이 정서를 조절하도록 도울 수 없는 사회환경의 무능함과 관련이 있다. 따라서 개입은 아동이 그들의 정서를 조절할 수 있도록 도와야 한다. 이것은 치료의 절반이며, 이 장에서 다룰 것이다. 정서조절 모듈은 반구조적이고 부모와 아동 모두가 정서의 자각과 조절에 대한 특정 기술이나 전략을 얻도록 도와주는 상담실 기반 치료 접근이다. 이 장은 정서조절 모듈의 전반적인 치료 목표를 소개하고 회기의 구조 그리고 치료를 실행하기 위한 주된 도구를 제안한다. 정서조절 모듈을 시행하는 데 도움이 되는 2장과 3장을 잘 읽고 이해해야 한다.

정서조절 모듈을 사용하는 시점

정서조절 모듈은 일단 아동이 TST 평가표에 의해 평가되면 사용되어야 한다. 그리고 그것은 아동이 유지, 안정 또는 생존 단계에 있을 때 결정된다. 일반적으로 정서조절 모듈은 유지 단계의 주된 치료 접근법이다. 그것은 또한 특정 조건하에 이전 단계에서도 사용될 수 있다. 정서조절 모듈은 무뎌지거나 정서에 압도되거나 부적절한(심지어 위험한) 행동을 하지 않은 채 트라우마 경험을 말하거나 상기시킬 수 없는 아동들에게 적합하다. 정서조절 모듈을 유지 단계에서 사용하는 것과 그 이전 단계(생존 단계나 안정 단계)에서 사용하는 것은 다소 차이가 있다. 다음은 이러한 차이점에 대한 설명이다.

생존 및 안정 단계에서의 정서조절 모듈

치료의 가장 민감한 단계에 있는 아동에게는 많은 서비스가 필요하다. 그리고 정서조절 치료는 그 서비스 중 핵심 부분이다. 정서조절 치료는 아동을 안정시키고 그들이 기본적인 대처 기술을 배우도록 돕기 위해 SOS와 공동 작업으로 수행된다. 정서조절 가이드(뒤에서 제시됨)의 '활성화시키기'와 '재경험하기' 영역은 매우 중요하다. 정서조절 개입은 SOS 개입 및 다른 제공자들과 함께 가정과 다른 치료 분야까지 이 요소를 확대시키기 위해 세심한 공동 작업으로 시행된다.

생존 단계의 아동들이 정서 조절에 많은 도움이 필요함에도 불구하고, 외래환자 상태로 치료하는 것은 바람직하지 않을 수 있다. 아동이 자살 충동을 가졌거나 다른 사람을 다치게 할 수 있다면 입원과 같은 높은 수준의 돌봄이 요구된다. 만약 아동이 안전하게 외래환자로서 치료를 받을 수 있다면 (추가적인 지원을 필요로 하더라도) 정서조절 치료를 시작할 수 있다.

유지 단계에서의 정서조절 모듈

아동이 치료의 생존 및 안정 단계에서 유지 단계로 넘어가기 시작하면 정서조절 치료는 더욱 상담실 기반이 되어야 한다. 짐작컨대, 아동의 환경은 더 안정적이며 아동의 집은 더 이상 위험하지 않을 것이다. 유지 단계에서 상담자는 다른 많은 일에 신경 쓰지 않고도 정서 조절에 초점을 맞출 수 있다. 초기 단계에 이루어진 정서 조절은 유지 단계까지도 계속되고 향상된다. 이 단계에서 정서조절 모듈은 여러 가지 위험을 다룰 기술들을 배우고 인지 처리를 위한 준비 작업을 하는 데 사용된다. 정서조절 치료는 아동이 압도당하지 않고 정서를 경험하고 정의하고 말할 수 있는 기술을 획득하게 한다. 정서조절 가이드의 기술 습득 활동과 '유지' 영역은 특히 중요하다. 아동이 이 기술을 가지기만 하면 그들은 인지 처리를 할 준비가 된 것이다(15장 참조).

부모의 참여에 대한 사항: 어떤 보호자는 아동의 요구와 정서에 대해 충분히 이해하고 훌륭한 자기조절 기술을 가지고 상담에 올 수도 있다. 하지만 어떤 부모는 아동의 정서 조절을 적절히 돕기 전에 이러한 기술을 습득하는 데 도움이 필요할지도 모른다. 많은 부모가 아동의 정서적 고통을 적절한 시기에 도와줄 수 있지만, 불행하게도 그렇지 못한 부모들도 있다. 개인의 정서적 고통, 인지적인 한계, 또는 치료에 참여하고 싶지 않은 마음은 아동의 정서에 관여하는 부모의 능력을 방해할 수 있다. 이런 경우에 치료의 균형은 아동이 스스로 그 기술을 습득하면서 그들의 부모가 그들에게 안전하고 효율적인 자원이라는 것을 인식하도록 돕는 것이다. 기억하라. 강점으로 시작하라(아홉 번째 원리). 그 사이에 부모가 치료에 참여하는 것이 보일 것이다.

치료계획과 정서조절 모듈

8장은 TST에서 어떻게 치료계획이 수행되는지에 대한 상세한 내용을 제시하였다. 치료 단계에 있든 초기 치료에 있든, 당신은 치료계획 양식이 정서조절 모듈 안에서 당신이 작업하는 것을 정확하게 반영하고 있는지 확인하고 싶을 것이다. 앞서 언급했듯이, 정서 조절에 대한 특별한 관심은 아동이 치료의 생존, 안정 또는 유지 중 어느 단계에 있느냐에 따라 달라진다. 아동의 진전과 치료계획을 맞추는 것은 치료 팀이 치료과정을 인식하고 있고 아동에게 적합한 수준으로 기술훈련을 하고 있다는 것을 확인하는 데 필수적이다.

우선순위 문제에 대한 '해결책' 은 부록의 치료계획 양식에서 확인할 수 있다. 기억하라. 우선순위 문제는 특히 아동의 정서조절장애와 관련된 패턴을 다루는 것이다. 정서조절 기술은 이 분야를 직접적으로 다루고 '해결책' 아래 포함되어야 한다. 가족과의 협력적 만남(FCM)에서 치료계획에 대한 초기 아이디어를 TST 팀이 발표하는 것은 가족들에게 정서조절 모듈의 중요성과 그들의 지원을 요청하는 데 완벽한 기회다.

이 장의 뒷부분에서 설명하고 있듯이, 정서조절 모듈은 정서조절 가이드라고 불리는 '수행 문서' 에 의해 만들어졌다. 이 가이드는 관련된 모든 TST 팀 구성원들에게 사용된 것으로 여겨진다. 정서조절 가이드는 다른 팀 구성원들, 특히 가족, 개인 상담자 그리고 SOS 팀에게 지속적으로 사용된다면 매우 효과적일 것이다. 치료계획과 FCM은 다른 팀 구성원들이 그들에게 기대되는 것이 무엇인지 배우도록 돕고, 이 기대에 대해 서로서로 이해하고 유지하는 것과 관련이 있다. 따라서 정서조절 치료는 정서조절 가이드를 사용하도록 치료 안팎의 모든 사람을 참여시킬 것이라는 아이디어를 소개할 적절한 때이며 장소다.

치료 영역

정서조절 모듈은 치료의 세 가지 영역으로 구성되어 있다.

① 평가
② 대처 기술
③ 정서 확인

- 평가는 치료과정을 통해 시행되며 나머지 치료 영역 중 어느 것이 주된 관심사가 되어야 하는지를 확인하는 데 도움이 된다. 정서조절 가이드는 평가를 진행하는 데 핵심 도구다.
- 대처 기술은 정서를 조절하고 스트레스에 적절히 반응하는 구체적인 방법을 제공한다.
- 정서 확인은 아동이 대처 전략을 적용할 때 필요한 기술을 제공한다. 아동은 또한 그들의 감정을 어떻게 말하고 보여 주고 공유하는지를 배운다. 부모는 이 모든 치료 영역에 참여한다. 우리는 이 장의 뒷부분에서 이 영역들의 자세한 사항에 대하여 더 논의할 것이다.

치료구조

정서조절 모듈 회기는 대략 12~16주를 기준으로 일주일에 한 번, 1시간씩 진행된다. 일반적으로 회기의 전반부에는 보호자와 아동이 함께 참여한다. 회기의 후반부에는 아동에게 정서조절 기술을 가르치는 데 시간을 할애한다. 정서조절 기술을 가르칠 때 부모가 함께 참여할 때도 있지만, 대개는 아동만을 대상으로 일대일로 이루어진다.

회기가 진행되는 순서는 다음과 같다.

① 시작하기(check-in): 이것은 10분 동안 이루어지는 회기의 시작과정으로서 부모와 아동이 함께 참여한다. 이때 상담자는 지난주에 있었던 일에 관한 정보를 수집한다. 아동이 정서 또는 행동조절장애 상태에 빠진 적이 있는가? 아동이 습득한 정서조절 기술을 시도하였는가? 환경적 촉발 요인에도 불구하고 아동이 침착함을 유지한 적이 있는가? 이 세 가지 질문 중 하나에라도 '그렇다' 고 대답한다면, 회기의 다음 단계인 '정서조절 가이드 내용 추가하기' 로 넘어간다.

② 정서조절 가이드 내용 추가하기: 접수면접 보고서를 기초로 정서조절 가이드의 내용을 다시 살펴보고 추가하는 단계다. 아동은 환경적 촉발 요인을 발견했을 때 흥분했는가? 아동은 스스로를 진정시키기 위해 조절 기술을 사용하였는가? 혹은 아동은 트라우마 재경험 상태에 빠졌는가? 만약 한 번이라도 아동이 트라우마를 재경험하는 상태에 빠졌다면, 이 부분부터 다루기 시작해야 한다. 만약 그렇지 않았다면 아동이 환경적 촉발 요인에도 불구하고 침착함을 유지하였을 때 혹은 약간 당황하였을 때에 관한 이야기로 시작할 수 있다. 어느 쪽이든 정서조절 가이드의 내용을 대화를 통해 작성한다. 정서 및 행동을 고조시키는 기제, 개인 내적 혹은 외적으로 나타나는 신호, 아동이 조절 기술을 활용하려고 했던 시도를 파악해 보라. 아동이 정서조절 기술을 활용하려고 했던 경험을 파악하는 것은 그러한 아동의 노력을 강화시킬 수 있는 좋은 기회가 되며, 특정한 조절 기술이 아동에게 효과적인지 아닌지 확인할 수 있다. 이러한 모든 것을 정서조절 가이드에 추가하라. 만약 특정한 부분을 채우는 데 곤란을 느낀다면(예: 아동이 어떠한 감정을 느꼈는지 이야기하지 않아서), 회기의 다음 부분에서 다루어야 할 정서조절 기술에 대한 단서가 될 것이다.

③ 정서조절 기술 훈련: 회기의 나머지 절반—대략 20분 정도 소요—은 조금 더 재미있게 이루어져야 한다. 간단히 말하자면, 이 시간은 정서조절 기술 습득에 초점이 맞추어진다. 정서조절 기술은 크게 대처 기술과 정서 기술의 두 가지로 구분할 수 있다. 대처기술 훈련은 아동이 당황했을 때 사용할 수 있는 구체적인 기술을 가르쳐 주는 것이다. 여기에는 이완 기술, 분노조절 기술, 그리고 사회기술 훈련이 포함된다. 정서기술 훈련은 아동으로 하여금 자신의 정서를 관찰하고 이름 붙이며 적절히 표현하도록 하는 것에 초점이 맞추어져 있다. 아동의 나이, 흥미, 능력에 따라 어떠한 구체적인 기술을 가르칠지가 달라지게 된다.

④ 회기 마무리: 회기의 마지막 5분 동안에는 회기를 적절히 마무리하는 데 초점이 맞추어진다. 회기 중 아동이 다소 흥분했다면 진정시키고, 예측 불가능한 환경일지라도 예측할 수 있다는 안정감을 준다.

이러한 순서로 회기는 마무리된다. 때때로 어떤 아동에게는 이러한 회기의 진행 순서가 적합하지 않을 수도 있다. 또한 아동을 일주일에 몇 회 만날지, 그리고 한 회기를 몇 분간 지속할지는 아동의 특성에 따라 달라진다. 1시간 동안 계속되는 회기를 힘들어하는 아동의 경우는 일주일에 30분씩 두 번 만나는 것이 효과적이다. 앞의 회기 순서는 일반적인 지침이다. 따라서 개인별로 조정될 수 있다.

정서조절 가이드

이것은 무엇인가: 아동을 정서조절장애 상태에 빠지게 하는 촉발 요인과 아동이 흥분하기 시작할 때 보이는 신호, 그리고 활성화 상태 혹은 트라우마 상태의 다양한 단계에 적용할 수 있는 개입들을 확인하는 개별화된 활동지다.

언제 사용하는가: 정서조절 모듈에 따라 각각의 정서조절 회기를 시작할 때 SOS 팀 및 다른 이들과 협력하여 활용할 수 있다.
주목적: 아동과 부모는 촉발 요인과 흥분 패턴을 파악하는 것을 배우고, 조절 장애 상태에 빠지기 시작하는 초기에 개입을 할 수 있다.

정서조절 가이드란 무엇인가

정서조절 가이드는 부모, 아동, 상담자 간 대화가 가능하도록 하는 도구다. 부모와 아동, 상담자, (가능하다면) SOS 팀이 협력하여 정서조절 가이드를 작성한다. 상담 내내 '치료의 진행 사항' 을 정서조절 가이드에 기록하게 되며, 아동의 강점과 욕구를 새로 발견하게 될 때마다 내용을 수정하거나 추가하게 된다.

정서조절 가이드는 네 부분으로 구성되는데, 각각의 형식은 유사하다. 이 부분들은 트라우마를 가진 아동이 보이는 네 개의 다른 정서 상태에 따라 구분된다(3장에서 논의됨). 조절 상태(정서를 조절하고 편안함을 느끼는), 활성화 상태(흥분하고 당황하게 되는), 재경험 상태(정서 조절의 실패를 경험하는), 그리고 재구성 상태(정서 조절의 회복 단계로 돌아오는). 각 단계에서 다음 제시된 두 종류의 정보가 공통적으로 수집된다.

① 특정한 정서 상태를 확인할 수 있는 신호
② 해당 정서 상태를 변화 또는 유지시키기 위한 개입 또는 유지 활동

무엇보다도 우리는 다음의 사항을 알기 원한다.

① 아동 혹은 다른 사람들은 아동이 해당 정서 상태에 있다는 것을 어떻게 알 수 있는가?
② 아동을 비롯한 주변인들은 해당 정서 상태를 변화시키기 위해 혹은 유지시

키기 위해 무엇을 해야 하는가?

추가적으로 활성화 상태, 재경험 상태와 관련된 부분에는 그러한 정서 상태에 빠지게 하는 요인의 목록이 포함된다.

3장에서 이미 논의했듯이, 트라우마를 가진 아동이 경험하는 네 가지 정서 상태에 따라 다른 개입 접근이 필요하다. 정서조절 가이드는 아동이 경험하는 정서 상태에 기초한 개입의 틀을 제공한다.

우리는 이제 정서조절 가이드의 세부 내용을 다루겠다.

정서조절 가이드를 언제 활용하는가

첫 정서조절 회기는 정서조절 가이드에 대해 알리고, 아동의 상태를 평가하며, 아동의 반응과 정서에 대한 아동 및 부모 모두의 현재 이해 수준을 확인하기 위해 사용되어야 한다. 정서조절 가이드는 매 회기의 시작마다 활용될 수 있다. 지난주에 있었던 일에 관한 정보를 수집하여 정서조절 가이드의 내용을 추가하는데, 여기에는 트라우마를 떠올리게 하는 사건, 아동의 행동, 효과적인 개입방법 등이 포함된다.

변증법적 행동치료(dialectical behavioral therapy: DBT)에서 사용되는 행동 평가와 유사하게, 정서조절 가이드를 활용하여 일주일 동안의 촉발요인과 결과를 평가할 수 있다. 그러나 정서조절 가이드는 개입에 관한 논의를 포함한다는 점에서 DBT와 다르다. 이러한 대화과정을 통해 회기 후반부에는 아동이 습득할 새로운 대처 기술을 선택하게 된다. 회기 중 새로 배우게 된 정서조절 기술은 해당 주의 정서조절 가이드의 내용에 추가된다.

각각의 회기를 마무리할 때 부모와 아동 모두 내용이 추가된 정서조절 가이드를 받아 볼 수 있어야 한다. SOS 팀이나 정신과 의사와 같이 아동을 위해 함께 협력하는 다른 이들에게도 정서조절 가이드의 복사본을 제공하여야 한다. 내용이 갱신된 정서조절 가이드를 모든 이가 공유할 수 있도록 함으로써 당신은 팀 구성원들이 동일한 언어를 쓰고, 동일한 정서조절 기술을 강화하며, 문제 상황이나 정서 조절에 성공한 상황이 있을 경우 알아차릴 수 있도록 한다. 부록에는 정서조절 가이드 양식이 제시되어 있다.

단계별 정서조절 가이드 작성법

여기에서는 정서조절 가이드의 각 영역을 작성하는 방법 및 활용방법을 다룬다. 정서조절 가이드를 작성하는 것은 다음의 순서에 따라 이루어진다.

한 회기 동안 정서조절 가이드를 모두 완성하겠다는 욕심은 부리지 말라! 일단은 각 페이지마다 몇 개씩 기록한 다음, 아동의 새로운 경험을 기초로 매주 내용을 추가하거나 정교화할 수 있다.

1페이지. 조절 상태 혹은 기분 좋은 상태

조절장애를 다루는 첫 단계는 상황에 대해 알기 위해 우선 아동이 조절 가능한 상태에서는 어떠한지 이해하여야 한다. 상황이 나빠졌을 때 부모는 그 순간에만 집중하기에 아동으로 하여금 정서를 다시 조절해 진정할 수 있게 하는 요인을 제대로 확인하지 못한다. 조절 가능 상태에 대해 이야기함으로써 부모가 이러한 상태에 좀 더 주의를 기울이도록 한다.

＊조절 상태임을 알려 주는 신호

만약 당신이 고속도로에서 운전을 하고 있을 때 차의 엔진 온도가 화씨 72도에 이르렀다는 사실을 알아챘다고 가정해 보자. 만약 차에 대해 잘 모른다면, 당신은 이것인 바람직한 상태인지 혹은 잘못된 상태인지 알 수 없을 것이다. 차량 엔진의 온도는 보통 몇 도인가? 차량 엔진의 온도가 올라가는 것이 정상인가? 이 정도가 일반적인가? 72도라는 수치가 무엇을 의미하는지 알기 위해, 당신은 차량 엔진의 온도가 일반적으로 몇 도인지를 알아야 한다. 정서조절장애를 경험하는 아동의 경우도 이와 마찬가지다. 아동의 '정상적인' 상태에 대해 알아야만 정상적인 상태에서 변화가 생긴 것인지 아닌지 판단할 수 있다.

마음챙김(mindfulness)이라는 개념(Hahn, 1976)은 개인의 내적 경험을 조절하고 현재 상태가 어떠한지 알아차리는 과정을 의미한다. 정서조절 모듈에서 이 영역의 목표는 내담자로 하여금 정상적인 상태에서의 정서, 신체, 사고, 행동이 어떠한지 알아차리도록 하는 것이다.

'정상적인' 상태에 주의를 기울여야 한다는 생각은 아동과 부모 모두에게 낯설게 느껴질지도 모른다. 첫 회기에 당신은 정서조절 가이드의 첫 페이지 내용에 초점을 맞추어 이 부분의 작성방법을 가족에게 알려 주어야 한다. 부모, 아동과 이루어지는 대화의 예는 다음과 같다.

상담자: 좋아요. 여태까지 저는 제니스가 겪는 문제에 관해 설명을 들었어요. 제가 지금부터 조금 더 알고 싶은 것은 그녀가 정서적으로 어려움을 겪지 않을 때, 즉 모든 일이 잘되어 가고 있을 때 어떠한 모습을 보이는지예요. 제니스, 다소 당황스럽거나 두려운 기분을 느끼지만 스스로 조절 가능하다고 느끼는 때에 관해 이야기해 주겠니? 그리고 언제 그런지 알려 주겠니?

제니스: 음, 오늘은 기분이 괜찮아요. 여기 오는 것이 조금 무섭긴 했어도, 그래도 지금 기분이 괜찮아요.

상담자: 좋아, 훌륭해. 그러면 지금을 하나의 예로 활용해서 이야기해 보자. 그러니까 너는 약간 무섭게 느끼기는 했지만 지금은 괜찮다는 거구나. 그러면 괜찮다고 느끼는 그 감정에 대해서 이야기를 시작해 보자. 너는 어떻게 너 스스로의 기분이 괜찮다는 것을 아니? (침묵) 꽤 대답하기 까다로운

질문인 것은 나도 안단다. 하지만 감정에는 매우 다양한 측면이 있단다. 때때로 우리는 몸을 통해 감정을 느끼기도 해. 예컨대, 가슴이 두근거릴 때처럼 말이야. 이렇게 우리는 몸의 변화를 통해 어떠한 감정을 느끼는지 알 수 있단다. 그리고 우리는 특정한 감정을 느낄 때 어떤 행동을 하지. 예를 들어, 흥분해서 뛰어다니거나 기분이 나쁠 때 짓는 표정과 같은 것들 말이야. 즉, 우리가 지금 하고 있는 행동이 지금 우리가 느끼는 감정에 대해 알려 주기도 한단다. 이 점을 염두에 두자. 너는 여기 내 사무실에 있단다. 그리고 기분이 괜찮다고 이야기를 했어. 너의 어떤 면이 우리로 하여금 너의 기분이 괜찮다는 사실을 알아채도록 할까?

제니스: 음. 나는 그냥 앉아서 이야기하고 있어요..

상담자: 훌륭하구나!! 그래. 너는 자리에 앉아서 나와 대화를 나누고, 나의 말에 주의를 기울이고 있단다. 그러한 행동이 너의 기분이 괜찮다는 것을 알려 주는 신호가 될 수 있어. 사실 예전에 네가 매우 화난 상태에서 우리가 대화를 나눌 때 네가 자리에 앉지 않고 이야기를 나누지 않았던 것을 기억해. 너의 어머니는 네가 방에 들어가서 아무와도 이야기를 하지 않는다고 이야기를 했지. 그러니까 네가 기분이 좋을 때 '앉아서 대화를 나눈다'고 가이드의 이 칸에 적도록 하자. 그래. 그러면 이번에는 어머니가 말씀해 주세요. 제니스가 기분이 좋을 때는 어떠한가요?

어머니: 때때로 저는 제니스가 노래를 흥얼거리는 것을 들었어요.

이러한 방식으로 아동의 강점 및 조절 상태와 연관 지어 정서조절 가이드의 내용을 가족에게 소개할 수 있다.

조절 상태라는 것은 긍정적인 정서를 경험하는 것만을 의미하지 않는다. 아동은 슬픔이나 좌절을 겪을 수 있다. 그렇지만 스스로 조절 가능한 범위에서 그러한 정서를 경험하는 것이라면 문제가 없다. 만약 부모가 이러한 목록에 긍정적인 정서만을 추가하려고 한다면, 부정적인 정서 역시 삶의 일부분이며 그러한 것을 느끼는 것 자체는 문제가 아니라고 이야기해 주라. 또한 조절 상태에 있으면 아무런 감정을 느끼지 않는다고 생각하는 오해 역시 다루어야 한다. 조절 상태에 있다는 것은 정서에 압도됨 없이 모든 정서를 경험한다는 의미다. 정서를 억제해서 아무런 감정을 느끼지 않는 것은 또 다른 정서조절장애 상태에 해당된다. 아동에게 불쾌한 감정을 참을 수 있을 정도로 느꼈을 때에 관해 생각해 보도록 하고, 이러한 감정이 도움이 될 수도 있음을 알려 주라(시험에 대해 걱정하게 되면 공부를 하게 된다.).

가이드의 빈칸 작성하기: 당신은 표에서 정서 상태를 알려 주는 신호에 대해 적는 칸이 두 개인 것을 확인할 수 있을 것이다. 하나는 '타인에게 물어보기' 이고, 다른 하나는 '자신에게 물어보기' 다. 전자는 외적으로 나타나 타인이 알아챌 수 있는 신호(예: 미소)를 적는 칸이다. 후자는 아동 자신만이 확인할 수 있는 내적 신호(예: 행복감 느끼기)를 적는 칸이다. 초기에는 외적 신호를 적는 것이 보다 수월할 것이다. 그러나 시간이 지날수록 아동은 자신의 내적 신호를 더 쉽게 확인하고, 그것을 다른 이에게 더 잘 말하게 될 것이다.

*** 정서 유지 활동: 기분 좋은 감정 혹은 조절 상태를 유지하는 방법**

주변 사람들이 아동이 조절 상태에 있다는 것을 알아차린다면, 어떻게 그 상태에 계속 있을 수 있을까 궁금해질 것이다. 가이드의 이 부분에는 아동이 자기존중감을 높이고, 가족 그리고 친구와 우호적인 관계를 형성하도록 도우며, 스스로 느끼는 안녕감을 높이도록 돕는 활동에 대해 작성한다. 이러한 기술은 '어른이 도와줄 수 있는 것(상호 조절)' 혹은 '나 스스로 할 수 있는 것(자기조절)' 으로 나눌 수 있다. 다음을 참고하여 가이드의 해당 부분을 작성할 수 있다.

- 아동과 부모로 하여금 아동이 잘하는 것이 무엇인지 떠올려 보도록 한다.

아동에 대해 잘 알지 못한다면, 이 부분을 좀 더 자세히 안내해 준다. 아동이 춤을 추나요? 음악을 연주할 줄 아나요? 그림을 잘 그리나요? 자신이 좋아하는 TV 쇼의 모든 캐릭터 이름을 기억하나요? 이러한 내용을 가이드의 첫 페이지에 있는 정서 유지 활동의 '자기조절' 칸에 작성한다.

- 아동과 타인 간의 긍정적인 상호작용을 촉진하는 활동에 대해 생각해 보라. 아동과 부모가 긍정적으로 상호작용할 수 있게끔 하는 것들을 발견했다면, 이러한 내용을 '어른이 도와줄 수 있는 것' 칸에 작성하라.

목록에 작성된 활동을 부모와 아동이 수행하고 있는지 주기적으로 확인하라.

2페이지. 활성화 상태: 당황하게 되다

정서조절 가이드의 2페이지는 활성화 상태에 관한 부분이다. 이 부분에서는 트라우마 스트레스 요인에 노출되었을 때 나타나는 정서 변화의 초기 단계를 설명한다. 아동은 3A, 즉 감정, 자각, 행동에서 변화를 겪을 수 있다. 정서조절 가이드에서 이 단계는 조절장애 패턴의 초기 단계로 개념화된다. 비록 정도의 차이가 있을지는 모르나, 일반적으로 아직 극단적인 상태에는 이르지 않은 것으로 볼 수 있다. 그러나 즉각적인 개입이 이루어지지 않으면, 그들의 정서는 더욱 극단적인 상태로 치달아 위험한 정서 상태 혹은 행동을 보일 수 있다. 이것은 재경험 단계에서 나타나는 것이다. 트라우마를 가진 아동은 하루에도 활성화 상태가 여러 번 나타날 수 있다. 만약 아동이 정서를 조절할 수 있는 대처 기술을 충분히 습득하고 있다면 조기에 종결되어 조절 상태를 다시 회복할 수 있다. 혹은 그렇지 않다면 재경험 상태에 빠지게 될 것이다. 활성화 상태에서의 치료 목표는 아동이 조절 상태를 더 쉽게 회복할 수 있도록 하며, 재경험 상태에 이르지 않도록 예방하는 것이다.

스트레스 요인에 노출되었을 때 평소보다 더 감정을 느끼지 못하게 되는 경우도 있다. 둔감해지는 것은 PTSD의 핵심 증상이다. 특히 어린아이들은 트라우마 사건을 떠올리게 하는 스트레스 요인에 마주쳤을 때 자신의 정서를 통제하려고 애를 쓰게 된다. 그들은 강한 정서를 느끼게 하는 상황을 피함으로써 혹은 이러한 정서를 느끼게 하는 생각을 피함으로써 정서를 통제하려고 한다. 이러한 방법이 효과가 있는 것으로 보이기도 하지만, 길게 보았을 때는 아동이 일상적인 삶을 살아가는 데 방해가 된다. 앞서 논의한 바와 같이, 정서를 경험하지 않는 것 또한 정서에 압도당하는 것처럼 조절장애의 큰 부분이다. 만약 감정 경험하기, 이에 대한 둔감함, 혹은 정서를 불러일으키는 상황이나 생각에 대한 회피와 싸우는 아동이 있다면, 정서조절 가이드의 이 부분에서 확인되고 구체적으로 다루어져야 한다.

종종 지난주의 문제 상황을 확인하는 것으로 아동이 활성화 상태에 빠지게 되는 구체적인 상황을 파악할 수 있다. 부모, 아동과 함께 사건을 '자세히 살펴봄(walking through)'으로써 촉발 요인에 대한 정보, 내적인 혹은 외적인 신호, 효과적인 대처 방식을 파악할 수 있다. 여기에서는 사건을 자세히 살펴볼 때 어떻게 정서조절 가이드를 활용할 수 있을지 설명한다.

*트라우마 촉발 요인/스트레스 요인

2페이지 상단의 '촉발 요인/스트레스 요인(reminders/stressors)' 부분을 볼 수 있을 것이다. 부모, 아동 그리고 상담자는 어떠한 요인으로 인해 아동이 활성화 상태에 빠지게 되는지 파악해야 한다.

상담자는 촉발 요인이 확인되면 가족과 협력하여 그러한 요인을 환경에서 제거하거나 줄이도록 노력할 수 있으며, 만약 이것이 가능하다면 아동은 인내하는 것(예: 특정한 TV 프로그램 혹은 지나치게 자극적인 환경)을 배우지 않아도 된다. 특히 치료 초기(생존 혹은 안정 단계)에는 가장 중요한 개입 중 하나가 부모로 하여금 아동의 환경에서 촉발 요인을 제거하도록 하는 것이다. 시간이 지나 아동이 더 많은 조절 능력을 획득하게 되면, 촉발 요인 중 일부는 더 이상 아동에게 문제가 되지 않아 이 목록에서 삭제 가능할 것이다(그리고 환경에 다시 되돌려 놓을 수 있다.).

아동의 환경에서 모든 촉발 요인을 제거하는 것은 가능하지도 바람직하지도 않다는 사실을 부모가 이해하도록 해야 한다. 만약 삶에서 제거할 수 없는 매우 중요한 것—다른 사람들에게 둘러싸이는 것 혹은 집 밖을 나가는 것—으로 인해 정서 조절 상태에 빠지게 된다면, 이러한 촉발 요인을 제거하는 것은 아동의 회피 전략을 강화할 뿐만 아니라 아동의 발달을 방해하게 된다. 때때로 아동은 의도적 · 정서적으로 고통스러운 환경과 상황을 피하려 한다. 때때로 이러한 회피 행동은 치료에 장애물이 되기도 한다. 만약 두려운 스트레스 요인과 직면하고 성공적으로 정서적 어려움을 관리한 경험이 없다면 조절 기술을 습득하도록 돕는 것이 불가능하다. 상담자는 부모에게 이러한 것이 정서조절 기술을 습득하여 회복되도록 아동을 돕는 과정이라고 알려 주라.

다음에 제시된 내용은 촉발 요인의 예로, 그것이 아동의 환경에서 제거되어야 하는지 아닌지에 대한 언급이 함께 제시되어 있다.

- '선생님이 나에게 자리에 앉으라고 이야기했을 때' : 학습을 위해 학급에 참여하는 것은 삶에서 필수적이다. 학급이 아동에게 필요한 환경임을 가정했을 때, 이 촉발 요인은 제거되어서는 안 된다. 대신 아동은 이 순간을 조절할 수 있는 기술을 습득할 필요가 있다.
- '버스 안에서 주위의 모든 아동이 물건을 던질 때' : 다른 아동과 함께 있는 것은 매우 중요하다. 그러나 소란스러운 버스 안을 참아 내는 것은 그렇지 않다. 만약 이러한 환경이 지속적으로 아동의 조절장애 상황을 야기한다면, 버스 안에 버스 감독원을 타도록 하는 방법을 고려해 보라.
- '집에서 나의 큰형과 그 친구가 성인 영화를 볼 때' : 영화를 보는 것이 필수적인 것이 아닐 뿐더러, 이 경우에는 연령에도 적합하지 않은 것으로 보인다. 상담자는 부모로 하여금 자녀를 좀 더 잘 감독하게 하고, 전체 가족원에

게 이러한 영화를 집에서 보는 것이 왜 지금 적합하지 않은지 이해시키도록 한다.

- '학교에 갈 때' : 예외적인 상황이 아니라면 모든 아동은 학교에 가야 한다. 그러나 학교 가기를 거부하는 아동은 정서적으로 고통스러운 상황을 피하려고 하는 것일지도 모른다. 이 상황에서 아동으로 하여금 학교 일상을 점점 더 많이 접하도록 하는 것은 그가 자신의 정서에 압도됨 없이 학교에 갈 수 있다는 것을 배우는 데 도움이 될 것이다.

＊활성화 상태임을 알려 주는 신호

정서조절 가이드의 이 부분은 1페이지와 유사하다. 아동이 정서조절 상태에 있을 때 나타내는 신호를 스스로 알아차릴 수 있도록 도운 것과 마찬가지로, 아동이 활성화 상태에 빠지게 되었을 때 어떠한 변화가 나타나는지도 알아차리도록 해야 한다. 이 부분은 아동이 조절장애 상황에 빠지기 시작할 때의 구체적인 사례를 통해 작성하는 것이 가장 좋다. 처음부터 모든 빈칸을 다 채울 필요는 없다. 어느 부분이 가장 작성하기 어려운지 확인한다면 정서조절 기술 훈련에서 어떠한 기술에 초점을 맞추어야 할지 파악하는 데 도움이 될 것이다. 예컨대, 아동이 스스로 어떻게 느끼는지 파악하길 어려워한다면 정해진 순서에 따라 이를 확인해 볼 수 있다. 다음은 그 예다.

타인에게 물어보기	자신에게 물어보기
감정: 내 얼굴 표정은 어떠한가? 내가 기분이 어떻다고 말하는가? 입을 꽉 다물고 있다. 더 이상 미소를 짓지 않고 있다. 나는 주먹을 쥐었다. 나는 사람들에게 미칠 것 같다고 이야기한다.	**감정:** 나는 어떻게 느끼는가? 내 몸은 무엇을 느끼는 것 같은가? 화가 난다. 미칠 것 같다.
자각: 내가 멍해진 것처럼 보이는가, 아니면 나만의 세계에 있는 것처럼 보이는가? 나는 일에 얼마만큼 잘 집중하고 있는가?	**자각:** 내 주변에서 어떤 일이 벌어지고 있는가? 나는 무엇에 대해 생각하나? 모르겠다.

엄마는 내가 대답을 하지 않았고, 엄마가 있는지도 알아차리지 못했다고 한다. 나는 때때로 학교에서 집중을 하지 못해 곤란해지곤 한다.	
행동: 나는 무엇을 하고 있는가? 나는 뭐라고 말하는가? "내 앞에서 사라져. 나를 혼자 있게 해 줘."라고 말하였다.	**행동:** 내가 무엇을 하는 것처럼 느껴지는가? 나는 누군가를 때리고 소리 지르고 싶다.

이 표에 기초하여 상담자는 아동이 필요로 하는 것을 파악하고, 화가 났을 때 이를 조절할 수 있는 전략을 습득하도록 돕는다. 또한 아동이 자신의 신체 신호를 파악할 수 있도록 돕는다. 그러한 활동을 통해 아동은 궁극적으로 자신이 처한 상황을 알아차릴 수 있게 될 것이다(사실 아동이 내적 자극에 압도되거나 혹은 분리되어 엄마의 부름에 대답하지 못한다면).

*활성화 상태에 있는 아동에 대한 개입

아동이 조절장애 상태에 빠지는 때를 아는 것만으로는 충분하지 않다. 가족들은 이러한 상황이 발생했을 때 아동을 도울 수 있는 구체적인 방법을 필요로 한다. 이 부분에서는 개별 아동에게 활용할 수 있는 정서조절 기술 목록을 작성한다. 이 목록은 시간이 경과할수록 더 길어지거나 변경될 수 있다. 치료 초기에 다른 성인이 아동을 위해 사용해야 했던 기술은 시간이 지나면서 점차 내면화되어 아동 스스로 사용하게 될 수도 있다. 아동을 고통스럽게 하는 것에 대해 이야기를 나누거나 혹은 아동을 안아 주는 전략에는 반드시 다른 누군가가 필요하다. 반면, 그림을 그리거나 산책을 하거나 이완훈련을 하는 것들은 처음에는 부모의 도움과 모델링이 필요하지만 이후에는 아동 스스로 할 수 있는 전략들이다.

치료 초기에 아동은 이 목록에 몇 개밖에 적지 못할 것이다. 그러므로 당신이 이에 개입해야 하는 것이다. 이 장의 '정서조절 기술 형성' 부분에서는 아동의 대처 기술을 향상시킬 수 있는 구체적인 방법들을 알려 준다. 매 회기에 아동은 새로운 대처 기술을 배울 수 있다. 그리고 아동은 그러한 기술을 개입 전략 칸에 적어 넣을 수 있다. 핵심은 아동이 이러한 기술을 습득하여 자신이 활성화 상태에 빠졌을 때 배운 기술을 활용해 조절 상태를 회복할 수 있도록 하는 것이다.

어른들이 도와줄 수 있는 것	나 스스로 할 수 있는 것
• 나에게 농담을 해 준다.	• 크게 숨을 쉰다.
• 야구를 함께 한다.	• 'connect to the universe' 활동을 한다.
• 엄마: 잠깐 기다려 준다.	• 좋아하는 방을 상상한다.

3페이지. 재경험 상태: 정서조절장애 상태에 빠지다

당신은 이 페이지가 정서조절 가이드의 2페이지와 유사하다는 사실을 쉽게 알아차릴 수 있을 것이다. 양식은 동일하다. 다만 변화된 것은 아동의 상태다. 만약 아동의 흥분이 더욱 고조되어 이전의 트라우마 사건을 재경험하는 단계에 이르게 되면 모든 것이 변하게 된다. 예전에는 아동을 진정시키는 데 도움이 되었던 것(예: 주위의 농담)이 촉발 요인이 되기도 한다. 10분 전에 실시되었던 개입(예: 아동에게 음악듣기를 제안하기)도 소용없어지고, 그러는 동안 위험성은 점점 심각해진다. 아동은 무엇인가를 집어던지려고 하거나 몸을 웅크릴 수도 있다. 이제 무엇을 해야 하는가? 핵심은 정서조절 가이드의 이 페이지가 위기 관리 계획에 해당한다는 것이다.

조절장애 상태에 빠진 아동은 보다 위기 지향적 행동을 보이게 된다. 이 단계에서 자신의 반응을 선택할 수 있는 여지는 매우 적다. 그들은 아마 자신의 행동을 전혀 조절할 수 없는 것처럼 느낄 것이다. 이 상태에 관해서

는 3장에서 자세히 다루었다. 아동이 재경험 상태에 빠지게 되면 그들의 감정, 자각, 행동이 극단적으로 변화한다. 그들은 트라우마 사건이 발생한 당시로 돌아가 그때의 정서와 흥분을 재경험할 뿐만 아니라 통제할 수 없다는 것을 느낄 것이다. 그러므로 느끼고 생각하고 행동하는 아동의 능력이 급격하게 변화할 것이다. 7장에서 이미 논의했다시피, 아동의 감정, 자각, 행동이 변화하고 위험한 행동을 한다면, 우리는 아동이 행동조절장애 상태에 있다고 말할 수 있다. 아동이 위험한 행동을 하지 않는다면, 우리는 아동이 정서조절장애 상태에 있다고 할 수 있다.

초기에는 아동이 환경적 촉발 요인에 노출되는 즉시 재경험 상태에 빠지게 되는 것처럼 보일 수 있다. 치료 목표 중 하나는 촉발 요인에 노출된 시기와 위기 행동을 하는 시기 간에 소요되는 시간을 길게 하는 것이다.

아동이 일단 재경험 상태에 빠지게 되면, 실제 활용할 수 있는 개입방법은 많지 않다. 개입의 초점은 아동과 주변 사람들을 안전하게 하는 것에 맞추어져야 한다.

＊트라우마 촉발 요인/스트레스 요인

재경험 상태에 있는 아동을 돕는 첫 단계는 환경 내에서 이 반응을 지속시키는 무언가가 있는지 알아내는 것이다. 앞서 환경의 양성 요소(benign elements)는 갑자기 위협으로 인식될 수 있으며, 그에 따라 조절장애로 이어지게 된다. 예를 들어, 재경험 상태의 아동은 소음이 심한 환경에 의해 압도될 수 있다. 트라우마 촉발 요인과 스트레스 요인에 대한 목록은 여기에 제시되어 있고, 아동의 환경에서 대부분의 시간 동안 제거되지 않을 것이다. 그러나 위기가 발생한다면 이 촉발 요인들은 즉각적으로 최소화되어야 한다. 스트레스 원인의 제거는 일시적이며, 아동이 조절된 상태로 돌아오면 다시 진행될 수 있다.

- 소음 환경

• 또래 친구/형제자매의 존재
• 결과(이후 나타날 수 있는 결과)에 대한 언어적 위협
• 몇몇 종류의 음악
• 아동이 현재 갈등을 느끼는 사람

✻ 재경험 상태의 신호

아동이 재경험 상태에 진입한 때를 인식하는 것은 아동에게 도움을 제공하고, 특히 위험 행동을 보호하는 데 있어서 중요하다. 활성화와 재경험 상태의 신호 간 차이는 감지하기 힘들 수 있으나 매우 중요하다. 다시 말해, 아동이 트라우마를 재경험한 특정 사례를 언급하는 것은 이 정보를 완성하는 데 도움을 제공한다.

타인에게 물어보기	자신에게 물어보기
감정: 내 얼굴 표정은 어떠한가? 내가 기분이 어떻다고 말하는가? 나는 숨쉬기가 힘들다.	**감정:** 나는 어떻게 느끼는가? 내 몸은 무엇을 느끼는 것 같은가? 분노는 1~10단계 중 9. 난 정말 힘이 세다고 느껴진다.
자각: 내가 멍해진 것처럼 보이는가, 아니면 나만의 세계에 있는 것처럼 보이는가? 나는 일에 얼마만큼 잘 집중하고 있는가? 기억이 안 난다. 엄마가 뭔가를 한다고 말하고 내게 뭔가를 얘기했다. 그러나 난 전혀 그것이 기억나지 않는다.	**자각:** 내 주변에 무슨 일이 일어나고 있는가? 나는 무엇에 대해 생각하나? 온몸이 뜨겁게 느껴진다.
행동: 나는 무엇을 하고 있는가? 나는 뭐라고 말하는가? 나는 다른 사람에 대해 욕을 한다. 때로 여동생을 때리거나 내 머리를 벽에 부딪힌다.	**행동:** 내가 무엇을 하는 것처럼 느껴지는가? 누군가를 죽일 것 같은 기분이다.

＊ 재경험에 대한 개입

이 시점에서 개입은 안전의 유지와 아동의 행동을 통제하는 것에 관심을 두어야 한다. 상호 조절 기법은 종종 새로운 트라우마 촉발 요인을 줄이거나 제거하는 것을 포함한다. 예를 들어, 재경험 상태에서 큰 소음이나 높은 수준의 자극을 견딜 수 없는 아동은 조용한 방에 두거나, 다른 가족에게 방을 나가도록 요구할 수 있다. 대부분의 경우는 아동에게 매우 효과적인 결과를 가져오지만, 위협적으로 여기거나 아동의 행동을 훨씬 악화시키는 것이 될 수도 있다. 예를 들어, 타임아웃(time-out)은 신체적으로 통제를 잃은 아동의 경우 적절한 방법이 아니다. 대신 조용히 행동을 되돌리도록 하는 데 집중하는 개입이 보다 도움이 될 수 있다. 이 개입 영역은 비상/위기 상황을 위한 계획으로도 사용되어 부모가 비상시 연락할 전화번호 목록을 갖게 된다.

어른들이 도와줄 줄 수 있는 것	나 스스로 할 수 있는 것
• 여동생을 방에서 나가도록 한다. • 소리 지르지 않고 정상적으로 말한다. • 큰 화병이나 기타 깨질 수 있는 것들을 아동의 손이 닿지 않는 곳에 둔다. • 머리를 벽에 부딪히고 있으면 껴안아 준다. • SOS 팀에 연락한다. • 만일 침착해지지 않고 자신 혹은 타인의 안전이 염려되면 119로 전화한다.	• 걷고 호흡하는 기법을 시도한다. • 바닥에 종이를 두고 정말 큰 그림을 그려 본다. • 스스로를 응원한다. '나는 침착하게 있을 수 있다. 나는 침착하게 있을 수 있다.'

4페이지. 재구성 상태: '침착한 상태로 되돌아가기'

아동이 재경험 상태로 들어간 때를 인식하는 것만큼 중요한 것은 침착함을 느끼는 상태로 돌아온 때를 인식하는 것이다. 다시 침착해졌을 때, 아동은 어떻게 의사소통을 하는가? 위기가 끝나면 스스로에 대해 어떻게 느끼는가? 이것은 가이드 4페이지의 재구성 단계에 중점을 둔 내용이다. 이 시기 동안 아동은 새로운 촉발 요인에 특히 취약할 수 있다.

4페이지는 '과정' 회기에도 중요하다. 한 주 동안 일어난 위기 사건을 단계별로 밟아 가면서 아동으로 하여금 사건을 일으킨 수치심이나 다른 감정들을 벗어나게 할 수 있다. 따라서 회기 내에서 최종적으로 성공적인 조절에 중점을 두고 논의를 마치는 것이 중요하다.

아마도 병원에 도착할 때까지 침착해지지 않았거나 집에서 아주 빠르게 진정됐을 수도 있다. 어떤 경우든지 어떻게 모두가 그 위기가 지나갔음을 알았고, 무엇이 모두를 도왔는지에 대하여 대화하는 것에 시간을 할애해야 한다.

때때로 재경험 상태의 아동이 하는 일은 다른 사람을 상처 입히거나 화가 나게 만드는 것이다. 재구성의 일부는 말 그대로 또는 은유적으로 아동이 피해의 일부를 보수하기 위해 할 수 있는 일에 대한 계획과 관련이 있다. 이 측면은 다른 이의 분노 감정을 줄이도록 함은 물론 아동이 자신의 수치스러운 감정을 줄이도록 하는 데 도움을 준다. 아동이 부서진 물건을 바꾸는 것에 대해 허락하는가? 사과문을 쓸 수 있는가? 어지럽힌 것들을 치우는 것을 도울 수 있는가? 이 '보수' 항목은 다음 개입 영역에 열거되어 있다.

신호 차트(cue chart)를 작성하는 것과 동일 양식을 사용하며, '유지 및 보수 활동' 내 보수 활동을 포함한다.

타인에게 물어보기	자신에게 물어보기
감정: 내 얼굴 표정은 어떠한가? 내가 기분이 어떻다고 말하는가? 난 침착하고 이완된 것처럼 보인다.	**감정:** 나는 어떻게 느끼는가? 내 몸은 무엇을 느끼는 것 같은가? 피곤하다. 동생에게 상처를 줘서 내가 나쁘다고 느껴진다.
자각: 내가 멍해진 것처럼 보이는가, 아니면 나만의 세계에 있는 것처럼 보이는가? 나는 일에 얼마만큼 잘 집중하고 있는가? 난 주의를 기울일 수 있고, 엄마가 얼마나 화났는지와 같은 많은 것을 알아챘다.	**자각:** 내 주변에 무슨 일이 일어나고 있는가? 나는 무엇에 대해 생각하나? 내 몸이 면발처럼 느껴진다. 내가 무엇을 생각하는지 모르겠다.

행동: 나는 무엇을 하고 있는가? 나는 뭐라고 말하는가?	행동: 내가 무엇을 하는 것처럼 느껴지는가?
다시는 그러지 않을 것이라며 미안하다고 말한다. 때때로 청소를 돕는다.	아무것도 하고 싶지 않다.

유지 및 보수 활동: 스스로를 통제하고 문제를 해결하기 위해 하는 것

어른들이 도와줄 수 있는 것	나 스스로 할 수 있는 것
• 상점으로 가서 부서진 동생의 장난감을 대체할 새 장난감을 산다.	• 장난감을 사는 데 용돈을 사용한다. • 던진 물건을 줍는다. • 동생과 엄마에게 미안하다고, 사랑한다고 말한다.

정서조절 기술 형성

먼저 정서조절 가이드를 사용하여 지난주에 관해 확인하고, 회기의 앞부분을 안내한다. 그다음은 구체적인 기술을 소개하거나 실습하는 쪽으로 초점을 이동시킨다. 이 활동이나 기술은 아동의 발달 단계, 개인적 관심사나 요구에 따라 달라질 수 있다. 형성해야 할 두 가지 핵심적인 기술의 유형이 있다.

① 정서대처 기술(emotion coping skills)
② 정서확인 기술(emotion identification skills)

다음 두 영역은 각 기술들의 목표를 상세하게 설명하고, 활동들의 예시를 제공하여 기술 발달을 촉진한다.

정서대처 기술

정서대처 기술은 어려운 감정과 상황을 다루는 실용적인 방법이다. 특히 이완 기술과 정서조절 전략이 포함된다. 대처 기술은 종종 정서조절 모듈의 초반에 소개되어 아동이 어려운 상황에서 시험해 볼 수 있는 구체적이고 실용적인 기술을 제공한다. 각 기술(이완 및 정서 조절)의 구체적인 목표는 다음에 논의하고 있으며 이어서 기술 발달을 촉진하는 활동들을 제시하고 있다.

어떤 기술인가: 이완 및 정서 조절

언제 사용하는가: 정서조절 모듈 초기에 강조하여 정서 조절이 안 될 때 즉각적으로 사용할 수 있는 기술을 제공

주목적: 아동과 부모는 대처 기술에 관한 범주를 가지고, 언제 그것을 사용하여 보다 심각한 조절장애를 막을 수 있는지에 대해 안다.

*** 이완**

이완 기술은 아이들이 진정하고, 생리적 각성에 대응하며, 정신적 · 행동적 '쉼(pause)'을 갖도록 돕는다. 그리고 악화되는 경로를 변경시키는 기회를 만든다. 이완 학습은 아동이 신체적 변화에 대한 인식을 증가시키도록 도와, 몸이 스트레스 요인에 반응할 때 더 잘 조절될 수 있게 한다. 이완 기술은 몸의 움직임, 호흡 및 시각화를 포함할 수 있다.

여기 제시된 활동 모두가 모든 아동에게 효과를 나타내는 것은 아니다. 활동을 선택할 때는 아동의 발달 단계와 타고난 관심사를 고려해야 한다. 예를 들어, 시각화 기법은 너무 정적일 수 있고, 상상을 요구하는 것이나 일부 아동(특히 어린 아동)에게는 집중하기가 어려울 수 있다. 만일 이런 경우 활동을 짧고 구체적으로 만들 것을 시도한다. 일부 내담자는 눈을 감는 것이 편하지 않을 수 있다. 어린 내담자들은 다음에 제시된 시각화와 유사한 '주제를 따라 그림 그리기'를 시도할 수 있다.

이완 방법: 몸의 움직임, 호흡 및 시각화 활동

활동: 미러링(mirroring, 거울 보고 따라하기)

기술: 신체 자각, 신체 통제, 마음챙김, 생리적 완화

내담자와 마주하여 선다. 서로가 상대방의 모습을 반영해 주는 마술 거울을 보고 있다고 말한다. 내담자가 느리게 움직이도록 함으로써 시작하고, 당신의 몸을 움직여서 그의 움직임을 비춰 준다. 몇 분 후, 바꿔서 아동이 당신을 따라하도록 한다. 그리고 또 바꿔서 누군가를 따라 할 것을 정하지 않은 채 진행한다. 이때 둘 중 누구든지 움직일 수 있고, 둘 다 바꾼다는 말을 하지 않고 진행 역할을 번갈아 한다. 다른 정서 표현과 움직임을 아주 천천히 시도해 본다. 규칙: 거울(상대방)을 만지지 않고, 서서히 움직이며, 소리를 내지 않는다.

활동: 손 그리기(hand drawing)

기술: 신체 자각, 시각화

빈 종이를 당신과 내담자 앞에 둔다. 각자 손의 그림을 그릴 것이라고 설명하고, 그림을 그리는 동안 종이를 볼 수 없도록 테이블 위에 손을 놓으라고 한다. 종이를 바닥에 붙여 움직이지 못하게 할 수도 있다. 손톱이나 손마디의 주름 등 되도록 상세하게 그리라고 격려한다. 둘 다 그림을 완성했을 때 자신이 그린 그림을 본다. 대개 그림이 매우 우스꽝스럽기 때문에 내담자와 함께 참여하는 것이 중요한 활동이다. 규칙: 그림을 엿보지 않기, 그리는 시간 동안 눈을 손 위에 두기

활동: 포즈 잡기(strike a pose)

기술: 신체 자각, 신체 통제

자신 또는 내담자가 번갈아 가며 포즈를 취한다. 다른 사람은 그 포즈를 따라 한다. 먼저 시작하는 사람은 자세를 바꾸기 전 포즈에 대해 세 가지를 말하여

상대방이 포즈를 취하도록 한다(예: "모든 체중을 왼발에 둔다." "균형 잡기가 어렵다." "세상이 거꾸로 보인다."). 안쪽을 향한 포즈를 시도한다(예: 무릎을 끌어안거나 가슴 위로 양팔을 교차시키기). 개방적인 자세도 시도한다(예: 발끝으로 서기, 두 팔을 벌리거나 하늘 향해 벌리기). 각각의 포즈에서 가졌던 다른 느낌에 대해 말해 본다. 규칙: 상담자와 내담자 모두에게 신체적으로 가능한 자세여야 한다.

활동: 조각상(statue)

기술: 신체 자각, 협동, 신뢰

아동에게 그들 중 한 명이 마법의 점토를 사용해 조각상을 만들 위대한 예술가라고 설명한다. 그 점토는 손대지 않고도 당신이 원하는 곳으로 옮겨 주기 때문에 마법이다. 모든 조각가가 해야 할 일은 점토에게 무엇을 하라고 지시하는 것이다. 불행하게도, 그 점토는 진술이 매우 구체적이지 않으면 이해를 하지 못한다. 예를 들어 ,"앉아!" 라고 말하면 반응하지 않으므로 "왼쪽 무릎을 접어서 바닥에 닿게 하고 왼발을 바닥에 두고……." 라고 말해야 한다. 조각가와 점토가 번갈아 되어 보면서 서로에게 조각상의 자세에 대해 이야기할 수 있다. 조각가는 점토에게 어떻게 움직일지를 가능한 한 구체적으로 말해야만 한다(예: "왼쪽 팔을 들어서 위로 올려요. 이제 엄지손가락을 세우고, 다른 손가락들은 주먹 안으로 접으세요."). 점토는 주의 깊게 들어야만 하고, 지시에 대해 문자 그대로 반응해야 한다. 규칙: 만지지 않기, 또는 부적절한 자세 피하기

활동: 국수 되기(being a noodle)

기술: 신체 자각, 근육이완, 시각화

아동에게 요리 전후의 국수(스파게티) 면발을 본 적이 있는지 묻는다. 요리 전에는 단단하고 굳어 있던 것이 얼마나 유연하고 부드럽게 되는지에 대해 말한다. 그러고 나서 아동이 요리 전의 면발같이 행동하도록 한다(다양한 근육을 단

단히 조여서 뻣뻣하게 유지시키고, 가능한 한 단단해지도록 안내한다.). 아동에게 요리과정을 말하면서 그에 따라 이완시킨다. "좋아, 면발을 뜨거운 물이 담긴 큰솥에 넣었어. 거기에서 점차 부드러워지기 시작해! 중간에 조금씩 구부러지고…… .이제 약간씩 느슨해지도록 해 봐. 목을 조금씩 이완시키고…… .이제 팔은 약간씩 꼼지락거려……. 오, 다리가 매우 부드러워져서 더 이상 그들이 면발을 꽉 잡을 수 있을지 모르겠어." 이러한 방식은 아동이 완전히 이완될 때까지 유지한다. 이후 아동이 요리하는 차례가 되도록 한다.

활동: 우주에의 연결(connect to the universe)
기술: 신체 자각, 신체 통제, 바닥에 닿는 느낌
중력으로 인해 사실상 지구와 떨어지는 것이 어렵다는 것을 말하며 시작한다. 오늘 우리가 어떻게 연결되어 있는지를 보게 될 거라고 설명한다. 신체의 다양한 부분이 바닥에 어떻게 닿아 있는지를 관찰하며 시작한다(예: 땅 위의 두 발, 의자에 닿는 한쪽 엉덩이, 팔 위에 다른 팔을 포개어 만들어진 네 지점). 그러고 나서 아동에게 지면에 닿는 곳이 없게 할 수 있는지 묻는다(예: 점프하기). 한 지점만 접촉하도록 한다(예: 한 발 또는 한쪽 엉덩이). 더 이상의 접촉이 어려울 때까지 닿는 지점을 늘려 간다. 한 지점 대 여덟 지점을 접촉했을 때의 느낌이 어떻게 다른지 이야기한다(또는 최대 한계점).

활동: 걷고 숨쉬기(walking and breathing, Linehan, 1993에서 발췌)
기술: 신체 통제, 생리적 완화, 호흡 자각
방 주변을 내담자의 속도에 따라 천천히 걸으면서 시작한다. 내담자에게 각 호흡마다 몇 걸음을 걸었는지 세어 보게 한다. 약 다섯 걸음 후에 천천히 호흡하라고 하여, 호흡마다 세 걸음을 걷도록 한다. 호흡이 길고 느려질 때까지 점차 호흡당 걸음의 횟수를 늘려 간다(강요당하지 않는 범위에서).

활동: 심호흡하기(deep breathing)

기술: 생리적 완화, 호흡 자각, 신체 통제

내담자가 편안한 자세로 앉거나 바닥에 등을 대고 눕도록 한다. 내담자에게 정상적인 호흡을 하라고 하고, 호흡에 따라 위와 가슴이 움직이는 방식에 주의를 기울여 언어적으로 묘사하도록 한다. 내담자가 자연스럽게 호흡할 때 "들이쉬고…… 내쉬세요." 라고 말하며 시작한다. 점차 느리게 하여 숨을 천천히 내쉬기 전에 호흡이 최대가 되는 순간에서 잠시 멈추도록 한다. 이것을 약 10회 정도 수행한다. 어린 아동의 경우 배 위에 곰 인형을 놓고 호흡에 따라 위아래로 움직이는 것을 관찰하도록 한다.

부록: 특별히 심호흡을 지루해하는 아동의 경우 '맥박 검사' 를 전후에 포함시키는 것이 도움이 될 수 있다. 아동에게 정상적으로 숨을 쉬는 동안 맥박을 찾게 하고, 10초 동안 맥박을 세어 보도록 한다. 이 숫자를 6으로 곱하여 맥박 수를 구한다. 심호흡을 마치고 다시 맥박을 체크한다. 이 수치를 비교하고 심박수를 낮추는 게 가능한지 확인한다.

활동: 좋아하는 방(favorite room)

기술: 머리 식히기, 자기진정, 마음챙김

내담자가 안전하고 편안한 느낌이 드는 방을 시각화하도록 돕는다. 어떤 가구와 장난감을 방 안에 놓을 것인지 질문한다. 누가 방에 오도록 할 것인가? 어떤 종류의 게임을 하며, 방 안에서 무슨 이야기를 할 것인가? 방에 창문은 있는가? 창문 너머로 무엇이 보이는가? 벽에 그림이 있는가? 그림 속에는 무엇이 있는가? 음악이 연주되고 있는가? 아동을 그 방의 왕비 또는 왕이 되게 하여 상상 속의 공간을 완전히 통제해 보도록 한다.

활동: 사계절의 산 명상(fourseasons mountain meditation)

기술: 자기진정, 마음챙김, 집중

내담자에게 편안히 앉으라고 하고 가급적 다리는 꼰 자세를 하도록 한다(산과 같이). 실제의 또는 상상의 산, 아름다운 산을 생각해 보라고 한다. 아동에게 연속적인 정교화를 제공한다. "산 위에서 물줄기가 바위를 타고 내려오고 있다. 물줄기는 어떤 소리를 내고 있는가? 개울에서 물을 마시는 동물을 상상해 보자. 어떤 종류의 동물을 보고 있는가?" 나무, 하늘 그리고 땅을 포함시키자. 온도, 새 또는 바람 소리, 발 아래 땅의 느낌과 같이 다양한 감각을 일으키는 것들에 대해 상세히 물어본다. 아동이 머릿속으로 충분히 산을 정교화한 후, 가을이 다가오고 있는데 어떤 변화가 일어나는지 상상해 보라고 한다. 그러고 나서 아동에게 겨울의 폭풍과 폭설이 오고 어떻게 변화하는지를 상상하라고 한다. 이 작업을 봄과 여름에 대해서도 해 보고, 생명이 가득한 이미지에서 마치도록 한다.

***정서 조절**

대처 기술의 또 다른 핵심 영역으로서 정서 조절은 아동이 화가 났을 때 스스로를 진정시킬 수 있는 기술을 제공한다. 이 기술들은 아동이 침착해지도록 돕고 충동적으로 행동하지 않게 하는 순간적인 활동에 초점을 둔다. 정서 조절은 재초점화와 셀프코칭을 포함한다.

정서 조절 방법: 재초점화와 셀프코칭

활동: 내가 하는 일의 목록(my list of things I do)

기술: 재초점화

부모와 아동이 함께 아동이 하고 싶은 일들의 목록을 작성하게 한다. 아동이 일상적으로 하는 일(예: 그림 그리기와 TV 시청)을 벗어나서 상세한 목록을 찾는다. 복도를 뛰어가는 걸 원하는가? 높은 계단에 앉아 창으로 들어오는 빛을 보는가? 껍질을 깐 사과를 먹는가? 뜨거운 물에 손을 씻는가? 거품 샤워를 하는가? 감각적 활동을 시도해 보자. 아동이 목록을 장식하여 포스터로 만들어 집 안의 잘 보이는 곳에 붙이도록 하자. 화가 났을 때 목록의 하나를 골라서 해 보도록 한다(그것을 하고 싶은지의 여부에 관계없이). 아동이 체계적으로 사고한다면, 당신은 아동에게 활동들 옆에 순위를 매기도록 해서 그 행동이 얼마나 잘 기능했는지를 평가할 수 있다(또는 아동이 얼마나 괴로웠는지에 대해 행동을 시도하기 전후에 1~10의 점수 중에서 평가하도록 한다.).

활동: 확언(affirmations)

기술: 인지에 '디딤돌(wedge)' 삽입, 재초점화, 긍정적인 혼잣말

아동이 힘들 때 스스로에게 반복하거나 시각화할 수 있는 확언, 슬로건, 단어 또는 어구를 찾도록 협력한다. 예를 들어, "난 사랑스럽다." "나는 배우기 위해 여기에 있다. 처음부터 꼭 잘해야 하는 것은 아니고 시도를 할 뿐이다." "나를 믿어 주는 사람들을 알고 있다." 등이다. 지지적인 메시지가 선택됐을 때는 현수막을 만들거나, 셔츠에 그림을 그리거나, 포스터를 만드는 등의 작업으로 강화시킬 수 있다. 아동이 마음속으로뿐 아니라 큰 소리로 말할 수 있도록 연습한다. 아동이 화가 나기 시작할 때, 머릿속으로 포스터를 시각화하거나 슬로건을 열 번 반복하도록 한다.

활동: 상상 속의 스쿨버스(imageinary school bus)

기술: 긍정적 자기 이미지 내면화, 아이디어 생성

아동과 함께 아동의 편이 되는 사람과 아동이 생각할 때 자신이 지지하는 사람(예: 슈퍼 영웅, 유명인)의 명단을 적어 보게 한다. 당신 자신이 명단에 올라가는 것을 개의치 말고, 교사는 물론 어느 누구든 아동이 잘 알지 못하더라도 아동을 지지할 것으로 생각되는 사람을 자유롭게 적도록 한다. 그러고 나서 아동에게 스쿨버스에 타고 이 각각의 사람들이 자리에 앉아 있는 것을 시각화하도록 돕는다. 아동이 쉽게 시각화하도록 돕기 위해 그림을 그려 보라고 하거

나, 각 자리에 이름을 적어 보라고 하거나(누구 옆에 누가 앉았는지), 눈을 감게 하고 당신이 버스 안의 모든 사람을 묘사해 줄 수 있다. 아동이 어느 자리에 앉을 것인지, 가까이에 누가 앉아 있는지를 상상하도록 한다. 버스 안의 모든 사람이 아동의 옆 자리에 앉기를 원하는 장면을 상상해 보도록 한다. 만일 아동에게 특정한 문제가 있다면(예: 아동을 괴롭히는 학교 친구들), 전체 버스 안에서 아동에게 무엇을 할지가 떠오르는 사람을 골라 보도록 한다. 엄마는 무엇이라 말할 것인가? 제니퍼 로페즈는 뭐라고 이야기할 것인가?

활동: 상담자를 코치하기(coach the therapist)

기술: 아이디어 생성, 혼잣말

아동과 스포츠 코치에 대해 이야기한다(아동이 알거나 좋아하는 팀 코치 또는 당신이 가설의 팀 코치에 대해 말할 수도 있다.). 코치의 역할은 팀 구성원에게 최선을 다하도록 요구하는 것뿐 아니라 팀 구성원을 격려하고 지지하는 것에도 있음을 이야기한다. 아동에게 코치가 농구 코트의 어느 쪽에 서 있는지 상상하도록 하고, 격려와 아이디어를 떠올려 본다. 이제 아동이 코치며 또한 선수가 될 것이라고 말한다. 최근 아동이 겪었던 사소한 정서 조절의 문제가 일어났던 때를 고른다(예: 학교 의자에 앉아 있으면서 생긴 문제). 아동처럼 행동하면서 함께 역할 놀이를 한다(그리고 자신의 생각과 반응을 크게 말한다.). 아동에게 코치 역할을 하라고 하고, 지지와 격려, 제안과 팁들을 제공하라고 한다. 만일 아동에게 문제가 있으면, 역할을 바꿔서 당신이 코치가 되고 난 후, 아동이 코치처럼 말하는 역할을 연습하도록 한다. 아동이 학교 근처에 있을 때 아동에게 코치를 시각화해 보라고 제안한다. 나중에 아동에게 새로운 문제가 생기면 이 이미지로 되돌아가, "감독이 뭐라고 얘기할까?" 와 같이 물어볼 수 있다.

활동: 내 감정의 상자보다 많게: 정서 연속체(bigger than a breadbox: the emotion continuum)

기술: 정서 확인, 자신감, 정서 조절
이 연습은 아동이 지난주에 정서 조절의 문제를 겪었거나 말하는 것에 특정한 문제가 생겼을 때 가장 잘 적용된다(예: 학교에서 누군가 자신을 괴롭혀 싸운 경우). 아동에게 한 줌의 돌(또는 크레용, 젤리과자, 종이 클립, 또는 한 손에 많이 쥘 수 있는 것이면 어떤 것이든)을 집어서 그 시간 동안 얼마나 화가 났는지를 표현할 수 있는 만큼 쌓아 보라고 한다. 그리고 아동에게 그보다는 덜 화가 났던 다른 사건을 생각해 보게 한다(그리고 보다 작게 돌들을 쌓으라고 한다.). 당시에 화를 어떻게 다뤘는지 묻는다. 마침내 아동이 화가 났지만 성공적으로 대처했던 이야기를 말할 때까지 '크기 줄여 가기'를 계속한다. 두 돌무더기의 쌓은 높이를 비교한다. 하나는 화가 났지만 성공적으로 대처했을 때의 화난 정도이고, 다른 하나는 화가 나서 조절을 못했을 때의 화난 정도다. 아동이 정말로 조절하는 방법을 알고 있고, 앞으로 좀 더 많은 돌(화난 감정)을 성공적으로 다뤄 가는 것만 연습하면 되겠다고 짚어 준다.

정서확인 기술

정서의 경험, 확인, 표현이 가능한 것은 성공적인 정서 조절의 기반이 된다. 이러한 능력들은 또한 인지처리 과정에도 필수적이다. 정서조절 모듈의 목표 중 일부는 아동이 감정을 경험하고 확인하며 표현하는 기술을 가졌는지를 확인하는 것이다. 정서조절 가이드를 따르면서 아동이 감정을 확인하는 데 어려움이 있다면, 당신이 좀 더 많은 시간을 이 기술들에 할애해야 한다는 좋은 단서가 된다. 당신은 회기의 후반부에서 정서확인 기술을 정서대처 기술과 상호 교환적으로 다룰 수 있으며, 이 두 가지 유형의 활동은 서로를 강화시킨다.

우리는 정서확인 기술을 두 영역으로 나누었다. ① 아동이 자신의 감정을 인식하고 그것에 단어를 붙일 수 있게 돕는 관찰하기와 명명하기 회기, ② 표현, 다시 말해 그 감정을 다른 사람과 공유하거나 또는 스스로 충분히 경험하게 하는 회기다. 감정에 무디거나 회피하려는 아동을 위해 이러한 기술은 정서 조절 작업의 중요한 일이 된다.

어떤 기술인가: 감정을 관찰하고 명명하며 표현하는 것
언제 사용하는가: 아동이 감정 경험을 할 수 없는 경우, 조절의 시기, 또는 그보다 먼저 기술 축적을 제공하는 정서조절 모듈의 보다 진보된 단계에서 강조하기. 인지처리 과정 모듈의 필수 요건
주목적: 아동은 다양한 감정을 경험하고, 자신과 타인의 감정을 규명할 수 있으며, 특정 감정을 명명하는 단어를 가지고 있고, 혼합된 감정의 개념과 다른 강도의 감정을 이해하며, 감정을 표현하는 안전한 방법들을 갖게 된다.

✻ 감정 관찰과 명명

감정을 관찰하고 명명하는 것은 모든 정서 조절의 결정적인 기본 기술이다. 정서조절 가이드를 사용할 때, 아동은 그 감정을 단어로 규정하는 것을 배우고 자신의 내적 · 외적 반응을 관찰하는 것에 보다 익숙해진다. 회기 중에 놀고 말하는 과정은 어떻게 아동이 그 순간에 느끼는지를 탐색할 기회를 증가시킨다. 생리적인 변화, 행동 욕구와 감정을 토의하는 활동 중에 멈추기는 아동에게 즉각적인 피드백과 그 순간에 감정을 명명하는 연습을 제공한다.

치료자의 정서적 반응은 관찰과 명명의 과정을 모델링하는 또 다른 기회를 제공한다. 아동이 특정 감정(예: 분노)을 서술하려고 시도한다면, 시간을 내서 아동에게 그 감정을 설명해 주는 것이 도움이 된다. 회기 내에서 당신의 반응을 사용하는 것은 정서가 통제 가능하고 아동의 활동이 환경에 영향을 준다는 결정적인 학습을 당신이 따라 하도록 허락하는 것이다.

회기 내 과정 작업은 아동이 다양한 정서를 이해하고 그에 관한 단어를 발달시키는 데 도움이 되는 기술 축적 활동에 의해서 증대될 수 있다.

＊감정 표현

감정표현 기술은 두 가지로 분류할 수 있다. ① 아동이 감정을 경험하도록 하는 기술(예: 자신에게 감정을 표현하는 것), ② 아동이 그 감정을 타인과 교류하도록 돕는 기술이다. 감정표현 기술은 미술, 춤, 음악, 글쓰기, 그 밖의 특수아동에게 반향을 불러일으킬 매개체들을 포함한다. 특히 감정에 마비되거나 특정 신체 자극을 이끄는 어떠한 것도 적극적으로 피하는 아동들에게는 다른 정서를 불러일으키고 감정과 관련된 신체 자극을 경험할 기회를 주는 활동이 필요할 수 있다.

아동이 정서를 경험하도록 돕는 활동은 정서 경험을 피하거나 그러한 정서를 이끌 수 있는 상황을 피하거나 또는 모든 혹은 특정 정서에 마비된 아동에게 가장 중요하다. 그 활동들은 분노 조절이 어려운 아동에게는 적절하지 않을 수도 있다. 타인과의 교류 관련 기술은 또한 아동의 사회 기술을 증가시킬 수 있다. 타인에게 주먹 대신 말로 당신의 분노를 어떻게 표출할 수 있는가? 어떤 것에 대해 당신이 가지고 있는 다른 감정을 어떻게 타인에게 전달할 수 있는가?

정서 정의 방법: 관찰, 명명 및 표현

활동: 정서 포트폴리오(emotion portfolio)

기술: 정서 정의, 자기자각, 정서 단어

- 파트 1: 정서 얼굴 종이 위에 큰 원을 그린다. 아동에게 감정을 명명하고 그에 상응하는 얼굴을 그리라고 말한다. 아동에게 맨 위에 감정 이름을 쓰게 한다. 아동이 생각할 수 있는 만큼(혹은 당신이 가진 기본 정서의 범위만큼) 많은 감정을 이러한 방식으로 각각 다른 종이에 그리게 한다. 만약 결정적인 감정(예: 분노, 두려움)이 빠져 있다면 그것이 일어날 만한 시나리오를 생각하도록 촉진한다. 아동이 특정 감정에 대한 얼굴 표정이 무엇인지 생각하는 것을 어려워한다면 그것을 행동화하려는 시도와 당신의 얼굴에서 보여 주

는 것을 번갈아 한다. 사람마다 감정을 표현하는 방법이 다르다는 것에 대해 이야기하는 기회로 삼을 수도 있다.

- 파트 2: '~한 때, 나는 ~하게 느낀다' 각 정서 얼굴을 그린 종이 아랫부분에 "~한 때, 나는 ~을 느낀다."라고 기재하게 한다. 아동이 특정 감정을 느끼게 하는 다양한 활동이나 사건을 생각하도록 돕는다. 그리고 그 내용을 아랫부분에 적게 한다. 어떤 경우는 하나의 정서 얼굴보다 더 많이 나타날 수 있다. 이를 끄집어내어 어떻게 같은 상황에 하나 이상의 감정을 가질 수 있는지에 대해 논의한다.

- 파트 3: 정서 단어 각 정서 얼굴 종이의 뒷면에 관련 정서 단어 목록을 브레인스토밍한다. 아동과 번갈아서 다른 관련 정서를 생각하여 아동이 미처 모르는 단어를 소개할 수 있다. 다양한 단어가 다양한 정보를 제공하는 것(예: 기쁜, 즐거운, 만족스러운)에 대해 같이 생각하는 시간을 가진다. 그리고 당신(혹은 인형이나 친구)이 다르게 느낄 수 있는 경우를 담은 시나리오를 만든다.

정서 포트폴리오는 장기간에 걸쳐서 완성될 수 있다. 새로운 경험이나 단어는 정서 얼굴 종이에 추가될 수 있다. 마지막으로 다양한 정서 얼굴 종이가 모여 책으로 만들어질 수 있다.
정서 포트폴리오는 다양한 연령층에도 활용될 수 있다. 좀 더 나이 든 아동의 경우, 원 안에 보다 추상적인 감정 표현을 할 수 있다. 나이가 더 어린 아동은 미리 그려진 얼굴 모양을 보고 감정을 추측하는 것을 시도해 볼 수 있다.

활동: 정서 드라마(emotional drama)
기술: 정서 정의, 정서 단어
각 종이에 다양한 정서 단어를 적고 그것을 모자 안에 넣는다. 당신과 아동은

'지루한 대본' 을 나누어 갖는다. (지루한 대본은 이 장 부록에 제시한 것을 사용할 수도 있고, 당신이 미리 만들 수도 있으며, 아동과 함께 만들 수도 있다. 그것은 2명이 연기할 수 있는 짧고 중성적인 대화로 이루어진 대본이다.) 그 대본의 역할을 맡아서 같이 전체적으로 한 번 읽어 본다. 각자 모자에서 상대방에게 내용을 보이지 말고 정서 종이를 꺼낸다. 대본을 다시 읽는다. 그러나 이번에는 정서 종이의 정서를 경험하는 것처럼 역할을 연기한다. 상대방의 감정이 무엇인지 추측하고 왜 그 감정이라고 추측했는지 피드백을 준다.
모자 안의 정서 종이가 사라질 때까지 정서 그리기와 대본 연기를 지속한다.

활동: 감정 면담(the feeling interview)
기술: 정서 정의, 생리적 인지, 정상화
다음의 형식을 가진 종이 10장을 아동에게 제공한다.

화가 났을 때의 신체 반응

반응	예	아니요	어떤 도움?
흔들기			
흥분함			
울기			

배가 아프다
긴장이 된다
다른 사항 ______________________

(화났을 때 나오는 가능한 반응의 목록) 왼쪽 부분을 함께 채운다. 화난 경우와 화났을 때 자신의 신체가 어떻게 반응하는지(예: 떨림)에 대해 아동에게 다음 주까지 10명의 사람을 면담할 것을 알려 준다. 또한 아동은 그 사람이 기분이

나아지기 위해서 어떻게 했는지 물어볼 수 있다. 아동이 그 양식을 다시 가져오면 신체가 어떻게 화에 반응하는지 의논한다. 다양한 감정에 비슷한 활동을 할 수 있다.

활동: 감정의 바구니(basket of feelings)

기술: 감정 확인, 복잡한 감정 이해하기, 감정 교류하기

아동에게 감정 목록을 가져와서 각 감정을 큰 글씨로 쓰게 한다(또는 그 감정을 나타내는 얼굴을 그리게 한다.). 당신 앞에 그 종이를 펼쳐 놓는다. 그리고 여러 물건(크레용, 작은 돌, 젤리과자, 작은 조각으로 이루어진 물품)이 들어 있는 바구니를 아동에게 보인다. 아동에게 본보기가 되기 위해 당신이 강렬한 감정을 품었던 때(예:많은 사람들 앞에서 이야기하기)를 이야기한다. 그 경험 동안 당신이 가졌던 각각의 감정마다 물건을 한아름 놓는다. 그러한 감정이 많을 경우 한 웅큼 많이, 그러한 감정이 적을 경우 한 웅큼 적게. 당신은 불안하거나 무서울 때 많은 젤리과자를 가질 수 있고, 신날 때는 조금, 만족스러울 때는 한두 개 정도 놓을 수 있다. 그리고 자신의 정서 경험이나 당신이 말하도록 도와준 구체적 사건에 관해 아동이 따라 하게 한다.

이 활동은 치료과정에서 계속될 수 있고, 감정이 어떻게 변화하는지 계속해서 이야기될 수 있다. 아동이 특정 상황에 대해 어떻게 느끼는지 부모와 교류하도록 돕는 데 사용된다.

활동: 당신의 삶을 색칠하기(color your life)

기술: 감정 교류, 감정 확인

아동이 감정 목록을 만들고, 각 감정마다 다른 색을 사용하도록 돕는다. 그리고 종이 한 장에 큰 원을 그리고, 그 원이 아동의 현재를 표현한다고 말한다. 아동이 자신의 다양한 감정을 표현하는 색으로 원을 채우도록 돕는다. 그리고 아동 삶의 다른 사건이나 타인에 관해서도 이 작업을 하도록 하여, 아동이 다

양한 일에 대해 어떻게 느끼는지 알 수 있도록 한다. 당신은 가족구성원이나 당신 자신에게 이를 잘 적용해 보고 사람이 느끼는 방법에 대한 다른 관점에 대해 아동과 비교해 볼 수 있다.
왼쪽(탄생)부터 오른쪽(현재)으로 가면서 아동이 자신의 생애주기표를 색칠하게 하는 것이 대안이 될 수 있다. 아동에게 다른 색으로 표현된 사건들을 설명하게 한다.

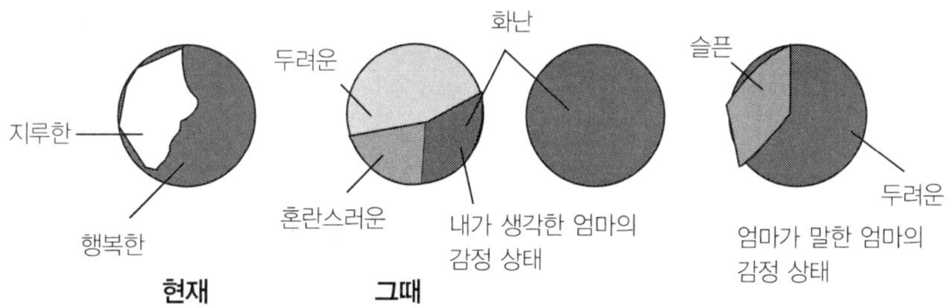

활동: 감정으로 명명하기/그 선율을 명명하기(identifying feeling/experiencing emotions)
기술: 감정 확인, 정서 경험
선택한 음악을 가져온다(아동 또한 가져올 수 있다.). 음악을 번갈아 연주하고 '감정을 느끼는 연기자' 가 되어 본다. 그 연기자는 음악의 특정 부분이 일으키는 감정이 무엇인지 결정하고 그것을 (얼굴 표정과 신체언어를 통해) 표현할 필요가 있다. 상대방은 그 감정을 추측한다. 다른 종류의 음악을 듣는 것이 실제로 다른 느낌을 갖게 하는지 이야기해 본다.

활동: 모든 것을 중지하고 느껴 보기(stop everything and feel!)
기술: 감정 확인, 대처 전략 창출하기
아동이 직접 이야기하게 하고 그것을 같이 쓴다. 주기적으로 알람을 설정한다. 일정 시간마다 알람시계가 울리면, 이야기를 멈추고 다음 질문에 답한다.

인물은 어떻게 느끼는가? 그/그녀가 그렇게 느끼는 것을 어떻게 알 수 있는가? 그/그녀가 그렇게 느끼는 것을 타인이 어떻게 알게 할 수 있는가? 그/그녀는 이 방식으로 감정을 유지하기를 원하는가? 아니라면 무엇이 그/그녀의 감정을 바꿀 수 있을까? 그 인물의 감정에 대해 충분한 논의를 했다면 종을 울리고 이야기를 계속하도록 한다. 이야기의 인물이나 내용이 질문이나 충고에 의해 바뀔 필요는 없다(예: 타인에게 그/그녀의 감정을 꼭 표현하거나 자신이 느끼는 방식을 바꿀 필요는 없다.).

활동: 빨대로 호흡하기, 앉아서 돌기, 유산소 운동(the last straw, sit and spin, and hearts up!, Barlow, Allen, & Choate, 2005에서 발췌)

기술: 감정 경험(자신과 당황하게 하는 감정을 연결하기 때문에 신체적 자극을 피하는 아동을 위한 활동들이다. '빨대로 호흡하기' 는 머리가 어질어질한 느낌이나 과호흡을 회피하는 아동을 위한 활동이고, '앉아서 돌기' 는 어지러운 느낌을 회피하는 아동을 위한 활동이다. 그리고 '유산소 운동' 은 빠른 심장박동을 회피하는 아동을 위한 활동이다.)

이들 연습은 감정을 회피하는 아동을 위한 것이다. 아동이 자신의 몸 안에서 다른 자극을 느끼는 것에 익숙해지고 그것이 괜찮은 것임을 배우며, 나쁜 일은 일어나지 않을 것임을 배우도록 돕는 것이라고 말한다. 어떻게 모든 이가 항상 다르게 느끼는 것이 정상인가에 대해서 말한다. 예를 들면, 몸에 가려운 곳이 있는 경우 그에 대한 느낌은 다를 수 있다. 그러나 당신이 그 감정에 너무 집중하거나 그것을 너무 무서워하거나 좀 더 크고 나쁜 문제의 시작이라고 여긴다면, 그 가려운 느낌이 당신의 하루를 망칠 것이다. 어떤 아동은 '가려움' 이 괜히 신경 쓰이거나 머리가 몽롱하거나 약간 어지럽게 할 수 있다. 이러한 감정들이 왔다가 지나가는 정상적이고 일상적인 감정들이며, 그것들을 피하거나 무서워한다면 그 감정에 익숙해지는 것도 좋은 것임을 이야기한다. 결정적으로 그 감정 자체는 문제가 아니며, 그것이 통제 가능하다는 것을 아동에게 이해시킨다. 다음의 활동들은 아동이 피하려는 감정을 안전하고 통제 가능한 방식으로 경험하도록 도울 수 있다.

- 앉아서 돌기 아동을 회전의자에 앉게 한다. 아동에게 자신이 신체에서 알아차릴 수 있는 어떠한 감각과 그가 가진 생각들을 목록화하도록 요청한다. 아동은 자신의 심장박동을 느낄 수 있는가? 자신의 쉼호흡 속도를 알아차릴 수 있는가? 아동이 의자에서 매우 빠른 속도로 회전할 것이며, 아동이 확인한 감정 · 감각 · 생각에서 어떤 변화라도 있는지 주의를 집중하라고 말한다. 아동이 생리적으로 반응할 정도-보통 30초에서 2분 동안-로 충분히 의자를 회전시킨다. 그다음 의자를 멈추고 회전 전에 물었던 동일한 질문을 물어본다. 무엇이 바뀌었는가? 신체의 느낌이 어떤 감정을 되살리는가? 그 감정을 전에 느껴 본 적이 있는가? 그 감정을 '피하기' 위해 어떤 일을 했는가? 그 감정들이 시간에 따라 어떻게 변화하는지, 점진적으로 어떻게 강렬함이 줄어드는지 아동이 추적할 수 있도록 돕는다. 정서의 '파도 타기' 와 강렬함의 절정은 전형적으로 하락이 뒤따른다는 것에 대해 이야기한다. 아동이 '파도 타기' 를 수용했다면 다른 파도를 시작하는 연습을 시도한다. 아동이 이 시도에 수동적이라면, 아동이 실제로 '운전자석' 에 있기 때문에 이것은 기존의 정서 경험과 다르다는 것을 아동에게 상기시킨다. 즉, 아동이 파동의 시작을 선택하게 한다.

- 빨대로 호흡하기 음료 빨대를 건네준다. 당신과 아동이 한동안 이 빨대로 숨쉴 것이라고 아동에게 말한다. 아동에게 모든 신체적 감각, 생각, 느낌을 적게 한다. 자신의 내적 감각이 변화하는 것을 느끼기에 충분할 정도로 빨대로 숨쉬기를 반복한다. 내적 감각은 과거에 아동이 가졌던 느낌을 되살렸는가? 아동은 자신의 감정이 변화한 것을 알아차렸는가? 또는 감정이 나타났는가? 앞의 연습에서의 '파도 타기' 에 대해 이야기하고, 커피 빨대로 시도해 본다.

• 유산소 운동 이 연습을 위해 앞에 제시된 개요를 따른다(아동이 자신의 신체적 감각, 생각, 느낌 등을 적도록 한다.). 유산소 운동(달리기, 계단 오르기)을 하게 한다. 앞에 묘사한 대로, 아동이 자신의 감정과 정서의 변화를 적은 후 그에 대한 이야기를 하게 한다.

활동: 감정…… 그 감정들은 그럴 만한 가치가 있는가?(feelings… are they really worth it?)

기술: 감정 경험하기

아동이 감정 경험에 저항적이라면 정서의 가치를 이해하는 것부터 시작하는 것이 필요하다. 아동에게 제기할 수 있는 세 가지 상황이 있다. 각 경우에서 아동이 그 정서와 신체 감각을 가지는 것과 연결할 수 있는 어떤 중요한 결과를 생각할 수 있는지 보라.

• 난로 위의 가열 기구에 손을 두고 그것이 뜨겁다는 것을 발견한다. 당신이 어떠한 고통도 느끼지 못한다면? 그러면 무슨 일이 벌어지겠는가? 고통은 당신이 어떻게 하도록 이끄는가?
• 금요일에 학교에서 시험이 있을 것이다. 그러나 당신은 아직 한 장(chapter)도 읽지 못했다. 당신이 전혀 불안하지 않다면 어떻겠는가? 당신은 무엇을 할 수 있는가? 당신이 불안함을 느낀다면 어떻게 다르게 행동할 수 있겠는가? 책을 읽는 것이 당신의 느낌을 어떻게 변화시키겠는가? 책을 읽는 것은 당신이 시험에서 하는 일에 어떤 영향을 미치겠는가?
• 당신은 친구에게 새 셔츠를 빌렸는데 거기에 큰 얼룩이 묻었다. 당신이 느낄 수 있는 감정들은 무엇이겠는가? 그것들은 당신이 무엇을 하도록 부추기겠는가? 당신이 어떤 감정도 느끼지 못한다고 가정하자. 그것이 당신이 했던 행동을 변화시키겠는가? (비록 당신이 새 셔츠를 사 줄 충분한 돈이 있거나 그 얼룩을 지우려고 시도할 수 있었음에도) 얼룩이 묻은 셔츠를 친구에게 돌려

주었다고 가정하자. 이런 행동은 당신 친구와의 우정에 어떤 영향을 미쳤겠는가?

아동은 감정이 어떻게 도움이 되는지를 보여 줄 수 있는 다른 예를 생각할 수 있는가? 감정이 도움이 되었던 순간이나 특정 감정을 갖는 것이 도움이 되었던 때를 생각할 수 있는가?

활동: 이것을 그리라(picture this, Barlow, Allen, & Choate, 2005에서 발췌).
기술: 감정 경험
다양한 정서를 유발하는 사진이나 잡지 사진들을 준비한다. 아동과 함께 사진들을 보고 그 이미지에 대한 아동의 생각을 질문한다. 사진에서 무슨 일이 벌어지고 있는가? 사진 속의 사람들은 무엇을 느끼겠는가? 아동이 사진 속에서 보고 느끼는 것은 무엇인가? 아동이 감정을 확인한다면 그것을 묘사할 뿐만 아니라 그와 연관되어 있을지 모를 두려움이나 생각을 묘사하도록 돕는 데 시간을 가진다. 감정이 탐색된 후에는 다음 그림으로 옮겨 간다. 마지막으로 감정이 얼마나 순간적인지 되돌아보고 어떻게 변화될 수 있는지, 어떻게 아동이 나쁜 일이 일어나지 않고 그 모든 감정들을 인내했는지 되돌아본다. 아동이 그림을 멀리서 본다든가 자신을 산만하게 함으로써 그 시간 동안 정서를 경험하는 것을 피하려는지 주의를 기울인다. 아동이 느낄 수 있도록 격려가 필요할 수 있다. 느낌이 도움이 되는지 아동에게 상기시킬 수 있다.

활동: 회피를 피하기(avoiding avoidance, Barlow, Allen, & Choate, 2005에서 발췌)
기술: 감정 경험
이 활동은 스트레스를 피하고자 삶의 중요한 부분을 회피하는 아동을 위해 고안되었다. 회피하는 활동이나 환경을 찾고 왜 그것이 삶의 중요한 부분인지 이야기한다. 학교 가기(학습, 친구 사귀기, 독립성 얻기의 중요한 부분), 차 타기

(외출하는 데 중요한 부분), 공공장소에 있기(지역사회의 한 부분이 되고, 일상생활 욕구를 유지하는 데 중요한 부분)가 그 예다. 작업할 회피 활동을 고른 후, 그 회피에서 조금씩 벗어날 수 있는 방법 목록 만들기를 돕는다. 예를 들어, 차 사고 때문에 차 타는 것을 피하는 아동이라면 그 목록에 다음이 포함될 수 있다.

① 차를 바라보기
② 차 그림을 바라보기
③ 타인이 차를 운전하는 것을 바라보기
④ 시동이 꺼진 차 안에 앉아 보기, 그리고 시동 걸기
⑤ 단거리를 운전하기
⑥ 장거리를 운전하기

아동과 함께 쉬운 것부터 어려운 것까지 순서대로 목록에 넣는다(예: 차 그림 바라보기는 밖에 나가서 실물의 차를 바라보는 것보다 순서가 먼저다.). 목록으로 작업하면서 가장 쉬운 활동부터 시작한다. 아동이 그것을 하는 동안, 아동의 감정과 신체적 자극을 보고하게 한다. 어떻게 느끼는가? 무엇을 생각하는가? 이 연습의 중요점은 정서의 파도가 진정될 때까지 아동이 그것과 함께한다는 것이다. 아동의 정서가 덜 강렬해지고 빠르게 줄어들 때까지 이 활동을 여러 번 할 필요도 있다. (여러 개의 그림을 보이든가 같은 그림을 반복해서 보이기). 그리고 목록의 두 번째 단계로 이동한다. 전체 목록을 따라 작업하는 데는 여러 회기가 필요하다.

정서조절 모듈 마치기

정서조절 기술을 정교화하는 것은 전 생애에 걸친 과정이다. 그러나 TST 목표는 부모와 아동에게 정서 조절을 정교화하고 연습하는 데 필요한 지식과 기술을 전달하는 데 있다. 결과적으로 정서 조절에서 가장 중요한 작업은 상담실 밖에서 일어난다. 따라서 정서조절 모듈의 종결은 다음 세 가지 목표를 달성하는 데 달려 있다.

① 아동은 정상 범위의 스트레스 요인에 반응하여 자신의 정서를 효과적으로 조절할 수 있다.
② 아동과 부모는 아동에게 트라우마를 불러일으키는 촉발 요인, 그 상태에서 바꿀 수 있는 신호가 되는 변화, 아동이 조절하도록 돕는 적절한 개입에 대한 실제적인 지식을 가지고 있다.
③ 아동은 인지 처리로 이동하기 위해 필요한 정서대처와 정서확인 기술을 발달시킨다.

이러한 각각의 목표는 정서조절 가이드를 사용하면서 모니터할 수 있다. 시간이 지남에 따라 그 가이드는 화나게 하는 사건에 대해 정서를 조절하는 아동의 능력 증가를 측정하는 것을 제공한다. 또한 부모와 아동은 언제 어떻게 정서조절 기술을 실행하는지에 대해 이해하게 됨에 따라 가이드를 채워 가는 책임을 점진적으로 추정할 수 있다.

내담자가 자신의 정서 조절 목표를 성취함에 따라, 치료자는 점진적으로 정서조절 모듈에서 인지처리 모듈로 전환한다. 치료자가 아동의 정서 조절 진행과정을 모니터하는 것을 지속하더라도, 회기의 초점은 인지 처리로 전환할 것이다. 치료자는 아동이 정서조절 가이드를 지속할 것을 격려해야 하고, 주기적으로 함께 가이드를 갱신하고 다시 살펴볼 수 있을 것이다. 아동이 가끔 정서 조절에 어려움을 겪을 수 있기 때문에(예: 외부 사건이나 발달적 전환 때문에), 정서 조절과 인지 처리 모듈 간의 약간의 유동성을 유지하는 것이 도움이 된다.

가끔은 정서조절과 인지처리 모듈 간의 경계가 명확하지 않을 수 있다. 어떤 내담자는 무슨 일이 일어났는지 말하기를 원한다. 그리고 아직 '말하면 안 된다' 거나 그 트라우마가 너무 크고 나빠서 다룰 수 없다는 식의 메시지를 보내지 않는 것이 중요하다. 반면, 어떤 아동은 트라우마에 대해 이야기하기를 원하나 무슨 일이 일어났는지를 처리할 준비가 안 되어 있어서 위험 행동과 연루되는 위험에 처할 수도 있다. 최고의 접근은 아동이 어떤 생각이든(트라우마를 포함하여) 내놓게 하지만, 인지 처리보다 기술 축적과 연관된 주제를 사용한다. 예를 들면, 당신은 트라우마(예: 감정 연습의 바구니)와 관련하여 정서를 확인하는 작업을 선택할 수 있고, 이는 트라우마에 대한 이야기(인지 처리)를 아직 작업하지 않고 트라우마에 관한 토론이 가능하게 한다. 마지막으로 아동이 자신의 이야기를 말할 필요가 있는 시점이 있다. 그 시점은 아동이 원할 때, 아무도 말할 사람이 없을 때, 당신이 일어난 일을 이해하기를 원할 때, 그래서 당신이 아동에게 부탁할 때, 또는 아동이 강렬한 생각에 넘쳐날 때다. 인지처리 기법은 이러한 경우에 보통보다 더 빨리 할 수 있다. 그러나 인지 처리의 실제적 작업은 후반에, 즉 아동이 필요한 기술을 가진 시점에 심층적으로 일어난다. 아동이 트라우마에 대해 이야기하든 하지 않든 상관없이, 기본 정서와 대처 기술은 전반적인 개입의 한 부분으로 가르쳐야 한다. 정서조절 모듈은 아동이 조절에 필요한 모든 기술과 능력을 가지지 않는 한 생략되어서는 안 된다.

정서 조절에 대한 맺음말

이 장에 제시한 활동들은 많은 에너지를 필요로 한다. 이러한 활동은 무엇이 당신과 작업하는 아동의 기술을 발달시키도록 도울 수 있을지에 대한 당신 자신의 생각에 연료를 넣는 것과 같다.

인지 처리로 전환하기 시작하면서 지금까지의 과정을 다시 살펴보는 것이 도움이 될 것이다. 매주 정서조절 가이드를 모아 왔다면, 그것은 과정의 기록으로 검토될 수 있다. 초기와 최근의 가이드와 비교하는 것은 아동의 내적 · 외적 신호를 정의하는 능력의 진보를 보여 주는 데 도움이 된다. 또한 다양한 자기조절 기술의 성장을 보여 줄 수도 있다. 마지막으로 촉진 요인으로 목록화된 것들은 더 이상 촉진 요인으로 정의되지 않을 것이다. 아동이 어디에서 시작했으며 얼마나 많이 진보해 왔는지 기억하는 것은 모든 사람들—부모, 아동, 치료자—이 해야 할 중요한 인정의 순간이다.

아동이 인지 처리로 이동할 준비가 되었다고 믿는다면 치료계획을 검토하기 위해 가족과의 협력적 만남을 가지는 것이 도움이 된다. 아동은 이해 단계로 이동할 수 있을 정도로 충분한 조절 기술을 가지고 있고 충분히 안전한 환경에 있다.

〈부록 14-1〉 지루한 대본

다음은 정서적 작업 활동에서 사용되는 지루한 대본이다.

장면: 도넛 가게

손님: 안녕하세요, 커피, 우유, 도넛 한 개를 사고 싶은데요.

점원: 커피가 다 떨어졌습니다.

손님: 오, 커피가 떨어졌다고요? 그럼 홍차를 주세요.

점원: 홍차도 떨어졌습니다.

손님: 오, 그럼 우유는 마실 수 있을까요?

점원: 아니요, 우유도 없습니다.

손님: 뭐라고요? 우유도 없다고요?

점원: 우유도 없습니다. 아무것도 없습니다.

손님: 그럼 도넛은 먹을 수 있겠지요?

점원: 도넛도 없습니다.

손님: 도넛도 없다고요?

점원: 네, 없습니다.

손님: 그럼 다른 곳에 가야겠군요. 이 근처에 커피나 도넛을 먹을 수 있는 곳이 있습니까?

점원: 나가셔서 왼쪽으로 세 칸쯤 지나면 있습니다.

손님: 감사합니다. 안녕히 계세요.

점원: 좋은 하루 되세요.

(정말 지루하지 않습니까?)

15 인지처리 기술 – 아동이 자신의 트라우마 경험에 대해 생각하고 말하도록 돕는 방법

학 습 목 표

- 아동이 인지대처 기술을 습득하도록 돕기
- 아동이 트라우마에 대한 논의에 인내력을 높이도록 돕기
- 아동이 트라우마와의 정서 연합 강도를 줄이도록 돕기
- 가족구성원들과 트라우마에 대해 의사소통을 많이 하도록 돕기

우리는 아동이 트라우마에 대한 사고와 감정의 이야기를 시작할 수 있을 때 중요한 전환기를 맞이한다는 것을 알고 있다. 이러한 중요한 전환기를 다루는 것이 인지처리 기술(cognitive processing skills: CPS) 모듈의 핵심이다. 이 모듈은 아동이 트라우마의 기억에 대한 부정적인 반응을 최소화하고 가족구성원들과 트라우마에 대해 의사소통하는 방법을 배우도록 돕는 활동과 연습으로 구성된다. 특히 이 모듈은 아동이 다음과 같은 것을 할 수 있도록 돕는다.

① 아동의 정서조절 기술이 인지대처 기술과 연합되게 한다.
② 아동이 트라우마 사건에 대해 얘기하는 것을 인내하는 능력을 증가시킨다.
③ 트라우마에 대한 생각과 연합된 감정을 감소시킨다.
④ 가족구성원들과 트라우마에 대한 의사소통을 촉진한다.

아동의 인지적 처리에 대한 준비 여부를 아는 방법

인지 처리는 아동이 치료 단계를 이해하도록 돕는다. 인지처리 기술 모듈에 있는 많은 활동은 아동이 트라우마에 대해 자세하게 기억하고 자신의 감정에 대해 얘기하도록 요구한다. 따라서 아동이 이 모듈을 시작하기 전에 정서조절 기술을 충분히 습득할 필요가 있다. 상담자는 다음과 같을 때 이 모듈을 시작하는 데 편안함을 느낄 수 있다.

① 아동은 정상적인 스트레스 요인에 반응할 때 효과적으로 자신의 정서를 조절할 수 있다.
② 아동과 보호자는 아동의 트라우마 기억에 대한 유용한 지식, 정신 상태 전환의 신호를 보내는 변화, 그리고 아동이 정서를 조절하도록 돕는 도구들을 가지고 있다.
③ 보호자는 아동이 정서를 조절하도록 도울 수 있다.
④ 발달적으로 아동은 트라우마에 대한 자신의 정서 반응에 대해 생각하고 말할 준비가 되어 있다. (일반적으로 이 모듈에 있는 활동들은 6세 이상의 아동이 할 수 있도록 고안되었다.)
⑤ 사회환경이 위협적이지 않다.

인지처리 기술 모듈은 상담자가 회기 동안, 특히 모듈의 초기 단계에서 인지처리 활동에서 정서조절 활동으로 전환할 수 있는 부분에서 융통성이 요구된다는 것을 기억하는 것이 중요하다. 아동은 초기에 트라우마 자료를 처리하는 것에 대해 어느 정도 저항하는 경향이 있는데, 그 트라우마 자료는 정서조절장애(울부짖는 것과 같은) 혹은 명백한 회피(대상을 변화시키거나 방을 떠나려고 노력하는 것과 같은)로 나타난다. 이러한 상황 동안 상담자는 아동이 미리 치료에서 배운 정서조절 기술을 기억하고 필요할 때 정서조절 가이드를 사용하도록 도울 수 있다(14장 참조).

아이들이 이해 단계로 전환하고 인지 처리를 시작할 때, 치료계획은 개정될 필요가 있다. 개인치료의 주요 작업은 인지 처리의 네 가지 영역에 초점을 둘 것이다. 항상 치료계획을 재고하는 모임은 ① 인지처리 모듈이 무엇인지, ② 가족은 왜 이것이 도움이 될 거라고 기대하는지, ③ 다른 팀 구성원들(가족을 포함하여)로부터 기대되는 것이 무엇인지에 대한 기대를 점검할 기회가 된다. 특히 인지처리 모듈에서 아동과 가족들은 작업하기가 어렵다. 따라서 치료 동맹이 강력하게 형성되고 책무감이 명백해야 할 필요가 있다.

치료 영역

인지처리 기술 모듈은 네 가지 치료 영역(약자로 'COPE')으로 구성된다.

① 인지대처 기술(Cognitive coping skills)
② 사고, 감정 및 행동 관찰(Observation of thoughts, feelings, and behaviors)
③ 트라우마 다루기(Processing the trauma)
④ 보호자와 함께 이야기 나누기(Exchanging stories with caregivers)

아동은 트라우마 기억과 관련해 부정적이고 때로는 압도적인 감정과 만나도록 돕기 위해 인지처리 기술 모듈을 시작할 때 인지대처 기술을 배운다. 그다음에 아동은 사고와 감정이 행동에 어떻게 영향을 주고 더 적응적인 사고를 어떻게 만들어 내는지 파악하는 것을 배운다. 창조적인 기법들은 아동이 트라우마와 관련된 사고, 감정과 행동을 처리하도록 돕는 데 사용된다. 마지막으로 아동과 가족이 아동의 트라우마에 대한 이야기를 함께 논의하도록 이끄는 것은 부모와 아동이 과거 사건을 이해하도록 확실히 하는 것과 가족 안에서 열린 대화를 촉진하는 것 모두 중요할 수 있다. 이 각각의 치료 영역은 이 장의 후반부에서 더 자세하게 설명된다.

치료구조

인지처리 기술 모듈에서 치료 회기들은 기본적으로 일주일에 한 시간씩 세 달 동안 진행되도록 계획되어 있다. 회기 내 구조는 다음과 같다.

① 시작하기(check-in): 처음에 10분 시작하기는 부모와 아동이 함께 한다. 이 시간 동안 상담자는 지난주 동안의 아동 정서와 행동을 점검한다. 더불어, 인지대처 기록지(Cognitive Coping Log, 이 장의 뒤에서 논의됨)를 점검한다.

② 인지처리 기술: 대략 35분 동안 앞에서 제시한 네 가지 COPE 치료 영역들 중 하나가 실행된다.

③ 점검 및 회기 마무리: 회기의 마지막에 10분간 보호자만 참가하여 하루 동안 아동의 활동을 점검하고 보호자 자신의 반응을 처리한다. 그리고 회기의 최종 5분은 아동과 보호자 모두 참여하여 회기 마무리 의식에 초점을 둔다(회기 마무리 의식에 대한 설명은 11장 참조).

그다음 회기는 인지처리 기술 모듈 안에 있는 각 치료 영역들을 설명할 뿐만 아니라 동반되는 활동과 도구들이 아동이 트라우마와 관련된 사고와 감정들을 처리하도록 돕는 데 사용된다.

인지대처 기술

우리는 치료의 첫 번째 영역인 인지치료 기술들로 시작한다. 이 영역에 있는 주요 기술들 중 하나는 개인의 사고를 어떻게 조절하는가에 대한 것이다. 트라우마를 가진 많은 아동은 트라우마 사건에 대한 침습적 사고를 갖고 있고 이 침습적 사고가 전체적으로 그들의 통제에서 벗어나는 것처럼 느낀다. 다른 아동들에게서는 트라우마와 관련된 특정한 사고를 확인하지 못하지만, 일반적으로 '도움이 되지 않는' 사고들(그들 자신의 가치에 대한 부정적인 생각이나 나쁜 일이 일어나는 것에 대한 일반적인 공포)을 보고한다.

성적으로 학대받고 트라우마를 가진 아동들에 대한 매뉴얼화된 치료에서 Cohen과 동료들(Cohen et al., 2001; Cole, Mannarino, & Deblinger, 2003)은 아동이 그들의 인지에 대해 더 큰 통제력을 얻도록 돕는 '사고정지 기술(thought-stopping techniques)' 의 사용을 설명한다. 사고 정지는 아동의 주의를 트라우마나 해로운 사고로부터 벗어나도록 도움으로써 성취된다. 언어적 기술('그만' 이라고 말하기)과 물리적 기술(고무밴드로 손목을 치기) 모두 침습적 사고를 방해하는 데 사용될 수 있다. 다음 사례를 통해 트라우마를 가진 아동의 사고정지를 어떻게 이용하는지 설명한다.

켈리는 양아버지로부터 성적 학대를 받은 12세 소녀다. 그녀는 가해자에 관한 침습적 사고를 갖고 있다. 그녀는 다음과 같이 말했다. "때로 나는 그의 말을 머리에서 지울 수 없다. 그는 나에게 자신이 한 일을 누구에게라도 말하면 절대 엄마를 다시 보지 않겠다고 말했다. 그것에 대해 생각할 때 나는 위가 아프다고 느낀다."

켈리의 치료에서 결정적인 단계가 이후에 이러한 침습적 사고와 이미지의 면

밀한 처리과정을 포함할 것임에도 불구하고, 인지대처 기술 영역에서의 초기 목적은 그녀를 혼란스럽게 하고 당황하게 하는 생각을 그만하도록 돕는 것이다. 상담자는 켈리에게 "네가 머릿속에서 그의 목소리를 듣고 있다는 것을 깨닫자마자 나는 네가 커다란 정지 신호를 그리길 원하고 너 자신에게 '그만!' 이라고 소리치기를 원해. 너는 너 자신에게 크게 소리칠 수 있단다."라고 말함으로써 침습적 사고와 싸우도록 돕는다.

상담자는 아동이 항상 모든 트라우마에 대한 생각들을 피할 때 침습적 사고들을 조절하는 것 사이의 차이를 보도록 돕는 것이 중요하다. 인지대처 기술 영역이 아동을 부정적이고 침습적인 사고로부터 분산시키는 기술들에 초점을 두고 있지만, 이는 아동이 트라우마에 대한 생각이라면 무엇이든지 모든 생각을 억제하게 하는 것을 의미하지 않는다. 이 영역은 아동이 기능을 제한(학교에서 집중하는 것의 어려움 등)하는 사고를 확인하는 방법을 배우는 데 사용되어야만 한다. 아동은 그 사고들로부터 분산되어 일상의 과제를 보다 잘 다룰 수 있다.

Cohen 등(2001, 2003)은 아동이 생각을 정지하는 것에 숙달될 때 유용한 동반 기술로 **긍정적인 혼잣말**(positive self-talk) 개념을 제시하였다. 아동이 트라우마에 대처하는 자신에 대해 긍정적이고 낙관적인 생각에 초점을 맞추는 동안 사용할 수 있는 사고정지 기술을 사용함으로써 침습적 사고를 막는 것을 배울 때, 아동은 또한 긍정적인 혼잣말을 사용함으로써 대안적이고 더 적응적인 사고들에 초점을 두도록 배울 수 있다. 앞의 사례에 대한 기술을 사용하면, 상담자는 켈리가 대안적인 사고 목록을 만들고 학대하는 양아버지의 위협 대신에 이 사고들에 초점을 두도록 도울 수 있다. 더 적응적인 생각은 다음을 포함한다. '이것은 이제 끝난다.' '나는 내 엄마가 안전하다는 것을 안다.' '그는 더 이상 우리에게 상처를 줄 수 없다.' '나를 보호하는 사람들은 많다.' 처음에 상담자는 아동에게 자신에 대한 대안적인 사고를 만들도록 시도하게 한다. 만약 아동이 어려워한다면 상담자가 도울 수 있다. 아동이 필요할 때마다 집에 재방문하는 것을 목록에 포함하게 하는 것은 좋은 생각이다.

당신이 아동에게 대안적인 사고를 만들도록 돕는 것은 실제라는 것을 명확히 하라. 즉, 당신은 실제로 사건이 일어난다면 아동이 '나는 이웃에서 다시 피해를 입지 않을 거야.' 라고 생각하도록 격려하지 않는다. 만약 사회환경이 여전히 불편하고 아동이 정확하게 이 위협을 감지한다면 초점을 아동이 조절할 수 있다. 예를 들어, "나는 내가 이웃의 문을 두드릴 수 있거나 두려움을 느낄 때 도움을 요청할 수 있다."라는 진술은 아동에게 통제감을 더 많이 갖도록 하는 동시에 잠재적 위협을 알아차리게 한다.

사고, 감정 및 행동 관찰

이제, 치료의 두 번째 영역을 살펴보자. 두 번째 영역은 사고, 감정 및 행동의 관찰이다. 이 영역은 아동의 사고가 감정과 행동에 영향을 주는 이유와 방식을 이해하도록 돕는 데 사용된다. 능동적으로 아동의 사고를 변화시킴으로써 아동은 감정과 행동이 결과적으로 변화될 수 있다는 것을 경험하게 된다. 이는 트라우마를 가진 아동이 트라우마와 관련된 생각이나 기억이 자신의 감정과 행동에 영향을 주는 방식을 알아차리는 데 어려움을 겪기 때문에 중요하다. 아동에게 예시를 제시해 주는 것은 유용하다. 상담자는 다음과 같이 말할 수 있다.

> "네가 한낮에 거리를 걷고 있다고 생각해 보자. 그리고 너는 누군가 네 뒤에서 뛰고 있는 소리를 듣는다. 뒤를 돌아봤더니 학급 친구가 너를 향해 달려오고 있다. 그는 너에게 멈추라고 소리친다. 너는 '저 애가 교실에서부터 나를 쫓아왔을 거야. 나를 상처 주려고 하는 거야.' 라고 생각한다. 그러면 너는 공황 상태를 느끼고 최대한 빨리 달린다. 나중에 너는 거리를 걸을 때 지갑을 떨어뜨렸다는 것을 알게 된다. 너는 어디서 지갑을 잃어버렸는지 몰라 실망감을 느낀다."

"이제 시나리오를 조금 바꿔 보자. 너는 길을 걷고 있고 누군가 네 뒤에서 뛰고 있는 소리를 듣는다. 뒤를 돌아봤더니 학급 친구가 너를 향해 달려오고 있다. 그는 손에 무언가를 가지고 있는 것처럼 보인다. 너는 '학급 친구가 내 주의를 끌려고 하네. 그가 무엇을 원하는지 궁금해.' 라고 생각한다. 너는 평온하고 편안하게 그에게 다가간다. 역시나 너는 지갑을 떨어뜨렸고, 그는 너에게 돌려주려고 한 것이었다. 너는 안심이 되고 기쁘다. 너의 사고가 각 시나리오에서 감정과 행동에 어떻게 영향을 주는지 보았니? 이는 너의 사고에 주의를 기울이고 만약 사고가 너의 기분을 나쁘게 하거나 유용하지 않은 방식으로 행동하게 한다면 그것을 변화시키려는 시도를 해야 하는 것이 중요한 이유다."

상담자들은 사고가 감정과 행동에 영향을 주는 방식을 설명하는 것을 돕기 위해 인지대처 기록지를 사용할 수 있다.

이것은 무엇인가: 조절장애 상태와 관련된 사고, 감정, 행동뿐만 아니라 적응적이고 대안적인 생각을 확인하는 개별 활동지
언제 사용하는가: 각 인지처리 기술 회기를 시작할 때뿐만 아니라 집이나 학교에서 조절장애가 일어날 때
주목적: 아동과 보호자는 아동의 사고, 감정, 행동 사이의 연결뿐만 아니라 자동적 사고를 접하는 적응적 방식을 파악하는 것을 배울 것이다.

인지대처 기록지는 다양한 목적을 위한 치료 도구다. 인지대처 기록지는 다음과 같다.

① 아동이 건강하지 않은 행동을 이끄는 사고의 감정을 알아차리도록 돕는 수단
② 침습적 사고와 트라우마 촉발 요인에 대한 대안적이고 적응적인 반응을 생

성하는 것에 대한 안내

③ 진행을 기록하는 것

④ 더 관심을 가져야 할 필요가 있는 분야의 평가

⑤ 회기를 구조화하는 방법

정서조절 가이드와 마찬가지로 인지대처 기록지는 보호자, 아동, 상담자가 협력해서 사용해야만 하는 도구다. 이 활동지는 집에서나 학교에서 조절장애 사건을 겪은 후에 사용한다. 보호자와 아동이 집에서 함께 활동지를 작성한다. 그리고 아동은 인지대처 기록지를 다음 치료 회기에 가지고 간다. 아동은 인지처리 기술 모듈이 시행되는 기간 동안 매주 인지대처 기록지를 작성해야 한다.

인지대처 기록지는 네 영역으로 구성되어 있다. 네 가지 영역에는 사건을 묘사하는 '나를 화나게 하거나 불안하게 하는 것은 무엇인가' 영역과 재확인(recounting), 성찰(reflecting), 보상(rewarding)의 3R이 포함된다. 첫 번째 영역에서 아동은 '혼란스러움'을 느끼거나 행동하는 동안의 상황을 설명하게 된다. 다음에 제시하는 것은 켈리가 작성한 인지대처 기록지다. 사례의 예는 앞서 제시했던 것이다.

• 나를 화나게 하거나 불안하게 하는 것은 무엇인가?

학교에서 누군가에게 양아버지가 감옥에서 나온 것을 들었다는 말을 들었고, 나는 너무 무서워서 교실에서 뛰쳐나와 화장실에 숨었다.

다음 영역인 재확인 영역에서 아동은 그 사건이 일어나는 동안 무슨 생각을 했고, 어떤 감정을 느꼈으며, 무슨 행동을 했는지에 대해 더 자세하게 설명하게 된다. 어떤 아동에게는 그들의 혼란 경험을 성찰하는 것이 어려울 수 있고, 그때 어떻게 느꼈는지 자세하게 설명하는 것이 어려울 수 있다. 상담자는 지도를 해 줄 뿐만 아니라 정서조절 가이드로 돌아가 아동이 특정한 정서의 지표가 되는 외적 신호와 내적 신호 형태를 기억하도록 돕는다.

• 재확인해 보기: 그 순간 내가 생각하고 느끼고 행동한 것은 무엇인가?

나는 무엇을 생각했는가	나는 무엇을 느꼈는가	나는 무엇을 했는가
그가 정말로 감옥에서 나온 거라면 어떡하지? 나를 보러 학교에 올까? 그가 나와 엄마를 해치려고 하면 어떡하지?	두렵고 걱정되었다.	그가 정말로 감옥에서 나왔을 수 있으니까 교실에서 뛰쳐나와 화장실에 숨었다.

다음 영역인 성찰에서 아동은 재확인된 사고를 더 적응적이고 유용한 사고로 대처하게 하는 새롭게 개발한 인지대처 기술을 사용하게 된다. 이전 영역에서처럼 성찰 영역에서 상담자는 아동이 이전 영역에서 만들어 낸 긍정적인 혼잣말을 성찰하도록 돕는다. 이 영역은 아동이 화나게 하는 사건에서 나타나는 사고 패턴을 변화시키는 능력에서 기인되는 긍정적인 성과를 시각화하도록 돕는 데 매우 유용할 수 있다.

• 성찰해 보기: 나는 대신에 어떻게 생각하고 느끼고 행동할 수 있었을까?

나는 어떻게 생각할 수 있었을까	나는 어떻게 느낄 수 있었을까	나는 어떻게 행동할 수 있었을까?
나는 엄마가 그가 감옥에서 나온다고 말했다는 것을 알고 있었다. 그가 감옥에서 나올지라도 지금 나는 안전하다.	나는 아마도 더 평온하고 두려워하지 않았을 것이다.	나는 책상에 그대로 앉아서 숙제를 마쳤을 것이다.

인지대처 기록지의 마지막 영역은 보상으로, 아동이 집에서 또는 학교에서 인지대처 기록지를 끝마치도록 격려하기 위해서 사용된다. 이는 자기 스스로 보

상하고 진정시키는 것을 어떻게 하는지 아동이 배울 수 있는 유용한 방법이기도 하다. 마지막으로 인지대처 기록지를 끝마치는 것은 매우 어려우므로, 보상을 통해 아동이 이를 성취한 것을 자랑스러워하도록 한다. 아동은 보상을 받기 위해 아이디어를 짜고, 이를 통해 정서조절 가이드를 작성해서 작성된 자기조절 기술을 활용하고 싶어 할 수도 있다.

- 보상 주기: 활동지를 완성한 나에게 어떻게 보상을 줄 수 있을까?

나는 내가 가장 좋아하는 CD를 듣고, 보석 세트로 팔찌를 만들어서 나 자신에게 보상할 수 있다.

각각의 인지대처 기록지를 완성해 내면서, 아동은 바로 그 순간의 사고를 바꾸는 시도들이 점점 쉬워진다는 것을 발견할 것이다. 초기에 인지대처 기록지를 완성해 낼 때는 보호자가 큰 역할을 해 줘야만 하지만, 인지처리 기술 모듈의 끝에는 아동이 독립적으로 인지대처 기록지를 성취할 수 있을 것이다.

트라우마 다루기

세 번째이자 아마도 가장 중요한 인지처리 기술 모듈의 치료 영역은 '트라우마 다루기' 다. 치료에서의 이 형식은 대부분의 트라우마를 가진 아동 치료의 주춧돌인 '점진적 노출(gradual exposure)' (예: Cohen et al., 2001; Deblinger & Heflin, 1996; March et al., 1998; Pynoos & Nader, 1988)이라고도 불린다.

종종 어떤 보호자들은 그들의 자녀가 트라우마에 관해서 이야기를 한 뒤 '다만 안 좋아진다고' 믿기 때문에, 그들이 불안해지는 것을 막기 위해서 어떠한 이야기를 나누는 것도 피하곤 한다. 이 보호자들은 트라우마 사건과 관련된 아동의 사고나 감정을 개방적으로 이야기 나누는 것의 이점에 대해서 교육을 받아야 한다. 심지어 어떤 보호자들은 자신이 자녀를 보호하지 못했다는 죄책감으로 인해 발생된 해결되지 않은 트라우마 반응이나 느낌이 일어나서 아동의 경험을 듣는 것을 어려워한다. 이 시기에는 아동의 자기조절을 도울 수 있는 보호자의 능력을 지속적으로 평가하는 것이 중요하다. 이 치료 단계에서 보호자의 증상을 처리하기 위해서 보호자를 또 다른 상담자에게 연계하는 것이 필요할 수도 있다.

트라우마를 가진 아동과 그 보호자에게 트라우마 사건을 이야기하는 것이 도움이 된다는 것을 이해시키기 위해서 Cohen 등(2001, 2003)은 상담자가 그 아동과 보호자에게 사용할 수 있는 매우 효과적인 비유를 제시하였다. 상담자는 다음과 같이 말할 수 있다.

> "당신 자녀와 같은 나이 또래의 작은 소녀가 울퉁불퉁한 길에서 혼자 자전거를 타고 가다가 자전거가 넘어져서 무릎이 다쳤다고 생각해 봅시다. 아이의 무릎이 병균에 감염되지 않도록 그 상처를 깨끗이 소독하는 게 중요할 거예요, 그렇죠? 처음에 그 다친 부분을 소독할 때 따가울 겁니다. 그렇지만 상처의 회복을 훨씬 빠르게 할 것이고, 시간이 흐르면 아픈 것이 멈출 겁니다. 만약에 상처를 소독하지 않고 그냥 놔두면 결국 아동은 병균에 감염되어 점점 더 아파질 거예요. 우리가 트라우마에 대해서 이야기하는 것도 이와 마찬가지입니다. 처음에는 아프죠. 그렇지만 점점 더 이야기할수록 덜 아파지고, 오랜 시간이 지나면 거의 아프지 않게 될 것입니다."

상담자가 사용하기로 결정한 트라우마 접근방법은 반드시 아동의 기능, 흥미와 맞아야 한다. 예를 들어, 아동이 노래하고 랩을 쓰는 것을 좋아한다면, 트라우마는 노래 가사나 랩을 통해 접근할 수 있다. 또 다른 예에는 친구 사귀기, 그림 그리기, 시 쓰기, 연극 대본 또는 책 등이 포함될 수 있다. 도구가 무엇이든 간에, 핵심은 아동이 과거, 현재, 미래를 구분하는 사실, 감정, 시간 감각 등과 같이 자기가 경험한 것을 이야기로 만들어 내도록 돕는 것이다.

트라우마 내러티브를 사용하기

트라우마 내러티브의 가장 큰 목적은 함께 이야기를 만들어 가는 활동을 하면서 쉽게 진행하는 것이다. 그러나 대부분의 아동은 그 이야기를 정교하게 만들도록 격려받고 안내받아야 한다. 다음은 켈리가 책을 만들면서 처음 트라우마를 묘사한 것에서 발췌한 것이다. 이는 아동이 처음 트라우마 내러티브를 한 후에 내용의 구체화 단계가 어떻게 이뤄지는지를 보여 주는 전형적인 예다.

> "양아버지는 나를 성폭행했다. 성관계를 맺을 때 나는 울었다. 그는 나에게 옷을 벗으라고 말했다. 나는 그 방에서 도망치려고 했지만 그 사람이 문을 잠갔다. 어머니가 집에 돌아왔을 때, 나는 이것을 어머니께 말했다. 어머니가 양아버지께 말했다. '왜 그랬어요?' 그러자 그 사람이 '내가 뭘 했는데?' 라고 답했다."

그다음 내러티브는 상담자가 켈리 자신의 감정, 다른 사람의 정서나 반응에 대한 관찰, 추가적인 트라우마 측면뿐만 아니라 답서(rescripting)를 포함하도록 하여 자신의 이전 내러티브를 확장하고 좀 더 구체화할 수 있도록 돕는 것이다. 답서란 아동이 자신의 트라우마 경험의 결말을 다시 쓰는 시도를 말한다. 이는 아동이 통제감을 얻거나 또는 구체화해야 하는 잠재적으로 적응적이지 않은 사고를 찾는 데 유용하다. 또한 답서는 2장에서 언급된 뇌의 맥락과정 체계(brain's contextual processing system)를 다루는 효과적인 도구다.

켈리는 다음과 같이 썼다.

> "양아버지는 못됐다. 그 사람은 나를 성폭행했다. 성관계를 맺을 때 나는 울었다. 지금 그 사람은 우리 가족이 아니다. 그러므로 우리 가족 누구도 해칠 수 없

다. 그 사람이 나를 성폭행했을 때 나는 정말 화가 났다. 그 사람이 나를 방으로 불렀고, 나 보고 옷을 벗으라고 했다. 내가 방에서 도망치려고 하자 그 사람이 문을 잠갔다. 그 사람이 나보고 옷을 벗으라고 했을 때 정말 미친 듯이 화가 났다. 그때 내가 뭔가 잘못한 것같이 느껴졌고, 그래서 그가 나를 혼내키는 것 같았다. 가장 끔찍한 부분은 내가 일어나려고 시도하자 그 사람이 나를 꼼짝 못하게 눕히고 내 입을 막은 것이다. 어머니가 직장에서 돌아왔을 때, 나는 그 사람이 나를 성폭행한 일을 말했다. 그가 아무에게도 이것을 말하지 말라고 하면서 그렇지 않으면 어머니를 죽이겠다고 했지만, 나는 처음에 어머니께 이렇게 말했다. '아빠가 나를 성폭행했어.' 이 말에 어머니께는 노발대발하셨다. 어머니 얼굴에 정말 화난 게 보였다. 그가 직장에서 돌아왔을 때 어머니가 말했다. '왜 그랬어요?' 그러자 그 사람은, '내가 뭘 했는데?' 라고 대답했다. 나는 그들이 논쟁하는 것을 들을 때 당황했다. 내가 아무것도 말하지 않았다면 그들이 싸우게 되지 않았을 거라고 느꼈다. 나는 그 사람이 우리 어머니를 해칠까 두려웠다. 시간을 되돌릴 수 있다면 이렇게 되기를 바란다. 양아버지가 나를 방으로 들어오라고 불렀을 때, 여동생과 남동생을 현관에 미리 대기시켜 놓고, 양아버지를 피해서 현관문으로 뛰어나가 형제자매와 함께 이모 댁으로 달아나는 것이다."

확실히 앞의 트라우마 내러티브에서는 다루어져야 할 것들이 많다. 예를 들어, 켈리의 내러티브에 "내가 뭔가 잘못한 것같이 느껴졌고, 그래서 그가 나를 혼내키는 것 같았다." "내가 아무것도 말하지 않았다면 그들이 싸우게 되지 않았을 거라고 느꼈다."와 같이 자기비난의 요소들이 포함되어 있다. Cohen 등(2001, 2003)은 부정확하고 유익하지 않은 사고를 다루는 데 점진적인 논리적 질문의 사용을 언급하고 있다. 다음 예는 켈리가 자기비난을 포함한 말을 할 때 상담자가 이 기술을 어떻게 사용하는지 보여 준다.

상담자: 이 장에서 도움이 되지 않거나 사실이 아닌 문장을 찾는 것을 도와주겠니?

켈 리: 아마도 내가 뭔가 잘못한 것이 틀림없다고 한 문장이요?

상담자: 니가 뭔가 잘못한 것같이 느껴진다는 너의 말은 정말로 생각일 뿐이야. 그 느낌을 말해 볼 수 있겠니?

켈 리: 죄를 지은 느낌이에요. 그런 일이 벌어진 게 내 잘못인 것같이 느껴져요. 내가 뭔가 잘못해서 그가 벌주려 한 것 같아요.

상담자: 네가 뭔가 잘못을 했을 것이라는 생각을 하면서, 그로 인해 죄를 지은 것 같이 느끼는 거구나. 그가 너를 벌준다고 느꼈다고도 말하네. 그가 무엇 때문에 너를 벌준다고 생각하니?

켈 리: 글쎄요. 그날 제가 방 정리하는 것을 잊었어요.

상담자: 이제 그것에 대해 잠깐 생각해 보자. 우린 너의 양아버지가 왜 너를 그런 방식으로 폭행했는지 절대로 알 수 없을지도 모르겠다. 그런데 그는 문제가 많았던 거 같고, 그가 너를 괴롭힌 이유는 니가 무슨 행동을 했는지와 전혀 관련이 없는 것같이 들리는구나. 그런데 만약에 니가 말한 것이 정말이라면 어떨까? 모든 사람이 때때로 실수를 하지, 그렇지? 만약에 네가 방 청소하는 것을 잊었던 거라면, 너가 생각할 때 양아버지가 너를 그런 식으로, 그러니까 성폭행을 하는 벌을 줄 수 있는 권리가 있다고 생각하니?

켈 리: 아니요. 단지 내가 방 정리를 하지 않았다고 그런 대우를 받을 수는 없죠.

상담자: 맞아. 너의 양아버지가 너를 성폭행하는 것이 문제가 되지 않을 수 있게 하는 어떤 것이 있다고 생각하니?

켈 리: 아니요, 그건 옳지 않아요. 내가 뭔가를 잘못했을지라도 나를 그렇게 대우하면 안 돼요.

상담자: 네 말이 정말로 맞아. 누군가를 성폭행하는 것은 끔찍한 것이고, 절대로 처벌의 형태로 사용될 수 없는 것이지. 법적으로도 잘못된 것이고, 그래서 양아버지가 감옥에 간 거야. 그러니까 '내가 뭔가 잘못한 것같이 느껴졌고, 그래서 그가 나를 혼내키는 것 같았다.' 는 생각이 들 때 그 대신에 좀 더 정확하고 유익할 수 있는 생각으로 무엇이 있을까?

켈 리: 나는 내가 아무것도 잘못하지 않았다는 것을 안다. 그리고 내가 실수했을지라도 그가 나를 성폭행해서는 안 되는 거였다. 내가 그렇게 대접받을 이유가 없다. 어느 누구도 그렇게 대접받을 이유가 없다.

만약에 이를 다루지 않고 내버려 둔다면 아동의 자기개념과 관련된 영구적이고 전반적인 진술로 연결되어 극도로 위험한 인지적 왜곡이 될 수 있다. 결국 아동이 트라우마 사건에 대한 유익하지 않고 명확하지 않은 사고들을 찾아내어 그것을 변화시키도록 돕는 것은 그 아동의 정신건강을 확립하는 데 대단히 중요하다. 아동의 이런 사고는 매우 강력할 수 있으므로 그 의미를 충분히 살피고 좀 더 적절한 사고를 만들어 내는 데 여러 회기가 필요할 수 있다. 다음 대화는 유익하지 않은 사고를 다루는 또 다른 예다.

상담자: 도움이 되지 않을 수 있는 또 다른 문장을 찾을 수 있겠니?

켈 리: 내 생각에 내가 말한 것 때문에 부모님이 다투게 되니까 아무 말도 하지 말았어야 했다는 생각이 도움이 되지 않는 거 같아요.

상담자: 왜 그 생각이 도움이 되지 않는다고 생각되니? 그런 생각을 할 때 무엇을 느끼니?

켈 리: 내가 죄를 지었다는 생각이 다시 들기 때문에 도움이 되지 않는다고 생각해요. 부모님이 싸우시는 것이 내 잘못이라고 생각이 돼요.

상담자: 네가 아무 말도 하지 않았다면 어떻게 되었을 것 같니?

켈 리: 부모님이 싸우시지 않았겠죠. 그리고 양아버지가 어머니를 때리려고 하지도 않았을 거고요.

상담자: 그랬을 수도 있겠지. 그런데 네가 아무 말도 하지 않아서 일어날 수도 있는 나쁜 점들도 생각해 보겠니?

켈 리: 아마도 그가 또 그랬을지도 모르죠……. 내 말은 성폭행하는 거요. 그리고 어쩌면 나뿐만이 아닐 수도 있죠. 어쩜 여동생까지도요.

상담자: 그렇다면 어머니께 이야기를 해서 너 자신뿐만 아니라 여동생까지 보호한 거구나? 네가 어머니께 이야기를 하게 된 정말 중요한 두 가지 이유네, 그렇지?

켈 리: 내 생각에 내가 말하지 않았다면 그는 지금까지 우리와 함께 살고 있을테고……. 여전히 나를 폭행했겠죠.

상담자: 그가 무슨 짓을 했는지 어머니께 말씀드린 것은 매우 현명하고 매우 용감한 결정이었던 것으로 들리는구나. 그리고 너같이 여동생을 생각해 주는 언니를 만난 여동생도 정말 행운이고. 그럼 우리가 처음 시작한 도움이 되지 않는 문장인 '내가 아무것도 말하지 않았다면 그들이 싸우게 되지도 않았을 거라고 느꼈다.'로 돌아가 보자. 어떤 생각을 하면 좀 더 도움이 될 수 있을까?

켈 리: 만약 내가 아무 말도 하지 않았다면 양아버지는 나와 여동생을 지금까지 폭행할 수도 있었다. 어머니가 우리를 보호할 수 있도록 말씀을 드린 것은 매우 중요했다.

아동에 의해서 전체 내러티브가 작성되기 전에는 상담자가 아동의 내러티브 중 인지적 왜곡을 다루기 시작해서는 안 된다는 점을 반드시 주의해야 한다. 만약 상담자가 도움이 되지 않는 사고를 너무 일찍 다루게 되면, 아동은 명확하지 않거나 도움이 되지 않을 것으로 고려될 수 있는 감정이나 사고에 대해서 적는 것을 주저하거나 그것으로 방해받는다고 느낄 수 있다.

책을 만드는 것은 아동이 트라우마를 다루는 것을 돕는 이상적인 방법이다. 트라우마에 대해서 쓰는 활동 자체가 치료가 될 수 있다는 증거가 있기 때문이다(Donnelly & Murray, 1991; Esterling, L'Abate & Murray, 1999). 그리고 트라우마와 관련된 사고나 감정에 대해서 쓰는 것이 중요한데, 이는 트라우마 내러티브를 통해 감정과 사고가 통합되어 정신건강을 개선하게 된다는 연구를 통해 알 수 있다(Pennebaker & Francis, 1996). Cohen 등(2001)은 다음과 같이 제안한다. 상담자는 아동이 이 과정을 편안하게 느낄 수 있도록 성명, 생일, 학년 등과 같은 '중립' 정보를 얻는 데에서 시작해야 한다. 다음으로 상담자는 무슨 일이 일어났는지, 어디에서 트라우마가 일어났는지, 누가 거기에 있었는지 등과 같은 트라우마 관련 '사실'들을 모으는 쪽으로 진행해야 한다. 마지막으로 상담자는 아동이 트라우마 내러티브를 적어 가면서 트라우마 사건과 관련된 사고나 감정을 정리하고 아동의 인지적 왜곡을 찾는 것을 도와야 한다. 이 과정은 다음에서 좀 더 자세히 언급된다.

트라우마를 다루기 위한 방법

다음에서는 트라우마 사건을 다루는 것을 돕는 데 사용될 수 있는 책 두 권의 상세한 개요를 제시한다. 아동은 자신의 책 제목을 스스로 짓고 싶어 할 수도 있다. 첫 번째 개요는 하나의 단일 트라우마 사건, 또는 트라우마 사건과 관련된 구체적인 순서를 아동이 인식할 수 있는 상황에서 사용되도록 제작되었다. 두 번째 개요는 자신의 사회환경에서 만성적이고 체계적인 분열을 경험하고 있는 아동 또는 구체적으로 안 좋은 사건을 찾아내는 데 어려움을 겪는 아동을 위해 사용될 수 있다. 이와 같은 내러티브는 아동이 혼란스러운 삶을 경험하는 대신에 삶을 정리정돈하고 체계를 세우는 것을 돕는다.

모든 트라우마 내러티브는 달라 보일 것이다. 그리고 상담자에 의해서 제시되는 가이드와 지시는 개별 아동에 따라 조절되어야 한다. 예를 들어, 매우 어린 시절에 트라우마를 경험한 아동은 무슨 일이 일어났는지에 대한 언어화된 기억이 없을 수도 있다. 그 아동에게 트라우마 경험이 강한 영향을 미칠지라도 그것에 대해서 이야기를 하는 것은 트라우마 사건을 기억하고 묘사할 수 있는 아동과 다를 수 있다. 다음에 제시되는 책 개요는 내러티브를 시작하도록 돕는 데 필요한 질문 유형들을 제시한 도구들이다. 이 개요는 아동의 발달 단계와 구체적인 경험에 의해서 바뀌고, 고쳐서 사용될 수 있다. 아마도 상담자와 아동이 다음의 모든 질문을 논의할 수 있는 시간은 없을 것이다. 그러므로 상담자는 아동의 특정 상황과 가장 부합하는 것으로 보이는 질문들을 뽑아서 아동의 내러티브를 전개할 수 있도록 안내할 수 있다.

＊내러티브 1: 구체적 사건

1장: 나에 관한 모든 것	1장의 목표
아동은 자기 스스로에 대해서 어떤 사람이라고 생각하는가? 아동은 무엇을 잘하는가? 음식, 색깔, TV 쇼 등에 대해 가장 좋아하는 것들의 목록이 있는가? 아동이 가장 친한 사람은 누구인가? 짝꿍같이 절친한 친구가 있는가? 누구인가?	책을 소개하기, 아동이 쉽고 친숙한 주제로 자신에 대해서 쓰는 것을 편안하게 느끼도록 돕기
2장: 우리 가족 가족구성원들을 열거하도록 하기 누구와 함께 살고 있는가? 자신의 집은 어떠한가? 누가 그 아동을 돌보는가? 그들 외에 누가 특별히 그 아동에게 중요한가? 그 아동이 자신의 가족들에 대해 무엇을 좋아하는가? 그리고 좋아하지 않는 것은 무엇인가?	2장의 목표 주요 등장인물을 소개하기, 아동의 삶에서 긍정적이고 부정적인 측면 모두에 대해서 소개하기 아동의 상황에 따라 이 장에서 이미 어려운 영역을 찾았을 수도 있다. 이 경우 가족 외의 지지자원이 되는 사람들에 대한 질문을 추가하는 것이 중요하다.
3장: 나에게 어떤 나쁜 일이 일어났다 처음 두 회기: 트라우마 사건에 관한 사실들(누가, 무엇을, 언제, 어디서, 왜). 아동이 장면, 소리, 냄새를 기억하는가? 아동이 자신이 말한 것이나 한 일을 기억하는가? 그 밖에 누가 거기에 있었는가? 그 사람이 무슨 말을 하였고, 무슨 행동을 했는가? 다음 두 회기: 트라우마 사건 동안에 아동이 느끼고 생각한 것은 무엇인가? 아동의 몸은 어땠었는가? 그 사건 중에 아동이 기억할 수 없는 부분이 있는가?	3장의 목표 3장의 목표는 아동이 트라우마 사건 당시에 무슨 일이 일어났는지 회상하고 언어화하는 것을 돕는 것이다. 상담자는 아동과 적어도 4회기를 이 장에 대해 다루도록 계획해야 한다.

아동은 그 사건 당시 다른 사람들이 느끼고 생각한 것이 무엇이라고 말하는가? 가장 나빴던 것은 무엇이었나? 아동이 다시 시간을 돌릴 수 있다면 어떻게 되기를 바란다고 하는가?	
4장: 나쁜 일이 일어난 뒤 많은 일이 변화되었다 상담자는 아동이 트라우마 사건 직후, 그리고 오랜 시간 후의 변화에 대해서 묘사하도록 도와야 한다(예: 가해자를 처벌한 뒤, 어머니가 활기가 없어지거나 새로운 장소로 이사를 함).	4장의 목표 이 장을 통해서 아동은 트라우마가 자신의 삶에 미쳤을 수도 있는 영향들 –더 나빠졌거나 더 좋아진 것들–을 다양한 관점에서 탐색할 수 있다. 긍정적인 측면에서 도움을 받을 수 있도록 지원해 준 사람들이 있었을 수도 있고, 더 안전하게 만들어 준 변화가 있었을 수도 있다. 또한 트라우마 사건으로 인해 큰 슬픔이 찾아오거나, 학교에서 문제가 발생하거나, 가정에서 새로운 문제에 봉착했을 수도 있다. 이 장에서 아동이 쓰기를 하면서 다른 트라우마 사건을 다루기 위한 또 다른 책을 써야 함을 확인할 수도 있다.
5장: 어떤 것들은 나쁜 일이 일어난 뒤에도 여전히 동일하게 유지되었다 상담자는 트라우마 사건 이후로 지속적으로 남아 있는 것들을 아동이 묘사하도록 도와야 한다. 이것들은 긍정적이거나 부정적일 수 있다(예: 아동은 여전히 학교생활을 잘한다, 아동은 여전히 농구하는 것을 즐긴다, 아동은 여전히 형제자매와 다투기도 한다.).	5장의 목표 이 장은 트라우마 이후 많고 많은 변화가 일어났을지라도 예전과 동일하게 남아 있는 많은 것에 아동이 의지할 수 있고, 이로 인해 안심할 수 있도록 돕는다.
6장: 나에게 관심을 가지는 사람 상담자는 아동이 자신이 의지할 수 있는 가능한 한 많은 사람을 작성하도록 도와야 한다(만약 아동이 잊었다면, 상담자는 아동 자신을 목록에 추가하는 것을 기억해야 한다.). 7장: 미래에 나 자신을 보호하기 위해서 내가 할 수 있는 것 상담자는 아동이 다시 트라우마가 발생한 것과 같은 사건에 대하여 취할 수 있는 가능한 안전 조치 목록을 작성하는 것을 도와야 한다. 아	6~8장의 목표 이 장들은 아동의 삶 속에서 아동이 지지와 강점을 확인하도록 도와준다. 거기에는 다른 사람들이 그 아동에게 가져다주는 뿐만 아니라 아동이 스스로에게서 배운 것이 포함된다. 이 장들의 목표는 아동이 자격을 가지고 있다는 것을 느끼도록 도와주는 것과 이전 치료 회기에서 배운 기술들을 복습하는 것이다.

동에게 통제할 수 있는 내적 공간을 제공하는 것과 일어났던 일에 대하여 아동이 비난을 받을 것이라는 메시지를 무심코 보내지 않는 것 사이의 균형을 유지하는 것은 매우 중요하다. 8장: 나쁜 생각들이 떠오를 때 사용하기 위하여 배운 기술들 상담자는 아동이 사고정지 기술, 긍정적인 혼잣말, 아동이 즐기는 활동들과 신뢰하는 어른/친구에게 말하기를 포함하여 아동이 치료에서 배운 기술을 따라 하면서 설명하도록 도와야 한다.	
9장: 내가 나쁜 것들로부터 배운 것 상담자는 아동이 트라우마 사건의 결과로 생겨난 모든 긍정적인 삶의 교훈을 되돌아보는 것을 도와야 한다. 만약 아동에게 어려움이 있다면 상담자는 아동에게 방금 같은 트라우마를 경험한 누군가에게 말하고 싶은 것을 물어볼 수 있다. 아동은 어떤 충고 혹은 조언을 그 사람에게 줄까? 10장: 나의 미래는 밝다 상담자는 아동에게 미래에 자신이 하기를 바라는 것(예: 직업 목표, 바라는 가족, 여행)을 설명하도록 해야 한다. 상담자는 아동의 목표에 도달하기 위하여 아동이 지금 바로 시작하며 할 수 있는 방법을 만들도록 도와주어야 한다.	9장과 10장의 목표 마지막 장들은 아동에게 힘을 북돋고 트라우마 사건이 자신의 정체성 혹은 미래의 자신을 결정하지 않는다는 것을 깨닫게 도와주려는 것이다. 또한 9장과 10장은 치료의 다음 단계인 의미구성 기술을 위한 준비를 도와준다. 아동이 자신의 책에 대해 작업할 때, 아동의 상태를 보호자와 함께 나누는 것은 중요할 것이다. 보호자가 아동의 트라우마 치료를 위해 함께 만나고, 보호자와 함께 점진적 노출을 하며, 트라우마에 관하여 보호자의 생각과 느낌을 함께 평가하는 것을 지속적으로 수행해야 한다. 또한 인지처리 기술 영역에서 치료의 최종 영역인 보호자와 함께 이야기 나누기를 시작한다.

* 내러티브 2: 만성적 트라우마

1장: 나에 관한 모든 것 앞의 견해와 동일 2장: 나의 가족 아동이 가족을 정의하는 데에 어려움을 겪고	1장과 2장의 목표 위와 동일. 같이 사는 사람에 대해 많은 변화를 겪은 아동에 대하여 기록하라. 가족을 정하는 것이 힘들 것이다. 아동이 이 장에 속하는 사람을 결정하는 것을 돕기 위한 간단한 질문이 주어진다.

있는 경우 추가 질문과 덧붙여 앞과 동일. '가족이 무엇인지에 대한 하나의 정의는 없다. 그러므로 여기에 옳고 그른 답도 없다. 당신은 가족이 무엇을 의미한다고 생각하는가? 가족의 직업은 무엇인가? 당신을 위해 누군가가 그것을 해 주는가? 당신이 생각하기에 가족은 일정한가 혹은 바뀌는가? 다른 사람과 다르게 보이지만 여전히 가족인 가족을 생각할 수 있는가? 무엇이 그들 각각을 한 가족으로 만드는가?	
설명 1: 나의 연대표 상담자는 아동이 자신의 인생에서 모든 중요한 사건들로 연대표를 그리도록 도울 수 있다. 그것은 페이지 가장 왼쪽에 '나의 탄생'과 페이지 가장 오른쪽에 '오늘'이라고 쓰인 그래프를 시작하는 것은 도울 수 있다. 연대표가 어떻게 작용하는지 설명하고, 아동에게 그 위에 적힌 중요한 사건에 대해 물어보라. 당신은 매우 어린 아동들이 사건이 발생한 순서대로 그것들을 나열하는 것을 도와야 할 필요가 있을 것이다. 그들은 무엇이 중요한지를 결정할 수 있다. 아동이 스스로 생각할 수 있는 모든 것을 채운 후에 몇몇 조사 질문을 하라. 아동이 항상 보호자와 함께 혹은 같은 도시 안에서 살아왔나? 만일 그렇지 않다면 이러한 변화들을 적어 두라. 아동이 자신에게 중요한 누군가를 잃어버렸는가? 혼란스러운 상황이 발생하였는가? 정말 좋은 상황이 발생하였는가? 이 시간까지 상담자는 특정 사건들이 아동 인생의 중요한 부분이었다는 것을 대부분 알고, 아동이 그 사건들을 인식하고 나열하는 것을 돕기 위하여 적절한 조사 질문을 한다.	연대표의 목표 이 연습의 목표는 아동이 그들 삶의 사건을 순서에 따라 놓는 과정을 시작하도록 돕는 것과 아동에게 어떠한 삶의 사건이 가장 두드러지게 나타나는지를 아는 것이다. 만약 아동이 몇몇 중요한 사건들을 피하는 것처럼 보인다면(예: 아동이 언제 부모로부터 떨어졌는지 양부모와 있었는지에 대한 언급이 없는 경우), 그것을 제시하여 아동이 인식하고 연대표에 적는 것은 중요할 것이다.
3장: 내가 아기였을 때 아기였을 때 아동에 대한 사실: 아동을 돌봐 준 사람은 누구인지, 아동이 어디에서 살았는지, 그리고 아동의 인생에서 중요한 사람들 아동은 자신이 아기였을 때 삶이 어떠했는지	3~5장의 목표 이 장들에서 상담자는 아동이 사건을 구두로 나열하고 삶의 사건들을 하나의 이야기로 만드는 것을 시작하도록 돕는다. 보호자가 매우 자주 바뀌었던 아동들은 대답보다는 더 많은 질문을 할

기억하지 못할 것이기 때문에, 아동이 다른 사람들로부터 그 당시 아동의 삶이 어떠했는지에 대하여 들은 것을 이끌어 내도록 노력하라.
아동이 아기였을 때 아동에게 일어난 중요한 사건들은 무엇이었나?
아동이 자신의 유아기에 대하여 알기를 바란 것이 있는가?
아동이 부모 혹은 보호자에게 자신의 유아기에 대하여 물어보고 싶은 질문은 무엇인가?

4장: 내가 처음 학교에 갔을 때
학교에 갔던 것에 대한 사실들: 아동이 몇 살이었는지, 그 당시 아동이 어디에서 살았는지, 그 당시 아동은 누구와 함께 살았는지
아동은 학교에 대하여 무엇을 좋아했는가? 무엇을 좋아하지 않았는가?
아동이 하고 싶어 했던 것은 어떤 종류의 것들인가?
아동이 정말로 잘했던 것은 무엇인가?
방과 후에 집으로 돌아오는 것은 어떤 느낌이었나? 집에서 아동은 어떤 종류의 행동을 했나?
아동이 학교에 다니기 시작했을 때 발생한 중요한 사건은 무엇인가?
그 당시 아동의 인생 배후에 중요한 사람은 누구였나? (아동이 아기였을 때 중요한 사람의 목록을 되돌아가 보라. 그들은 여전히 중요한가?)

5장: 오늘날 나의 삶
오늘날 아동의 삶에 대한 사실들: 현재 학교, 누가 집에 있는지, 아동의 집 위치
아동의 지금 삶이 아동이 어렸을 때와는 어떻게 다른지 확인하는 것을 도와라.
아동의 가족, 집이나 자기 자신이 어떻게 변화하여 왔는지에 대하여 생각해 보게 하라.
또한 아동이 자신의 현재 삶이 어렸을 때와 같은 방식인지에 대하여 생각하는 것을 도와라.

수도 있다.
아동이 이 장들을 만드는 것을 돕기 위해 당신이 선택한 시간 틀(time frame)은 아동이 사건들을 어떻게 기억하는가에 따라 바뀌어야 한다. 예를 들어, '내가 최초로 학교에 갔을 때' 대신 당신은 그 장을 '내가 할머니 집으로 이사했을 때' 로 부르는 것을 선택할 수도 있다. 연대표와 상관없이 아동의 삶을 통하여 따라오는 중요한 맥락은 중요한 사람의 존재 혹은 부재로, 여전히 거기 있는 사람과 떠나간 사람이다.

6장: 최고 혹은 최악, 희망과 두려움 아동이 지난 장과 연대표를 통하여 과거를 되돌아보고 가장 좋았던 시기들을 확인하였다. 무엇이 그것들을 최고로 만들었는가? 최악의 시기는 언제였는가? 무엇이 그것들을 최악으로 만들었는가? 아동에게 앞일을 내다보고 아동의 인생에서 일어나길 바라는 것이 무엇인지 질문하라. 아동이 내일 일어나기를 원하는 것은 무엇인가? 내년? 또는 5년 후? 아동은 언제 성장하는가? 이제 아동이 일어나기를 걱정하는 것으로 같은 질문을 해 보라.	6장의 목표 이 장은 아동이 연대표에서 인생의 사건에 대하여 되돌아보고 가장 힘든 시기와 가장 좋았던 시기를 확인할 것을 요구한다. 이장의 후반부-희망과 두려움-는 아동을 미래에 적응시킨다.
설명 2: 나의 지지 나무 이 부분에서 상담자는 아동이 가족 나무와 같은 지지 나무를 그리도록 돕는다. 오로지 이 나무에서는 아동을 지원하는 여러 유형의 사람이 모두 목록화되어 있다. 아동과 함께 사는 가족, 아동과 함께 살지 않는 가족, 친구들, 조언자들. 아동과 함께 각 범주들을 보며 지지적인 사람이 누구였는지 생각하여 그들을 나무에 적는 것을 도와라. 만약 아동이 그리는 것을 좋아한다면 자신의 나무에 그릴 수 있다. 또한 빈 나무는 채워질 수 있다. 이 시간 동안에 상담자는 중요하지만 지지 나무에 적혀 있지 않는 사람에 대하여 물어볼 수 있다. 7장: 나에게 관심 있는 사람 상담자는 아동이 지지 나무에 있는 사람에 대하여 쓰도록 도울 수 있다. 어떤 종류의 어려움을 누가 도왔나? 아동이 믿고 이야기하는 사람은 누구인가?	설명 2와 7장의 목표 이 부분의 목표는 아동이 자신의 인생에서 지지를 확인하도록 돕는 것이다.
8장: 힘든 시기로부터 내가 배운 것 아동이 자신의 기술을 확인하도록 하라. 상담자는 아동이 사고정지 기술, 긍정적인 혼잣말, 아동이 즐기는 활동들과 신뢰하는 어른/친구에게 말하기를 포함하여 아동이 치료에서 배운 기술을 따라 하면서 설명하도록 도와야 한다.	8~9장 목표 마지막 장들에서는 다음 모듈인 의미 구성을 위한 기초 작업을 해 놓는다. 8장은 아동이 자신과 자신의 경험에 관하여 전문가가 되도록 돕는다. 9장은 아동을 미래에 적응시킨다. 당신은 '미래' 연대표까지 추가하여 아동

힘든 시기를 겪고 있는 다른 사람에게 아동은 무엇을 말해 주고자 하는가? 9장: 나의 미래는 밝다 상담자는 아동이 미래에 하기 바라는 것(예: 직업 목표, 바라는 가족, 여행)을 진술하도록 해야 한다. 상담자는 아동의 목표에 도달하기 위하여 아동이 지금 바로 시작해야 하며 아동이 할 수 있는 방법을 만들도록 도와주어야 한다.	이 자신의 삶에서 일어나기를 바라는 사건들을 상상해 보도록 할 수 있다.

✻ 다른 매체를 통한 내러티브

- 콜라주 혹은 그림: '과거, 현재, 미래' 라고 적혀 있는 세 장의 큰 종이를 제공하라. 아동이 각각에 콜라주를 완성하도록 한 뒤 아동을 면담하라. 면담에서 각 시기의 사실뿐만 아니라 아동이 경험했던 감정들에 대한 질문을 포함하라.
- 시: 영감을 주기 위하여 기존의 시나 아동을 위한 초기 구조를 사용하라. 예를 들어, Wallace Stevens의 '검은 새를 보는 13가지 방법(13 Ways of Loading at a Blackbird)' 을 읽은 후 '나의 삶을 바라보는 13가지 방법' 의 주제를 사용할 수 있다. 또 다른 좋은 시로 Robert Frost의 '가지 않은 길(The Road Not Taken)' 을 읽은 후 아동 혹은 청소년이 '내 과거의 길' '내가 현재 있는 길' 또는 '내가 앞으로 가야 할 길' 에 대한 시를 쓸 수 있다. 아동이 시를 다 쓴 후에는 사실과 감정, 아동의 삶의 연대표에 관한 상세한 진술을 만들기 위하여 시에 대하여 아동을 면담한다.

보호자와 함께 이야기 나누기

인지처리 기술 모듈 안에 있는 마지막 치료 영역은 보호자와 함께 이야기 나누기다. 이 특정 영역을 시작하기 전에 상담자가 트라우마에 접근하는 과정에 대한 보호자의 진전을 주의 깊게 평가하는 것은 중요하다. 이 영역의 중요한 요소는 함께 하는 나눔과 트라우마에 관한 개방적 토론이어서 보호자가 함께 하는 상담 기간 동안 아동에게 도움을 제공할 수 있는 것이 중요하다. 이러한 3, 4회기의 구조는 아동과 보호자가 함께 보냈던 대부분의 시간과는 약간 다르다. 상담의 첫 10분은 여전히 지난주 아동의 인지대처 기록지, 행동과 분위기를 되돌아보기 위한 시간으로 사용된다. 그러나 다음 35분은 안내용으로 아동의 내러티브(혹은 다른 수단)를 나눔으로써 트라우마 사건에 관한 공동과정에 할애된다. 다음 10분은 아동이 다음 회기를 준비하기 위해서뿐만 아니라 회기 동안 들었던 것을 처리하기 위하여 오로지 보호자와 함께 보내게 된다. 마지막 5분은 다시 회기 마무리의식을 위하여 사용된다.

만약 상담자가 안내용으로 아동의 책을 사용한다면 보호자와 아동과 함께 매 회기에 적절한 세 개의 장을 되돌아봐야 한다. 아동이 이 장들을 보호자에게 읽어 주는 것과 아동이 다 읽어 주고 난 후에 보호자가 아동에게 자신의 생각이나 느낌을 말해 주는 것은 유용하다. 또한 보호자는 아동에게 칭찬을 해 주어야 한다.

상담자는 이런 상황에서 보호자가 도움이 되는 말과 도움이 되지 않는 말을 구분할 수 있도록 준비되길 바란다. 예를 들면, 켈리가 자신의 이야기를 엄마에게 한 후에 그녀의 엄마는 "너에게 그런 일이 생겨 유감이다. 어떻게 네가 화가 났는지 들어 보니 엄마도 슬프구나. 하지만 그것에 관해 이야기할 수 있는 네가 자랑스럽다."라고 말했다. 켈리의 엄마는 상담자랑 단 둘이 있을 때 말했다. "나는 그 사건 때문에 나 자신을 원망했어요. 그렇게 되기 전에 그를 집에서 쫓아냈어야 했어요. 나는 나 자신을 끔찍한 엄마라고 생각해요." 나중의 이 발언을 켈리가 들었다면 분명 도움이 되지 않았을 것이다. 고맙게도 켈리 엄마는 켈리랑 함께하는 상담 동안에는 이 말을 충분히 억제하고 있었고, 대신 상담자와 켈리가 개인시간을 가지고 있을 때 자신의 생각을 논의하였다. 만약 보호자가 상담 동안 아동을 지지하는 데 어려움을 느낀다면, 상담자는 보호자에게 역할 연기를 수행하도록 하는 것도 유용하다(보호자가 아동이 되어 보거나 상담자가 보호자가 되어 보는 것이다.).

아동과 보호자가 생각하거나 이야기하기 위해 이야기의 '가장 힘든 부분'을 토론하는 것은 중요하다. 이 중요한 부분이 없으면 아동과 보호자는 미래 회피의 가능성이 더 커지고 트라우마 증상이 다시 발생할 가능성도 있다. 만약 논의되지 못한 사건의 트라우마 부분이 발견된다면 상담자는 치료 영역 안에서 4회기 이상의 시간을 보낼 필요가 있다.

인지처리 기술 모듈 마치기

인지처리 기술 모듈 마치기는 다음 세 가지 목표의 성취에 달려 있다.

① 아동이 효과적으로 사고정지 기술과 긍정적인 혼잣말과 같은 인지대처 기술의 습득을 증명할 수 있다.
② 아동은 부정적 영향에 압도당하는 것 없이 트라우마에 대하여 생각하고 이야기할 수 있다.
③ 보호자와 아동은 개방적으로 트라우마와 관련된 생각과 감정을 토론하면서 편안함을 느낄 수 있다.

인지처리 모듈을 끝냈을 때, 아동은 치료의 마지막 단계에 대한 종료를 준비해야 한다. 아동이 치료의 다음 단계와 그에 상응하는 의미구성 치료 모듈로 넘어왔을 때, 상담자는 아동이 계속적으로 인지대처 기록지를 사용하도록 격려하고 주기적으로 함께 그것을 복습하기를 제안한다. 아동의 트라우마에 관한 인지 처리는 아동이 인생에서 새로운 변화를 만들고 부딪혀 보는 것처럼 계속된다. 그러나 아동이 적절한 인지 기술을 습득하고 지지적이고 수용적인 보호자가 옆에 있다면, 특히 아동과 보호자가 상담자의 도움을 받아 힘든 시기로부터 의미를 만들기 시작한다면, 아동은 이러한 변화에 용기와 희망을 갖고 마주설 수 있어야 한다.

16

의미구성 기술

– 아동이 자신의 트라우마 경험으로부터 의미를 재구성하고 그들의 삶을 지속하도록 돕는 방법

학 습 목 표

- 아동이 트라우마로부터 배운 교훈을 인식하고 표현하도록 돕기
- 아동이 스스로를 개혁하고 미래에 대해 계획하도록 돕기
- 아동이 트라우마와 관련된 의미 있고 지속 가능한 경험을 만들도록 돕기
- 치료를 종결하고 작별하기

우리는 무력한 상황에 직면했을 때나 바뀌지 않는 운명에 처해 있을 때에도 삶 속에서 의미를 발견할 수 있음을 잊어서는 안 된다. 중요한 것은 최선을 다하는 인간의 잠재력에 초점을 맞추는 것이다. 그것은 개인적 비극을 승리로, 개인의 곤경을 성취로 변화시킨다(Frankl, 1963, p. 135).

의미 구성(meaning-making)은 트라우마 체계 치료(TST)의 마지막 모듈이다. 의미 구성은 아동과 상담자 모두에게 필수적이다. 치료가 시작된 이후, 고통을 경험하거나 그 고통을 바라보는 것은 그전부터 있어 왔고 앞으로 전개될 의미를 이해하는 데 필수적이다.

『의미를 향한 노력(*Man's Search for Meaning*)』(1963)에서 Viktor Frankl은 강제 수용소에서의 끔찍한 경험들과 그 결과로 창작된 '의미치료(logo therapy)' 에 대하여 의미를 위한 인간의 노력뿐 아니라 인간의 실존적 의미에 초점을 둔 의미

중심적 심리치료법으로 설명하였다. Frankl이 삶에서 의미를 발견하는 방법으로 찾은 두 가지 중요한 영역은 ① 무언가를 창조하기, ② 다른 사람을 그의 유일함으로 온전히 경험하기였다. 의미를 발견하기 위한 이 두 가지 방법은 의미구성 모듈의 근거가 된다.

왜 의미 구성인가

트라우마를 가진 아동에 대한 최근 치료법들은 아동이 그들의 트라우마 사건으로부터 의미를 구성할 필요성을 종종 간과한다. 트라우마 사건에 대한 의미구성 기술을 획득하는 것은 미래에 증상이 재발되는 것으로부터 아동을 보호할 수 있다. 의미구성 기술은 아동에게 미래에 대한 희망을 주고, 그들이 견뎌야 했던 비극 안에서 사는 것이 아니라 그들 삶의 긍정적인 점에 초점을 두고 살아갈 수 있도록 한다. 트라우마로부터 의미를 형성하는 일은 아동과 가족이 전후 사정 속에 그 사건을 넣어서 그들이 더 이상 과거에 매이지 않고 미래로 나아갈 수 있도록 돕는다.

또한 의미구성 모듈은 치료적 관계를 형성하고 작별할 때 중요한 시기를 제공한다. 5장에서 언급한 바와 같이, 치료적 관계는 특히 트라우마를 가진 아동의 치료에 있어서 성공적인 치료를 위한 중요한 요소다. 아동과 상담자의 관계는 아동이 진정으로 돌봄을 받고 일관된 개인으로서 처음으로 경험하는 것일 수 있다. 상담자와 아동 모두 그들의 독특함 안에서 다른 존재를 경험할 수 있다. 이 경험을 Frankl은 그들의 삶에서 의미를 구성하는 중요한 경험이라고 부른다. 작별은 더 이상 사소한 과제가 아니다. 따라서 의미구성 모듈은 작별로 점차 나아갈 수 있도록 돕고, 동시에 과거로부터의 도전과 미래에 대한 희망에서 의미를 발견할 수 있도록 한다.

삶은 어떤 상황에서도 가능성이 있고 의미가 있다. 고통스러운 상황에서도 마찬가지다. 이것은 삶의 부정적인 측면을 긍정적이고 건설적으로 변화시키는 인간의 능력을 말한다(Frankl, 1963, p. 162).

의미구성 모듈은 다음의 세 가지 매우 중요한 목표에 전념한다.

① 트라우마와 그 결과를 바라보는 새로운 시선 형성하기
② 보다 나은 미래를 위한 희망과 용기 북돋기
③ 작별하기

의미 구성의 준비가 되어 있는지 아는 방법

의미 구성은 TST의 마지막 치료 모듈이다. 따라서 이 모듈을 시작하는 것은 치료의 많은 목표가 달성되었다는 것을 의미한다. 사회환경은 더 이상 위협적이거나 고통스럽지 않다. 이상적으로 보호자는 아동을 적극적으로 돕고 보호할 수 있다. 아동은 삶의 스트레스 요인을 처리할 수 있을 만큼 충분히 정서를 조절할 수 있어야 한다. 아동의 트라우마 사건에 대해 이야기하는 것이 쉽지 않지만 트라우마는 탐색되어야 하는데, 아동이 그 사건을 회피하거나 그 사건이 아동을 압도할 수 있기 때문이다.

요약하면, 다음과 같은 경우에 상담자는 의미구성 모듈을 시작할 수 있다.

① 아동이 정서조절 기술과 인지처리 기술을 효과적으로 보일 수 있다.
② 아동이 부정적인 감정에 압도되지 않고 트라우마에 대해 생각하고 말할 수 있다.
③ 보호자와 아동이 트라우마와 관련된 생각과 감정을 이야기하는 것에 대해

편안함을 느낀다.

④ 사회환경이 안정적이다.

치료의 새로운 단계로 나아갈 때 TST 치료계획 양식이 다시 논의되어야 한다. 이때에는 처음 시작보다 치료 팀 구성원이 적을 수 있다. 우선순위 문제는 그 수와 강도 면에서 감소되었다. TST 치료계획을 다시 논의하는 것은 가족과 상담자가 치료가 끝나기 전에 해야 할 일을 확인하는 기회가 된다. 상담자는 더 좋은 체계를 남길 수 있다.

치료 영역

의미구성 모듈은 다음 네 가지 영역(약자로 'LIFE')으로 구성된다.

① 학습한 교훈(Lessons learned)
② 새로운 자아의 발견(Invention of a new self)
③ 잠재 목표(Future goals)
④ 의미 규정하기(Enacting meaning)

상담자는 아동이 트라우마로부터 삶의 중요한 교훈을 얻을 수 있도록 돕기 위해 이 모듈을 시작한다. 다음으로 아동은 트라우마 경험이 자신을 긍정적인 방향으로 변화시켜 온 방법을 확인한다. 그런 후 아동은 미래의 목표들에 대해 주의 깊게 생각하고 그것을 성취하는 데 생길 수 있는 장애물을 극복할 수 있는 문제해결 기술을 사용하도록 격려받는다. 마지막으로 아동은 트라우마 경험과 치료과정으로부터 의미를 지속적으로 구성할 수 있는 활동들을 생각해 본다. 아동과 상담자는 의미 있는 활동을 정하기 위해 함께 작업한다. 예를 들면, 다른 사람을 돕기, 유사한 트라우마를 가진 아동에게 본보기가 되기, 예술, 노래를 통해 창의적으로 표현해 보기 등이다. 각각의 치료 영역은 이 장의 뒷부분에서 보다 자세히 설명될 것이다.

이러한 네 영역에 더하여, 이 모듈을 진행하는 동안 상담자와 아동에게 매우 중요한 과제가 추가적으로 주어지는데 그것은 서로에게 작별을 하는 것이다. 의미구성 모듈의 끝에서 대부분의 아동은 치료를 끝낼 준비가 될 것이다. 이 모듈 동안 상담자와 아동은 아동이 과거 사건으로부터 의미를 발견하고 미래의 목표를 세울 뿐 아니라 치료적 관계의 변화된 의미를 이해하기 위해 작업한다.

치료구조

의미구성 모듈에서 치료는 더 이상 매주 진행되지 않는다. 작별을 준비하는 부분은 회기의 빈도를 줄이는 것을 포함한다. 이 모듈이 시작될 때에는 회기가 2주에 한 번씩 이루어질 수 있다. 이 모듈의 후반부에는 한 달에 한 번 점검받는 것이 좋다. 전반적으로 이 모듈은 보통 6~8회기 정도로 약 3개월에 거쳐 진행된다. 작별 이후에도 우리는 6개월 점검계획을 권장한다. 이것은 가족이 치료를 필요로 할 때 재참여할 수 있도록 문을 열어 두는 것으로, 치료가 공식적으로 종결된 이후에도 상담자가 아동을 계속 돌볼 수 있다는 메시지를 전해 준다. 이러한 회기들은 치료과정에서 형성된 패턴에 따라 부모와 아동이 함께 결정하거나 주로 아동과 결정한다. 치료에 중요하게 관련된 가족구성원과 치료의 종결에 대해 이야기하는 시간을 꼭 갖는 것이 필요하다. 회기의 구조 안에는 다음의 내용이 포함된다.

① 시작하기: 처음 10분은 부모와 아동과 함께 시작하기(check-in)다. 이 시간 동안 상담자는 지난주 아동의 정서와 행동을 검토한다. 이 시간은 즉각적

인 주의가 요구되는 중요한 위기가 있는지를 확인하는 데 사용된다.

② 의미구성 기술: LIFE 치료 영역들은 대략 두 회기로 구성된다. 각 회기는 35분으로 이루어지며 영역들 가운데 하나를 탐색하는 데 전념한다.

③ 개방적 종결: 회기의 후반부 10분은 개방적 종결에 대해 이야기를 나눈다. 여기에는 많은 형식이 있는데, 화제를 소개하고 간단히 함께 노는 것을 포함한다. 의미구성 기술에 대한 이러한 대화를 매듭짓는 방법은 각 영역의 논의의 마지막에 제공된다.

④ 회기 마무리: 마지막으로 회기의 5분은 종결에 초점을 맞춘다. 그동안 아동과 보호자는 함께 참여한다(회기 마무리에 대한 설명은 11장 참조).

다음에서는 의미구성 모듈의 네 가지 치료 영역들에 대해 설명하겠다.

이 과정에서는 만약 아동이 트라우마에 대한 부정적인 감정을 표현하도록 충분한 시간을 갖지 못할 때 자신이 잘못했다는 느낌을 받을 수 있다는 것을 주목해야 한다. 상담자가 하고 싶은 마지막 과제는 아동이 트라우마가 실제로 괜찮은 것이었다고 생각하고 상담자가 긍정적인 측면에 주의를 기울이도록 제안한다고 느끼도록 하는 것이다. 만약 아동이 인지처리 기술 모듈 동안 트라우마의 결과에 대한 생각과 느낌에 대해 표현하고 그들의 관점을 갖는다면, 이 모듈의 활용은 아동이 삶의 부정적인 측면을 긍정적이고 건설적으로 바꿀 수 있다고 인식하도록 도울 뿐 아니라 용기를 북돋고 희망을 느끼도록 해야 한다.

학습한 교훈

우리는 학습한 교훈이라는 치료의 첫 번째 영역에서 시작할 것이다. 아동이 인지처리 기술 모듈로부터 책/트라우마 내러티브 개요를 사용했다면 '9장: 내가 나쁜 것들로부터 배운 것' 을 완성했을 것이다. 학습한 교훈이라는 치료 영역은 이 책의 확장이라고 생각할 수 있다. 일반적으로 아동은 시간이 지남에 따라 그들의 트라우마 경험으로부터 학습한 교훈을 더욱더 확인할 수 있을 것이다. 아동의 교훈은 그들이 배운 것을 그들 자신과 타인의 삶에 적용하는 것이다.

아동이 확인한 교훈들은 부정적일 수 있다. 예를 들어, '너는 가족을 항상 믿을 수 없어.' 와 같은 것이다. 그러한 경우 상담자는 아동이 미래에 그들 자신에게 유용할 교훈을 찾도록 도와야 한다. '너는 가족을 항상 믿을 수 없어.' 와 같은 고통스러운 교훈에 초점을 맞추는 대신, 상담자는 '너는 가족 중 어떤 사람을 믿을 수 있어.' 와 같이 아동의 트라우마 경험이 그들이 믿을 수 있는 사람을 보여 준 것, 혹은 '너는 누구를 신뢰할 수 있는지 더 잘 알게 되었기 때문에 너를 잘 보호할 수 있어.' 와 같이 그들이 신뢰해도 될 사람을 더 잘 구분하게 된 것을 확인하도록 도울 수 있다.

어떤 아동에게는 그들의 트라우마 경험으로부터 의미를 발견하는 것이 어려울 수 있다. 따라서 상담자는 아동이 생각을 만들어 내는 것을 돕기 위해 적극적으로 관여해야 할 수 있다. 종종 아동이 트라우마 경험으로부터 얻도록 도운 것에 대해 이야기를 하게 하는 것이 유용하다. 다음의 성적 학대를 받은 12세 켈리와의 축어록은 이를 잘 설명해 준다.

상담자: 이 경험 이후로 너 자신에 대해 배운 게 뭐니?

켈 리: 모르겠어요.

상담자: 다른 방식으로 질문해 보면 어떨까? 네가 그 경험으로부터 벗어나게 도와준 것이 뭐니? 너는 거의 포기했다고 말했고 너를 해칠 생각까지 했어. 그러지 못하게 한 게 뭐였을까?

켈 리: 저는 단지 제 여동생을 생각했어요. 나는 이 일(성폭행)이 동생한테 일어나지 않기를 원했는데 동생이 그것을 다룰 수 없을 것이라고 생각했기 때문이에요.

상담자: 마치 너가 네 동생을 보호하기 위해 거기 있기를 원했다는 말처럼 들리

는구나.

켈　리: 네. 저는 동생을 보살필 수 있는 정말 유일한 사람이에요.

상담자: 그리고 어떤 면에서는 네가 네 동생보다 강하다는 말처럼 들리는구나.

켈　리: 글쎄요. 저는 더 나이가 들었고, 예, 저는 동생보다 더 강하다고 생각해요. 저는 이 일이 저에게 일어나고 나서야 제가 얼마나 강한지 알게 되었어요.

상담자: 그럼 이것이 네가 그 경험으로부터 얻은 긍정적인 것이라고 생각할 수 있겠니? 네가 실제로 얼마나 강한지 배우게 된 것?

켈　리: 네. 저에게 일어난 일이 저를 더 강하게 하고 용감하게 만든 것 같아요. 저는 이제 어떤 것이든 더 잘 해결할 수 있을 거라고 생각해요.

켈리는 처음에는 트라우마 경험이 그녀 자신에게 어떤 교훈을 주었는지 생각해 내는 데 어려워했다. 그러나 상담자의 지도, 반영, 추가적 질문을 통해 그녀는 학대가 그녀의 내면의 힘—그녀가 비극을 극복할 때까지는 결코 인식할 수 없었던—을 이끌어 냈다는 것을 마침내 깨닫게 되었다.

또한 아동에게 그들과 유사한 트라우마를 겪고 있는 다른 아동에게 해 주고 싶은 말을 생각하도록 하는 것이 도움이 될 수 있다. 이 접근은 조금 더 낙관적인 측면에서 교훈에 대해 생각해 볼 수 있도록 아동을 격려하는 데 효과가 있다. 아버지가 살해된 10세 빌리와의 축어록은 좋은 예가 될 수 있다. 그는 살해 당시 1년이 넘게 그의 아버지를 보지 못하고 있었다.

상담자: 아동이 매우 힘든 시간을 보내고 있을 때 그들이 그 경험으로부터 배운 교훈에 대해 생각하는 것은 효과적일 수 있어. 네 아버지를 잃은 경험으로부터 배운 것에 대해 생각할 수 있겠니?

빌　리: 저는 아버지를 그리워할 수 있다는 것을 배웠어요. 그렇지만 저는 여전히 즐거워해도 되요. 저는 여전히 어리고 제 삶의 나머지를 슬퍼할 필요가 없다는 거예요.

상담자: 그것 참 중요한 교훈이구나. 네가 아버지를 그리워하지만 동시에 행복한 삶을 살 수 있다는 것.

빌 리: 네. 처음에 저는 다른 사람들이 그러하듯이 제가 항상 슬퍼하거나 울어야 한다고 사람들이 기대할 것이라고 생각했기 때문에 제가 나쁘다고 느꼈어요. 그러나 저는 제 아버지를 그렇게 잘 알지는 못해요.

상담자: 다른 사람들이 네가 다른 사람들이 느끼는 것과 똑같이 느끼기를 기대한다는 것은 어렵지. 만약 네 친구 중 한 명이 아버지를 잃었다면 너는 친구가 그것을 극복하도록 돕기 위해 어떤 말을 해 주고 싶니?

빌 리: 저는 친구에게 그가 느끼는 것에 대해 누군가에게 이야기하라고 말해 주고 싶어요. 그리고 모든 사람이 하는 것처럼 느끼지 않아도 된다고 말해 주고 싶어요. 그 누구도 네가 어떻게 느껴야 할지 말할 수 없다고.

상담자: 이 일로부터 중요한 것들을 배운 것처럼 들리는구나. 네 느낌에 대해 누군가에게 이야기하고 오직 너만이 네가 어떻게 느낄지 결정할 수 있다는 것 말이야.

아동이 학습한 교훈을 그들의 외상 내러티브의 9장에 추가하여 나중에 그들이 되돌아볼 수 있도록 하는 것은 도움이 될 수 있다. 그것은 그들이 자신, 타인, 트라우마의 결과로서의 일반적 삶에 대해 배운 것을 계속해 나가고, 이러한 교훈이 성인에 이를 때까지 축적되어 갈 것을 이해하도록 돕는 데 중요하다.

또한 이 치료 영역의 생각은 앞으로 아동이 마주칠 수 있는 또 다른 어려운 상황에 적용될 수 있다. 비극에서 의미 있는 어떤 것으로 변화시키는 능력은 아동이 미래의 삶을 살아가는 데 매우 가치 있는 기술이 될 것이다.

학습한 교훈을 확인하는 것은 아동의 트라우마에 적용될 뿐 아니라 치료과정에서 아동과 상담자 모두에게 적용된다. 의미를 형성하는 단계 동안 작별이 언급되어야 한다. 아동과 상담자가 배운 것에 대해 이야기하는 것은 아동이 상담자와의 관계에 대해 생각하고 함께 작업하기 위해 이야기하도록 돕는다.

상담자가 아동이 스스로에 대해 배운 것을 아동과 함께 나눌 때, ① 아동은 다른 사람들과 나눌 수 있는 가치 있는 것을 얻게 되고, ② 아동이 그들 주변에 말하고 영향력을 갖게 되며, ③ 상담자 또한 치료에 의해 변할 수 있게 된다.

새로운 자아의 발견

> 인간은 단순히 존재하는 것이 아니라 그의 존재가 어떻게 될지, 다음에 어떻게 될지 매 순간 결정한다. 같은 이유로 모든 인간은 어떤 순간에도 변할 수 있는 자유를 가지고 있다(Frankl, 1963, p. 154).

치료의 특성에 내재하는 것은 변화할 수 있는 인간의 능력 혹은 우리가 TST에서 구하고자 하는 변화할 수 있는 능력이다. 의미구성 모듈을 마쳤다는 것은 아동이 거대한 변화를 경험했고 참여했음을 의미한다. 그러나 변화는 치료와 함께 끝나지 않을 것이다. 오히려 아동의 지속적인 성장과 발달을 위해 그들의 잠재력에 토대가 될 것이다. 의미 구성 작업은 아동이 건강하게 발달하기 위하여 모든 것이 제자리를 다시 잡도록 확인하는 것이다.

트라우마 사건 이후 아동의 정체성은 악화될 수 있다. 예를 들어, 부모에 의해 버려진 아동은 그 자신을 '원치 않는' 혹은 '버려진' 사람으로 바라볼 수 있다. 새아버지에 의해 강간당한 후 아동은 자신을 '하자가 생긴' 혹은 '가치 없는' 사람으로 볼 수 있다. 이러한 부적응적인 정체성은 트라우마가 만성적일 때 변하기 어려울 수 있다. 아동이 학대에 대한 자신의 생각과 감정을 처리한 이후에도 자신이 직접적으로 언급하거나 도전받고 변화되지 않는다면 부정적인 자기 이미지는 지속될 수 있다.

잘못된 부정적인 자기 이미지를 가진 아동을 위해 이 치료의 목표는 그들의 자기개념을 끌어내고 그것을 실제의 자신과 비교하는 것이다. 다음의 어린 아동을 위한 두 가지 활동은 대화를 쉽게 이어 갈 수 있도록 도울 것이다.

다행히 어떤 아동들은 트라우마 사건을 경험한 이후에도 긍정적인 자기 이미지를 유지할 수 있다. 이러한 아동들에게 의미구성 모듈은 그들이 스스로를 어떻게 바라보고 미래에 어떻게 되고 싶은지 탐색하는 시간으로 활용될 수 있다.

첫 번째 활동은 '그때와 지금(Then and Now)' 이라고 불린다. 이 활동은 아동이 트라우마 경험을 겪었을 때 느낀 부정적인 자기 이미지와 그들이 만들고 싶은 긍정적인 자기 이미지를 정의하게 한다. 이 활동을 하는 동안 상담자는 다음과 같은 것을 준비해야 한다.

① 2~3개의 잡지
② 가위
③ 풀
④ 마커 펜
⑤ 색종이 한 장
⑥ 투명한 종이 한 장

먼저, 아동이 트라우마 경험을 겪을 때 자기 자신에 대해 어떠한 느낌이 들었는지를 설명할 수 있는 단어나 이미지를 잡지에서 찾아 오리게 한다. 아동은 그 자른 것을 색종이에 붙이고 '그때' 라고 이름 붙인다. 다음으로 아동이 현재 자신에 대해 어떻게 느끼는지를 설명할 수 있는 단어나 이미지를 오리게 한다. 그리고 그 자른 것을 투명한 종이에 붙여 '지금' 이라고 이름 붙인다. 그리고 상담자는 색종이 위에 투명한 종이를 올리고 스테이플러로 찍게 한다. 이 활동에서 상담자는 아동에게 예전의 부정적인 자기 이미지가 지금 자신의 이미지 '뒤에' 있고, 지금이 진짜 자기 자신이라고 할 수 있는 현재의 나를 새롭게 만들 수 있는 기회라는 것을 눈으로 보여 주어 이해시킨다. 또한 아동이 예전에 가지고 있던 부정적인 자기 이미지를 보는 것은 그동안 얼마만큼의 진전이 있어 왔는지를 아동에게 알 수 있게 한다.

더 어린 아동들과 할 수 있는 비슷한 활동은 '옛날의 나, 지금의 나(Old Me, New Me)' 라고 불리는 활동이다. 이 활동을 하는 동안 상담자는 다음의 것들을 준비해야 한다.

① 크기가 다른 스티로폼 컵 두 개
② 마커 펜

먼저, 아동이 작은 스티로폼 컵에 트라우마 경험을 겪는 동안 자신에 대해 어떻게 느꼈는지를 설명할 수 있는 얼굴을 그리게 한다. 그 뒤 상담자는 아동이 트라우마 경험을 겪는 동안의 자기 이미지에 대해 설명할 수 있는 단어를 만들어 낼 수 있게 돕고, 스티로폼 컵에 단어(예: 학대, 가치 없는, 나쁜, 사랑받지 못하는)를 다 쓰게 한다. 그다음으로 아동에게 다른 큰 스티로폼 컵에 현재의 자기 이미지를 설명할 수 있는 얼굴을 그리게 한다. 만약 현재의 자기 이미지도 부정적으로 보인다면 상담자는 아동에게 느끼고 싶은 기분의 얼굴을 그리게 한다. 여기서도 마찬가지로 상담자는 아동이 현재 자기 이미지에 대해 설명할 수 있는 단어를 만들어 낼 수 있게 돕고, 스티로폼 컵에 단어(예: 자신 있는, 사랑스러운, 좋은)를 다 쓰게 한다. 그런 뒤 아동에게 큰 컵 위에 작은 컵을 올려 포개지게 하고 긍정적인 자기 이미지가 부정적인 자기 이미지보다 훨씬 강력하다는 것을 눈으로 보이게 한다. 이것은 또한 아동이 '옛날의 나' 가 '지금의 나' 에 의해 대체될 수 있다는 것을 이해하게 돕기도 한다.

이 치료에서 상담자의 역할은 아동이 스스로의 자기 이미지를 통제하고 원하는 자기 이미지를 활발하게 만들 수 있도록 돕는 것이다. 많은 트라우마 경험을 가진 아동들은 다른 사람이 그들에 대해 말한 것을 가지고 스스로를 정의해 왔다. 따라서 이것은 아동을 위해 꼭 필요한 경험이다.

자기인식의 변화에 대한 논의는 아동이 치료 초반부터 지금까지 어떻게 변화해 왔는지에 대한 대화를 순조롭게 할 수 있도록 해 준다. 이 영역에서는 아동이 작업을 시작한 이후부터 얼마나 변화했는지, 얼마나 서로 많이 알아 왔는지, 하이파이브를 얼마나 잘하게 되었는지, 아동이 학교에서 처한 어려움을 얼마나 잘 대처했는지에 대해 충분히 격려해야 한다. 아동이 모든 힘든 일이나 긍정적인 변화를 나타낼 수 있도록, 어떻게 다른 사람들과의 관계가 발전해 나가는지를 나타낼 수 있도록 도와서 집에서도 마찬가지로 아동의 중요한 변화를 인식할 수 있게 해야 한다. 때때로 변화는 일반적이기에 아동이 얼마나 변화해 왔는지에 대해 망각하기 쉽다.

장래 목표

> 정신건강은 긴장의 어느 정도 수위에 기초한다. 얼마나 긴장했는지와 얼마나 긴장해야 하는지의 정도에 따른다(Frankl, 1963, p. 127).

당신이 전혀 가 보지 않은 곳으로 이사한다고 상상해 보자. 당신이 새로운 장소에 뭐가 있는지도 모른 채 오래된 친구들과 작별하고 당신이 제일 좋아하는 카페에도 갈 수 없다는 것은 얼마나 힘든 일인가. 아동이 치료 밖으로 이행할 때 당신은 그들이 아는 것의 일부분이 된다. 그들이 목표로 하는 것이 가끔 알려지지 않을 때도 있다. 아동이 치료 밖으로 이행하는 것을 준비하도록 돕는 것은 그들 앞에 무슨 일이 닥쳐 있고 그들이 기대하는 것은 무엇인지에 대해 생각할 수 있게 해 준다.

이러한 장래 목표 설정은 트라우마를 가진 아동에게 중요하다. 때때로 트라우마를 가진 아동은 미래의 자신의 모습에 대해 상상하는 것을 어려워한다. 그 어려움은 아동이 계속되는 공포를 가지고 살아갈 거라고 생각하거나 오히려 단순하게 그날을 잊고 싶다는 수동성에 기인한다. 하지만 치료의 이 시점에서 아동의 환경은 안정되어야 하고 그들은 스스로 생각과 감정을 통제할 수 있어야 하며 치료 밖으로 나와 목표 설정과 미래에 대해 생각할 준비가 되어야 한다.

목표를 설정하는 것은 왜 중요한가? 스스로를 위해 목표를 세운 아동은 삶에서 의미를 찾기가 더 쉽고 삶을 포기하지 않을 확률이 높다. 목표 설정은 아동에게 동기를 부여하는 강력한 수단이 되고 그들이 '터널 끝의 불빛' 을 볼 수 있게 한다. 다시 말해, 목표는 더 밝은 미래를 위한 준비다.

목표설정 가이드(Goal-Setting Guide: GSG)는 아동이 스스로를 위한 현실적인 목표를 세우고 그 목표를 달성하기 위해 거쳐야 할 단계들을 알려주기 위해 구성되었다.

이것은 무엇인가: 아동이 자신의 장점, 욕구, 장래 목표 그리고 그 목표를 달성하기 위한 구체적인 행동을 파악할 수 있게 하는 개별 활동지

언제 사용되는가: 치료 중 '장래 목표' 단계에서 사용한다.

주목적: 아동이 그들의 강점을 파악하고 어떻게 목표를 설정하는지, 그 목표를 달성하기 위해 어떻게 구체적인 계획을 세우는지에 대해 배운다.

목표설정 가이드는 '내가 잘하는 것' '내가 하고 싶은 것' '내가 미래에 하기 원하는 것' '내가 목표를 이루기 위해 필요한 단계' 의 4개 영역으로 이루어져 있다(부록 참조). 다음의 목표설정 가이드는 12세 켈리가 상담자의 도움을 받아 작성한 것이다. 상담자의 질문은 아동이 각각의 영역에 관한 대답을 할 수 있도록 돕기 위해 필요한 대답을 상기시켜 주는 말을 포함하고 있다.

상담자: 이 활동지는 네가 잘하는 것은 무엇이고 장래를 위해 어떻게 목표를 세우고 어떻게 그 목표를 달성하는지 알아보기 위해 만들어졌어. 자, 그럼

네가 무엇을 잘하는지 알아보자. 네가 잘한다고 생각하는 것에 대한 목록을 한번 만들어 볼까?

켈 리: (목록을 작성한다.)

내가 잘하는 것:

1. 목걸이 만들기

2. 머리 따기

3. 사람들 웃게 만들기

4. 애완동물 돌보기

상담자: 잘했구나. 이것 외에 더 있니? 다른 사람들은 네가 무엇을 잘한다고 말하니?

켈 리: 음, 친구들은 제가 이야기를 잘 듣는다고 해요. 그리고 저는 여동생을 잘 돌봐요.

상담자: 좋아, 그것들을 목록에 추가하자.

켈 리: (목록에 추가한다.)

내가 잘하는 것:

1. 목걸이 만들기

2. 머리 따기

3. 사람들 웃게 만들기

4. 애완동물 돌보기

5. 다른 사람 말 듣기

6. 여동생 돌보기

상담자: 잘했어. 그럼 이제 네가 좋아하는 일에 대한 목록을 만들어 볼까? 네가 잘하는 것과 같아도 되고 달라도 상관없어.

켈 리: (목록을 작성한다.)

내가 하고 싶은 것:

1. 목걸이 만들기

2. 사람들 웃게 만들기

3. 애완동물 돌보기

4. <Animal Planet> 프로그램 보기

5. 애완동물 그림 그리기

상담자: 잘한 것 같아. 이 목록을 보면 뭔가 하나 다른 것이 있니? 아니면 이것들이 다 하나의 주제를 가지고 있니?

켈 리: 동물요. 저는 동물을 좋아해요.

상담자: 그래! 그런 것 같아. 네가 동물을 좋아할 뿐만 아니라 동물을 보살피는 일도 잘하는 것 같아. 네 장래 목표를 생각할 때, 너는 네가 좋아하는 것을 생각하는 것이 중요해. 그리고 네가 좋아하는 것이 네가 잘하는 것이라면 더 좋지. 그래서 네가 무엇을 잘하는지 무엇을 좋아하는지에 기초해 볼 때 네가 미래에 하고 싶은 것은 무엇이니?

켈 리: (글로 대답한다.)

내가 미래에 하기 원하는 것

애완동물 돌보기

상담자: 좋아. 그럼 '애완동물 돌보기'라고 쓴 것은 무슨 의미이니? 더 자세하게 말해 줄 수 있니?

켈 리: 동물이 아플 때 치료해 주고 상태가 더 나아지도록 도와주는 거요. 동물 의사 같은 거요. '서의사'요.

상담자: 네 말은 '수의사'를 이야기하는 것 같구나. 맞지? 너는 정말 좋은 수의사가 될 것 같구나.

켈 리: 그거 어떻게 쓰는지 알려 주실래요? (GSG에 쓴다.)

내가 미래에 하기 원하는 것:

애완동물 돌보기, 수의사 되기

상담자: 그래. 이번엔 네가 수의사가 되기 위해 필요한 것이 무엇인지 생각해 보자. 네가 막히면 내가 도와주도록 할게. 네가 먼저 해야 할 필요가 있는 단계들에 대해 목록을 작성해 보면 어떻겠니?

켈 리: (목록을 작성한다.)

내가 목표를 이루기 위해 필요한 단계:

1. 고등학교 졸업하기

2. 대학 가기

3. 대학 졸업하기

4. 수의대 가기

5. 수의대 졸업하기

상담자: 시작이 아주 좋구나. 네가 학교를 다니는 동안 수의사가 되기 위해 할 수 있는 게 더 없을까?

켈 리: 과학 수업을 듣는 것이 도움이 될 거 같아요. 과학 수업에서 동물 이야기를 많이 하거든요. 그리고 아마도 좋은 대학에 가기 위해서는 성적이 좋아야 할 거예요.

상담자: 그것들이 네게 필요한 과정이구나. 목록에 그 내용을 추가하는 것이 어떠니?

내가 목표를 이루기 위해 필요한 단계:

1. 좋은 성적 받기
2. 과학 수업 듣기
3. 고등학교 졸업하기
4. 대학 가기
5. 대학 졸업하기
6. 수의대 가기
7. 수의대 졸업하기

상담자: 와, 너는 제대로 가고 있는 것 같구나. 네가 장래 목표에 대해 또 하나 생각해야 하는 일은 네가 하고 싶은 일을 지금 하고 있는 사람을 만나서 그들이 어떻게 그것을 하게 되었는지에 대해 질문하는 거야. 너의 경우, 수의사를 만나서 네가 수의사가 되기 위해 무엇을 준비해야 하는지 묻는 것이 도움이 될거야. 아는 수의사가 있니?

켈 리: 네! 제 강아지를 데리고 몇 번 갔던 곳이요. 다음번에 가면 꼭 물어봐야겠어요.

상담자: 먼저 네가 궁금한 것에 대한 질문을 적어 가는 것이 좋겠구나. 지금 해보겠니?

켈 리: 네!

이 예시에서 보듯이, 몇몇 아동은 다른 아동보다 더 세심한 도움이 필요할지도 모른다. 그러나 대부분의 아동은 적어도 하나의 장래 목표 정도는 세울 것이다. 이런 가이드는 아동에게 스스로의 장점을 알도록 도울 뿐만 아니라 그들이 살아가는 동안 지속적으로 유용할 목표설정 기술을 배울 수 있게 돕는다. 장래 목표 치료 영역은 전에 없거나 아주 조금이었던 스스로에 대한 희망을 아동이 가질 수 있게 하고 미래가 기회로 가득 차 있다는 생각을 가지게 돕는다.

목표를 설정하고, 계획을 세우며, 현실적인 목표를 달성하는 것은 삶에서 행복과 성공을 위해 중요하다. 2, 3장에서 논의하였듯이, 트라우마 스트레스를 가진 아동은 주로 그 사건에 '반응하는' 것으로 그들의 삶을 보낸다. 따라서 그들은 목표를 설정하고, 계획을 세우며, 현실적인 목표를 달성하는 것을 통해 삶을 진행시키는 기술을 배우지 못할 수도 있다. 의미구성 모듈은 아동에게 이러한 기술을 제공하는 것을 목적으로 한다.

하지만 치료의 이 시점에서 당신은 아직은 아동과의 작별을 고려하지 않는 몇몇 회기만을 시행할 뿐이다. 당신은 앞의 활동들에서 장래에 대해 너무나 많이 이야기해 왔다. 이제는 어떻게 아동과 당신의 치료관계가 미래에는 다를 것인지에 대해 이야기할 시간이다. 아동과 같이 얼마나 오랫동안 작업할 계획인가? 아동이 만든 목록을 다 이룰 때까지 함께 할 것인가? 다시 말하지만, 아동과 미래의 치료관계에 대해 논의하는 것은 계획하고 예상하며 목표를 세우는 종합적인 부분이다.

의미 규정하기

삶의 진정한 의미는 개인 안에서 혹은 다른 사람들을 만나면서 그 사람의 심리 상태에서 찾는 것이 아니라 세상과 사회를 통해서 발견될 수 있다(Frankl, 1963, p. 133).

이처럼 Frankl은 자신의 심리에 갇히기보다는 세상의 일부분이 되는 것의 중요성에 대해 언급했다. 이와 같이 TST의 궁극적인 목표는 '트라우마 체계'를 벗어나 세상으로 들어가는 것이다. Frankl은 이 전환을 이룰 수 있는 두 가지 방법을 이야기하였다. 첫째는 무언가를 창조하는 방법, 둘째는 진실되게 다른 사람을 알아 가는 방법이다. 치료의 마지막 영역에서는 아동이 트라우마 경험과 그 회복과정에서 진정한 의미를 찾을 수 있는 활동에 참여함으로써 트라우마 체계를 버릴 수 있게 한다.

이 영역은 세상에서 아동 스스로에 대한 인식이나 위치와 관련된 치료의 개별화된 영역이다. 상담자는 아동을 그들이 의미를 규정하는 창조적 과정으로 안내하고 그것을 지켜볼 뿐이다.

의미 규정의 가능성은 다양하다. 그리고 예술, 음악, 작문, 자선, 교육, 또는 정치적 행동을 통한 이타적인 표현을 통해 창조적으로 표현할 수도 있다. 의미 규정은 아동의 삶을 통해 의미를 구성하는 기술을 습득하기 위한 진로 경로의 변화도 포함한다.

아동의 문화나 종교는 의미를 규정하는 데 강력한 영향력이 있을 수 있다. 만약 아동이 그것들이 의미 있다고 믿는다면 이해되고 사용되어야 한다. 문화나 종교의 발달 역사는 의미를 규정하는 데 있어 자연스럽고 유용한 과정이다.

많은 아동에게 비극적인 경험은 삶을 살아야겠다는 강력한 의지와 다른 사람에게 희망을 제공하겠다는 의지를 가져다준다. 어머니가 살해당해 치료를 시작하게 된 아동은 이렇게 말할 수 있다. "엄마가 어디에 있든지 엄마가 못했던 훌륭한 일들을 내가 할 거라는 것을 엄마가 알아 줬으면 좋겠어요. 나는 엄마가 남긴 재능을 사용하고 싶어요. 나는 엄마가 무엇을 원하는지 알아요."

다음의 내용은 어떻게 아동이 트라우마 경험의 의미를 규정하는지에 대한 실제 사례다.

빅토리아는 강렬하고 복잡한 트라우마 경험을 가지고 있는 16세의 수단 소녀다. 어린 시절 그녀는 수단에 있을 때 군인에게 성폭행을 당하고 여성 할례의 위협을 받았다. 할례를 피하기 위해 그녀는 마을에서 도망쳐 극적으로 미국에 왔다. 16세에 미국에 온 그녀는 심각한 우울과 외상후 스트레스 장애(PTSD)를 보였다. 그리고 자살 시도도 두 번이나 했다.

빅토리아는 보기 드물게 재능 있는 예술가였다. 치료를 시작했을 때, 그녀는 공허, 상실 그리고 무기력을 상기시키는 그림을 그렸다. 자신을 그려 보라고 하였을 때는 무표정하고 희망이 없어 보이는 소녀를 그렸다.

치료가 지속될수록 빅토리아의 상담자는 그녀에게 다른 주제의 그림을 그리도록 격려하였다. 그녀는 어린 소녀들이 여성 할례 의식을 준비하는 과정과 관련된 그림을 그렸다. 그녀는 세상이 아프리카에서 일어나는 일을 알았으면 좋겠다고 말했다. 치료의 막바지쯤, 그녀는 자신과 다른 사람에 대한 초상화를 다시 그렸다. 모두 젊은 여자 그림이었는데 아름답고 신체적으로 건강한 모습이었다. 한 그림은 '사랑을 찾았다' 고 표현했다. 다른 그림은 자화상이라고 하였는데 공포를 뒤로 남겨 둔 채 다리를 건너는 모습이었다. 빅토리아는 그림을 계속 그리기 원하고 예술 쪽에서 그녀의 진로를 지속적으로 추구하기를 원한다.

8세 소년인 케니는 갱단과 연루된 총격 사건으로 아버지를 잃었다. 총격 사건이 일어날 당시를 직접 목격하지는 않았지만, 사건 직후 병원으로 이송된 아버지에게 의사가 심폐소생술을 하는 모습과 아버지가 사망하는 순간을 어머니와 함께 지켜보았다.

케니가 개인상담을 받기 시작했을 때에는 심각한 PTSD 증후군을 겪고 있었다. 병원에서의 아버지의 마지막 모습을 반복적으로 떠올리고, 악몽을 꾸며, 총격 사건을 떠올리게 하는 것을 심하게 피하고 있었다. 또한 그는 분리불안으로 인해 학교 가기를 거부하고 있었다.

상담이 진행되어 가자 케니가 여러 가지 트라우마 경험을 가지고 있다는 사실이 밝혀졌다. 가장 심한 경험은 병원에서 아버지가 죽어 가는 모습을 홀로 지켜보아야 했던 것이다. 특정 회기를 예로 들자면, 케니는 "나는 내가 세상에서 홀로 남겨져 있으며 가장 외롭다고 느끼고 다른 아이들이 미워요."라고 말하였다.

다음 회기에서 케니는 소년 둘의 그림을 그렸다. 첫 번째 소년은 매우 슬퍼 보였다. 그 소년 그림의 아래쪽에 "나는 네가 어떤 기분인지 알아."라고 적었다. 두 번째 소년은 매우 행복해 보였다. 그 소년의 아래쪽에는 "언제가 너는 다시 이렇게 행복해질 거야."라고 적었다. 그리고 그 페이지 아래쪽에 굵은 글자로 "너는 외톨이가 아니야."라고 적었다. 케니는 이 그림을 아버지가 사망한 병원에 갖다 줄 수 있는지 물어보았다. 다른 아이들이 자신의 그림을 보았으면 한다고 말했다. 현재 케니의 그림은 그의 아버지가 사망한 병실 문 바로 옆에 걸려 있다. 한 간호사의 말에 따르면 케니와 비슷한 연령의 한 아이가 이 그림을 집에 가져가도 되는지 물어보았다고 한다.

17세 소년인 마이클은 상담을 받기 1년 전에 심각한 차 사고를 당했다. 사고 당시 골절상이 심했지만 빠르게 회복되었다. 그러나 조수석에 타고 있던 여자친구는 머리와 목의 부상이 심했고, 결국 목 아래 전신이 마비되었다.

마이클은 상담을 받기 시작할 때 여자친구에 대한 심한 죄책감을 느끼고 있었을 뿐만 아니라 우울증이 심해 자살 생각을 반복하고 있었다. PTSD 또한 경험하고 있었는데, 자주 악몽을 꾸고 사고 당시를 회상하며 자동차 경적 소리를 회피하고 있었다.

그는 치료를 받으면서 죄책감을 보다 건강한 방식으로 다루기 시작했다. 여자친구와 함께 많은 시간을 보내며 정서적 지지를 제공하였을 뿐만 아니라 그녀의 회복에 도움이 될 만한 신기술에 대해 이야기 나누었다. 이 과정은 마이클 자신에게도 도움이 되었다. 그는 학교에서 돈을 모아 여자친구가 새로 개발된 약물치료를 받을 수 있도록 도왔다. 고등학교 동문회 댄스 파티에서 티켓을 팔아 돈을 모았는데, 티켓 값 5달러는 여자친구를 돕기 위한 기금으로 모아졌다.

이 세 가지 사례는 아동이 어떻게 트라우마에서 벗어나 의미를 구성할 수 있고, 어떻게 이 의미를 타인에게 전해 주는지를 보여 준다. 자신의 트라우마 경험에서 얻은 깨달음을 어떻게 활용할지 결정하는 것은 전적으로 아동에게 달려 있다는 사실을 기억해야 한다.

이 모듈의 마지막 부분에 다다르면, 아동은 미래에 대해 생각해 볼 수 있을 뿐만 아니라 스스로를 의미 있는 미래를 만들어 내는 주역이라고 여기게 된다. 만약 아동이 스스로에 대한 관점을 이렇게 바꾼다면 회복에 도움이 될 뿐만 아니라 세상을 보는 관점도 새로워질 것이다.

작별 인사하기

아동의 치료 기간은 길어질 수도 있고, 즐거움이나 고통으로 가득 찬 시간이 될 수도 있으며, 때로는 불확실하게 느껴질 수도 있지만, 궁극적으로는 삶을 변화시키게 된다. 상담자는 이 모든 과정을 함께하고 지켜보는 파트너이자 목격자다. 상담은 반드시 끝이 나게 마련이다. 상담을 종결하는 것은 아동, 가족, 상담자 모두에게 쉽지 않은 일이다. 그러나 상담 종결 자체가 가지고 있는 치료 효과가 매우 크기 때문에 과거의 트라우마를 극복하고 의미 있는 삶을 살아가도록 돕는 데 도움이 된다.

때 이른 작별 인사하기

TST의 종결 방식에 관해 논의하기 전에, 먼저 상담을 종결할 때가 되었는지를 확인해야 한다. 치료에 참여한 모든 사람이 종결 준비를 충분히 했을 때 상담을 끝내는 것이 가장 이상적이다. 그렇지만 이러한 경우가 항상 일어나는 것은 아니다. 상담자의 근무 기간이 끝나서 상담 중간에 가족을 다른 상담자에게 넘기게 될 수도 있다. 아동의 증상이 나아져서 어머니가 더 이상 치료할 필요가 없다고 느낄 때 상담을 중단하기도 하며, 때때로 상담자는 이유를 전혀 알지 못한 채 가족들이 상담을 갑자기 중단하기도 한다. 이러한 것은 매우 힘든 종결 방식이다. 왜냐하면 아직 다루지 못하고 이야기하지 못한 것들이 많이 남아 있기 때문이다. 상담자가 아동을 직접 만나지 못해도 그 아동도 마찬가지로 힘들 것이라는 사실을 추측할 수 있다.

그리고 그러한 종결은 상담자에게도 힘들다. 갑작스럽게 상담이 종결되었을 경우, 상담자는 자신이 무엇을 잘못한 것은 아닌지 혹은 무엇인가 부족했던 것이 아닌지 고민하게 된다. 아마도 아동이 여전히 어려움을 겪고 있을 것이기 때문에, 상담자는 마치 자신이 실패한 것처럼 느낀다. 이렇듯 적절히 상담을 종결하지 못하면 모두가 힘들어지게 된다.

그렇지만 이 모듈을 순조롭게 마치지 못했다고 해도 너무 속상해하지 말라. 사실 순조롭게 진행되는 상담은 드문 편이다. 아마도 가족은 지금 당장 자신들이 할 수 있는 것은 모두 다한 것이다. 당신은 그들에게 상담을 시작할 수 있도록 하였고, 그들이 다음 단계로 나아갈 준비가 되었을 때는 다시 돌아올 것이다. 혹은 아동이 당신이 한 따뜻한 말 한마디를 가슴에 새기고 힘든 시간을 버텨 낼 수 있을지도 모른다. 혹은 당신은 전혀 알지 못할 수도 있지만, 당신과 내담자의 관계에서 표면적으로 드러나지 않은 의미가 형성되었음을 확신해도 된다.

트라우마를 가진 아동이 치료 종결기에 경험하는 특수한 문제

트라우마를 가진 아동은 대개 상실 혹은 버림을 받은 아픈 경험을 가지고 있다. 상담의 종결은 이러한 경험과 관련된 기억과 정서를 불러일으킬 수 있다. 때때로 아동은 분명하게 기억하지 못할 정도로 매우 어린 나이에 상실 혹은 버림받은 경험을 겪었을 수도 있다. 그러한 경우에 아동은 이유도 모른 채 상담 종결 시 상실, 버림받음과 관련된 정서로 반응할 수 있다.

상담자는 치료를 종결할 때가 되어 증상이 악화되는 경우를 예상해야 한다. 그러나 이러한 단계는 아동으로 하여금 새로운 정서조절 기술, 인지처리 기술, 의미구성 기술을 사용해 보도록 할 수 있는 좋은 기회다. 증상이 심해지는 이 시기 상담의 핵심은 상담의 종결로 인해 야기된 정서를 아동이 조절할 수 있도록 새로운 기술 사용을 돕는 것과 아동이 그 기술을 사용할 수 있다는 것을 가족이 확인하도록 하는 것이다.

매우 드물게, 상담이 종결될 때 문제가 심각하게 악화되는 아동이 있다. 이러한 경우에 상담자는 치료 팀과 함께 어떠한 이유로 증상이 악화되었는지 살펴보고, 상담을 종료하는 것이 시기 적절한 것인지 판단해야 한다. 또한 빠뜨린 정보, 미처 확인하지 못한 환경적 스트레스 요인이나 정서 및 행동조절장애 상황에 빠지게 되는 일은 없는지 주의 깊게 살펴야 한다.

TST를 의미 있게 종결하는 세 단계

치료의 종결에 관한 내용을 이 책에서 모두 다룰 수는 없다. 그러나 우리는 TST를 종결할 때 상담자와 가족 모두에게 도움이 될 몇 가지 아이디어라도 제안하려고 한다. 다음은 종결의 세 단계다.

① 치료의 종결을 미리 예상하기
② 치료의 의미를 알리기
③ 관계의 의미를 알리기

각 단계를 고려할 때는, 다음 두 가지를 반드시 고려해야 한다. ① 트라우마에 관한 아동의 기억과 그것이 아동에게 미치는 영향, ② 상담과 치료관계에 대해 아동이 가진 기억과 그것이 아동을 어떻게 지지하는지에 대한 것이다. 상담의 종결은 치료적으로 매우 중요하다. 트라우마 기억과 반대되는 기억, 즉 아동에게 의미가 있고 지지가 되는 기억을 구성하게 되기 때문이다.

1단계: 치료의 종결을 미리 예상하기

＊설명

아동, 가족 그리고 상담자 사이의 관계가 발전할수록 강한 애착이 형성된다. 그러므로 상담자는 애착과 관련되어 발생하는 정서에 주의를 기울여야 한다. 이러한 정서는 관련된 모두(상담자도 포함하여)에게서 애착에 대한 초기의 경험과 기억을 강하게 불러일으킨다. 이러한 정서와 기억에 대해 얼마나 일찍 알아채느냐에 따라 상담이 더 성공적으로 종결될 수 있다.

＊트라우마 기억

트라우마를 가진 아동에게 상실은 대개 갑작스러운 것으로, 아동이 의지하던 사람이 갑자기 사라지는 것이다. 그러한 상실을 예상할 수 있는 경우에도 아무도 아동이 이를 준비할 수 있도록 돌보지 않거나 상실로 인한 정서를 다룰 수 있도록 돕지 않는다면, 아동은 점차 누구도 믿을 수 없다고 생각하게 된다. 또한 아동은 아무도 자신의 감정에 관심을 기울여 주지 않으리라 여기게 된다.

＊TST 기억

TST 상담자는 상실, 버림받음과 관련된 아동의 정서에 주의를 기울이며 그들의 감정을 돌봐 주어야 할 책임이 있다(TST의 여섯 번째 원리: 책임, 특히 당사자의 책임을 주장하기). 예상되는 상담 기간과 상담자의 역할에 대해 이야기함으로써 상담 초기에 상담자의 책임에 대한 합의를 얻을 수 있다. 이 과정을 제대로 다루지 못하면 버림받는다는 사실에 취약한 아동에게 심각한 악영향을 미친다. 그러므로 상담자는 상실과 버림받음에 대한 아동과 가족의 어려움을 충분히 이해해 주어야 한다. 또한 상담의 종결에 대해 상담과정 중 적극적으로 알려 주어야 하는데, 이는 상담의 종결을 미리 예상하고 그와 관련된 정서를 조절할 수 있도록 돕기 위해서다.

2단계: 치료의 의미를 알리기

***설명**

치료 종결 시점에 이른 것은 아동과 가족이 엄청난 성취를 이루었다는 의미이기도 하다. 상담자, 아동, 가족 모두가 열심히 노력해야만 그에 다다를 수 있다. 이러한 유형의 성취는 아동, 가족, 상담자 모두에게 매우 의미 있는 것이기 때문에 가능한 한 진정으로 인정받아야 한다.

***트라우마 기억**

많은 트라우마를 가진 아동은 그들의 노력이 쓸모없다는 것을 배우게 된다. 이러한 학습은 트라우마 경험 당시, 즉 그것을 벗어나기 위한 모든 말과 노력이 의미 없다는 것을 느낀 시점에서 비롯된다. 학교와 집에서 아동과 함께 생활하는 성인이 이러한 면에 신경 써 주지 않는다면 문제는 지속된다. 건강하게 성장하기 위해서는 아동이 자신의 노력에 대한 자긍심을 가질 수 있어야 한다. 성인이 이러한 아동의 자긍심을 인정해 주지 않으면, 아동은 점차 자긍심을 느낄 수 없게 된다. 반복적으로 자긍심을 인정받지 못한 트라우마를 가진 아동은 자신이 무력하고 중요하지 않다는 믿음을 가지게 된다. 또한 만성적 우울증, 무력감, 수치심, 반사회적 혹은 자기파괴적 행동으로 표출될 수 있다.

***TST 기억**

TST 상담자는 아동의 노력과 성공적인 작업을 인정하는 데 주의를 기울여야 하며, 상담 내내 이러한 인정을 표현해야 한다. 치료가 종결되는 시기가 되면 아동의 노력과 작업을 되돌아보아야 한다. 그리고 아동은 그동안 자신이 성취한 것에 대해 자신감을 느낄 수 있도록 격려받아야 한다. 상담자는 아동의 자긍심을 인정하고 지지해야 한다. 아동과 상담자 간의 이러한 상호작용은 트라우마 기억과 반대되는 의미 있고 지지적인 기억을 구성한다.

3단계: 관계의 의미를 알리기

＊설명

아동과 가족들이 이제껏 경험해 온 관계 중에는 상담자와의 치료적 관계가 가장 의미 있는 것일지도 모른다. 치료적 관계와 트라우마적 관계의 차이의 핵심은 5장에서 논의된 '돌봄의 신호' 라는 개념이다.

＊트라우마 기억

대인관계에서 트라우마를 가진 아동은 갈등과 불화, 배신, 폭력, 상실 그리고 버림받음으로 인해 상처받은 관계의 기억을 가지고 있다. 이러한 기억으로 야기되는 부정적인 결과는 여러 가지다. 아마도 아동은 자신은 사랑받지 못하고 사랑스럽지 않을 것이며, 돌봄 받지 못하거나 돌봄 받을 만한 가치가 없다고 느낄 것이다. 또한 자기존중감이 낮고, 평생 동안 주위 사람과 관계를 맺는 데 어려움을 겪을 수도 있다. 3장의 트라우마에 대한 만성적 적응에 관한 논의에서 다룬 이런 문제들은 아동이 주위 사람과의 관계에 회피적이거나, 관계에서 제대로 자기 보호를 하지 못하거나, 불화나 갈등 또는 폭력을 경험하는 결과로 이어질 수 있다.

＊TST 기억

5장에서 논의한 바와 같이, TST 상담자는 치료적 관계의 의미를 알리기 위해 노력한다. TST 작업은 대인관계와 밀접한 관련이 있는 과정으로서, 안전하고 믿을 수 있으며 책임감 있는 치료적 관계를 기초로 만들어진다. TST 상담자는 치료적 관계의 의미에 대해 상담과정 중에 자주 알려 주어야 한다. 치료를 종결할 때가 다가오면 관계의 의미에 대해 알리고 솔직하게 이야기 나누어야 한다. 아동은 자신에게 관심과 걱정, 공감을 표현하는 성인을 처음 경험해 보는 것일지도 모른다.

다음은 치료를 종결한 9세 소년의 사례다.

9세 소년인 그레고리는 과거에 방임과 학대를 당했으며, 거의 1년 동안에 걸쳐 상담을 받았다. 상담 초기에 그레고리는 거의 말을 하지 못했다. 그는 상담을 받으려 하지 않았으며, 상담을 받으러 가야 한다는 생각만으로도 공황 상태에 빠지곤 했다. 또한 학교에서도 잘 지내지 못했다. 그레고리의 선생님은 그가 자주 '자신만의 세상에' 빠져 있으며 '거기서 빠져나도록 하는 것'이 어렵다고 말했다. 그레고리의 트라우마는 생모의 남자친구로부터 폭행당한 것과 엄마가 폭행당하는 것을 지켜본 것이다. 그는 주정부의 아동복지부에 의해 엄마로부터 분리되었다. 그의 엄마는 그레고리가 5세일 때 그를 포기하고, 새로운 남자친구와 함께 다른 주로 이사갔다.

초기 평가에 이어 TST 상담자는 그레고리의 주변 사람들(입양모, 교사 등)이 새로운 관계, 특히 성인과의 관계가 어떻게 트라우마와 버림받은 기억을 떠올리는지를 이해할 수 있도록 도왔다. 그레고리가 '자신만의 세계로 들어가는' 과정에 관한 지식을 가지고 있는 TST 상담자는 실질적인 해결책을 제공해 줄 수 있었다. 상담자가 제공한 전략은 매우 성공적이었다. 안정되고 신뢰할 수 있는 관계, 즉 5장에서 설명한 '돌봄의 신호'로 가득 찬 관계를 형성하게 되면서, 그레고리는 점차 상담시간을 기대하게 되었고 점차 덜 불안해하게 되었으며 상담에 더 적극적으로 참여하게 되었다. 1년이 지나자, TST 상담자와 교사 그리고 입양모는 그레고리의 불안이 사라지고 그가 학교에서 더 잘 지내게 되자 희망을 갖게 되었다.

[치료를 종결하는 과정]

치료를 시작할 때, TST 상담자는 그레고리와 그의 입양모에게 상담이 1년 후쯤 종결될 것이라고 말하였다. 6개월이 지난 후, 상담자는 6~8개월 뒤에 치료가 종결될 것이라는 사실을 다시 알렸다. 그리고 치료의 종결이 의미하는 바에 관해 솔직하게 대화를 나누었다. 그레고리와 TST 상담자는 서로를 많이 그리워하게 될 것이며, 그들이 함께 하는 상담이 매우 중요하다는 것에 관해 이야기를 나누었다.

TST 상담자는 그레고리가 가장 잘한 일의 구체적인 사례를 들어 이야기했으며, 자신이 가장 좋아하던 그레고리의 모습에 대해 이야기하였다. 또한 그녀는 자신들이 함께 하는 상담이 오래 지속되지는 않을 것이라는 사실을 강조하였다. 다음 몇 회기 동안 그녀는 그레고리가 평소보다 상담에 집중하지 못하고 불안해한다는 사실을 알아챘다. 그렇지만 2주가 지나자 평소의 모습으로 돌아왔다. 매달 상담자는 그레고리와 함께 간략히게 치료 종결에 이르면 어떠한 느낌이 들지 예상하였다. 마침내 상담을 시작한 지 1년이 지나자 TST 상담자는 상담 목표의 대부분이 달성되었다고 판단하게 되었으며, 그녀는 치료 종결을 위한 계획을 세우기 위한 대화를 시작하였다.

그녀가 치료 종결에 대한 대화를 시작한 첫째 날, 그레고리는 '의사' 놀이를 하길 원했다. 그가 '의사' 역할을 맡고, 상담자로 하여금 '환자'가 되도록 하였다. 그리고 환자를 대기실에서 오래도록 기다리게 하였다. 한참 후에 그는 환자를 불러 그녀의 심장을 검진하였다. 그는 그녀의 심장이 매우 안 좋으며, 그녀가 병원에 다시 와야 한다고 말하였다. 그레고리는 평소보다 불안해 보이기는 했지만 여전히 상담에 잘 참여하였다. 그러나 그는 치료 종결에 대해 이야기 나누길 원치 않았으며 그저 놀이만 하길 원했다. 몇 주간 같은 일이 반복되었다. 마침내 그레고리는 환자(상담자)의 심장을 마지막으로 검진하였다. 그리고 선반에서 플라스틱 톱을 꺼내 그녀의 심장을 '수술'하였다.

그레고리가 말했다. "제가 당신의 심장을 고쳤어요. 이제 안 아플 거예요. 그리고 더 이상 저를 보러 병원에 오셔서는 안 돼요." 이렇게 놀이가 끝나자, 상담자는 자연스럽게 그레고리와 그의 입양모와 함께 '생명을 살린' 그들의 상담의 의미에 대해서 이야기했으며, 그레고리가 매우 열심히 상담에 참여했기 때문에 결코 가능할 것 같지 않은 것들을 이루어 낼 수 있었다고 이야기하였다. 마지막 회기에서 TST 상담자와 그의 입양모는 그동안 그레고리가 해낸 일들을 다시 돌아보며, 얼마나 그를 자랑스러워하는지 그에게 이야기하였다. 그레고리는 상담자에게 줄

'작별' 카드를 준비했으며, "발렌타인데이는 아니지만, 나는 내 심장을 카드에 그려서 당신이 얼마나 내 것을 고치는 데 많은 도움을 주었는지 말해 주고 싶었어요."라고 말하였다. 상담자도 역시 그레고리에게 준비해 둔 선물을 주었다. 그것은 작고 비싸지 않은 심장 모양의 펜던트였다. 그녀는 폴라로이드 카메라를 준비해서 함께 사진을 찍었다. 그레고리와 상담자는 작별 인사를 나누기 전에 이 사진을 그의 펜던트에 잘라 집어넣었다.

[평가]

TST 상담자는 TST 종결의 3단계를 주의 깊게 따랐다. 상담자는 그레고리의 트라우마를 고려할 때 작별 인사를 하기가 쉽지 않을 것임을 이해했다. 그녀는 상담 초기부터 '작별'에 대해 함께 예상하고 이야기하였다. 또한 상담 내내 상담 작업과 둘 사이의 관계가 가진 의미에 대해 말해 주었다. TST 종결의 세 단계를 잘 따르는 것은 그레고리가 의미 있는 작별 경험을 하는 데 도움이 된다. 그녀의 어머니로부터 버림받았던 과거를 고려하면, 이러한 경험은 미래에 그가 경험하게 될 힘든 시간을 지탱할 소중한 기억이 될 것이다. 왜냐하면 그의 트라우마 경험과 기억과는 전적으로 반대이기 때문이다.

상담자와 그레고리의 놀이는 치료적 관계의 서글픈 거래를 매우 생생하게 보여 주었다. '의사'(상담자)는 그레고리로 하여금 자신의 심장을 나눠 갖도록 하여 그를 낫게 만들었다. 그렇지만 완치의 대가로 그레고리는 더 이상 그의 상담자를 볼 수 없게 되었다. 지속적으로 상담 작업과 관계의 의미를 알리려고 한 상담자의 노력에 힘입어, 그레고리는 놀이를 하는 동안 그가 치료를 종결할 준비가 되었음을 알렸다. 망가진 심장을 고치는 놀이에서, 그리고 상담을 끝낼 때 '심장' 선물을 주고받는 과정에서 아동이 트라우마를 극복하는 데 의미구성 모듈이 어떻게 도움이 되는지 확인할 수 있다.

당신은 어떠한가

치료를 적절히 종결하는 것은 절대 쉬운 일이 아니다. 사실 당신은 아동의 발달과 장래에 중요한 영향을 미쳤다는 사실에 스스로를 자랑스럽게 여겨야 한다. 치료를 종결하는 시기는 당신과 아동/가족, 당신과 당신의 치료 팀 모두가 축하해야 할 시간이다. 치료 종결은 반드시 기록되고 축하되고 기억되어야 한다. 이러한 기억을 필요로 하는 사람은 아동뿐만이 아니다.

기억하라, 당신은 아동에게 더 좋은 체계를 만들어 남겨 두었다.

17 결론
– 더 좋은 체계를 만들어 남겨 두기(종결하기)

학 습 목 표

- TST로부터 기대된 변화의 다양한 수준의 개요 알기
- TST가 아동에게 어떻게 도움이 됐는지 특정 사례를 통해 배우기
- 열 번째 원리인 더 좋은 체계를 만들어 남겨 두기가 진정 의미하는 바를 이해하기

당신에게 과업을 완성할 의무가 있는 것은 아니지만 그것을 포기할 자유도 없다(Ethics of Fathers 5:3).

우리는 종결이 있다고 믿지 않는다. 트라우마를 가진 아동을 돕는 일은 모든 이가 참여하여 점진적으로 나아지게 하려는 지속적인 노력을 필요로 한다. 이 책은 효과가 있는 치료 접근을 개발하고자 했던 지난 8년간의 노력의 결과다. 그러나 우리는 이 책이 개인의 경험에 근거하여 지속적으로 개선되는 과정의 첫걸음이길 바란다. 이와 마찬가지로, 우리는 치료 종결 즈음에 아동과 작별할 때 그들이 '나아졌다든가 치유되었다' 며 우리의 기분을 좋게 해 주는 어떤 전문 용어를 사용하더라도 그들이 완전히 치료되었다고는 생각하지 않는다. 우리가 기대하는 최선의 성과는 앞으로 아동과 가족들에게 그들의 삶 속에서 지속적으로 위기에 대처할 수 있는 도구를 제공하는 것이다. 이 장의 시작에 제시된

고대 유대의 잠언에 따르면, 세상을 좀 더 나은 곳으로 만드는 진지한 작업은 쉽사리 끝나는 것이 아니며 용기와 겸손과 특히 끈기가 요구된다. 당신은 완성할 수 없지만 또한 절대 포기할 수도 없다…….

이 장은 트라우마 체계 치료(TST)의 열 번째 원리인 '더 좋은 체계를 만들어 남겨 두기'가 무엇인지에 관한 것이다. '더 좋은 체계를 만들어 남겨 두기'가 의미하는 바는 진정 무엇인가? 먼저 치료의 성공을 알아보는 방법을 살펴보자.

어떻게 치료의 효과가 정의되는가

Hoagwood, Jensen, Petti와 Burns(1996)는 치료의 효과가 다음 다섯 가지 다른 영역을 통해 측정될 수 있다고 주장했다.

- 증상
- 기능
- 내담자의 시각
- 환경
- 체계

이 다섯 가지 영역 모두 어느 정도 상호 연관되어 있다. 한 영역에서의 변화는 다른 영역에서의 변화를 이끈다. 물론 이상적으로 우리는 TST를 실행한 결과로 다섯 가지 영역 모두에서 변화를 보고 싶다. 그러나 때때로 변화는 모든 부분에서 한번에 일어나지 않는다. 체계에서의 변화는 일어났지만, 증상에서의 변화는 미진할 수 있다. 아동의 기능은 나아졌지만, 부모의 시각은 새로워지지 않을 수 있다(치료가 통했다고 얘기하는 사람도 혼자 힘으로 나아졌을 수 있다!). 따라서 우리는 TST가 효과적이었는지를 어떻게 알 수 있을까?

이 질문에 답하기 위해 우리는 TST의 실행이 어떻게 다섯 가지 영역에서 변화와 향상을 이끌어 내는지 숙고하고, 복잡한 세상에서 그 향상을 어떻게 측정할지 알아야 한다.

증상

증상에서 변화를 측정하는 것은 충분히 쉽게 느껴진다. 우리는 내담자에게 치료를 시작할 때와 마칠 때 설문지를 준다. 그리고 점수가 낮아졌다. 맞는가?

대개는 그렇다. 그러나 몇 개의 까다로운 요인을 염두에 두어야 한다.

증상이 사라지기를 정말 원하지만, 때때로 증상이 '감소하는' 것만으로도 성공했다고 인식할 가치가 있다. 아마도 아동은 더 이상 자살 충동을 느끼지 않고 잠도 더 잘 자지만 여전히 집중의 문제를 가지고 있을 수 있다. 그러나 이 역시 매우 큰 성취다. 우리는 얼마나 왔는지를 측정할 때 항상 시작점을 기억할 필요가 있다.

증상은 또한 심해지다가 약해지는 것을 반복할 수 있다. 삶에서 새로운 발달의 중요한 사건이나 낯선 사회적 상황은 증상의 재발을 가져올 수 있다. 그것은 모든 것을 잃었음을 의미하지 않는다. 때때로 아동은 어린 나이에 그들이 해야 할 필요가 있는 인지처리 과정 모두를 할 수는 없다. 발달하고 성장하면서 그들에게 무엇이 일어났음을 이해하는 것과 관련된 인지 기술이 생길 수 있다. 치료가 끝나갈 즈음, 가족들은 치료 후 증상이 재발하면 어떻게 할지에 대해 걱정할 수 있다. 가족들에게 증상이 오락가락할 수 있음을 다시 알려 주는 게 도움이 된다. ① 치료 후의 증상은 치료 전만큼 심하지 않을 것이고, ② 가족들은 이제 어떻게 그것을 인식하고 치료를 돕기 위해 어떤 도움을 요청할지 안다는 것을 기억하라.

TST는 구체적으로 정서조절장애 증상을 목표로 한다. 이 증상들은 TST를 통해 감소된다고 기대되며, 당연히 TST 평가표에서 아동이 상승함에 따라 개선되는 것의 일부다.

기능

때때로 증상과 기능은 혼동되기 쉽다. 둘은 종종 관련이 있지만 반드시 함께 가는 것은 아니다. 사실 몇몇 연구는 정말 심각한 수준의 증상을 가진 아동이 아주 높은 수준의 생활 기능을 유지하고 있음—고등학교를 졸업하고, 대학에 가고, 친구를 사귀는 등—을 보여 준다. 그리고 때로 상대적으로 낮은 수준의 증상임에도 기능상 큰 문제가 나타나기도 한다.

'기능' 은 날마다의 생활이 요구하는 것을 할 수 있는지를 의미한다. 아침에 일어나서 학교에 가고, 공부를 하고, 사람들과 관계를 맺고, 넓게는 우리 모두가 살아가는 곳에서 사회의 일부가 될 수 있느냐 하는 것이다. 때때로 아동은 어떤 환경(예: 구조화된 교실)에서는 잘 기능하지만, 어떤 환경(예: 비구조화된 여름 캠프)에서는 아니다. 우리는 아동 하나하나가 모든 종류의 상황 속에서 잘 기능하기를 바라지만, 누군가에겐 이것이 비현실적인 목표가 될 수 있다. 때로는 아동이 최대로 기능하는 환경을 창조하도록 돕는 것이 보다 현실적인 목표가 되고, 그것을 이뤘을 때 축하받을 수 있다.

TST는 아동의 기능 향상에서 두 가지 방법에 중점을 둔다. ① 아동이 잘 기능할 가능성을 극대화하는 환경을 창조하도록 돕기, ② 아동의 기능을 방해하는 정서조절장애 증상을 약화시키기다. 우리는 아동의 기능이 치료과정 가운데 향상되리라 기대한다.

내담자의 시각

부모는 결과에 만족하는가? 아동은? 만약 아동의 증상과 기능이 개선되었다면 부모와 아동이 만족할 가능성은 높다. 그러나 중요하게 짚어야 할 성공의 또 다른 차원이 있다. 예를 들면, 아동은 상담자와 신뢰관계를 형성하여 나중에 도움이 필요할 때 치료를 재요청할 수 있는가? 아동은 그 문제가 나아졌다고 생각하는가? TST에서는 시작하기 모듈이 이 결과의 성취를 확인할 수 있는 밑그림을 제공한다. 만약 부모의 고통이 문제가 되고 치료계획에 포함된다면, 치료의 끝에서 정말 나아지기를 바라던 문제와 관련하여 결과를 확인할 수 있을 것이다. 물론 때로는 개선될 수 없는 문제도 있다. 그러나 적어도 우리는 부모가 무엇을 변화시키길 원하는지 알 수 있고, 우리가 왜 그 영역에서 작업하는지에 대해 공유할 수 있다. 부디 치료의 끝에서 아동과 부모가 진정 원했던 변화를 이루었기를 바란다.

환경

다른 치료와 차별화되는 TST의 요소 중 하나는 우리가 아동의 트라우마 관련 증상을 변화시키는 방식으로 환경을 변화시키는 데도 중점을 둔다는 것이다. 다시 말해, TST 평가표의 향상을 통해 개선되고 있는 아동은 보다 안정된 환경으로 가고 있다고 본다. 물론 '환경' 은 단일체가 아니다. 아동의 환경은 아주 다양한 요소로 구성되어 있고, 우리는 아동의 정서조절장애와 가장 밀접하게 관련된 요소를 변화시키는 데 노력의 중점을 둔다. 따라서 TST에서는 환경의 변화가 기대되고, 그것은 아주 구체적인 방식으로 일어난다.

체계

TST는 체계를 변화시키는 데 기여한다. 개별 아동의 트라우마 체계를 변화시키고, 아동을 둘러싼 돌봄 체계를 변화시키는 것이다. 성공적인 체계의 변화는 많은 단계를 요구한다. 그것은 기관과 함께 서비스가 어떻게 조합되고 좀 더 협력적인 방법으로 이뤄질지에 대해 고려하여 결정함으로써 시작된다. TST는 그것을 어떻게 할지에 대해 매우 구체적인 모델을 제공한다. 그로부터 TST는 많은 다른 체계에서 변화에 대한 촉매제가 될 수 있다(기관뿐 아니라 아동과 상담자가 어떻게 접촉할지 등의 다른 체계에서도). 궁극적으로 TST는 더 좋은 체계를 만들어 남겨 두기에 관한 것이다.

아동을 통해 확인하기

다음에 서술된 방식으로 치료의 효과를 살펴보는 것은 매우 중요하다. 그러나 궁극적으로 치료 효과는 치료가 개별 아동과 가족에게 의미 있는 어떤 것을 만들었는지로 이해될 수 있다. 당신은 아마 이 책에서 소개된 아동들에게 어떤 일이 일어났는지 궁금할 것이다. 그들 각자에게 '더 좋은 체계를 만들어 남겨 두기'는 무엇을 의미했는가?

이 책 초반부에 나오는 제럴드를 기억하는가?

제럴드는 이제 15세가 되었다. 그의 아빠는 여전히 감옥에 있지만 제럴드는 그에 대해 화내지 않고 말할 수 있다. 사실 상담과정에서 그는 나중에 아빠와 다르게 어떤 아빠가 되고 싶은지에 대해 많은 것을 이야기했다. 제럴드의 엄마는 여전히 우울증을 앓고 있지만 치료에 적극적으로 참여한다. 그녀는 자신이 경험한 가정폭력에 따른 트라우마 반응이 제럴드와 형을 양육하는 데 때로 어려움이 됨을 이야기하기 시작했다. 제럴드의 형은 체포되어 소년원에 있고 엄마의 요청에 따라 TST 팀은 소년원 관계자와 협력하여 트라우마 치료 서비스를 받을 수 있도록 돕는 계획을 만들고 있다. 그리고 제럴드는? 제럴드는 맞춤형 교실에서의 성공적인 한 해를 막 마쳤다. 그는 모든 과정을 통과했고, 특히 학생 리더십 교실에서 잘했다. 그의 집중력은 향상되었고 구조화된 교실에서도 비교적 잘 집중한다. 그는 더 이상 자살 생각을 하지 않고 어떤 우울 증상도 경험하지 않는다. 그는 여전히 과거에 일어난 일에 대해 생각하지만 그것이 더 이상 이어지지 않을 거라 말한다.

2, 7, 8장에 나오는 드니즈를 기억하는가?

드니즈의 치료 팀은 환경적 스트레스 요인이 제거되지 않으면, 드니즈가 계속 문제를 나타낼 것이라고 확신했다. 사실 드니즈를 돕기 위해 해야 할 가장 중요한 것 중 하나는 그녀의 침실에 문을 달아 주는 것이었다. 열악한 거주환경과 드니즈의 건강 문제 간의 연관성을 알리는 권리지원(옹호) 기관의 편지를 통해 까다로운 임대주는 결국 문을 설치했다. 그러는 동안 치료 팀은 드니즈의 엄마에게 트라우마와 가정폭력, 남자친구와의 폭력적 관계를 지속하는 것이 가족구성원 모두에게 문제가 될 수 있음에 대해 많은 교육을 제공했다. 그러나 문제가 해결되기도 전에 상황이 더 악화되었다. 드니즈의 엄마는 딸이 아닌 남자친구를 선택하겠다고 협박했다. 그러나 SOS 팀과 긴밀하게 작업한 후에, 그녀는 자신이 결별에 대한 두려움으로 인해 남자친구 곁에 머무르고 있었음을 받아들였다. 치료 팀의 도움으로 그녀는 관계를 정리하고 접근 금지 명령서를 발송했다. 그리고 드니즈는? 드니즈는 집에서 안전감을 느끼기 시작했고 악몽도 멈췄다. 그녀는 여전히 어떤 남자를 보면 학대자를 떠올리게 되지만, 스스로에게 "난 그를 또 떠올렸지만 그는 더 이상 나를 해치지 않아. 저 사람은 그 사람이 아니야."라고 얘기한다. 그녀는 이제 고등학교를 마치고 2년제 대학에 지원 중이다.

3장에 소개된 로버트를 기억하는가?

로버트가 처음 TST를 시작했을 때 주된 환경적 위협이었던 그의 양아버지는 이미 문제가 되지 않았다. 그러나 로버트는 조절의 문제를 가지고 있었다. 전형적인 놀림과 괴롭힘을 포함하여 거의 모든 것이 그에게 촉발 요인으로 작용하는 듯 보였다. 로버트와 그의 어머니 그리고 TST 치료 팀은 정서조절 기술 습득을 위해 많은 시간과 노력을 들였다. 약물치료가 로버트의 충동을 줄이는 데 도움을 주었으나, 그는 여전히 학교에서 조절장애를 겪었다. 그는 좀 더 구조화된 학급으로 옮겼고, 거기서 유급되지 않고 성공적으로 한 해를 마칠 수 있었다. 그는 현재 일반학급에서 학기를 시작했고, 그의 어머니는 체육시간(약간 난폭해지는 것)을 제외하고는 어떤 문제도 없었다고 보고한다. 그녀는 이미 학교에 방문하여 그를 좀 더 작은 규모의 체육 수업으로 옮기는 것에 대해 이야기했다고 TST 팀에게 말했다. 그녀는 말한다. "난 로버트가 할 수 있을 거란 걸 알아요. 단지 그가 할 수 있다는 것을 알 때까지 올바른 환경이 필요할 뿐이에요."

아동들의 TST 여정은 어느 누구도 비슷해 보이지 않는다. 이 이야기들은 우리가 작업했던 아동들 중 몇몇을 토대로 한 것이다. 우리는 당신이 당신만의 이야기를 가지길 바란다. 왜냐하면 어떠한 성과 연구보다, 어떠한 재정 예산서보다, 어떠한 증상 경감 지수보다 이 이야기들이 우리가 하고 있는 것이 효과적임을 말해 주고 있기 때문이다. 아동들과 그들의 작거나 큰 성공은 우리를 계속 작업하게 하는 힘이다. 우리가 TST를 개발하는 데 도움을 준 것은 바로 이 아동들이다. 그리고 우리에게 정말 더 좋은 체계를 만들어 남겨 둔 이도 바로 내담자인 아동들이다.

부록

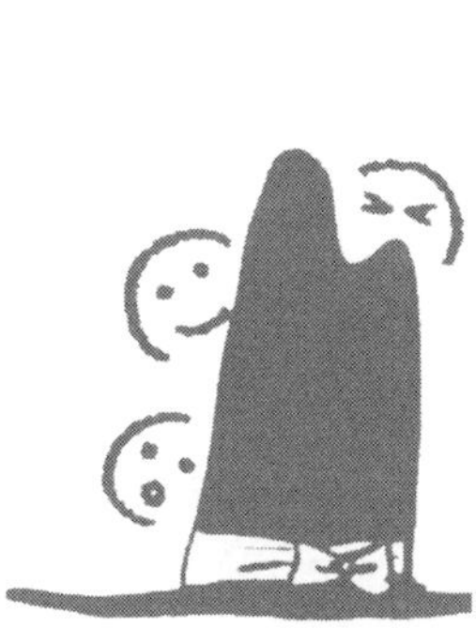

TST 치료계획 양식

아동 이름________ 생년월일_______ 등록번호 #_______ 날짜______________

1. 팀 구성원 정보 기록

팀	이름	연락처	사인
아동 혹은 청소년			
가족			
치료자			
SOS 상담자			
SOS 상담자			
변호사			
정신병리 자문가			
기타*			

* 대부, 인근 이웃, 확대가족, 멘토, 사회복지사, 소아과 의사, 종교지도자

2. 관련 심리검사 점수 기록

	TR HX	TSS SX	E Reg	B Reg	Soc Env	Str	Fn
CANS-TEA							
UCLA PTSD-RI							
TSCC							
CBCL			Int::	Ext:		Comp.	

3. 추천된 치료 단계

	안정적인	붕괴된	위협적인
조절 상태	극복 5단계	이해 4단계	인내 3단계
정서조절장애 상태	이해 4단계	유지 3단계	안정 2단계
행동조절장애 상태	유지 3단계	안정 2단계	생존 1단계

4. 치료 모듈 권고안

	생존	안정	유지	이해	극복
현장에서 안정화시키기 (SOS)	***	***	–	–	–
서비스 권리지원	***	**	*	*	*
약물치료	**	**	**	*	*
정서 조절	*	**	***	–	–
인지치료	–	–	–	***	–
의미 구성	–	–	–	–	***

*** = 필수적인, ** = 자주 효과적인, * = 가끔 효과적인, – = 활용되지 않거나 금기인

5a. TST 문제의 우선순위 정하기

TST 우선순위 문제

1. 사회환경 스트레스 요인과 정서/행동조절장애 사이의 연결 패턴 파악하기
2. 아동의 적응을 가장 방해하는 패턴들의 우선순위 정하기(우선순위를 결정하는 것을 돕기 위해 5b에 제시된 점수 부여 방식 사용하기. 5b에 제시된 점수 부여 방식은 정교하지 않은 안내만을 제공하고 임상적 판단을 무시해서는 안 됨을 명심하기)

문제 우선순위 1	문제 우선순위 2
문제 우선순위 3	문제 우선순위 4

5b. 5a에 제시된 문제의 우선순위 지침

1. 신체적 안정을 위협하는 문제(예: 자살, 폭력, 아동학대)
2. 치료에 참여하는 것을 위협하는 문제
3. 거주지(생활)환경을 위협하는 문제
4. 학교생활을 위협하는 문제
5. 건강한 발달을 위협하는 문제(예: 약물남용, 반사회적 행동, 성적 활동, 섭식장애)
6. 아동이나 가족구성원들에게 심각한 고통을 일으키는 문제
7. 비교적 쉽게 해결될 수 있고 아동이나 가족구성원에게 매우 중요한 문제

6. TST 우선순위 문제에 대한 해결책을 확인하기

누가 /무엇이 해결책을 다룰 것인가	PP #	해결책	책임자	언제 기록되었나	언제 해결되었나
아동 (기술 모듈이나 약물치료 지시하기)					
사회환경					
보호자 (예: 정서적 혹은 물질남용, 관찰/지도, 정보, 가정폭력)					
형제자매					
거주					
자원					
학교					
배치의 적절함					
이웃					
동료					
기타					
장벽(우선순위 문제를 해결하는 데 방해가 되는 실제적인 장벽들을 기술하라. 그것들을 극복할 수 있는 전략들을 기술하라.)					
기술 :		전략 :			
강점(우선순위 문제를 해결하는 데 도움이 될 수 있는 아동의 강점 혹은 사회환경의 자산을 기술하라.)					
기술 :		전략 :			

주간 접수 체크리스트

정서 및 행동조절장애

지난주 동안 나는 얼마나 안 좋고, 슬프고, 화나고, 죄책감을 느끼고, 무서웠나요?

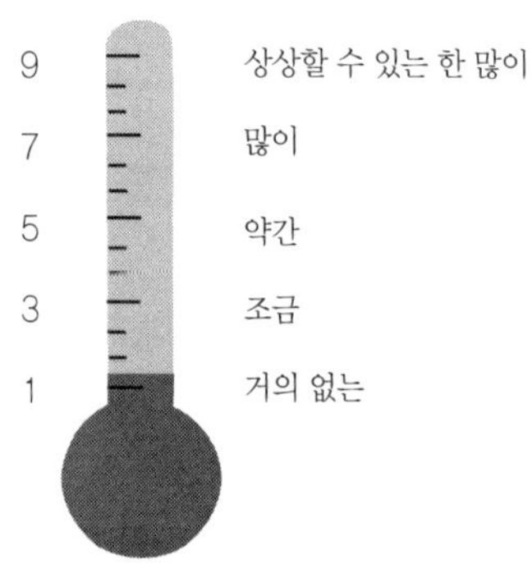

이유 : ____________________

____

____

지난주 동안 자신이나 다른 사람을 향한 행동들이 얼마나 해롭고, 파괴적이며, 공격적이고, 위험했나요?

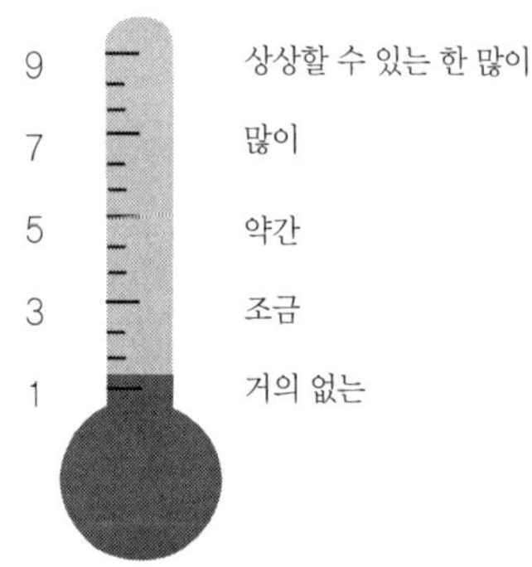

이유 : ____________________

____

____

환경적 안정성

지난주 동안 나에게 일어났던 나쁜 일들에 대해 얼마나 생각했나요?

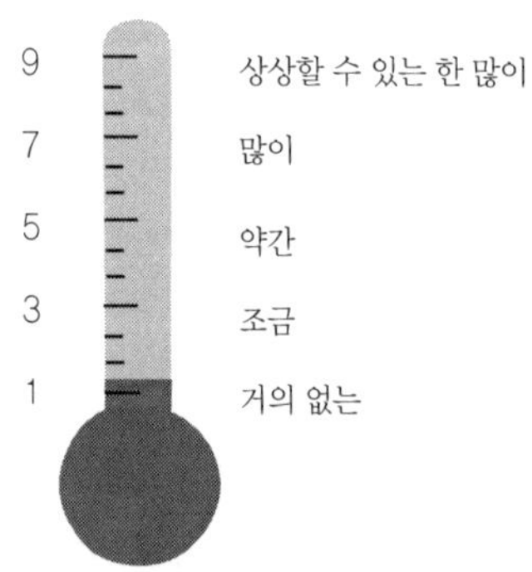

이유 :

____

____

지난주 동안 내 주변의 사람들(보호자, 교사, 동료)이 내가 안 좋았던 일을 기억하거나 경험하는 것으로부터 나를 지키고 내가 그 정서를 다룰 수 있게 도울 것이라고 느꼈나요?

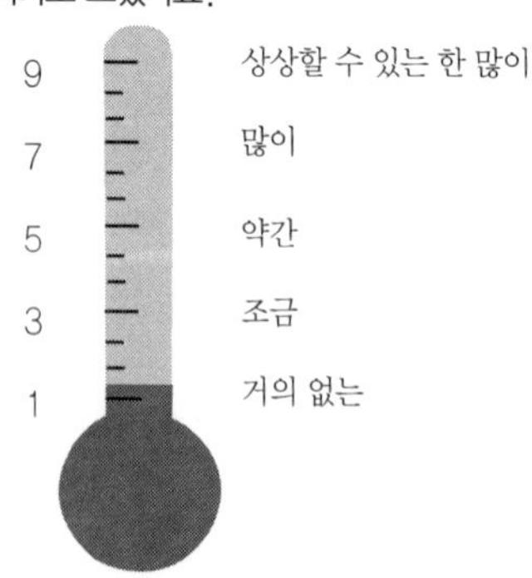

이유 : ____________________

____

TST 치료 충실도 체크리스트

	정보 출처
날짜:	(해당되는 것을 모두 체크하시오.)
내담자 ID#:	상담자 자기보고:
내담자 이름:	상담자 면담:
평가자 이름:	슈퍼바이저 보고:
동료 평가자 이름:	팀 모임:
주 상담자:	차트 확인:
팀 리더 이름:	그 외(구체적으로 명시):

지 침

다음의 항목들은 TST 개입의 활동들이 이 책의 6장에 자세히 나와 있는 열 가지 TST 치료 원리와 부합하는가를 평가하기 위한 것이다. 평가자는 순위를 매길 때 이 책의 내용(특히 6장)을 잘 숙지하고 있어야 한다. 아래에 제시된 각각의 항목들은 TST 원리와 그것을 다루는 중심 생각을 설명한 것이다. 평가자는 각각의 치료 원리를 충실히 수행하고 있는지를 결정하기 위해 다양한 자료(팀 모임, 차트 확인, 상담 슈퍼비전 회기 등)를 보고 근거를 찾아야 한다. 이 양식은 근거를 보고 '있음' '없음' '불충분' 중에서 체크하도록 되어 있다.

첫 번째 원리: 무너진 체계를 조정하고 복원하기

중심 내용: 상담자(또는 상담 팀)는 아동에게 그들의 정서나 행동을 조절할 수 있는 능력이 되는 사회환경적 안정성, 그리고 그것들(트라우마 체계)의 상호작용을 평가한다. 상담자는 모든 정보를 통합하여 1~4개의 간결한 치료 목표 목록(TST 우선순위 문제)으로 작성한다. 그리고 모든 개입은 이 TST 우선순위 문제를 다루기 위해 행해진다. 이 원리의 충실도를 위한 확인 사항은 다음과 같다.

확인 사항	있음	없음	불충분
1. 평가 활동이 정서/행동조절장애 정도, 환경 불안정성 정도와 이 둘 간의 연관성에 대해 다루고 있다(예: TST 평가표, TST 우선순위 문제 확인).			
2. 치료 활동이 정서/행동조절장애의 정도, 환경 불안정성 정도와 이 둘 간의 연관성에 대해 다루고 있다(예: TST 평가표, TST 우선순위 문제 확인).			
3. 팀 논의에서 아동의 정서/행동조절장애 정도, 환경의 불안정성 정도와 이 둘 간의 연관성에 대해 이야기한다.			

TST 치료 충실도 체크리스트(2/5)

두 번째 원리: 먼저 안전을 확보하기

중심 내용: 상담자(또는 상담 팀)는 위협적인 사회환경의 징후를 알아채고 치료 시 진행되고 있는 안전 평가에 기반한 TST 치료계획을 적극적으로 조정한다.

확인 사항	있음	없음	불충분
1. 안전에 대한 정보가 확실하게 평가된다.			
2. 이 정보가 치료계획에 확실히 사용된다.			
3. 안전은 치료를 진행하는 동안 다시 평가되고 새로운 정보에 의해 치료계획이 조정된다.			

세 번째 원리: 사실에 근거하여 명확하고 초점화된 계획을 만들기

중심 내용: 상담자(또는 상담 팀)는 모든 결정을 면담, 추가적인 만남 그리고 구조화된 상담 평가(예: 자기 보고 질문지)로 얻어진 객관적인 근거에 기반하여 내린다. 7, 8장에 명시한 것처럼, 상담 의사결정은 트라우마 체계를 목표로 하고 TST 치료계획 안에서 요약된다. 이 원리의 충실도에 관한 확인 사항은 다음과 같다.

확인 사항	있음	없음	불충분
1. 아동의 정서/행동조절장애에 관한 정보를 모을 때 시간에 따른 분석이 사용된다.			
2. 아동의 정서/ 행동조절장애를 유발시킬 수 있는 스트레스 요인을 확인하기 위해 아동의 사회환경을 조사한다.			
3. 1단계와 2단계에서 모아진 정보를 사용하여 TST 평가표가 완성된다.			
4. TST 우선순위 문제들이 스트레스 요인과 조절장애 반응 간의 관련성으로 확실하게 설명되었다.			
5. TST 우선순위 문제의 해결책은 확인된 스트레스 요인/반응 간의 관련성에 개입하기 위해 작성되었다.			
6. 문제와 해결책은 8장에 제시된 양식에 의해 우선순위가 매겨졌다.			
7. 치료계획과 관련된 정보는 적절한 기구나 도구로 보완된다(예: 법률 서비스 선별 준거, 정서조절 가이드, 주간 접수 체크리스트).			
8. 치료계획과 관련된 정보는 관련 인사(예: 교사, 사회복지사, 청소년 상담자, 가족구성원)와의 면담으로 보완된다.			

TST 치료 충실도 체크리스트(3/5)

네 번째 원리: '준비' 되지 않았을 때 '시작' 하지 않기

중심 내용: 상담자(혹은 상담 팀)는 집중 개입을 제공하기 전에 가족들이 TST 치료계획에 참여하도록 노력해야 한다. 이 원리가 잘 지켜지고 있는지 여부는 아래 항목을 통해 확인할 수 있다.

확인 사항	있음	없음	불충분
1. 치료를 시작하기 전에 초기 TST 평가와 치료계획이 먼저 완료되어야 한다.			
2. 문제(고통의 근원) 및 해결책에 대한 가족들의 생각이 이러한 과정에 반영되어야 한다.			
3. 상담 팀과 가족 간의 치료 동맹 형성은 TST에서 우선순위 문제와 해결책에 관한 아이디어가 '고통의 근원' 에 대한 가족구성원의 우려를 경감시키는가에 달려 있다.			
4. 치료를 시작하기 전, 가족과의 협력적 모임을 통해 TST에서 우선순위 문제와 해결책에 관한 아이디어가 가족과 공유되고 논의되어야 한다. 최종적인 치료계획은 상담 팀과 가족의 협의를 기초로 수립된다.			
5. 치료를 시작하기 전에 상담자, 팀 구성원, 가족의 적극적 참여를 방해하는 문제들을 먼저 해결해야 한다.			

다섯 번째 원리: 최소한의 자원으로 작업하기

중심 내용: TST 상담 팀은 가장 우선적으로 해결해야 하는 문제에 전략적으로 집중해서 그들의 제한된 자원을 할당해야 한다. 이 원리가 잘 지켜지고 있는지 여부는 아래 항목을 통해 확인할 수 있다.

확인 사항	있음	없음	불충분
1. 팀이 개입 자원이 제한되어 있는 현실에 관해 논의하고 있다.			
2. 팀이 가장 우선적으로 해결해야 하는 문제와 관련해 제한된 자원을 할당하기 위해 논의하고 있다.			

TST 치료 충실도 체크리스트(4/5)

여섯 번째 원리: 책임, 특히 당사자의 책임을 주장하기

중심 내용: 상담자(혹은 상담 팀)는 TST에서 상담 팀의 모든 구성원이 각자의 책임에 대해 합의가 이루어지도록 해야 한다. 이 원리가 잘 지켜지고 있는지 여부는 아래 항목을 통해 확인할 수 있다.

확인 사항	있음	없음	불충분
1. 각자의 역할에 대해 합의가 이루어져, TST 치료계획 양식에 기록되어 '서명' 되어야 한다.			
2. 역할 및 책임에 관한 합의를 매 회기 TST 치료계획 양식을 활용해 확인해야 한다.			
3. 각자의 역할 및 책임에 관한 합의가 이루어지지 않을 때 이 문제를 적극적으로 해결해야 한다. 합의가 이루어지지 않는 이유가 논의되어야 하며, 합의를 방해하는 문제가 해결되어야 한다. TST 치료계획의 재협의는 합의가 깨진 현실을 고려하여 이루어져야 한다.			
4. 아동 혹은 가족구성원과 합의가 이루어지지 않을 때 해결하는 것과 같은 방식으로 TST 상담 팀 내에서 합의가 이루어지지 않은 상황을 해결해야 한다. TST 상담 팀의 구성원은 양해를 구할 수 있어야 한다.			

일곱 번째 원리: 현실에 맞추기

중심 내용: 상담자(혹은 상담 팀)는 사례의 임상 현실에 대해 이해하도록 지속적으로 노력해야 하며(예: 보호자가 제 역할을 하지 못하는 경우, 아동의 자기조절이 실패한 경우), 아동, 보호자, 그리고 임상 현실에서 그들이 바라는 바를 구별하기 위해 노력해야 한다. 이 원리가 잘 지켜지고 있는지 여부는 아래 항목을 통해 확인할 수 있다.

확인 사항	있음	없음	불충분
1. 팀 회의 및 사례 회의에서 '무엇이 사실인가?' '무엇이 현실인가?' '우리가 관련된 모든 사실을 알고 있는가?' '우리가 알고 있는 정보가 정확한가?' 등의 질문을 살펴보아야 한다.			
2. 사례와 관련하여 결정하기 어려운 부분은 가족과의 '치료 동맹 유지' 를 고려하여 결정되어야 한다. 상담자와 팀 구성원은 '치료 동맹 유지' 와 임상 현실 사이의 갈등에 관해 개방적으로 토론을 할 수 있어야 한다.			

여덟 번째 원리: 당신 자신과 팀을 돌보기

중심 내용: 상담자(혹은 상담 팀)는 자신들이 하는 일의 어려움에 대해 인정하고, 임상적 결정을 내릴 때 자기 돌봄 및 사회적 지원을 포함시켜야 한다. 이 원리가 잘 지켜지고 있는지 여부는 아래 항목을 통해 확인할 수 있다.

TST 치료 충실도 체크리스트(5/5)

확인 사항	있음	없음	불충분
1. 팀의 논의는 그들의 작업에 대한 팀 구성원들의 반응을 토의하는 기회를 포함한다.			
2. 팀의 논의는 가벼운 대화, 유머 그리고 사기를 증진시키는 노력을 포함한다.			
3. 팀의 리더는 팀 구성원들이 '절대 혼자 걱정하지 말 것'을 정기적으로 강조한다.			

아홉 번째 원리: 강점으로 시작하기

중심 내용: 상담자(혹은 상담 팀)는 아동, 가족 그리고 사회환경 내의 강점을 평가하고 이미 존재하는 강점으로부터 치료계획을 세운다. 이 원리가 잘 지켜지고 있는지 여부는 아래 항목을 통해 확인할 수 있다.

확인 사항	있음	없음	불충분
1. 평가는 아동과 사회환경 내의 강점을 뒷받침하는 기록을 포함한다.			
2. 정서 조절 개입은 아동이 과거에 성공적으로 정서를 다뤘던 방법으로부터 세워진 전략을 포함한다.			
3. 사회환경 안정화를 위한 전략은 아동의 환경에서 누구든지 아동의 정서 조절을 도울 수 있는 사람을 확인하고 참여시킨다(예: 가족구성원, 이웃 또는 전문가들).			
4. 사회환경적 개입에는 가족이 정서를 다루는 구체적인 방법을 이해하고 통합시킨다(예: 문화적 또는 종교적 의식).			

열 번째 원리: 더 좋은 체계를 만들어 남겨 두기

중심 내용: 상담자(혹은 상담 팀)는 가족에게 치료 종결을 준비시키고, 치료가 끝난 후 아동과 가족을 도울 수 있는 기술과 체계를 세운다. 팀은 또한 그들의 작업이 트라우마 경험이 있는 아동을 위한 향상된 서비스 체계에 관하여 공공 정책에 알릴 수 있음을 인식해야 한다. 이 원리가 잘 지켜지고 있는지 여부는 아래 항목을 통해 확인할 수 있다.

확인 사항	있음	없음	불충분
1. 치료 종결에 대한 이해는 시작하기 모듈과 치료 기간 내내 임상적으로 적절하게, 지속적으로 높아져야 한다.			
2. 정서 조절, 인지 처리, 의미 구성을 위한 기술 습득은 치료를 마친 후에도 이러한 기술의 습득을 지속시킬 수 있는 전략을 포함한다.			
3. 사회환경 또는 돌봄 체계의 안정화를 위한 노력은 이러한 변화가 치료를 마친 후에도 어떻게 계속될지까지 통합한다.			
4. 팀 논의는 이 작업이 공공 정책에 미칠 수 있는 영향과 임상 경험을 활용하여 공공 정책에 어떻게 알릴 수 있을지에 대한 전략을 포함한다.			

정서조절 가이드

이름:

대상: (기록 양식을 받을 사람들의 이름을 나열한다. 당신을 포함하여 상담자, 부모, 교사, 정신과 의사, 가정기반 SOS 상담자들, 그리고 누구든지 당신이 생각하기에 당신을 잘 알고 상황이 어려울 때 당신을 도울 수 있는 사람들을 모두 포함시키라.)

상담자를 위한 지침: 이 양식을 아동과 가족과 함께 완성하라. 이 양식은 14장에 제시된 대로 치료를 안내하는 데 사용된다. 또한 조절장애의 일화가 있는지 여부를 평가하는 것을 돕는 데도 사용될 수 있다. 아동이 스트레스 요인에 의해 3A(자각, 감정, 행동)에 변화가 있을 때 조절장애의 일화가 일어난다는 것을 기억하자(3, 7장 참조).

정서조절 가이드(2/7)

조절 단계: '조절 상태 혹은 기분 좋은 상태'

사람들은 그들 시간의 대부분을 정서를 조절하는 데 사용한다. 혹은 일반적으로 안정적인 느낌을 갖는다. 이는 필연적으로 당신이 항상 기분이 좋다는 것을 의미하지는 않는다. 삶의 모든 부분에서는 슬프고 좌절하거나 걱정하는 감정을 느끼고, 기쁘거나 희망에 부풀거나 신나는 기분을 느끼게 된다. 하지만 우리는 좋은 감정을 느끼지 않더라도 안정적일 수 있고, 우리 주변에서 무엇이 일어나는지 자각할 수 있으며, 상황을 더 좋게 만들도록 문제를 해결하는 등의 행동을 할 수 있다. 다음은 당신이 조절되는 순간, 즉, 통제되고 안심이 되는 순간에 대해 생각해 보게 하는 것과 관련된다.

나는 내가 기분 좋고 조절 상태에 있는 것을 어떻게 알게 되는가?

타인에게 물어보기	자신에게 물어보기
감정: 내 얼굴 표정은 어떠한가? 내가 기분이 어떻다고 말하는가?	감정: 나는 어떻게 느끼는가? 내 몸은 무엇을 느끼는 것 같은가?
자각: 내가 멍해진 것처럼 보이는가? 아니면 나만의 세계에 있는 것처럼 보이는가? 내가 일에 얼마만큼 잘 집중하고 있는가?	자각: 내 주변에서 어떤 일이 일어나고 있나? 나는 무엇에 대해 생각하나?
행동: 나는 무엇을 하고 있는가? 나는 뭐라고 말하는가?	행동: 내가 무엇을 하는 것처럼 느껴지는가?

정서 유지 활동: 기분 좋은 감정 혹은 조절 상태를 유지하는 방법

어른이 도와줄 수 있는 것	나 스스로 할 수 있는 것

정서조절 가이드(3/7)

활성화 단계: 당황하게 되다

보통 우리는 특정 감정이나 기억을 떠오르게 하는 것을 보거나 경험하거나 느끼거나 생각할 때 혼란을 경험한다. 때때로 우리는 이런 기억이 떠오르거나 촉발되고 어떤 정서를 느낀다고 하더라도 안정을 유지할 수 있다. 하지만 어떤 경우에는 촉발되면 3A(감정, 자각, 행동)가 변하기 시작한다. 당신에게 힘든 감정과 생각을 유발시키는 것들의 형태를 다음에 기록해 보자.

트라우마 촉발 요인/스트레스 요인: 무엇이 우리를 당황하게 하나?

1.
2.
3.
4.
5.

내가 당황스러울 때를 어떻게 알 수 있나?: 3A

타인에게 물어보기	자신에게 물어보기
감정:	감정:
내 얼굴 표정은 어떠한가?	나는 어떻게 느끼는가?
내가 기분이 어떻다고 말하는가?	내 몸은 무엇을 느끼는 것 같은가?
자각:	자각:
내가 멍해진 것처럼 보이는가, 아니면 나만의 세계에 있는 것처럼 보이는가?	내 주변에서 어떤 일이 벌어지고 있는가?
나는 일에 얼마만큼 잘 집중하고 있는가?	나는 무엇에 대해 생각하나?
행동:	행동:
나는 무엇을 하고 있는가?	내가 무엇을 하는 것처럼 느껴지는가?
나는 뭐라고 말하는가?	

활성화 단계를 위한 치료: 기분 좋은 상태로 돌아가기 위한 방법

어른들이 도와줄 수 있는 것	나 스스로 할 수 있는 것

정서조절 가이드(4/7)

재경험 단계: 정서조절장애 상태에 빠지다

때때로 트라우마 경험이 촉발되거나 다시 떠오를 때면, 감정이 솟구쳐서 자신을 통제하기가 점점 어려워진다. 때때로 매우 당황스러운 것에 대한 생각을 멈추기 어렵기도 하고, 나쁜 일이 다시 일어날 거라는 생각이 든다. 어떤 경우에는 내가 어디에 있는지, 내가 누구인지, 무엇을 하고 있었는지 잊게 되기도 한다. 어떤 때는 평소에 나를 별로 당황하게 하지 않는 것도 갑자기 매우 겁이 나거나 통제하에 두기 어려울 수도 있다. 그런 것들을 다음에 적어 보자.

트라우마 촉발 요인/스트레스 요인: 무엇이 우리를 조절장애 상태로 이끄는가?

1.
2.
3.
4.
5.

내가 재경험하고 있다는 것을 어떻게 알 수 있나: 3A

타인에게 물어보기	자신에게 물어보기
감정: 내 얼굴 표정은 어떠한가? 내가 기분이 어떻다고 말하는가?	감정: 나는 어떻게 느끼는가? 내 몸은 무엇을 느끼는 것 같은가?
자각: 내가 멍해진 것처럼 보이는가, 아니면 나만의 세계에 있는 것처럼 보이는가? 나는 일에 얼마만큼 잘 집중하고 있는가?	자각: 내 주변에서 어떤 일이 벌어지고 있는가? 나는 무엇에 대해 생각하나?
행동: 나는 무엇을 하고 있는가? 나는 뭐라고 말하는가?	행동: 내가 무엇을 하는 것처럼 느껴지는가?

재경험 단계를 위한 치료: 안전함을 유지하는 방법

어른들이 도와줄 수 있는 것	나 스스로 할 수 있는 것

정서조절 가이드(5/7)

재구성 단계: 침착한 상태로 되돌아가기

아무리 나쁜 일이 생기더라도 결국 우리는 괜찮아지게 된다. 그렇지만 때때로 이런 나쁜 일들을 다시 생각하거나 재경험을 하게 되면 평소와는 다른 느낌으로 다가오게 된다. 그러면 우리는 그러한 것에 생각을 집착하게 되거나 과거 행동에 대하여 실망할 수도 있다. 바로 이때 중요한 것은 우리 기분을 좋게 해 줄 수 있는 다른 일들을 할 수 있어야 한다.

내가 침착한 상태로 되돌아가고 있다는 것을 어떻게 알 수 있나: 3A

타인에게 물어보기	자신에게 물어보기
감정: 내 얼굴 표정은 어떠한가? 내가 기분이 어떻다고 말하는가?	감정: 나는 어떻게 느끼는가? 내 몸은 무엇을 느끼는 것 같은가?
자각: 내가 멍해진 것처럼 보이는가, 아니면 나만의 세계에 있는 것처럼 보이는가? 내가 일에 얼마만큼 잘 집중하고 있는가?	자각: 내 주변에서 어떤 일이 벌어지고 있는가? 나는 무엇에 대해 생각하나?
행동: 나는 무엇을 하고 있는가? 나는 뭐라고 말하는가?	행동: 내가 무엇을 하는 것처럼 느껴지는가?

유지 및 보수 활동: 스스로를 통제하고 문제를 해결하기 위해 하는 것

어른들이 도와줄 수 있는 것	나 스스로 할 수 있는 것

정서조절 가이드(6/7)

(상담자용)
조절장애의 증거

<u>정서조절장애 아동의 정의</u>

아동이 보이는 행동:

- 스트레스 유발 사건을 마주할 때 자각, 감정, 행동의 변화
- 기능을 방해하는 조절장애 일화가 적어도 한 달에 한 번은 일어남
- 기능상의 문제: 아동의 학교, 가정, 또래 관계에 문제를 일으킨 조절장애 일화가 있다. 이러한 문제는 조절장애 일화 자체와 관련될 수도 있고 조절장애 사건의 예상과 관련된 감정 혹은 행동과 관련될 수도 있다.

아동이 보이지 않는 행동:

- 스트레스를 받았을 때 위험한 행동(자기파괴적, 공격적, 물질남용, 폭식, 성적 행동)

<u>행동조절장애 아동의 정의</u>

아동이 보이는 행동:

- 스트레스 유발 사건을 마주할 때 자각, 감정, 행동의 변화
- 기능을 방해하는 조절장애 일화가 적어도 한 달에 한 번은 일어남
- **스트레스를 받았을 때 위험한 행동**(자기파괴적, 공격적, 물질남용, 폭식, 성적 행동)
- 기능상의 문제: 아동의 학교, 가정, 또래 관계에 문제를 일으킨 조절장애 일화가 있다. 이러한 문제는 조절장애 일화 자체와 관련될 수도 있고 조절장애 사건의 예상과 관련된 감정 혹은 행동과 관련될 수도 있다.

만약 아동이 정서조절장애를 겪고 있다면 조절, 활성화, 재구성을 위한 정서조절 가이드를 활용하라.

만약 아동이 행동조절장애를 겪고 있다면 PLUS 재경험을 활용하라.

정서조절 가이드(7/7)

자각, 감정, 행동의 변화를 평가하도록 돕는 질문

자각(의식)	감정(정서)	활동(행동)
당신은 무엇을 보고 있었나요? 당신이 주목한 것은 무언가 달라 보이나요? (주의) 당신의 주변에서 일어나는 일들에 주의 집중하기 힘들었나요? (주의) 어떠한 일이 일어났는지에 대해 당신은 무엇을 기억하고 있나요? 무슨 일이 일어났는지 기억하는데 문제가 있나요? (주의) 전에 일어났던 일이 다시 일어난 것과 같은 기분이 드나요? (적응) 그것이 얼마 동안 지속되었나요? 그것을 기록하기는 어려웠나요? (적응) 어디서 발생했나요? 어딘지 잊었나요? (적응) 그 안 좋은 일이 일어난 시간이나 장소로 돌아간 것 같나요? (적응) 당신의 몸은 어떻게 느끼고 있나요? 당신의 몸은 다르게 느끼나요? (자아인식) 당신이 어려 (혹은 늙어) 보이는 것 같나요? (자아인식) 당신이 다른 사람처럼 느껴지나요? (자아인식)	당신의 감정은 어땠나요? 당신의 감정에 변화가 있었나요? 그 감정은 얼마나 강했나요? 전보다 더 또는 덜 강렬했나요, 아니면 비슷했나요? 더 많이 화가 났나요? 당신은 슬픔을 더 느끼나요? 당신은 더 두렵나요? 이런 감정이 덜 느껴지나요? 가끔 감정 상태가 너무 극단적으로 심하거나 전혀 느끼지 못하거나 할 수 있습니다. 당신은 어떤가요? 감정을 통제하기 어려운가요? 감정을 느끼는 것이 어려운가요? 사람들은 한순간에 한 가지 이상의 기분을 느끼기도 합니다. 당신은 다른 감정을 느껴 본 적이 있나요? 그런 감정들에 대해 말해 주세요.	당신은 어떤 행동을 했나요? 당신의 행동에 변화가 있었나요? 때때로 아이들은 당신이 설명한 것과 같은 감정을 느낄 때 물건을 던지거나 때리거나 도망가는 것과 같은 매우 안전하지 못한 행동을 하곤 합니다. 당신도 이런 행동을 하고 싶은 감정을 느끼는지 궁금하네요. 당신은 어떻습니까? 소리 지르거나 울거나 그런 행동을 하고 싶다고 느꼈나요? 당신이 하는 행동에 대해 주변 사람들은 어떠한가요? 그 사람들은 당신이 달라 보인다는 것을 알고 있나요? 자학하고 싶은 감정이 든 적이 있나요? 혹은 그렇게 해 본 적은 있나요? 무엇을 하는 것이 당신의 기분을 나아지게 하나요? 다른 사람들이 어떻게 하는 것이 당신의 기분을 나아지게 하나요? 무엇이 도움이 될 거라고 생각하나요? 마약이나 음주 경험이 있나요? 때때로 아이들은 정말로 기분이 안 좋을 때 사적인 공간에서 다른 아이를 만진다거나 성적인 말을 건네는 것과 같은 성적인 행동을 하곤 합니다. 당신은 그런 행동을 하고 싶은 감정을 느낀 적이 있나요? 그런 행동을 한 적은 있나요? 식습관은 어떻습니까? 그 기간 동안 당신의 식습관은 어떠하였는지 말해 주세요. 먹기는 했나요? 아니면 먹었던 걸 없애 버렸나요?

인지 대처 기록지

아동 ______________________________

보호자 ______________________ 상담자 ______________________

날짜 ______________________

나를 화나게 하거나 불안하게 하는 것은 무엇인가

재확인해 보기: 그 순간 내가 생각하고 느끼고 행동한 것은 무엇인가?

나는 무엇을 생각했는가	나는 무엇을 느꼈는가	나는 무엇을 했는가

성찰해 보기: 나는 대신에 어떻게 생각하고 느끼고 행동할 수 있었을까?

나는 어떻게 생각할 수 있었을까	나는 어떻게 느낄 수 있었을까	나는 어떻게 행동할 수 있었을까

보상 주기: 활동지를 완성한 나에게 어떻게 보상을 줄 수 있을까?

지원체계 점검표

1. 경제 및 수입 지원		
당신은 생계를 유지하는 데 어려움을 경험한 적이 있습니까?	Y	N
<u>만약 '예' 라면,</u>		
• 과거에 직업을 가지고 있었습니까?	Y	N
• 정부의 도움을 받고 있습니까?	Y	N
• 당신 혹은 자녀들이 일을 할 수 없는 신체적 혹은 정신적 조건이 있습니까?	Y	N
• 당신은 시민권이나 영주권 혹은 노동 비사를 가지고 있습니까?	Y	N
2. 주거		
당신은 집의 상태나 안전 혹은 좁은 것에 대해 염려하고 있습니까?	Y	N
<u>만약 '예' 리면,</u>		
• 당신은 무주택자이거나 세들어 살고 있습니까?	Y	N
• 당신은 공동주택이나 저소득층 지원 주택에 삽니까?	Y	N
• 당신의 집 조건들에 대해 염려하고 있습니까?	Y	N
• 당신은 절박한 퇴거명령을 받았습니까?	Y	N
• 당신은 공공주택으로 이사해야 합니까?	Y	N
• 당신은 집세와 물건들에 대한 부담이 있습니까?	Y	N
3. 배고픔		
당신은 가족을 위해 음식을 구하는 데 어려움이 있습니까?	Y	N
<u>만약 '예' 라면,</u>		
• 당신은 정부로부터 도움을 받고 있습니까?	Y	N
• 당신은 푸드 스탬프를 받고 있습니까?	Y	N
• 당신은 임신 중, 출산 직후 혹은 모유 수유 중입니까?	Y	N
• 5세 이하의 아동이 있습니까?	Y	N
4. 육아 바우처		
당신은 자녀 돌봄에 대한 보조금이 필요합니까, 혹은 그에 적합합니까?	Y	N
<u>만약 '예' 라면,</u>		
• 당신 가족의 수입은 연방 빈곤 수준의 185%보다 적습니까? (예: 4인 가족의 수입이 연간 33,000불 미만인지)	Y	N
• 지난 열두 달 동안 TAFDC를 받았습니까?	Y	N
• 5세 이하의 아동이 있습니까?	Y	N

5. 교육	
당신은 자녀의 학업이나 교육에 대해 염려하고 있습니까?	Y N
만약 '예' 라면,	
• 학교에서의 행동이나 징계의 문제인가요?	Y N
• 등록, 전학, 통학의 문제인가요?	Y N
• 학교에서 시험을 치르거나 통과하는 것에 대한 문제인가요?	Y N
• 학교나 교육에 관련된 아동의 건강 문제인가요?	Y N
6. 가족 관계법	
당신은 부권, 양육권, 혹은 방문권에 대한 궁금증을 가지고 있나요?	Y N
아동에 대한 금지명령을 제기해 본 적이 있나요?	Y N
7. 장애	
당신의 자녀가 학교에서의 수행, 부모의 일, 가족의 삶에 영향을 미칠 만한 장애를 가지고 있나요?	Y N
8. 이민	
당신이나 당신의 자녀가 외국에서 태어났나요?	Y N
만약 '예' 라면,	
• 취업 비자를 가지고 있나요?	Y N
• 시민권에 대해 궁금한 것이 있나요?	Y N
• 이민 자격은 어떻게 되나요?	
• 미국에 온 지 얼마나 되었나요?	
• 어느 나라에서 왔나요?	
• 연방 이민국에 어떤 신청을 해 본 적이 있나요?	
• 이민을 온 이유는 무엇인가요?	

목표설정 가이드

당신은 미래에 무엇을 하고 싶은가? 이 질문에 대해 되도록 많은 답을 아래에 나열해 보라. 그리고 그것이 미래에 무엇을 하고 싶은지에 대한 조금 더 큰 질문에 대해 당신이 답할 수 있게 하는지 살펴보라. 이에는 정답이나 오답이 없다. 또한 지나치게 크거나 작은 목표란 것도 없다.

내가 잘하는 것:

내가 하고 싶은 것:

내가 미래에 하기 원하는 것:

내가 목표를 이루기 위해 필요한 단계:

참고문헌

Barlow, D. H., Allen, L., & Choate, M. L. (2005). *The unified protocol for treatment of the emotional disorders.* Unpublished manual, Boston University.

Beck, A. T., Rush, A. J., Shaw, B. F., & Emery, G. (1979). *Cognitive therapy of depression.* New York: Guilford Press.

Bremner, J. D., Randall, P., Scott, T. M., Bronen, R. A., Seibyl, J. P., Southwick, S. M., et al. (1995). MRI-based measurement of hippocampal volume in patients with combatrelated posttraumatic stress disorder. *American Journal of Psychiatry, 152,* 973-981.

Bremner, J. D., Randall, P., Vermetten, E., Staib, L., Bronen, R. A., Mazure, C., et al. (1997). Magnetic resonance imaging-based measurements of hippocampal volume in posttraumatic stress disorder related to childhood physical and sexual abuse—a preliminary report. *Biological Psychiatry, 41,* 23-32.

Bronfenbrenner, U. (1979). *The ecology of human development.* Cambridge, MA:

Harvard University Press.

Bronfenbrenner, U., & Ceci, S. J. (1994). Naturenurture reconceptualized in developmental perspective: A bioecological model. *Psychological Review, 101*(4), 568-586.

Cicchetti, D., & Lynch, M. (1993). Toward an ecological/transactional model of community violence and child maltreatment: Consequences for children's development. *Psychiatry, 56,* 96-118.

Cloitre, M., Koenen, K. C., Cohen, L. R., & Han, H. (2002). Skills training in affective and interpersonal regulation followed by exposure: A phase-based treatment for PTSD related to childhood abuse. *Journal of Consulting and Clinical Psychology, 70,* 1067-1074.

Cohen, J. A., & Mannarino, A. P. (1996). A treatment outcome study for sexually abused preschool children: Initial findings. *Journal of the American Academy of Child and Adolescent Psychiatry, 35,* 42-50.

Cohen, J. A., Mannarino, A. P., Berliner, L., & Deblinger, E. (2000). Trauma focused cognitive behavior therapy: An empirical update. *Journal of Interpersonal Violence, 15,* 1203-1223.

Cohen, J. A., Mannarino, A. P., & Deblinger, E. (2003). *Child ane parent trauma-focused cognitive behavioral therapy treatment manual.* Philadelphia: Drexel University College of Medicine. (Available from authors)

Cohen, J. A., Manarino, A. P., Greenberg, T., Padlo, S., Shipley, C., Deblinger, E., et al. (2001). *Cognitive behavioral therapy for childhood traumatic grief in children treatment manual.* Pittsburgh, PA: Center for Traumatic Stress in Children and Adolescents, Allegheny General Hospital.

Damasio, A. (1999). *The feeling of what happens: Body and emotion in the making of consciousness*. Fort Worth, TX: Harcourt College.

DeBellis, M. D., Baum, A. S., & Birmaher, B. (1999). Developmental traumatology: I. Biological stress systems. *Biological Psychiatry, 45*(10), 1259-1270.

DeBellis, M. D., Keshavan, M. S., Clark, D. B., Casey, B. J., Giedd, J. N., Boring, A. M., et al. (1999). Developmental traumatology: Part II. Brain development. *Society of Biological Psychiatry, 45*, 1271-1284.

Deblinger, E., & Heflin, A. H. (1996). *Treating sexually abused children and their nonoffending parents: A cognitice behavioral approach*. Thousand Oaks, CA: Sage.

Deblinger, E., McLeer, S. V., & Henry, D. (1990). Cognitive behavioral treatmen for sexually abused children suffering post-traumatic stress: Preliminary findings. *Journal of the American Academy of Child and Adolescent Psychiatry, 29*, 747-752.

Donnelly, D. A., & Murray, E. J. (1991). Cognitive and emotional changes in written essays and therapy interviews. *Journal of Social and Clinical Psychology, 10*(3), 334-350.

Esterling, B., L'Abate, L., & Murray, E. J. (1999). Empirical foundations for writing in prevention and psychotherapy: Mental and physical health outcomes. *Clinical Psychology Review, 19*(1), 79-96.

First, M. (2006). Stress-induced and fear circuitry disofders. Retrieved from http://dsm5.org/conference7/cfm

Fizgerald, H. E., Lester, B. M., & Zuckerman, B. S. (1995). *Children of poverty: Research, health, and policy issues*. New York: Garland.

Foa, E. B., Rothbaum, B. O., Riggs, D. S., & Murdock, T. B. (1991). Treatment of posttraumatic stress disorder in rape victims: A comparison between cognitive behavioral procedures and counseling. *Journal of Consulting and Clinical Psychology, 59,* 715-723.

Frankl, V. E. (1963). *Man's search for meaning: An introduction to logotherapy* (I. Lasch, Trans.). Boston: Beacon Press.

Hanh, T. N. (1976). *The miracle of mindfulness: An introduction to the practice of meditation.* Boston: Beacon Press.

Harvey, M., Milner, A. D., & Roverts, R. C. (1995). Differential effects on line length on bisection judgements in hemispatial neglect. *Cortex, 31*(4), 711-722.

Henggeler, S. W., Schoenwald, S. K., Borduin, C. M., Rowland, M. D., & Cunningham, P. (1998). *Multisystemic treatment of antisocial behavior in childrin and adolescents.* New York: Guilford Press.

Henggeler, S. W., Schoenwald, S. K., & Pickrel, S. G. (1995). Multisystemic therapy: Bridging the gap between university and community-based treatment. *Journal of Consulting and Clinical Psychology, 63,* 709-717.

Hoagwood, K., Jensen, P. S., Petti, T., & Buns, B. J. (1996). Outcomes of mental health care for children and adolescents: I. A comprehensive conceptual model. *Journal of American Academy of Child and Adolescent Psychiatry, 35*(8), 1055-1063.

James, B. (1989). *Treating traumatized children: New insights and creative interventions.* New York: Free Press.

Kandel, E. R. (1998). A new intellecrual framework for psychiatry. *American Journal of Psychiatry, 155,* 457-469.

Kassner, B., & Kharasch, S. (1999). *Prevalence of violence exposure in adolescents who present to an emergency room*. Unpublished manuscript.

Kazak, A. E., & Christakis, D. A. (1996). The intense stress of childhood cancer: A systems perspectice. In C. R. Pfeffer (Ed.), *Severe stress and mental disturbance in children* (pp. 277-305). New York: Cornell University.

Kisch, P., Esslinger, C., Chen, O., Mier, D., Lis, S., Siddhanti, S., et al. (2005). Oxytocin modulates neural circuitry for social cognition and fear in humans. *Journal of Neuroscience, 25*, 11489-11493.

Koenen, K. C., Moffitt, T. E., Caspi, A., Taylor, A., & Purcell, S. (2003). Domestic violence is associated with enviromental suppression oflQ in young children. *Development and Psychopathology, 15*, 297-311.

Kosten, T. R., Mason, J. W., Giller, E. L., Ostroff, R. B., & Harkness, L. (1987). Sustained urinary norepinepherine and epinepherine elevation in posttraumatic stress disorder. *Psychoneuro-endocrinology, 12*, 13-20.

LeDoux, J. (1998). *The emotional brain: The mysterious uderpinnings of emotional life*. New York: Simon & Schuster.

LeDoux, J. (2002). *Synaptic self: How our brains become who we are*. New York: Viking Press.

Lichtenberg, J. D., Lachmann, F. M., & Fosshage, J. L. (1992). *Self and motications systems: Toward a theory of psychoanalytic technique*. Hillsdale, NJ: Analytic Press.

Liebschutz, J. M., Frayne, S. M., & Saxe, G, N. (Eds.). (2003). *Violence against women: A physician's guide to identification and management*. Philadelphia: American College of Physicians.

Linehan, M. M. (1993). *Cognitive-behavioral treatment of borderline personality disorder*. New York: Guilford press.

March, J. S., Amaya-Jackson, L., Murray, M. C., & Schulte, A. (1998). Cognitive-behavioral psychotherapy for children and adolescents with posttraumatic stress disorder after a single-incident stressor. *Jourmal of the American Academy of Child and Adolescent Psychiatry, 37*, 585-593.

McEwen, B. S. (1994). Endocrine effects on the brain and their relationship to behavior. In J. G. Siegel, B. W. Agranoff, R. W. Albers, & P. B. Molinoff (Eds.), *Basic neurochemistry: Molecular, cellular, and medical aspects* (5th ed., pp. 1003-1023). New York: Raven Press.

National Research Council Institute of Medicine. (2000). *From neurons to neighborhoods: The science of early childhood development*. Washington, DC: National Academy Press.

Panksepp, J. (1998). *Affective neuroscience: The foundations of human and animal emotions*. New York: Oxford University Press.

Pennebaker, J. W., & Francis, M. E. (1996). Cognitive, emotional and language processes in disclusure. *Cognition and Emothon, 10*(6), 601-626.

Perry, B. D., & Pollard, R. (1998). Homeostasis, stress, trauma, and adatation: A neurodevelopmental view of childhood trauma. *Child and Adolescent Psychiatric Clinics of North America, 7*, 33-51.

Perry, B. D., Pollard, R. A., Blakley, T. L., Baker, W. L., & Vfilante, D. (1995). Childhood trauma, the neurobiology of adaptation, and "use-dependent" decelopment of the brain: How "states" become "traits." *Infant Mental Health Journal, 16*, 271-291.

Porges, S. W. (1995). Orienting in a defensive world: Mammalian modifications of our evolutionary heritage: A polyvagal theory. *Psychophysiology, 32*(4), 301-318.

Pumariega, A. J., & Winters, N. C. (Eds.). (2003). *The handbook of child and adolescent systems of care: The new community psychiatry*. San Francisco: Jossey-Bass.

Putnam, F. W. (1997). *Dissociation in children and adolescints: A decelopmental perspective*. New York: Guilford Press.

Pynoos, R. S., & Nader, K. (1998). Psychological first aid and treatment approach to children exposed to community violence: Research implications. *Journal of Traumatic Stress, 1*(4), 445-473.

Pynoos, R. S., Steiberg, A. M., & Wraith, R. (1995). A developmental model of childhood traumatic stress. In D. Cicchetti & D. J. Cohen (Eds.), *Developmental psychopathology, Vol. 2: Risk, disorder, and adaptation* (pp. 72-95). Oxford, UK: Wiley.

Rauch, S. L., Whalen, P. J., Shin, L. M., McInerney, S. C., Macklin, M. L., Lasko, N. B., et al. (2000). Exaggerated amygdala response to masked facial stimuli in posttraumatic stress disorder: A functional MRI study. *Biological Psychiatry, 47*(9), 769-776.

Resick, P. A., & Schnicke, M. K. (1992). Cognitive processing therapy for sexual assault victims. *Journal of Consulting and Clinical Psychology, 60*, 748-756.

Saltzman, W. R., Steinberg, A. M., Layne, C. M., Aisenberg, E., & Pynoons, R. S. (2001). A developmental approach to school-based treatment of adolescints exposed to trauma and traumatic loss. *Journal of Child and Adolescent Group Therapy, 11*, 43-56.

Saxe, G. N., Ellis, H., Fogler, J., Hansen, S., & Sorkin, B. (2005). Comprehensive care for traumatized childten: An open trial examines treatment using trama systems therapy. *Psychiatric Annals, 35*, 443-448.

Saxe, G. N., Liebschutz, J. M., Edwardson, E., & Frankl, R. (2003). Bearing witness: The effect of caring for survivors of violence on health care providers. In J. M. Liebschutz, S. M. Frayne, & G. N. Saxe (Eds.), *Violence against women: A physician's guide to identification and management.* Philadelphia: American College of Physicians.

Saxe, G. N., Stoddard, F., Hall, E., Chawla, N., Lopez, C., Sheridan, R., et al. (2005). Pathways to PTSD: Part I. Children with burns. *American Journal of Psychiatry, 162*, 1299-1304.

Schore, A. N. (1994). *Affect regulation and the origin of the self: The neurobiology of emotional development.* Hillsdale, NJ: Erlbaum.

Schore, A. N. (2003). *Affect regulation and the repair of the self.* New York: Norton.

Shin, L. M., Orr, S. P., Carson, M. A., Rauch, S. L., Macklin, M. L., Lasko, N. B., et al. (2004). Regional cerebral blood flow in the amygdala and medial prefrontal cortex during traumatic imagery in male and female Vietnam veterans with PTSD. *Archives of General Psychiatry, 61*(2), 168-176.

Southwick, S. M., Krystral, J. H., Morgan, A., Johnson, D., Nagy, L. M., Nicolaou, A., et al. (1993). Abnormal noradrenergic function in posttraumatic stress disorder. *Archives of Gineral Psychiatry, 50*, 266-274.

Stroul, B. A., & Friedman, R. M. (1994). *A system of care for children with severe emotional disturbances.* Washington, DC: Georgetown University Child Development Center, National Technical Center for children's Mentel Health,

Center for Child Health and Mental Health Policy.

Suárez, L. M., & Hourigan, S. E. (2006). *Weekly TST Check-in.* Boston: Center for Anxiety and Related Disorders, Boston University.

Taylor, L., Zuckerman, B., Harik, V., & Groves, B. (1994). Exposure to violence among inner city children. *Developmetal and Behavioral Pediatrics, 15*, 120-123.

Terr, L. (1990). *Too scared to cry: Psychic trauma in childhood.* New York: Basic Books.

van der Kolk, B. A. (1994). The body keeps the score: Memory and the evolving psychobiology of PTSD. *Harvard Review of Psychiatry, 1*, 253-265.

van der Kolk, B. A., & Fisler, R. E. (1994). Child abuse and neglect and loss of self-regulation. *Bulletin of the menninger Clinic, 58*, 145-168.

Yehuda, R., Southwick, S. M., Krystal, J. H., Bremner, D., Charney, D. S., & Mason J. W. (1993). Enhanced suppression of cortisol following dexamethasone in posttraumatic stress disorder. *American Journal of Psychiatry, 150*, 83-96.

Yehuda, R., Southwick, S. M., Nussbaum, G., Wahby, V., Giller, E. L., Jr., & Mason, J. W. (1990). Low urinary cortisol excretion in patents with posttraumatic stress disorder. *Journal of Nervous and Mental Disease, 178*, 366-369.

찾아보기

인 명

내 용

ㅈ

ㅍ

ㅎ

저자 소개

■ Glenn N. Saxe, MD

현재 보스턴 대학교 의과대학 및 병원의 아동정신의학과 과장이다. 대도시 빈곤 아동과 가족을 지원하는 프로그램을 기획하여 진행하고 있으며, 이 프로그램에서 Saxe 교수의 주요 관심은 심각하고 복합적인 사회 · 심리 · 의학 문제를 지닌 이들을 돕기 위한 정신건강 지원체계를 발견하고 만드는 것이다. 이 책의 중심 주제인 트라우마 체계 치료는 보스턴 시의 트라우마 내담자와 가족을 지원하기 위한 거의 10년 동안의 전문적 노력의 결과다. 이 치료 모델은 미국 여러 지역의 클리닉과 기관에서 활용되고 있다. 또한 Saxe 교수는 National Child Traumatic Stress Network(NCTSN)의 창설 시기부터 운영위원을 지냈으며, 이 기관의 Center for Children at Risk 소장으로 봉직하고 있다.

■ B. Heidi Ellis, PhD

현재 보스턴 대학교 의과대학 및 병원의 정신의학과 조교수(임상심리학)이자 심리학과와 소아의학과 겸임 교수다. Ellis 교수의 주요 관심은 청소년 트라우마 내담자이며, 특히 정신건강 서비스를 제대로 받지 못하는 가족을 지원하는 데 관심이 있다. 또한 NCTSN의 Center for Children at Risk의 부소장으로서 국제 난민 아동을 돕는 정신건강 서비스 제공에 심혈을 기울이고 있다.

■ Julie B. Kaplow, PhD

현재 공인 임상심리학자로서 뉴저지 의과대학의 정신의학과 조교수다. Kaplow 교수의 주요 관심은 청소년 트라우마 내담자를 위한 효과적인 적응 전략을 발견하기 위하여 아동기 트라우마의 심리적인 경과와 영향을 연구하는 데 있다. Kaplow 교수는 성폭력, 심각한 사고에 의한 상해, 상실을 포함한 다양한 트라우마 내담자를 대상으로 하는 연구와 상담을 진행하였다. 또한 NCTSN의 Traumatic Grief Task Force 팀에 속하여 아동기 외상적 애도의 평가 및 치료를 담당하는 인력 양성 교육에 참여하고 있다.

역자 소개

■ 김동일

현재 서울대학교 사범대학 교육상담 전공 교수 및 대학원 특수교육 전공 주임교수로 재직하고 있으며, 한국아동청소년상담학회 회장, 한국교육심리학회 부회장, 서울경기인천상담학회 부회장 및 서울대학교 글로벌인재연구센터 소장으로 봉직하고 있다. 서울대학교 교육학과를 졸업하고 교육부 국비유학생으로 선발되어 미네소타 대학교 대학원 교육심리학과에서 석사 · 박사 학위를 취득한 후 Developmental Studies Center Research Associate, 한국청소년상담원 상담교수, 경인교육대학교 교육학과 교수, 한국학습장애학회 회장을 역임하였다. 2007, 2008, 2009, 2010 BK역량기반교육혁신연구사업단 연구부문 공로업적상, 2009 독서교육대상, 2009 인터넷역기능 연구부문 행정안전부장관 표창, 2010 서울대학교 우수연구자 S등급을 수상하였다. 『학습부진 영재아동』 『특수아동상담』 『학습장애아동의 이해와 교육』을 비롯하여 30여 권의 (공)저서와 심리검사 『BASA: 기초학습기능 수행평가체제』가 있으며, 150여 편의 학술논문과 20여 편의 상담사례 논문이 있다.

아동 · 청소년 위기상담:
트라우마 체계 치료

Collaborative Treatment of Traumatized Children and Teens:
The Trauma Systems Therapy Approach

2011년 10월 25일 1판 1쇄 발행
2022년 8월 10일 1판 4쇄 발행

지은이 • Glenn N. Saxe · B. Heidi Ellis · Julie B. Kaplow
옮긴이 • 김 동 일
펴낸이 • 김 진 환
펴낸곳 • (주) 학 지 사
04031 서울특별시 마포구 양화로 15길 20 마인드월드빌딩 5층
대표전화 • 02) 330-5114 팩스 • 02) 324-2345
등록번호 • 제313-2006-000265호
홈페이지 • http://www.hakjisa.co.kr
페이스북 • https://www.facebook.com/hakjisabook

ISBN 978-89-6330-765-7 93180

정가 18,000원

역자와의 협약으로 인지는 생략합니다.
파본은 구입처에서 교환하여 드립니다.